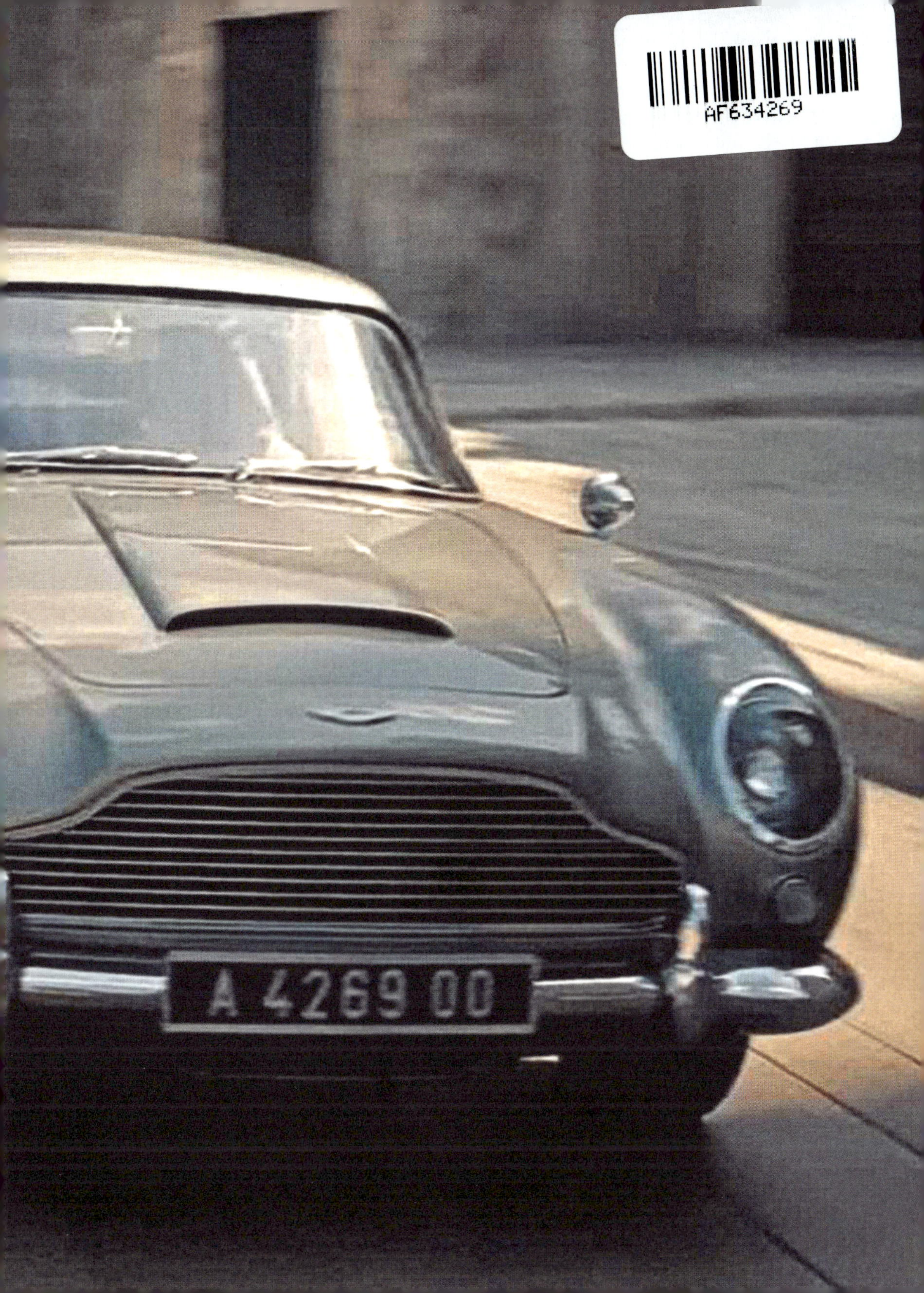
A 4269 00

MOTOR
LEGENDEN

JAMES BOND 007

Motor
buch
Verlag

SIEGFRIED TESCHE

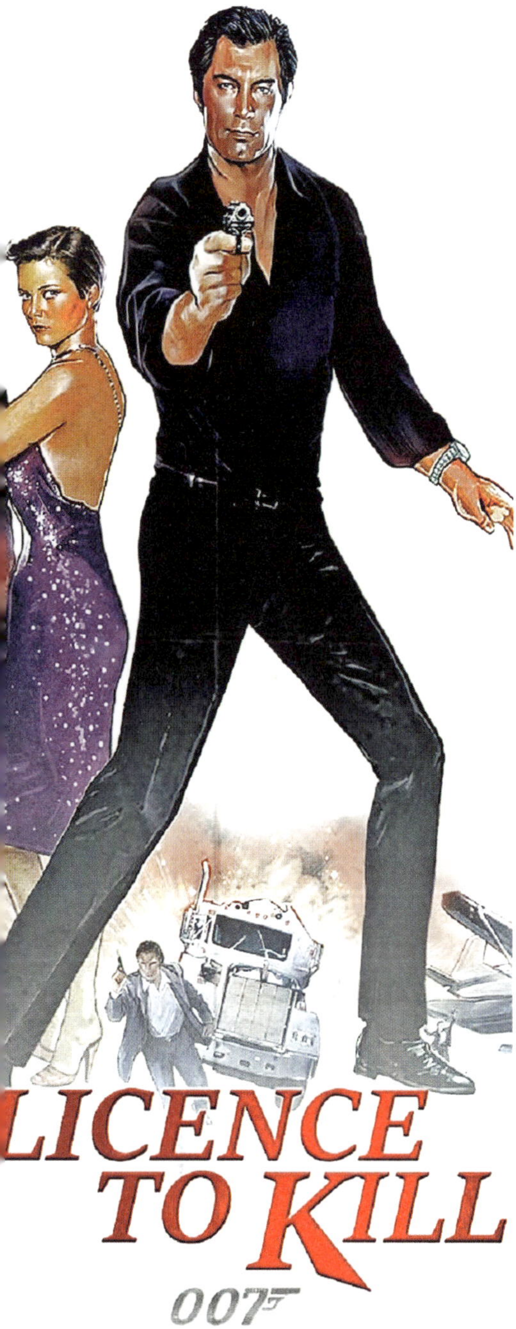

Einbandgestaltung: Sven Rauert

Bildnachweise auf Seite 239

Eine Haftung des Autors oder des Verlages und seiner Beauftragten für Personen-, Sach- und Vermögensschäden ist ausgeschlossen.

ISBN: 978-3-613-04400-5

1. Auflage 2021

Sie finden uns im Internet unter
www.motorbuch-verlag.de

Lektorat: Sebastian Quillmann
Innengestaltung: tebitron GmbH, Gerlingen
Druck und Bindung:
Graspo, CZ-76302 Zlín
Printed in Czech Republic

VORWORT

Wenn man sich der Fahrzeuggeschichte von James Bond statistisch nähert, kommt man zu erstaunlichen Ergebnissen. Es dürfte klar sein, dass der berühmte Aston Martin DB 5 seit *Goldfinger* aus dem Jahr 1964 der bekannteste und vermutlich auch beliebteste Wagen von 007 ist. Auch im mehrfach verschobenen Film *Keine Zeit zu sterben* hat er eine größere Rolle, und nicht zufällig habe ich ihm in Band I von *Motorlegenden – James Bond* ganze 34 Seiten gewidmet. Schaut man auf die Screentime, also darauf, wie lange der Wagen im Film zu sehen ist, dann übertrifft er alle anderen. In *Goldfinger* sind es immerhin 10 Minuten und 46 Sekunden, also 9,51 Prozent des Films. Doch der Sieg fällt erstaunlicherweise äußerst knapp aus. An zweiter Stelle finden sich schon die Kenworth Trucks aus dem Finale von Timothy Daltons zweitem Einsatz *Lizenz zum Töten* aus dem Jahr 1989. Sie sind 10 Minuten und 29 Sekunden lang zu sehen.
Hätten Sie das gedacht oder sogar gewusst? Auch Platz drei ist überraschend. Es ist der wunderschöne grüne Aston Martin DBS aus George Lazenbys einmaligem Auftritt *Im Geheimdienst Ihrer Majestät* (1969). Diesen Fahrzeugen, drei weiteren Aston Martin sowie mehreren Motorrädern widme ich in diesem zweiten Band ausführliche Kapitel. Dafür habe ich wie schon bei Band I sehr auf Details geachtet, zum einen, weil es unglaublich interessant war und sehr viel Spaß gemacht hat, beinahe zwei Jahre lang so tief wie möglich in die Fahrzeughistorie einzutauchen, zum anderen, weil Drehbuchautoren, Designer, Special-Effects-Spezialisten und Fahrzeugbauer diese Aufmerksamkeit verdienen, und schließlich, weil es weltweit noch keine vergleichbaren Bücher zu diesem Thema gab.
Außerdem beschäftigt sich dieses Buch mit den Anfängen von Bonds Fahrzeuggeschichte, mit dem Mann also, ohne den man 007 gar nicht kennen würde: Autor Ian Fleming. Es geht um seine zeitlos schöne Formulierkunst, seine Leidenschaft für schnelle Autos, für Bentleys im Speziellen, und die Lust am Fahren. Was schrieb er doch einst über den Fahrer James Bond:

»Er schätzte das Klicken des Kilometerzählers wie das Umschlagen von Buchseiten. Es war eine köstliche Wahrnehmung neuer Sehenswürdigkeiten gepaart mit dem Duft des Auslands abseits der Straßen. Es wirkt sensationell, wenn man so ehrenvoll für die Arbeit eines langen Arbeitstages entschädigt wird.«

Zurück zum Aston Martin DB 5. Man kann gut verstehen, dass die Produzenten auch 57 Jahre nach dem Klassiker immer noch auf den automobilen Veteranen setzen und ihn gleich zu Anfang von *Keine Zeit zu sterben* (wieder einmal) in eine wilde Verfolgungsjagd geraten lassen. Matera bot dafür eine atemberaubende Kulisse. Dieses Mal aber behalf man sich bereits mit in Polen hergestellten Replikas mit BMW M Motoren und Automatikgetriebe. Die Illusion überragt die Realität: Es ist eben James Bonds Auto. Es stellt sich aber dennoch die Frage, wie lange ein Wettstreit zwischen einem völlig veralteten Wagen und neuen Jaguar Sportlimousinen und Triumph Motorrädern noch glaubwürdig ist. Wie viele Jahre kann das noch funktionieren? Die Jagd zwischen dem DB 5 und dem Ferrari F 355 GTS zu Beginn von *GoldenEye* war 1995 schon grenzwertig. Ist die Zeit nicht reif für neue Ideen? Einen neuen Hauptdarsteller wird es nach Craigs Abschied sowieso geben. Und auch das Frauenbild ändert sich – zumindest ein wenig. Jetzt ist es auch an der Zeit, Regisseuren mit Visionen freie Hand zu lassen. Bond Fan Christopher Nolan hätte eine Chance verdient. Hoffentlich können er oder andere, das gilt auch für Autoren, den strengen Maßgaben der Produzenten etwas entgegensetzen und auch eine neue (auto)mobile Ära einschlagen.

Neu ist sicherlich auch, dass es einen Folgeband in der *Motorlegenden*-Buchreihe gibt. Es war mir sehr wichtig, mit diesem zweiten Band auch denjenigen Fahrzeugen, die im ersten Buch keinen Platz gefunden hatten, den gebührenden Raum zu bieten. Wie ich eingangs erwähnte, gibt mir die Statistik in der Hinsicht Recht. In diesem Sinne hoffe ich, es ist ein »Equal« und nicht nur ein »Sequel«. Wer weiß, vielleicht gibt es eines Tages noch eine Fortsetzung. Ideen gibt es genug, noch nicht berücksichtigte Fahrzeuge auch. James Bond, wie wir alle wissen, »will return«. Das ist sicher – seien wir gespannt in welchem Fahrzeug. *Genießen Sie das Umschlagen dieser Buchseiten.*

Siegfried Tesche im Herbst 2021

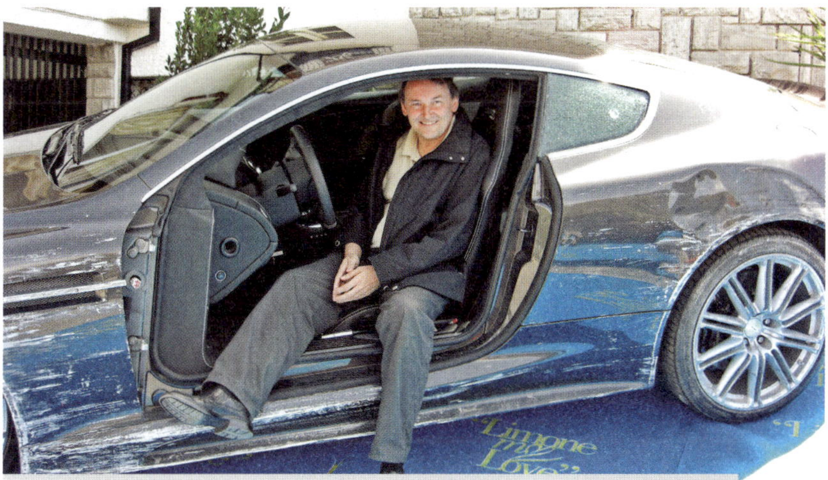

Autor Siegfried Tesche in James Bonds Aston Martin DBS aus *Ein Quantum Trost.*

KAPITEL 1

LEGENDÄRE BOND-AUTOS

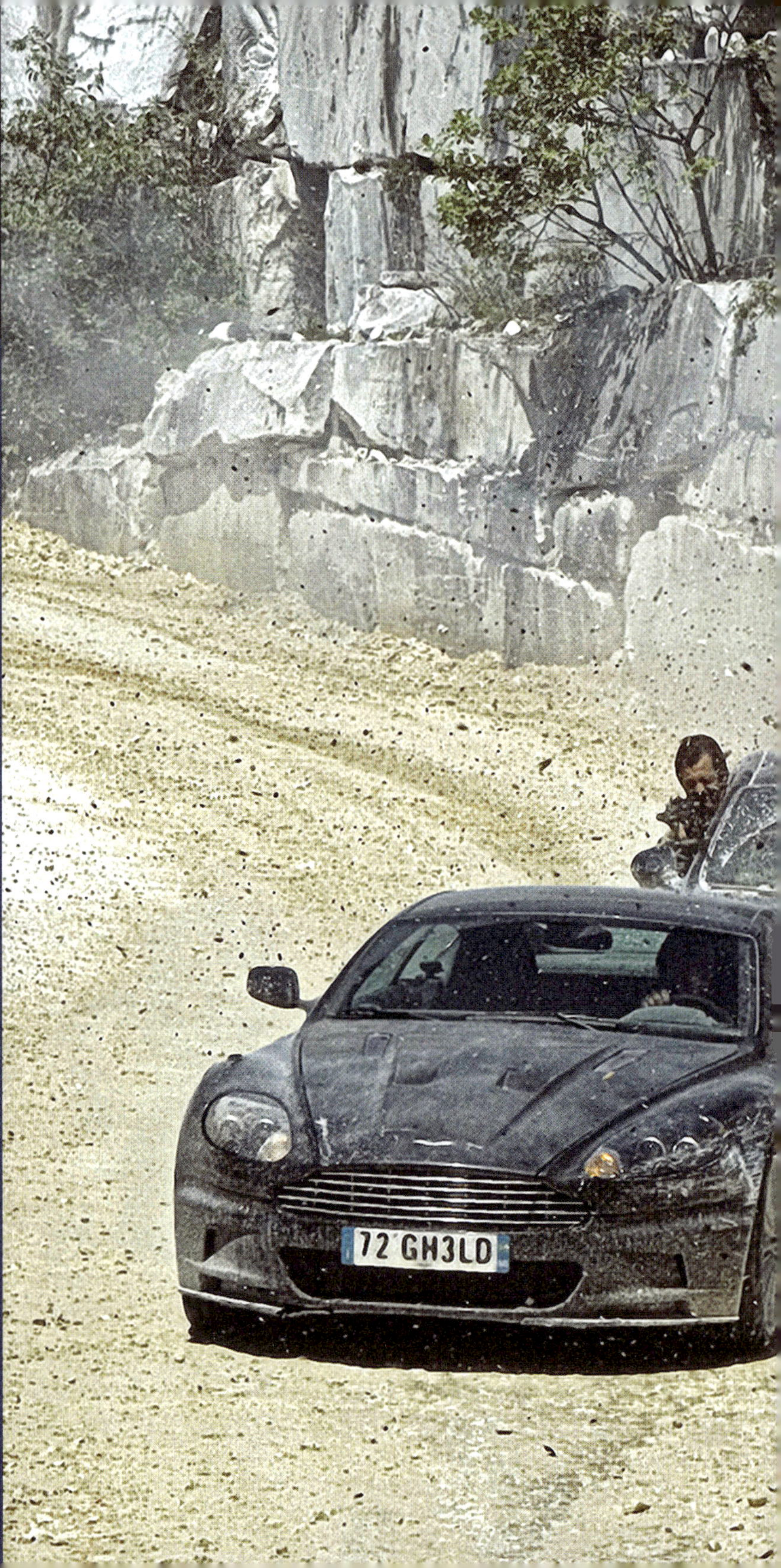

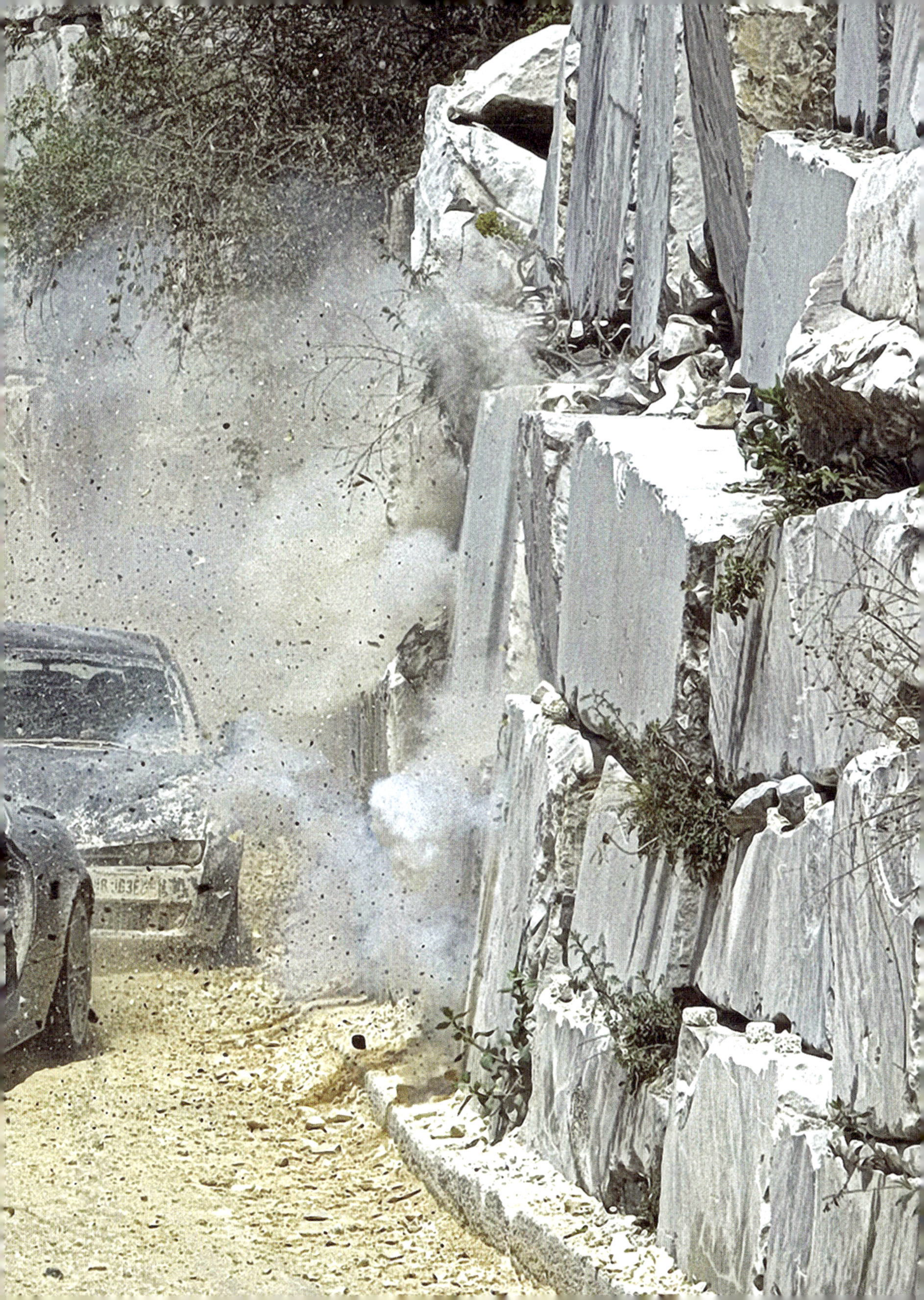

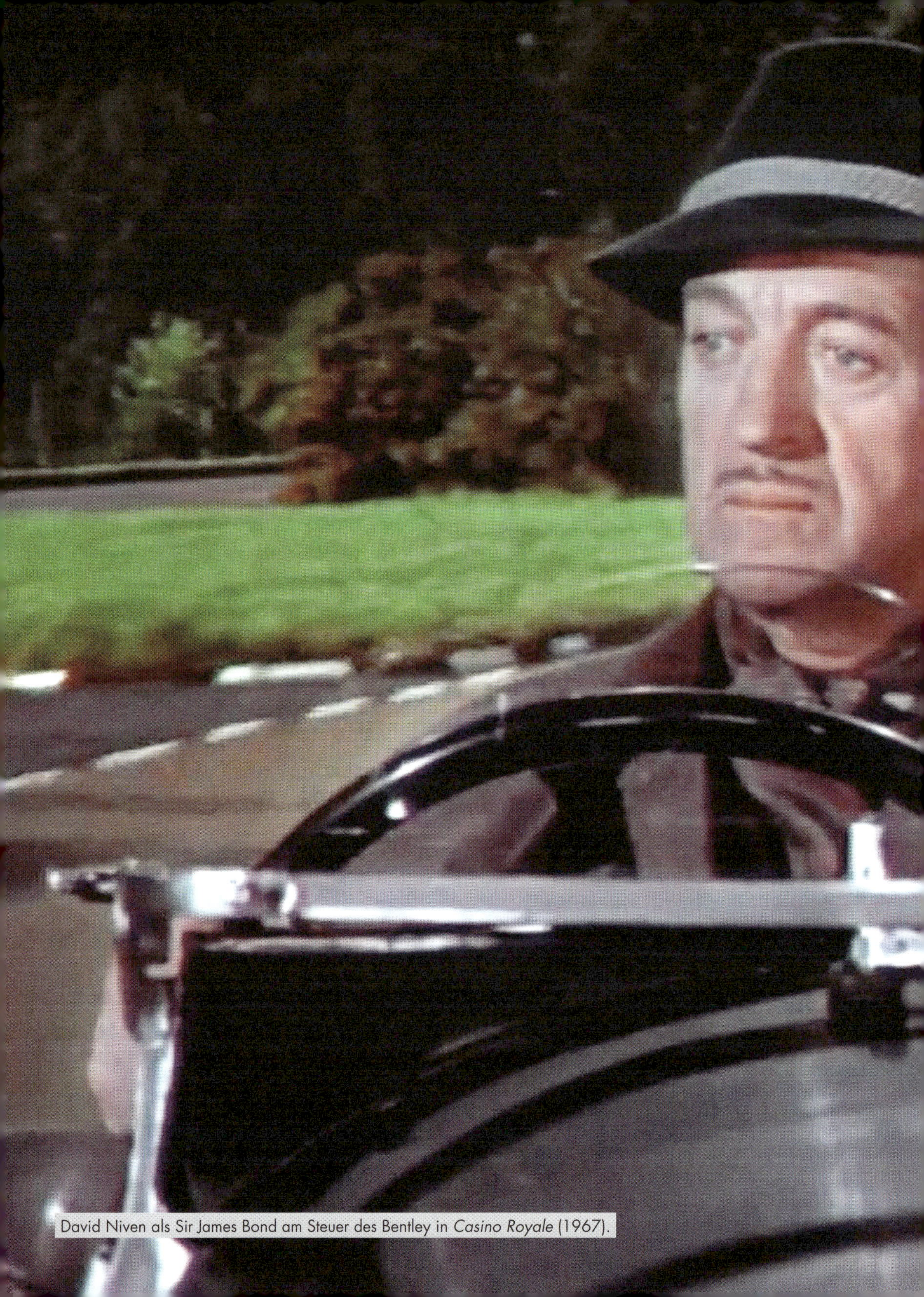

David Niven als Sir James Bond am Steuer des Bentley in *Casino Royale* (1967).

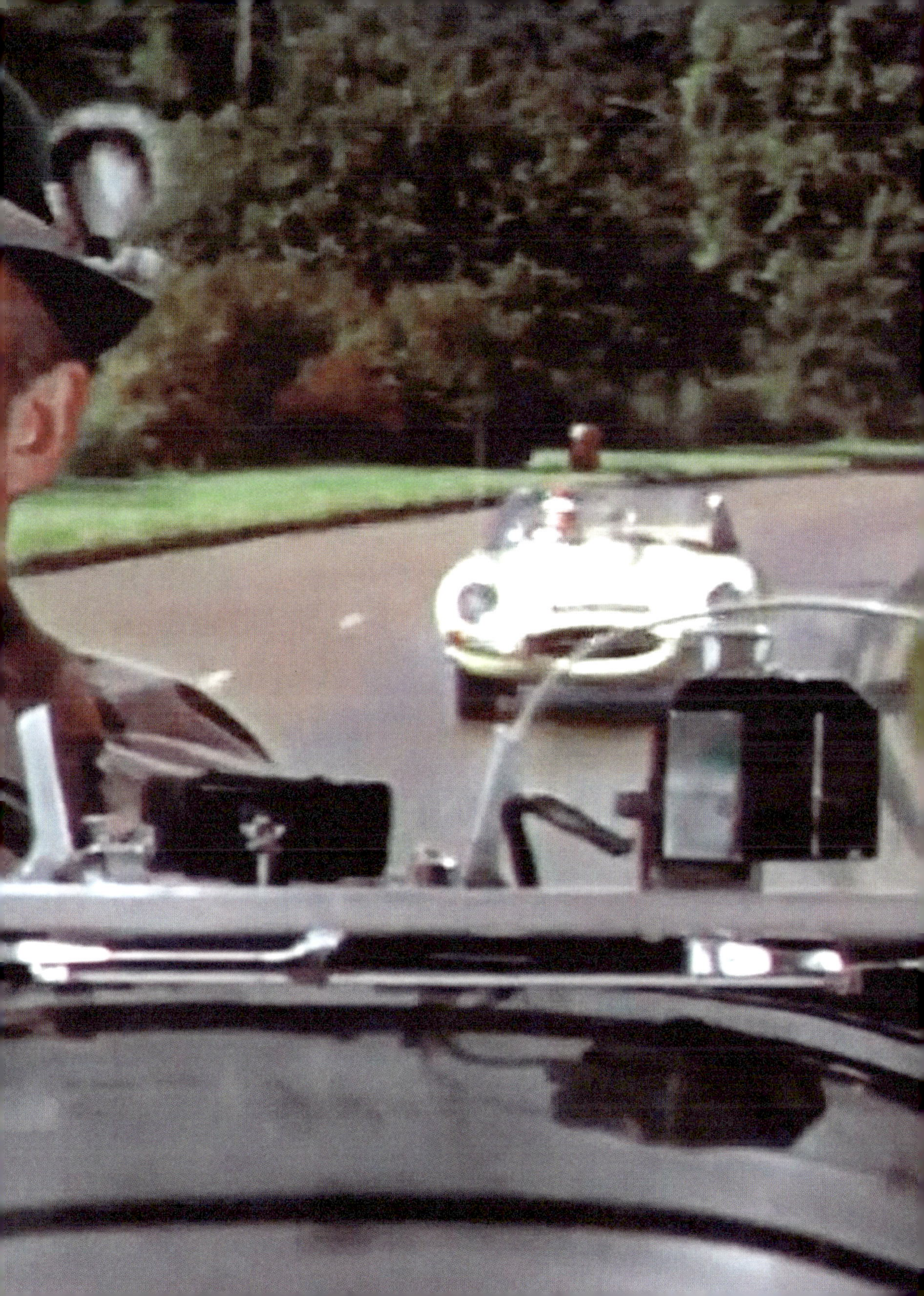

DER BENTLEY AUS *CASINO ROYALE* (1967)

Wäre es nach Romanautor Ian Fleming gegangen, dann hätte James Bond auch im Kino hinter dem Steuer eines Bentley Platz genommen. Er selbst war Fan der Marke, kam zunächst beruflich mit ihr in Berührung und baute dann mehrere Wagen in vier seiner Romane ein. In seinem ersten, 1953 erschienen 007 Abenteuer *Casino Royale* ist diese Leidenschaft zu spüren. Darin heißt es (deutsche Übersetzung aus dem Jahr 1960):

»Der Wagen war Bonds einziges persönliches Steckenpferd. Es war einer der letzten Viereinhalb-Liter-Bentley mit Kompressor, den Amherst Villiers herausgebracht hatte. Fast neu war der Wagen gewesen, als Bond ihn 1933 gekauft hatte, und während des 2. Weltkriegs hatte er zwar aufgebockt gestanden, war aber immer sorgsam gepflegt worden. Immer noch wurde er alljährlich gründlich durchgesehen, und in London arbeitete in einer Garage, die in der Nähe von Bonds Wohnung in Chelsea lag, ein ehemaliger Mechaniker, der den Wagen mit besonderer Liebe pflegte. Bond fuhr schnell, gut und mit einem fast sinnlichen Vergnügen. Der Wagen war ein marinegraues Kabriolett mit einem Coupé-Aufsatz, der sich tatsächlich abnehmen ließ, und lief auf langen Strecken leicht seine hundertfünfzig, wobei er immer noch rund fünfzig Kilometer Reserve hatte.«

Auslöser für Flemings Bentley-Leidenschaft war seine berufliche Tätigkeit als Journalist. So berichtete er etwa 1930 für die Nachrichtenagentur Reuters über das 24-Stunden-Rennen von Le Mans. Damals verbrachte er viel Zeit bei Bentley und baute eine gute Freundschaft zu Amherst Villiers und den Mechanikern der Firma auf. Villiers lieferte damals den Kompressor für einen der sogenannten »Bentley Boys«, Sir Henry (»Tim«) Birkin. Auch dessen Bruder Archie und 15 weitere Fahrer liebten Bentley. Sie nahmen zwischen 1927 und 1931 an einer Reihe von Rennen teil, boten sogar Rudolf Caracciola und dessen Mercedes SSK Paroli, und begründeten so den guten Ruf von Bentley. »Er ist ein Ingenieur von allerhöchster Qualität, und von ihm stammt der Amherst Villiers Kompressor für den 4 1/2 Liter Bentley, den Bond fuhr«, sagte Ian Fleming voller Enthusiasmus später zu David Bruce, dem amerikanischen Botschafter in London. Auch wenn Tim Birkin und Co-Pilotin Dorothy Paget in ihrem Blower Bentley das Rennen von Le Mans nicht beenden konnten, so hatte der Wagen Fleming dennoch begeistert.

Daher tauchte ein Rennen zwischen dem britischen Bentley und einem deutschen Mercedes Benz 300 S Roadster im 1955 erschienenen Roman *Moonraker* auf. Darin fährt Bond einen 4,5 Liter Bentley Baujahr 1933 mit Aufbau von Amherst Villiers und hochmoderner Innenausstattung. Der bleibt allerdings am Ende der Jagd zweiter Sieger und trägt einen derart großen Schaden davon, dass er nicht mehr zu reparieren ist. Also kauft Bond sich nach einer Testfahrt an der Fähre von Calais einen Bentley Mark VI aus dem Jahr 1953 mit »open touring body«.

Auch in Flemings zweitem Roman *Leben und sterben lassen* (1954) taucht ein Bentley auf. In *Thunderball* (1961) kauft Bond einen kaputten Bentley Mark II Continental mit R-Type Chassis, lässt ihn restaurieren, individuell herrichten und mit einem Motor aus dem Mark IV ausstatten. Er beauftragt den Karosseriebauer H. J. Mulliner aus dem »Sports Saloon« ein zweisitziges Cabrio zu machen und nennt es »die

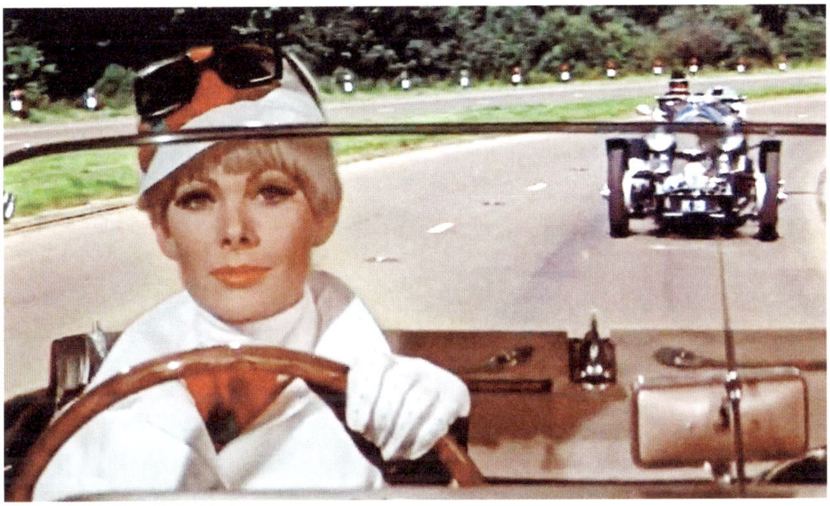

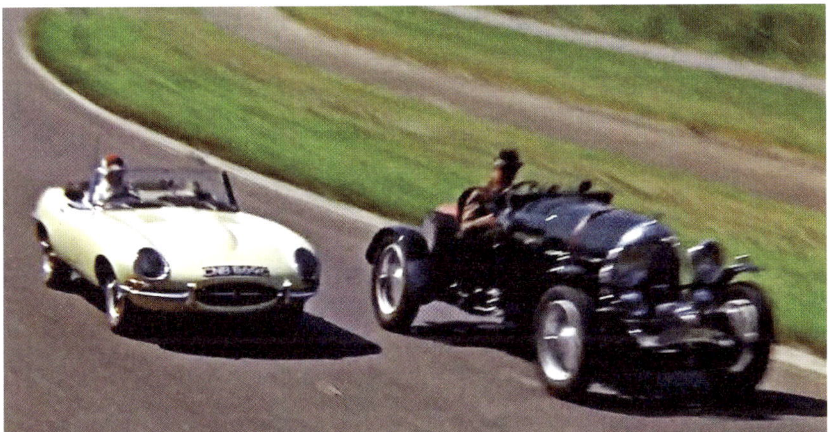

Die Fahrerin des Jaguar E-Type (Mireille Darc) verleitet Bond zur Verfolgungsjagd.

Lokomotive.« Auch der ist marinegrau (im Original »battleship grey«), verfügt über längere Auspuffrohre und ein ungewöhnliches Emblem: Anstatt des »B« für Bentley prangt vorne eine silberne, achteckige Schraube. Später gab es weitere Bentley Buchauftritte in *The Living Daylights* (1962) und *On Her Majesty's Secret Service* (1963).

Als sich immerhin sechs Regisseure zuständig für verschiedene Elemente der Bond-Komödie *Casino Royale* aus dem Jahr 1967 zusammentaten und sich sehr weit von der Buchvorlage entfernten, fand zumindest ein wichtiges Detail Eingang in den Film: der Bentley. Man nutzte einen Bentley 4,5 Liter Blower Special aus dem Jahr 1923 mit der Chassis Nummer 155 in schwarz mit rotem Leder. Für die Filmszenen wurde der Bentley optisch verändert. An der Front des Wagens brachte das Special Effects Team einen Aufbau an, sodass er wirkte wie ein Le Mans Bentley.

Der wird von Sir James Bond (David Niven) gefahren, verfügt über keinerlei Waffen, wird aber in eine Verfolgungsjagd verwickelt. Auf dem Weg von Schottland nach London macht Bond auf der Autobahn auf unangenehme Weise Bekanntschaft mit der Fahrerin eines primrose-farbenen (hellgelben) Jaguar E-Type Roadster der ersten Baureihe. Die stürmische Fahrerin touchiert ihn rechts hinten, was ihn anspornt, die Verfolgung aufzunehmen. Die ganze Aktion ist jedoch Teil eines raffiniert ausgeklügelten Plans, denn nun wird von einer Steuerzentrale aus ein ferngesteuerter, mit Sprengstoff bestückter weißer Milchlaster vom Typ Bedford aktiviert, der Bonds Wagen von hinten berühren und in die Luft jagen soll. »Ziel in Position. Zeitzünder!«, lautet die Anweisung. Um den Spieß umzudrehen, nimmt Bond im Bentley zwischendurch eine Abkürzung über eine auf der Straße liegende Ladung Holzbretter und schiebt sich vor den Jaguar, sodass der Milchlaster nun der Jaguarfahrerin bedrohlich nahe kommt. Letztendlich entkommt 007 dadurch, dass er schnell durch das per Fernsteuerung öffnende Einfahrtstor des eigenen Anwesens rast, während die Jaguarfahrerin Bekanntschaft mit dem Aufprallzünder des Milchlasters macht. Etwas später im Film fährt Bond mit seiner Tochter Mata dann noch am Sitz des britischen Premiers in der berühmten Downing Street No. 10 vor, aber mehr Szenen mit dem seltenen Stück gab es nicht.

»JAGUAR AN MOLKEREI: MILCH IN POSITION!« —JAGUAR-FAHRERIN (MIREILLE DARC) IN CASINO ROYALE 1967

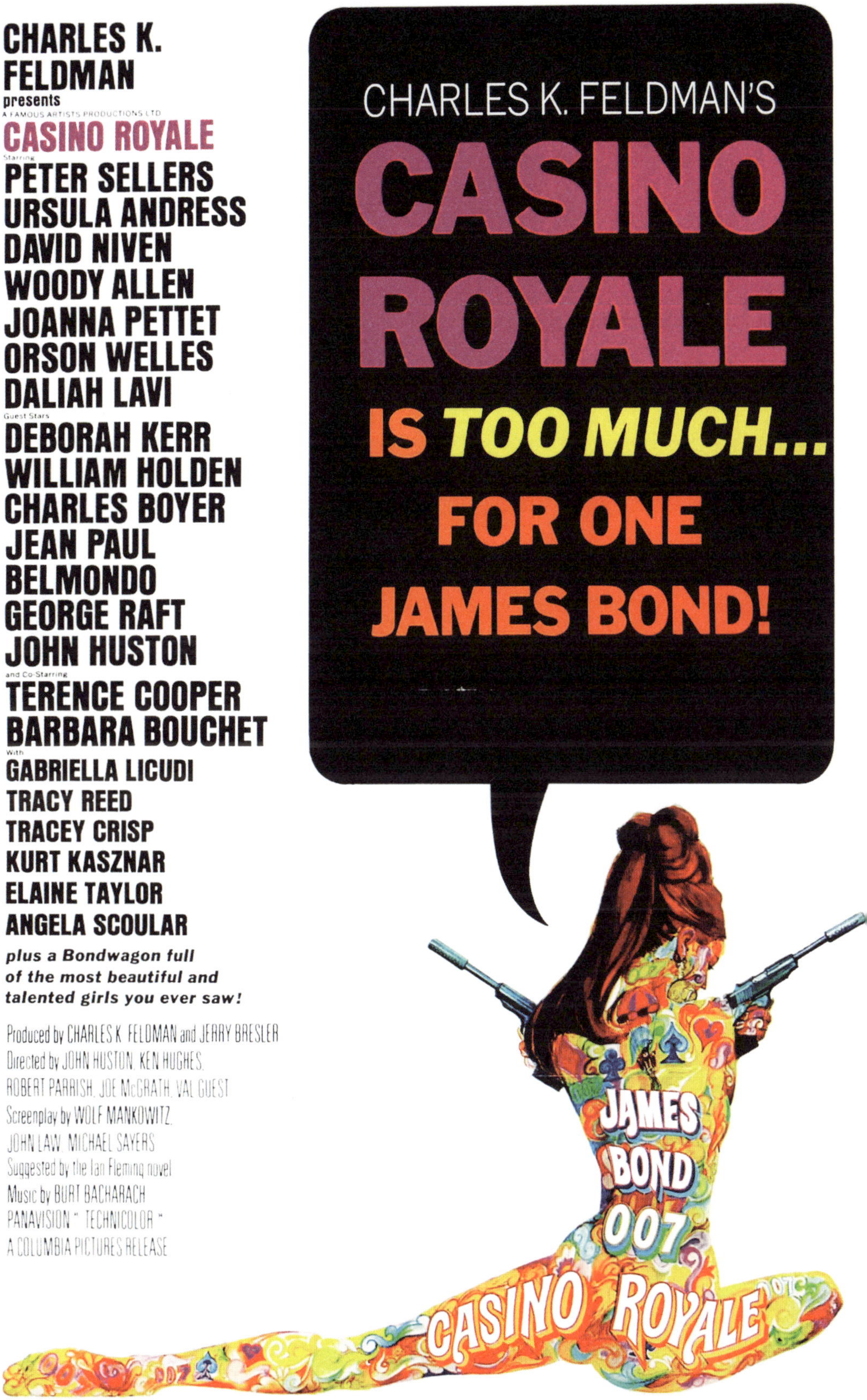
CHARLES K. FELDMAN
presents
A FAMOUS ARTISTS PRODUCTIONS LTD
CASINO ROYALE
Starring
PETER SELLERS
URSULA ANDRESS
DAVID NIVEN
WOODY ALLEN
JOANNA PETTET
ORSON WELLES
DALIAH LAVI
Guest Stars
DEBORAH KERR
WILLIAM HOLDEN
CHARLES BOYER
JEAN PAUL BELMONDO
GEORGE RAFT
JOHN HUSTON
and Co-Starring
TERENCE COOPER
BARBARA BOUCHET
With
GABRIELLA LICUDI
TRACY REED
TRACEY CRISP
KURT KASZNAR
ELAINE TAYLOR
ANGELA SCOULAR
plus a Bondwagon full of the most beautiful and talented girls you ever saw!
Produced by CHARLES K. FELDMAN and JERRY BRESLER
Directed by JOHN HUSTON, KEN HUGHES, ROBERT PARRISH, JOE McGRATH, VAL GUEST
Screenplay by WOLF MANKOWITZ, JOHN LAW, MICHAEL SAYERS
Suggested by the Ian Fleming novel
Music by BURT BACHARACH
PANAVISION ® TECHNICOLOR ®
A COLUMBIA PICTURES RELEASE
CHARLES K. FELDMAN'S
CASINO ROYALE
IS TOO MUCH...
FOR ONE
JAMES BOND!
JAMES
BOND
007
CASINO ROYALE

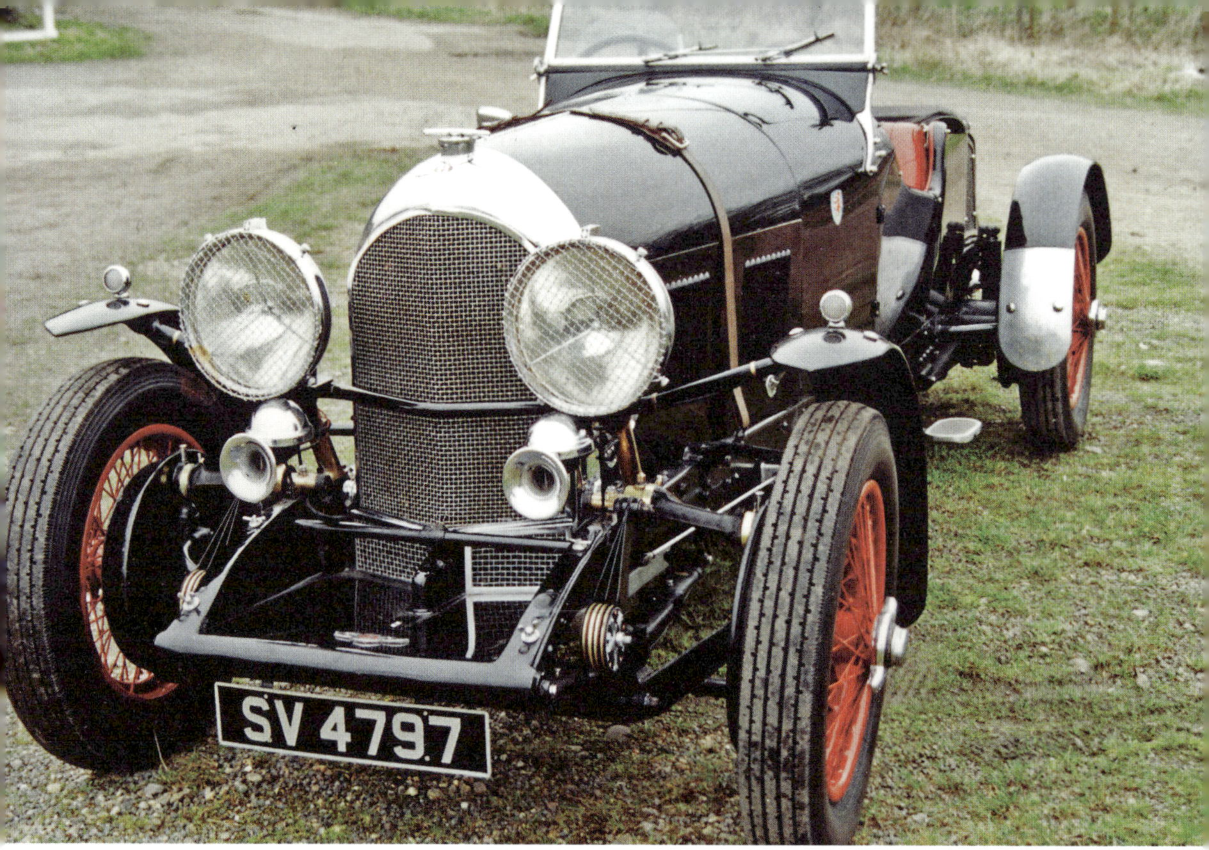

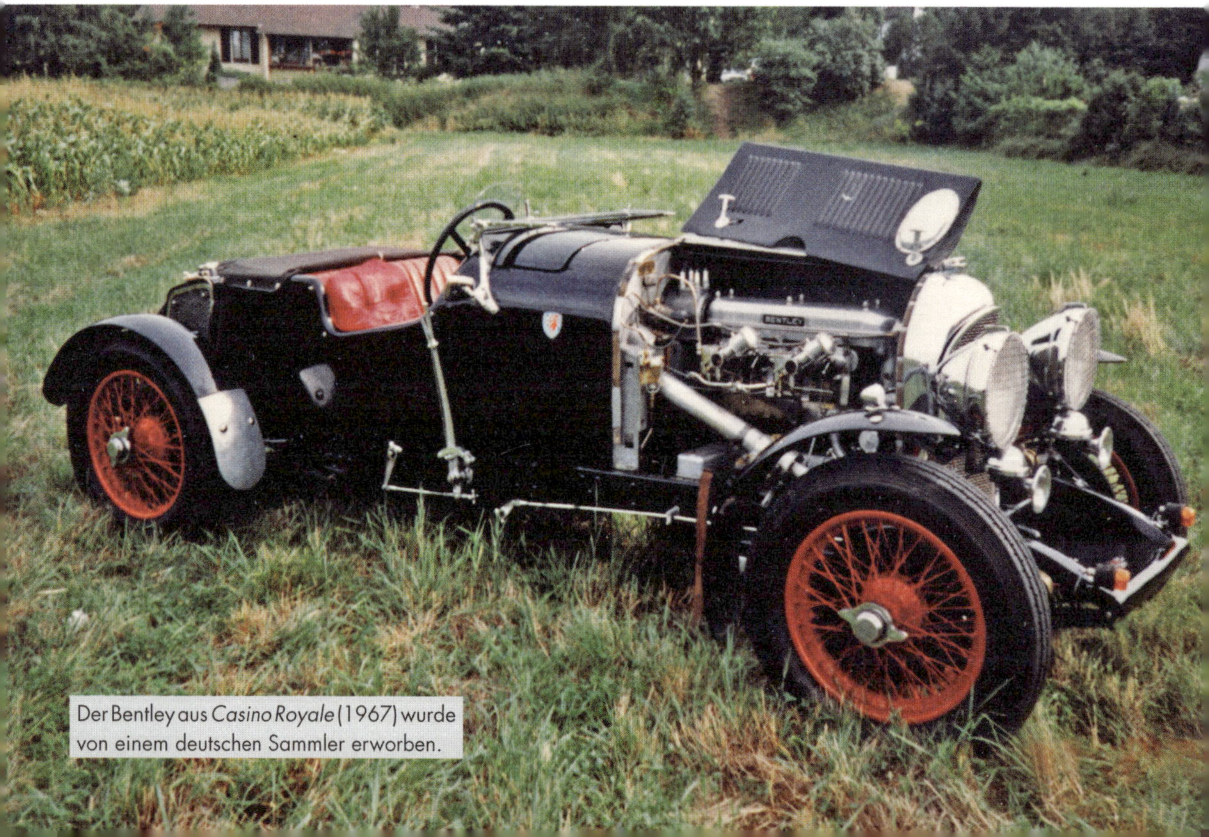

Der Bentley aus *Casino Royale* (1967) wurde von einem deutschen Sammler erworben.

Gedreht wurde im Frühsommer 1966 unter anderem auf der Autobahn A 24, der London Road, in den Ortschaften Dorking (Zig Zag Road, Pixham Lane), Englefield Green, Bracknell, Mickleham und Old Windsor sowie in den Shepperton Studios. David Niven agierte allerdings sehr häufig im Studio – vor einer Leinwand. Mehrfach wurde Niven von dem englischen Wing Commander Bill Thelen gedoubelt, der dem Schauspieler nicht nur ähnlich sah, sondern dem damals auch der Bentley gehörte. Vermutlich lag es auch daran, dass nicht jeder mit so einem Wagen umgehen kann, denn er ist mit 1.625 kg sehr schwer, mit 4,38 Metern sehr lang und hat ein unsynchronisiertes Vierganggetriebe.

Der Wagen hat eine bewegte Geschichte: Er wurde 1922 gebaut (Chassis Nummer 155/ Motor Nummer 169) und im Januar 1923 mit einem Aufbau von Automarine in Brighton an einen gewissen M. A. Annett ausgeliefert. Wie und wo der Wagen den 2. Weltkrieg überstanden hat, ist nicht bekannt (vielleicht versteckt aufgebockt und liebevoll gepflegt wie bei Fleming), aber überliefert ist, dass er in den 50er und 60er Jahren Bill und Joyce Thallon aus Gerrards Cross in der Grafschaft Buckinghamshire gehört hat. Sie besaßen übrigens ein paar Deutsche Schäferhunde, die – nebst passenden Rennfahrerbrillen – immer auf den hinteren Sitzen mitfuhren. Im Oktober 1968 zogen die Thallons nach Irland.

Der Wagen wechselte von Wing Commander Bill Thelen Anfang der 70er Jahre zu Clyde Thorley, der ihn aber nur ein Jahr besaß. Im Januar 1977 wurde der Bentley im britischen Oldtimermagazin »Thorough Bred and Classic Cars« angeboten. Später, in den 90er oder 2000er Jahren, wann genau ist nicht mehr zu ermitteln, kaufte ein deutsches Mitglied des Bentley Drivers Club den Wagen. Überliefert ist, dass der Wagen mehrfach auf englischen Oldtimer- und Bentley-Club-Treffen sowie bei Firmen, etwa bei Stanley Mann Racing in Hertfordshire, in Brooklands, Silverstone und am Windsor Castle auftauchte.

KOMISCHES UND WISSENSWERTES

Auch Romanautor Ian Fleming war nicht vor Fehlern gefeit. Laut dem Roman *Casino Royale* kaufte Bond den Bentley 1933 und lagerte ihn während des 2. Weltkriegs ein. Aus dem Roman *You Only Live Twice* (Man lebt nur zweimal), der 1964 erschien, geht hervor, dass er 1941, im Alter von 17 Jahren, zur Armee ging. Demnach hätte er den Bentley allerdings im Alter von acht Jahren gekauft...

Ian Fleming besaß für kurze Zeit einen Bentley. Allerdings ein ganz anderes graues Modell R-Type Continental Fastback, das er als Geschenk für seinen langjährigen Freund Ivar Bryce kaufte, der zu seiner Inspiration für den CIA Agenten Felix Leiter wurde. Auf Flemings Wunsch hin wurde die graue (elephant breath grey), linksgelenkte Limousine aus dem Jahr 1953 mit schwarzem Leder, Schaltgetriebe, speziellen Leichtbau-Sitzen, einem Rennpferd-Kühlerfigur, Mittelwellen-Radio sowie hinteren Radabdeckungen und einem passenden Kofferset am 22. April an Bryce ausgeliefert. Insgesamt wurden nur elf linksgelenkte Fahrzeuge von diesem Bentley gebaut, dessen Aufbau von dem bekannten englischen Karosseriebaubetrieb H. J. Mulliner stammt. Ein Wagen desselben Typs taucht auch in Flemings 1961 erschienenem Roman *Feuerball* auf, wird im Laufe der Zeit für Bond hergerichtet und in der Hinsicht verändert, dass er sich eine größere Maschine gönnt, eine stärkere Batterie und eine Rennkupplung.

Ivar Bryce und seine Frau Josephine Hartford, nahmen den Wagen zu ihren verschiedenen Anwesen und Reisen nach England, Nassau, New York, San Francisco und Vermont mit und verkauften ihn dann. Nach mehreren Besitzerwechseln, gelangte er 1978 zu einem Chirurg in Los Angeles, der ihn in seiner Garage abstellte und nicht mehr bewegte. Der unrestaurierte, inzwischen weiße Wagen mit dem US-Kennzeichen BLT 934 (Chassis Nummer BC10LB) wurde 2015 von Gullwing Motor Cars im Stadtteil Hancock Park in Hollywood gefunden, wo er fast 30 Jahre lang gestanden hatte. Der Wagen galt zu seiner Zeit mit einer Höchstgeschwindigkeit von 193 km/h als die schnellste viersitzige Limousine der Welt. Er wurde am 15. August 2015 von Gooding & Company bei ihrer Auktion in Pebble Beach angeboten. Der Wert wurde auf 1,4 bis 1,8 Millionen Dollar taxiert, doch es fand sich kein Käufer. Gullwing Motor Cars bot den Wagen im Anschluss auf ihrer Webseite für 1,495 Millionen Dollar an. Der Romanautor war nach seinem Tod erstmals öffentlich in einem Bentley zu

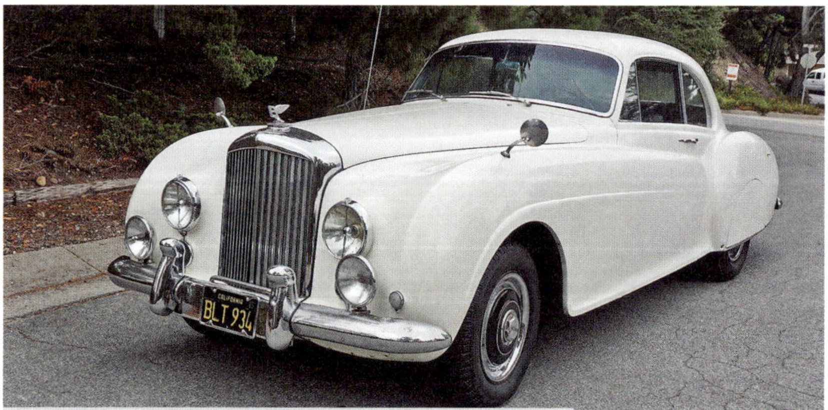

Diesen Bentley schnenkte Ian Fleming seinem Freund Ivr Bryce.

sehen. Der Autor hatte zu Lebzeiten für eine Titelgeschichte des angesehenen US Magazins Life posiert. Das Cover erschien am 7. Oktober 1966. Darauf ist Fleming in einem schwarzen Blower Bentley mit dem Kennzeichen GK 3841 zu sehen.

Der im Laufe der Film-Verfolgungsjagd in Mitleidenschaft gezogene primrose-farbene Jaguar E-Type mit dem Kennzeichen CNB 869C, der am 1. April 1965 erstmals zugelassen wurde, wurde inzwischen leider umlackiert und ist jetzt rot.

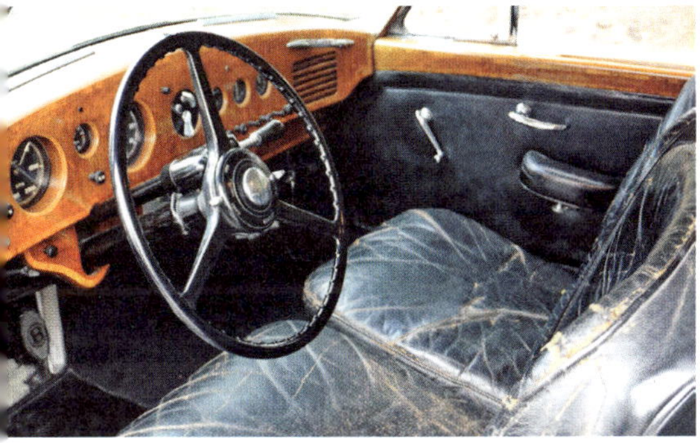

DATEN UND FAKTEN

Casino Royale (1967)
Modell: Bentley Kompressor, rechtsgelenkt
Farbe: schwarz
Bauzeit: 1923
Stückzahl: 54/ 55 Blower Bentleys und 665/669 Bentleys mit 4,5 Liter Maschine (1927 – 1931) in drei verschiedenen Ausführungen: Tourer, Drophead Coupé, Sporting Four Seater
Motor: 4.398ccm
Leistung: 175 PS (Touring Modell)/240 PS (Racing Modell)
Chassis Nr. 155
Motor Nr. 169/932
Kennzeichen: K 19/SV 4797
Gewicht: 1.625 kg
Neupreis: 1.475 Pfund/ 1.150 Pfund (ab Januar 1931)
Höchstgeschwindigkeit: 130 mph
Screen Time des Wagens: 1 Minute 48 Sekunden

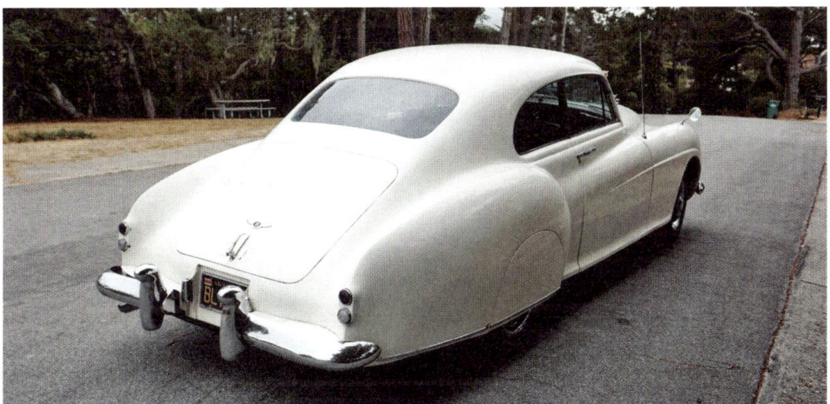

Die Karosserie mit den verkleideten Hinterrädern stammt von H. J. Mulliner.

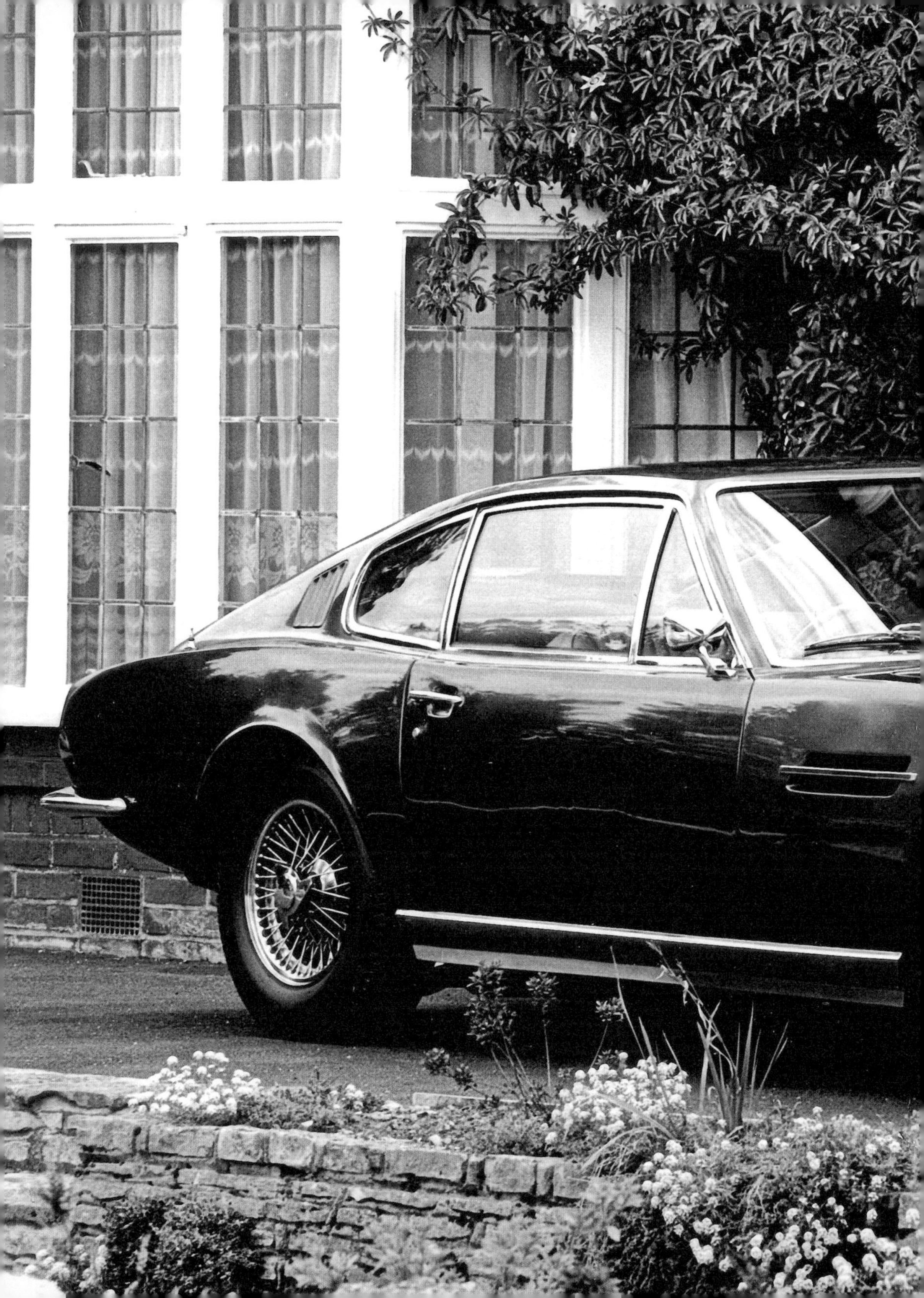

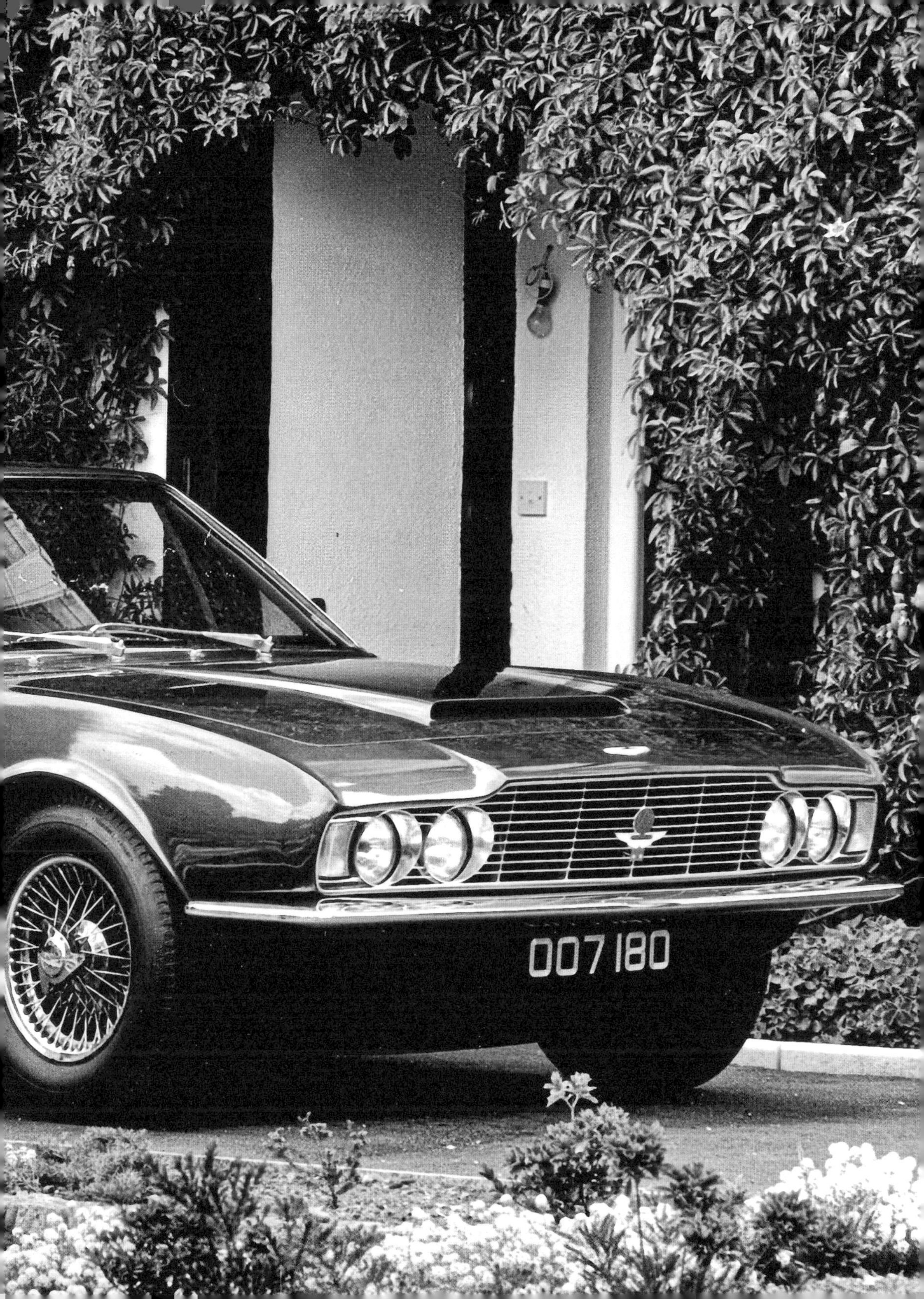
OO7 18O

DER ASTON MARTIN DBS AUS *IM GEHEIMDIENST IHRER MAJESTÄT* (1969)

Nach den großen Erfolgen in *Goldfinger* und *Feuerball* waren Aston-Martin-Fahrzeuge im darauffolgenden Film *Man lebt nur zweimal* nicht vertreten. Man drehte überwiegend in Japan und griff auf einen Toyota 2000 GT zurück. Als klar war, dass Sean Connery aussteigt, und der Australier George Lazenby als neuer 007-Darsteller verpflichtet wurde, wollte man diesen zu Beginn des Films *Im Geheimdienst Ihrer Majestät* natürlich entsprechend einführen. Was lag also näher, als es mit Hilfe seines Wagens zu tun? Doch bis es soweit war, dass der erste Ton, den der neue Mann von sich geben sollte, nicht etwa seiner Stimme, sondern dem Motorsound seines Wagens geschuldet war, gab es diverse Treatments, Drehbuchentwürfe und Sequenzen mit Fahrzeugen. Nicht alle davon waren ein Aston Martin – und nicht alle fuhren auf der Straße.

Am 15. Juni 1964 legte Drehbuchautor Richard Maibaum ein erstes Treatment und bald danach ein Drehbuch vor, denn man hatte ursprünglich vor, den Stoff direkt nach *Goldfinger* zu verfilmen. Darin taucht noch gar kein Aston Martin auf. Tracy fährt Lancia und Blofeld Maserati. In einem weiteren Treatment und einer Drehbuchversion vom 29. März 1966 taucht dann, im wahrsten Sinne des Wortes, ein Aston Martin auf. Darin rettet Bond Tracy in seinem Wagen, der zu einem Amphibienfahrzeug umgebaut wurde, verfolgt ein Motorboot und feuert aus dem Aston Martin einen Torpedo ab. Die Idee wurde verworfen, der damalige Drehort Frankreich auch.

Am 27. April 1967 war ein weiteres Drehbuch fertig. Jetzt wurde nicht mehr getaucht, sondern abgeworfen, denn der Schleudersitz sollte zu einem erneuten Einsatz kommen. Gleich zu Anfang wird der neue Bond, dessen Gesicht man nicht sieht, gekidnappt und auf den Rücksitz seines Aston Martin gepackt. Als die Gangster mit ihm über eine Brücke fahren, befreit er sich selbst mit Hilfe des Schleudersitzes und fällt ins Wasser. Der Wagen kracht in einen Benzinlaster und explodiert. Bond ist im Gesicht verletzt worden, wird behandelt und man sieht erstmals sein neues Konterfei: kein Connery, also ein Nachfolger. Anschließend bekommt er beim MI 6 sein neues Auto, einen Ford GT Mark III, eine Straßenversion des GT 40. Nur sieben Mark III wurden übrigens jemals gebaut – weniger als vom DB 10 im Jahr 2015 also, von dem immerhin zehn Stück entstanden. Bond fährt mit dem Ford, der über MGs verfügt, an den Strand, trifft Tracy, prügelt sich mit Gangstern und benutzt eine Laserwaffe.

Etwas über ein Jahr später, am 26. Juni 1968, ist ein weiteres Drehbuch fertig. Darin ist zu lesen, dass der beliebte Tüftler Q einen Part hat und Bond den Ford GT Mark III persönlich übergibt.

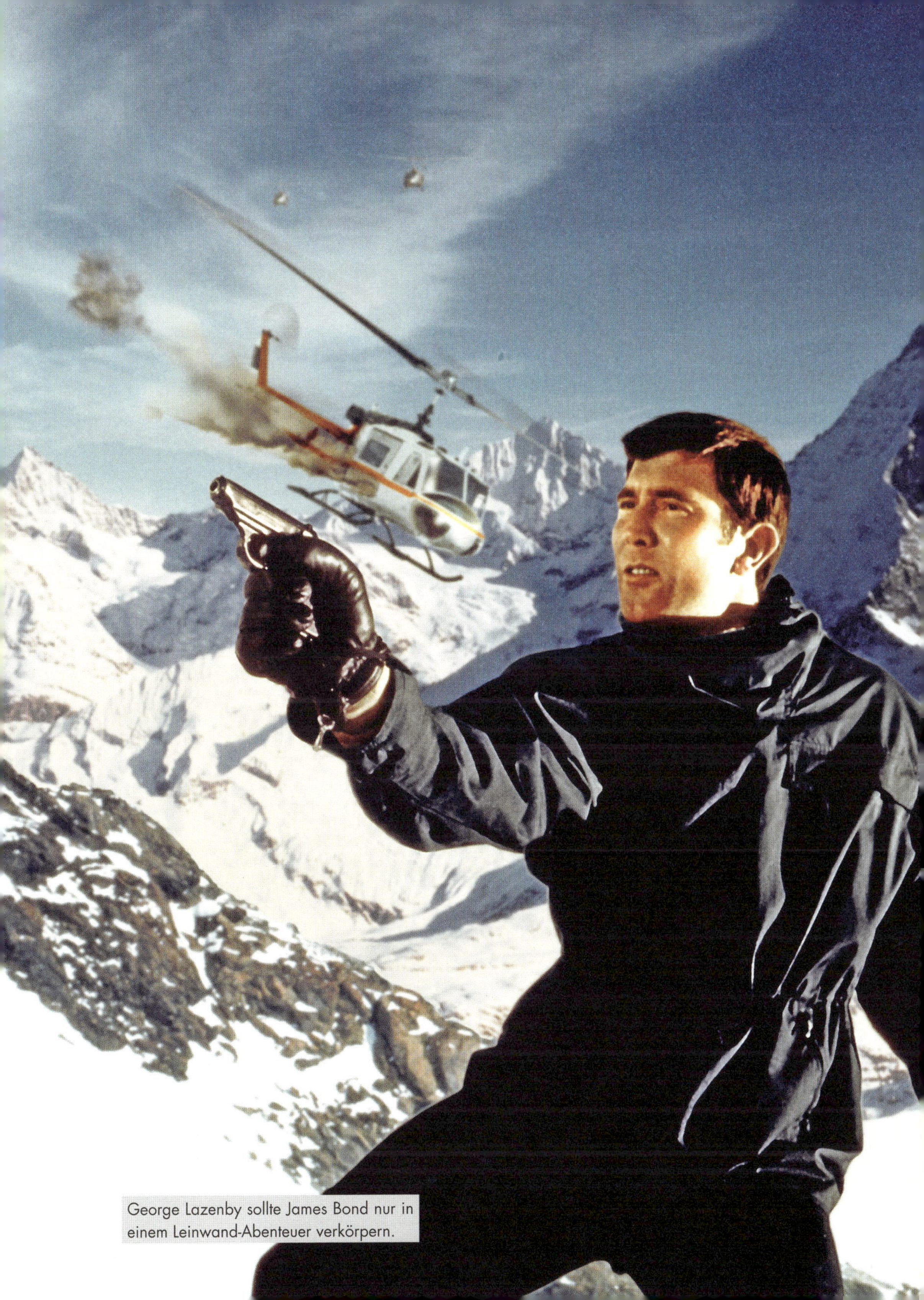

George Lazenby sollte James Bond nur in einem Leinwand-Abenteuer verkörpern.

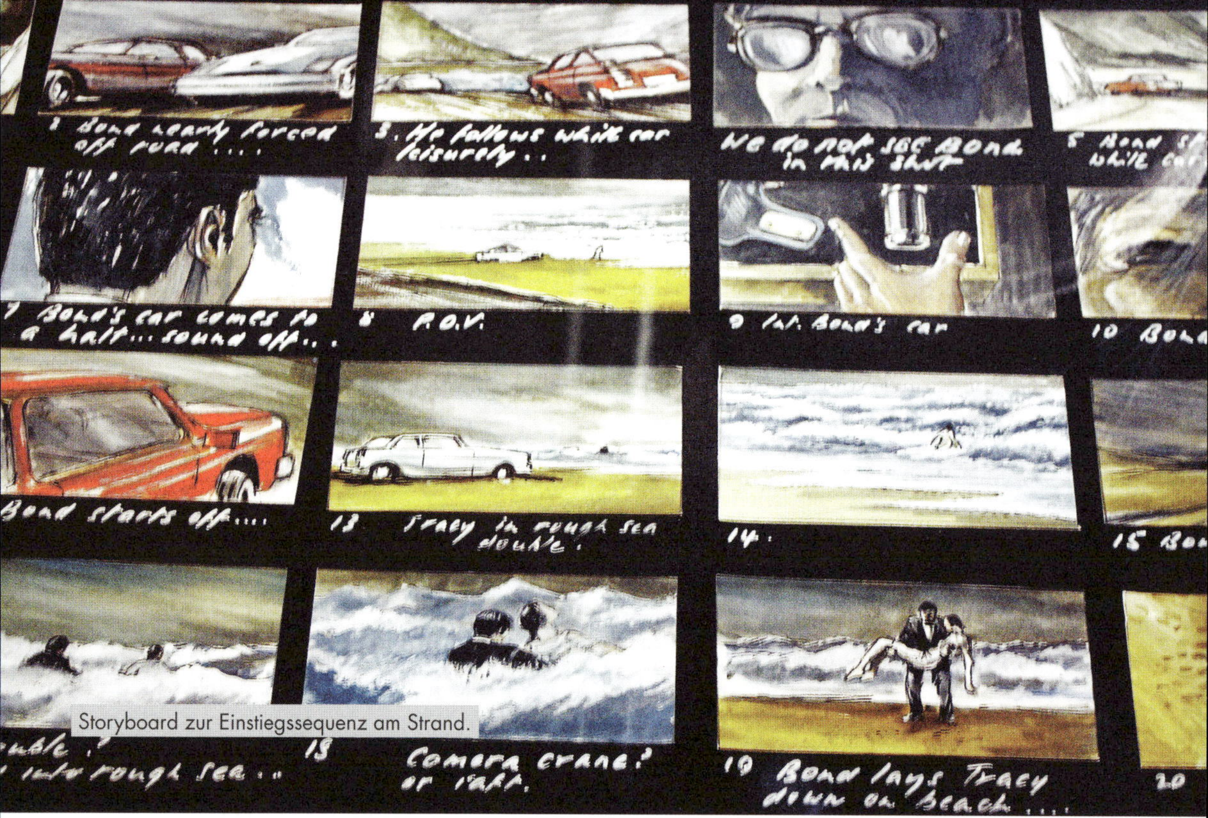

Storyboard zur Einstiegssequenz am Strand.

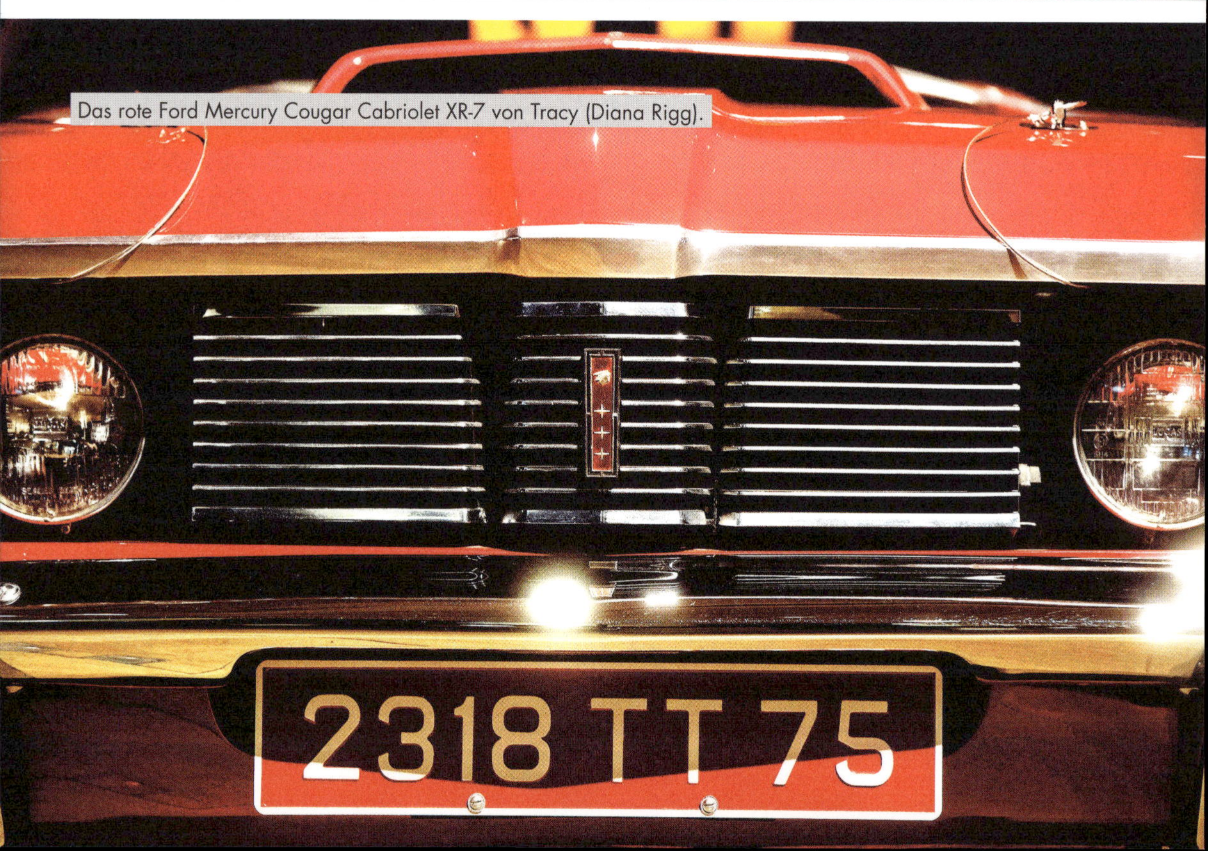

Das rote Ford Mercury Cougar Cabriolet XR-7 von Tracy (Diana Rigg).

Nach weiteren Überarbeitungen bis zum August desselben Jahres fliegt der Ford dann ganz raus, dafür fährt Tracy plötzlich Bugatti. Auch das wird wieder verworfen, aber immerhin kommt im fertigen Film dann wieder ein Ford vor: Dieses Mal ist es ein rotes Ford Mercury Cougar Cabriolet vom Typ XR-7. Es ist Tracys Wagen.

Insgesamt entstanden zwischen Juni 1964 und September 1968 zehn Treatments und Drehbücher. Bis zu Beginn der Produktion des Films, sogar selbst währenddessen, gab es noch Script-Änderungen. In fast allen Versionen gibt es unterschiedliche Fahrzeuge der handelnden Hauptpersonen und/oder verschiedenartige Funktionen, bis man sich schlussendlich für die weltweit bekannte Filmversion entschied. Und da der DB 5 und dessen Nachfolger DB 6 zur Zeit der Dreharbeiten nicht mehr gebaut wurden, verwendete man im Film eben den DBS, der von 1967 bis 1972 entstand.

»DAS WÄRE DEM ANDEREN NIE PASSIERT!« —GEORGE LAZENBY ALS BOND IN ANSPIELUNG AUF SEINEN VORGÄNGER SEAN CONNERY

Dafür liehen sich die Filmemacher zwei Wagen von Aston Martin aus. Der Hersteller lieferte zwei identisch aussehende Fahrzeuge an die Produktion, wobei der eine (DBS/ 5109/ R) für Studioaufnahmen verwendet wurde, und der andere (DBS/ 5234/ R) für die Außenaufnahmen. Dieser war übrigens das sogenannte »factory demonstration car« von Aston Martin. Beide Autos verfügten im Film über dasselbe Kennzeichen: »GKX 8 G«. Tatsächlich hatte der erste Wagen das Kennzeichen FBH 207 G. Nach Aussagen des Aston Martin Owners Club verfügte 5234/ R über eine »spezielle Maschine, die in der Entwicklungsabteilung installiert wurde«. Der Motor trägt die Nummer 400/3831/SVB; was daran »speziell« ist, kann aber selbst niemand aus dem Aston Martin Werk mehr beantworten. Bekannt ist allerdings, dass noch eine Reihe von Motoren der DB 6-Baureihe übrig waren und für den DBS verwendet wurden.

Zusätzlich installierten die Special-Effects-Techniker ein besonderes Handschuhfach, das ein zusammenlegbares Gewehr mit Teleskopsicht vom Typ AR-7 beherbergte, welches in roten Samt gebettet war. Das Gewehr kommt nicht zum Einsatz, aber das Zielfernrohr. Damit schaut der von Lazenby gespielte Agent gleich zu Anfang einer schönen Frau zu, die sich offensichtlich das Leben nehmen will. Diana Rigg spielt diese Frau namens Teresa (auch Tracy genannt) und beweist im Verlauf des Films, dass sie mit ihrem roten Ford Mercury Cougar XR-7 Cabriolet sogar ein Rennen auf einer Eis-Stock-Car-Bahn übersteht, während 007 unbeteiligt daneben sitzt und im Verlauf des Films mit seinem DBS nur irgendwo entlang- oder vorfährt. Eine klare Rollenverteilung also, zumal sein Auto auch noch zum Schicksalsort wird.

Die Dreharbeiten für den Film begannen am 21. Oktober 1968 in dem kleinen Ort Mürren in der Schweiz, allerdings ohne einen der DBS: Der war erst am 9. April 1969 im englischen Örtchen Marlow in der Grafschaft Buckinghamshire erstmals im Einsatz. Bond fährt vor dem Anwesen »Thames Lawn« vor, da sein Boss »M« dort zuhause ist. Ende April flog das gesamte Team nach Lissabon und fuhr von dort aus zum Palacio Hotel in Estoril weiter, das als Basis für die weiteren Trips im Inland diente. Dort war im Mai 1941 übrigens auch Bond-Autor Ian Fleming zu Gast. Er spielte im hauseigenen Casino Bakkarat und verlor, nutzte die Erlebnisse aber, um sie in seinen ersten Roman »Casino Royale« einzubauen. Er war damals ohne Wagen unterwegs, jetzt hatte man die beiden Aston Martin DBS und den roten Ford Mercury Cougar XR-7 dabei.

Am 30. April erfolgte der erste Einsatz der Fahrzeuge. Bond fährt im DBS zum Hotel, hält vor dem Hintereingang und sieht den Cougar, der dort parkt. Nach einem Pressetermin, in dem Diana Rigg

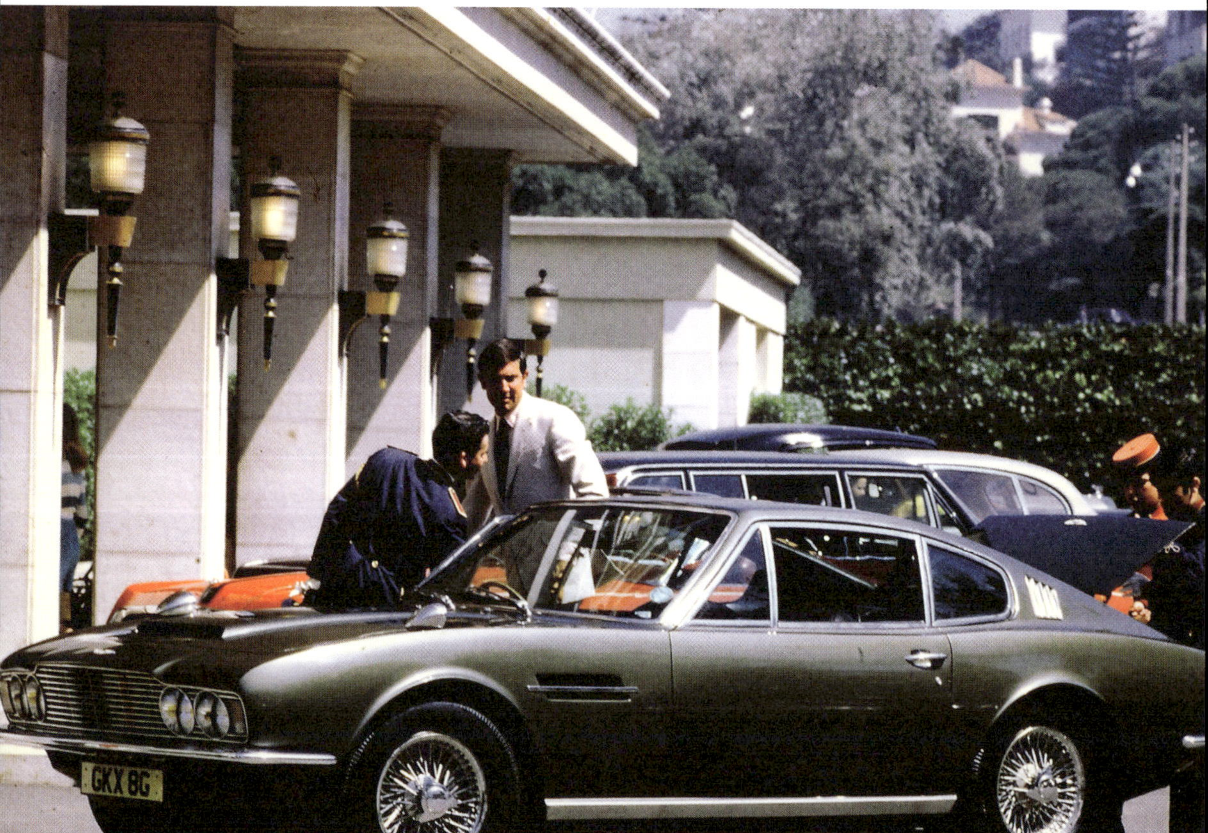

alias Tracy ihr Hochzeitskleid vorführte, zog die Crew in Richtung Setúbal weiter. Auf dem riesigen portugiesischen Da Vinho Anwesen von Manuel Vinhas in der Region Herdade do Zambujal in Palmela, etwa 220 Kilometer südlich von Estoril, entstanden die Hochzeits- und die Stierkampfsequenz. Tracy fährt mit ihrem Cougar durch ein Blumenmeer vor. Bond und Tracy verlassen das Areal in seinem DBS.

Gedreht wurde mit dem Wagen als nächstes am 13. und 14. Mai 1969 am portugiesischen Strand Praia do Guincho, etwas mehr als zehn Kilometer westlich von Estoril. Der mit 282 PS angegebene Aston Martin DBS röhrte kräftig. Später attestierten ihm Autotester allerdings, dass er gerade einmal 242 PS zustande bringe und damit schwächer und langsamer sei als das Vorgängermodell DB 6 mit 286 PS. Die Küstenstraße, die bis zum Strand herunterführte, war zunächst der erste Einsatzort des DBS, dessen dunkle Farbe überraschte: »Olive Green« wich dem früheren »Silver Birch« des DB 5. Es war ursprünglich eine für Chrysler entwickelte Farbe, die den Aston-Martin-Verantwortlichen so gut gefiel, dass sie diese übernahmen - auch weil sie sich von dem häufig verwendeten »British Racing Green« stark unterschied.

Außerdem entstanden noch Szenen auf der Küstenstraße des Arrabida Nationalparks (am 19. und 20. Mai 1969), wo Tracys Tod inszeniert wurde. Hier entstand also das Ende des Films, wobei der Moment doch verwundert, denn Bonds Frau Tracy wird durch die Windschutzscheibe des Aston Martin von Blofelds Gehilfin Irma Bunt erschossen. Wenn man bedenkt, dass die Scheiben des Aston Martin DB 5 kugelsicher waren, wie im Film *Goldfinger* zu sehen, hat also Q durch seine Fahrlässigkeit den Tod der frisch angetrauten Ehefrau zu verantworten. Hat der britische Geheimdienst etwa gespart und das neue Auto nicht mit kugelsicheren Scheiben ausgestattet?

Am 21. Mai 1969 war der Juwelierladen Joalharia Ferreira Marques in Lissabon Schauplatz des Films. Bond fährt aber nur vor. Weitere Aufnahmen entstanden Ende Mai in Cascais, nahe Lissabon auf der Avenida Dos Carlos I. Gefilmt wurde von einem höhergelegenen Fort aus, das Citadela genannt wird und heute eine Militärschule beherbergt. Zunächst ist der Wagen nur von oben zu sehen, und bei den folgenden Einstellungen verzichtete man darauf, den Fahrer zu zeigen. George Lazenby steuerte den Wagen zwar selbst, aber sein Gesicht war nicht vollständig zu sehen. Gedreht wurde auch nicht in der Dunkelheit, auch wenn es im Film so wirkt. »Day for Night« heißt ein beliebter Trick bei Filmemachern. Man dreht tagsüber, und Filter sorgen dafür, dass das Ganze dunkel wirkt. So geschah es auch hier.

Getrickst wurde auch beim Fahren des Wagens auf dem sandigen Strand. Produktionsdesigner Syd Cain brachte mehrere etwa 1,80 Meter lange hölzerne Eisenbahnschwellen mit. Diese wurden unter dem Sand verlegt, damit der

Wagen auch genügend Traktion hatte. Second Unit Kameramann Alec Mills zwängte sich mit einer Arriflex in der Hand auf den Beifahrersitz, um den fahrenden Lazenby aufzunehmen, ohne dass man sein Gesicht erkannte, und auf den Rücksitz, um seine Blickrichtung auf Film zu bannen. Auch Diana Rigg profitierte von den Eisenbahnschwellen, als sie den Wagen vom Strand zur Straße bewegte. Damit waren die Aufnahmen an sieben Drehorten für die beiden Wagen abgeschlossen.

Als George Lazenby am 23. November 1969, also knapp vier Wochen vor der Uraufführung am 18. Dezember im Londoner Odeon Kino, im »Sunday Mirror« bekannt gab, dass dies sein einziger Bond-Film bleiben werde, wurden ausführliche Werbemaßnahmen mit ihm und dem Wagen ausgesetzt. Er bezahlte sogar seine eigene Pressetournee in den USA. Keiner der beiden olivgrünen DBS stand bei der Premiere vor dem Kino – so wie man das sonst gerne macht. Man könnte meinen, dass er genauso unbeliebt war wie der Hauptdarsteller. Beide verschwanden auch schnell aus dem Rampenlicht.

KOMISCHES UND WISSENSWERTES

Der Wagen mit der Chassis Nr. DBS/ 5234/ R wurde nach den Dreharbeiten von Aston Martin an die British School of Motoring verkauft, dort für Testfahrten und nur minimal zu Werbezwecken seitens der Filmfirma eingesetzt. Im Rahmen einer PR-Tournee kam der Wagen nach Australien. Anders als ursprünglich geplant, wurde der Aston dort verkauft, und der neue, aus Sydney stammende Besitzer staunte nicht schlecht, als ihn plötzlich eine heftige Steuernachzahlung erreichte. Da er sich diese nicht leisten konnte, verkaufte er den Wagen wieder. Danach wechselte das Filmauto mehrfach die Besitzer und tauchte in Melbourne auf. Dort wurde er 1978 von der Firma Glenhuntly Motors angeboten und im Juni von dem Sportwageninteressenten Sigi Zidziunus erworben, ohne dass dieser wusste, welche Geschichte der Wagen hatte. Er entschied sich gegen einen Ferrari Dino und einen Rolls Royce und zahlte 14.500 Dollar für den DBS. Er trat dem Aston Martin Owners Club bei und fand bald heraus, dass dies tatsächlich das Original-Filmauto war. 1984 überstand er einen schweren Unfall, als sein Geschäftspartner, der übrigens auch einen DBS besaß, hinten auffuhr und den Wagen rund 15 Zentimeter kürzer machte! »Das wäre dem Anderen nie passiert!«, lautet eine Zeile von Lazenby gleich zu Anfang des Films als Anspielung auf seinen Vorgänger Sean Connery. Auch für den Unfall erscheint der Spruch passend. Der kapitale Schaden musste repariert werden, und da das Geld nicht zur Verfügung stand, vergingen 25 Jahre bis zur fertigen Restaurierung. Es kam hinzu, dass auch noch ein Feuer in der Werkstatt wütete, in der das seltene Stück stand.

Inzwischen ist der Film-DBS aber wieder hergestellt. Alle Angebote, ihn zu verkaufen, hat Zidziunus abgelehnt.
Der zweite bei den Dreharbeiten eingesetzte Wagen (Chassis-Nr. 5109/ R), der später das Kennzeichen »FBH 207 G« bekam, ist in England geblieben und wurde jahrelang im »Cars of the Stars Museum« im Lake District ausgestellt, ehe er, gemeinsam mit anderen Filmfahrzeugen, vom amerikanischen Milliardär Dezer erworben und dann viele Jahre in dessen Museum in Miami ausgestellt wurde. Dezer verlagerte die Kollektion inzwischen nach Orlando, aber die Ausstellung ist geschlossen.
Wie schon erwähnt, wurden während der Dreharbeiten beide Fahrzeuge eingesetzt. Allerdings passierten dennoch Anschlussfehler, denn die Wagen waren optisch nicht identisch. Gut zu erkennen ist das daran, dass an dem Wagen mit dem Kennzeichen GKX 8G die Länderkennung GB am Heck zu sehen ist. Als der andere Wagen (der FBH 207 G) zum Einsatz kam, vergaß man, diese anzubringen.
Noch viel schlimmer war allerdings die Fahrweise von George Lazenby. Der Australier durfte einen DBS während der Dreharbeiten auch zu seinem Privatvergnügen nutzen und machte davon etwas stürmischer Gebrauch, als gedacht. Er touchierte einen Pfosten und demolierte den hinteren linken Kotflügel. Daraufhin wurde der Wagen zum Werk zurückgebracht, wo der Schaden behoben wurde. Auch mit einem anderen Fahrzeug handelte er sich Ärger ein. Motorradfan Lazenby besuchte die BSA Werke und kaufte sich nach der Tour, noch während der Dreharbeiten, eine BSA Rocket 3 mit 750 ccm, die als erstes »Super Bike«

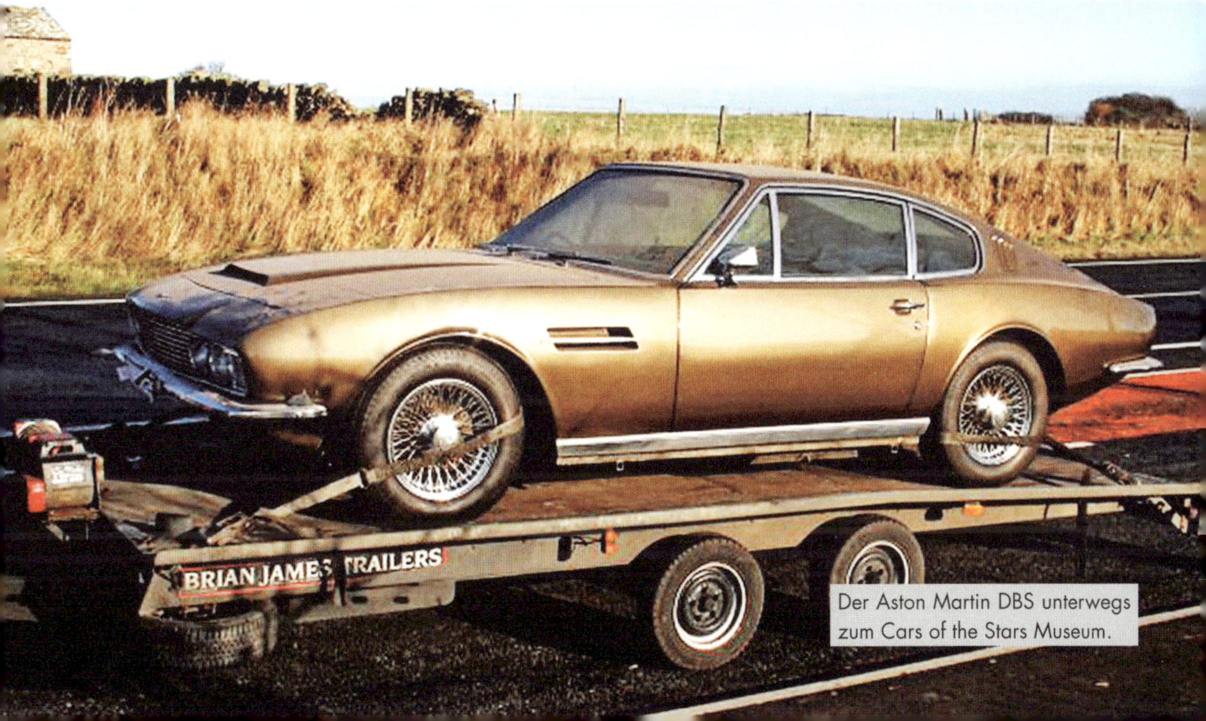

Der Aston Martin DBS unterwegs zum Cars of the Stars Museum.

der Welt galt und bis zu 150 Meilen schnell fuhr. Er raste damit gerne auf der Autobahn M 4 zu den Pinewood Studios. Als die Produzenten das mitbekamen, verboten sie ihm das aus Angst vor Unfällen und konfiszierten seine neue Maschine bis zum Ende der Dreharbeiten.

Ein verrückter englischer Fan, dem es nicht gelang, an eines der Originalfahrzeuge heranzukommen, kaufte 2008 im kalifornischen Burlingame südlich von San Francisco einen der 787 je gebauten Aston Martin DBS (Chassis-Nr. 5678/ R). Er war damals hellblau und verfügte innen über roten Stoff (Sonderausstattung: Maroon Draylon, Kennzeichen: EMC 812 J). Er transformierte ihn in jahrelanger Kleinarbeit mit professioneller Hilfe in einen Wagen, der dem Filmfahrzeug bis ins kleinste Detail gleicht. In Schottland fand er sogar jemanden, der ihm das Handschuhfach nebst Waffe nachbaute. Der Wagen wird seitdem immer mal wieder bei Messen und Veranstaltungen gezeigt. Es bleibt jedoch eine Replika.

Und noch eine Replika macht in der Sammlerszene die Runde: Das britische Auktionshaus Bonhams bot bei ihrer Auktion im Aston Martin Werk in Newport Pagnell am 21. Mai 2011 einen Wagen an, der den beiden aus dem Film zumindest optisch gleicht. Der rechts gelenkte olivgrüne DBS (Kennzeichen OEL 565 G, Fahrzeugnummer DBS/ 5148/ R, Motornummer 400/3864/S)

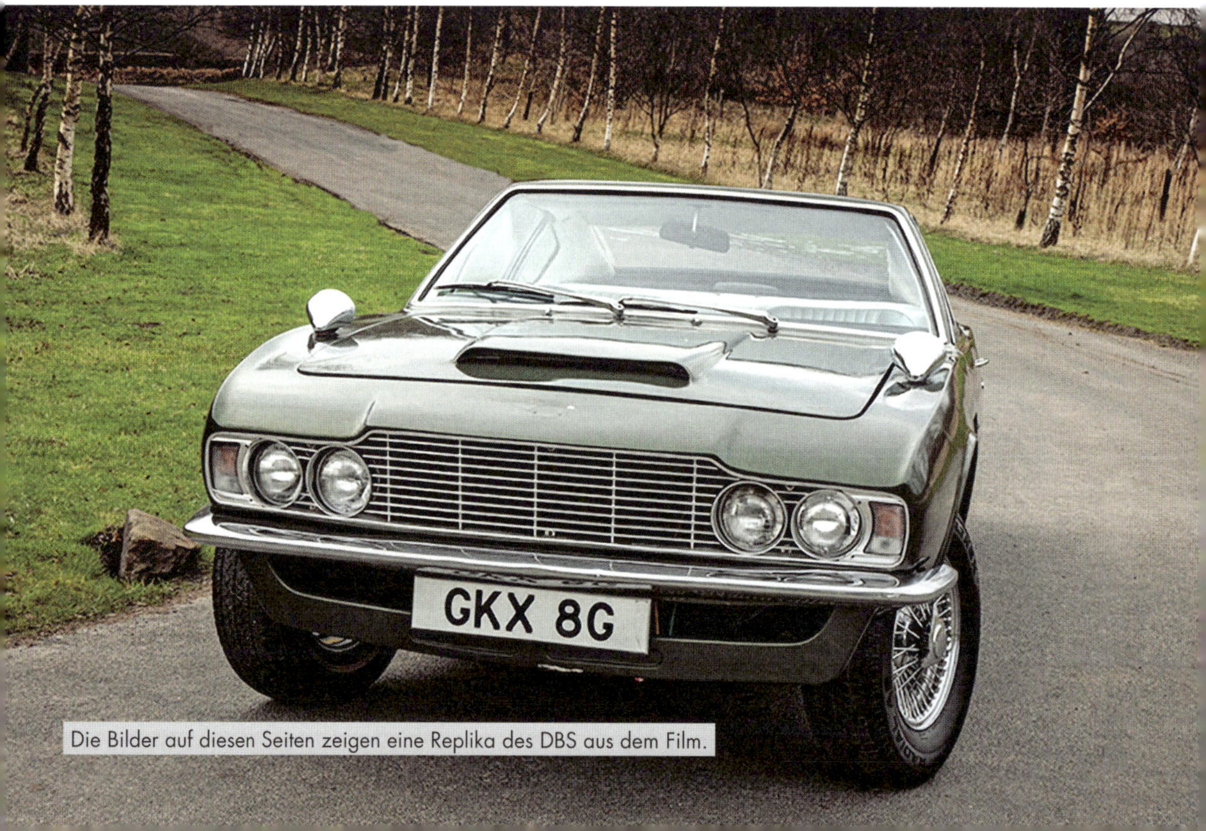

Die Bilder auf diesen Seiten zeigen eine Replika des DBS aus dem Film.

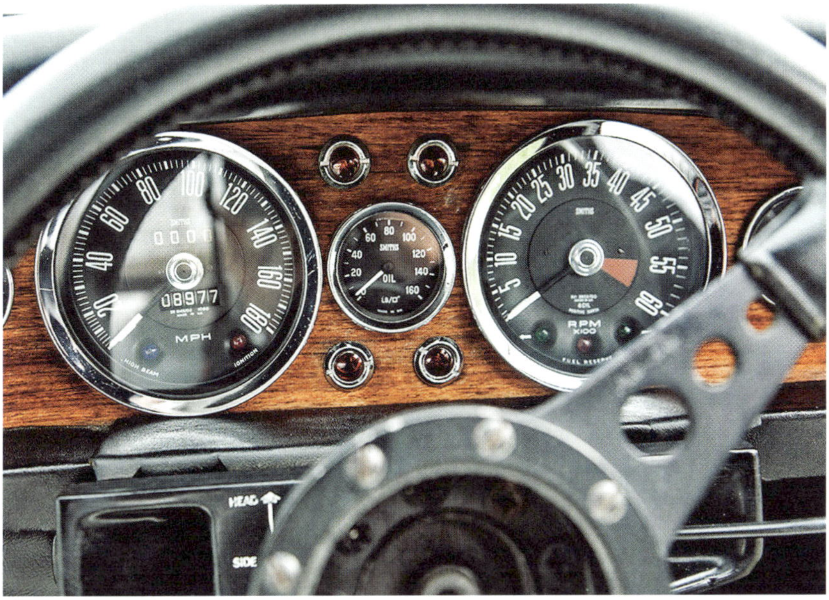
MPH
OIL
RPM
HEAD
SIDE

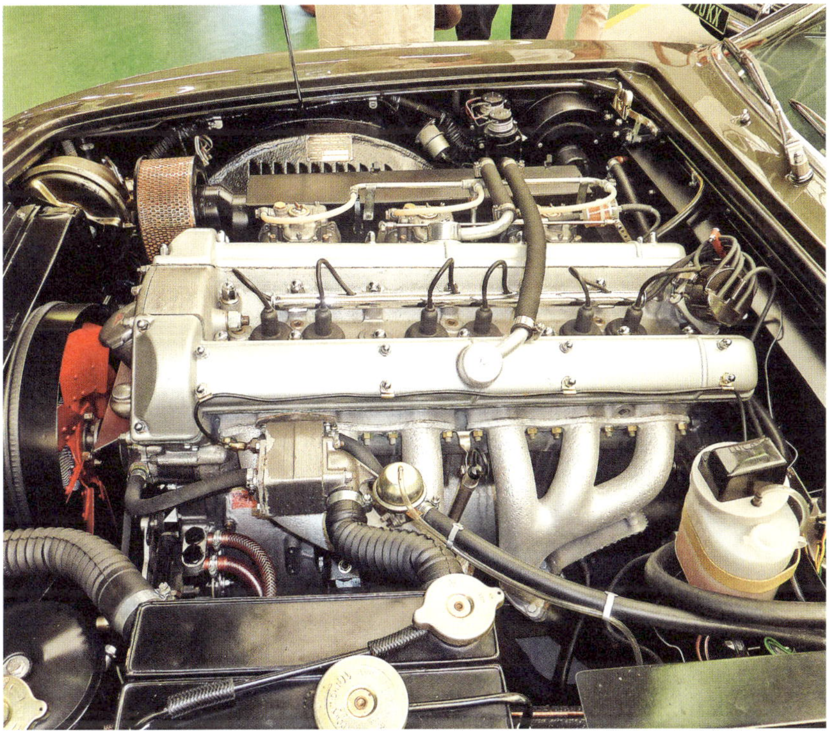

aus dem Jahr 1968 wurde aufwändig restauriert. Der Motor wurde für bleifreies Benzin umgebaut, die Automatik auf Handschaltung, neue Vergaser wurden installiert. Der firmeneigene »Aston Martin Works Service« stellte dem Eigentümer im Dezember 2008 für seine Leistung schlanke 190.400 Pfund in Rechnung. Der Eigentümer bezahlte, ließ ihn aber dort stehen. Der Kunde, der Lot 317 bei Bonhams ersteigerte, gab 106.000 Pfund (120.890 Pfund mit Aufgeld) dafür aus. Ein echt gutes Investment... und trotzdem eine Replika.

Seit dem Sommer 2017 wurde zunächst von einem amerikanischen Anbieter, dann von einem renommierten britischen Händler, ein olivgrüner DBS zur Restaurierung angeboten, der das Kennzeichen GKX 8G trägt. Er wird als Replika des Filmwagens offeriert, ist auch rechtsgelenkt, aber mit einer Automatikschaltung ausgestattet. Innen ist er weiß und nicht schwarz. Immerhin befindet sich im Handschuhfach eine Signatur von George Lazenby mit der Notiz »OHMSS 007«. Einer der Vorbesitzer hat also versucht, den Wagen zu »veredeln«, doch bezahlt gemacht hat sich das Ganze noch nicht: Der Amerikaner bot den Wagen für 59.000 Dollar an. Der britische Händler, der Aston Workshop im County Durham, der ihn übernahm, ob zum genannten Preis oder günstiger, ist nicht bekannt, schlug gleich mal kräftig drauf und verlangte zunächst 79.995 Pfund. Als das zu nichts führte, reduzierte er um 10.000 Pfund, später nochmals um 10.000 Pfund, aber auch diese kräftige Preissenkung ist bislang nicht von Erfolg gekrönt. Der Wagen

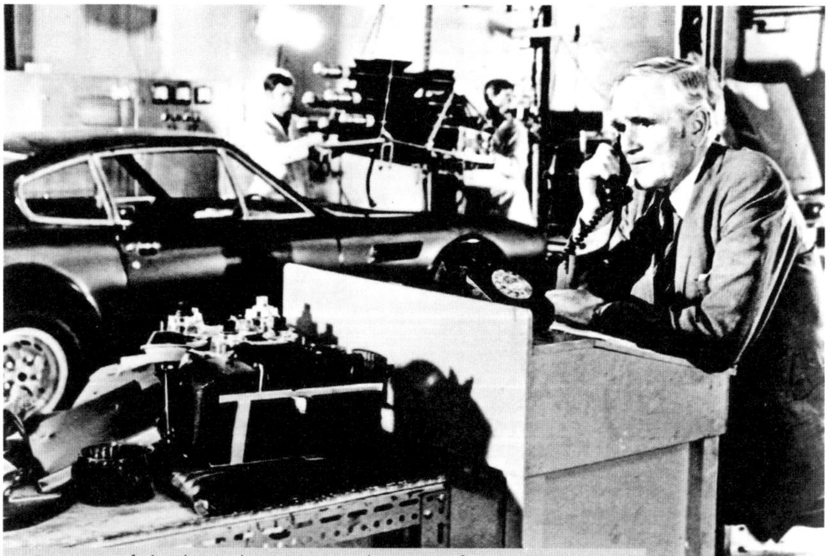
In *Diamantenfieber* hatte der DBS einen kurzen Auftritt im Hintergrund.

wurde im Herbst 2019 immer noch angeboten. Er ist übrigens nicht fahrfähig. Auch in dem 1971 erschienenen Film *Diamantenfieber*, war ein DBS zu sehen, allerdings nur dann, wenn die Zuschauer nicht gerade zufällig zwinkerten oder wegsahen. In Qs Werkstatt wird der Wagen mit Raketen bestückt, aber eingesetzt wurden weder sie, noch das Auto. Es dient nur als Staffage, denn Bond fährt in den USA vor allem einen roten Ford Mustang Mach 1. Immerhin wurde der kurze Moment im Aston Martin Werk in Newport Pagnell aufgenommen.

Die ganz jungen Bond-Fans mussten dieses Mal übrigens auf ein Spielzeugmodell im Maßstab 1:36 verzichten. Obwohl Corgi Toys nach den Erfolgen von *Goldfinger* und *Feuerball* über vier Millionen Stück des DB 5 Modells verkauften, legten sie keinen DBS in »Olive Green« auf. Der Grund war merkwürdig: Es gab bereits ein Standardmodell in blaumetallic aus der Corgi Rockets Serie, wenn auch in 1:64. Ob die neue Lackierung oder die Lizenzgebühren dem Unternehmen einfach zu teuer waren?

Im Jahr 2005 war es dann die US Firma »Spyguise«, die ein Modell im Maßstab 1:36 herausbrachte. Es entstanden nur 500 Stück. Wer nach etwas Exklusiverem sucht, dem sei das Corgi-Modell in selber Größe empfohlen, das im gleichen Jahr erschien, allerdings mit 24-karätiger Goldauflage im silbernen Attaché-Koffer. Davon gab es genau sieben Stück.

Einen Jubiläumswagen gab es dann 50 Jahre nach dem Filmerfolg: 2019 erschien ein auf 50 Stück limitierter DBS Superleggera in Olivgrün mit dem Zusatz »special edition«. Im Gegensatz zu dem alten Fahrzeug, das über 282/325 PS verfügte, hat der neue 725 PS, erreicht eine Höchstgeschwindigkeit von 340 km/h und ist in 3,6 Sekunden auf 100 km/h. Der Metall-Frontgrill mit sechs waagerechten Lamellen soll an die Front des Oldies erinnern. Die Einstiegsleisten sind mit einer Edelstahl-Blende mit dem Zusatz 007-OHMSS verziert. Die auf 50 Exemplare limitierte Sonderedition kostet 356.007 Euro. Jetzt fehlt nur noch ein filmreifer Auftritt.

DATEN UND FAKTEN

Modell: Aston Martin DBS, rechtsgelenkt
Farbe: Olive Green
(Es gab nur 42 Fahrzeuge in der Farbe und nur 70 rechtsgelenkte Vantage)
Bauzeit: September 1967 bis April/Mai 1972
Stückzahl: 802 (Recherche im Werk, Heritage Motor Center)/829 (laut Aston Martin)
Motor: Sechszylinder, 3995 ccm
Leistung: 282 PS (Vantage-Version: 325 PS)
Kennzeichen: GKX 8G
Höchstgeschwindigkeit: 225 km/h
Damaliger Neupreis: 5.717 Pfund
Screen Time des Wagens: 8.05 Minuten

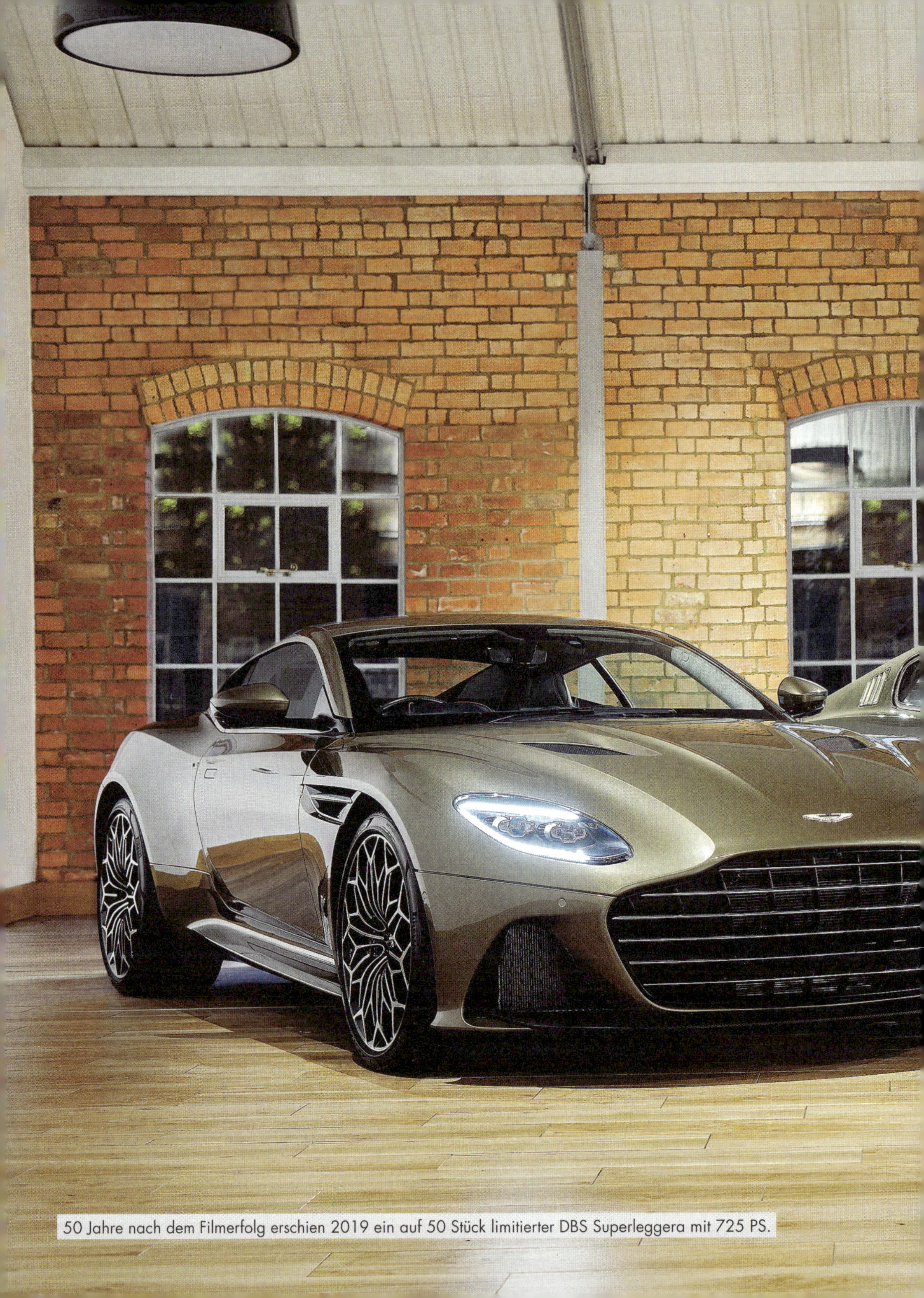

50 Jahre nach dem Filmerfolg erschien 2019 ein auf 50 Stück limitierter DBS Superleggera mit 725 PS.

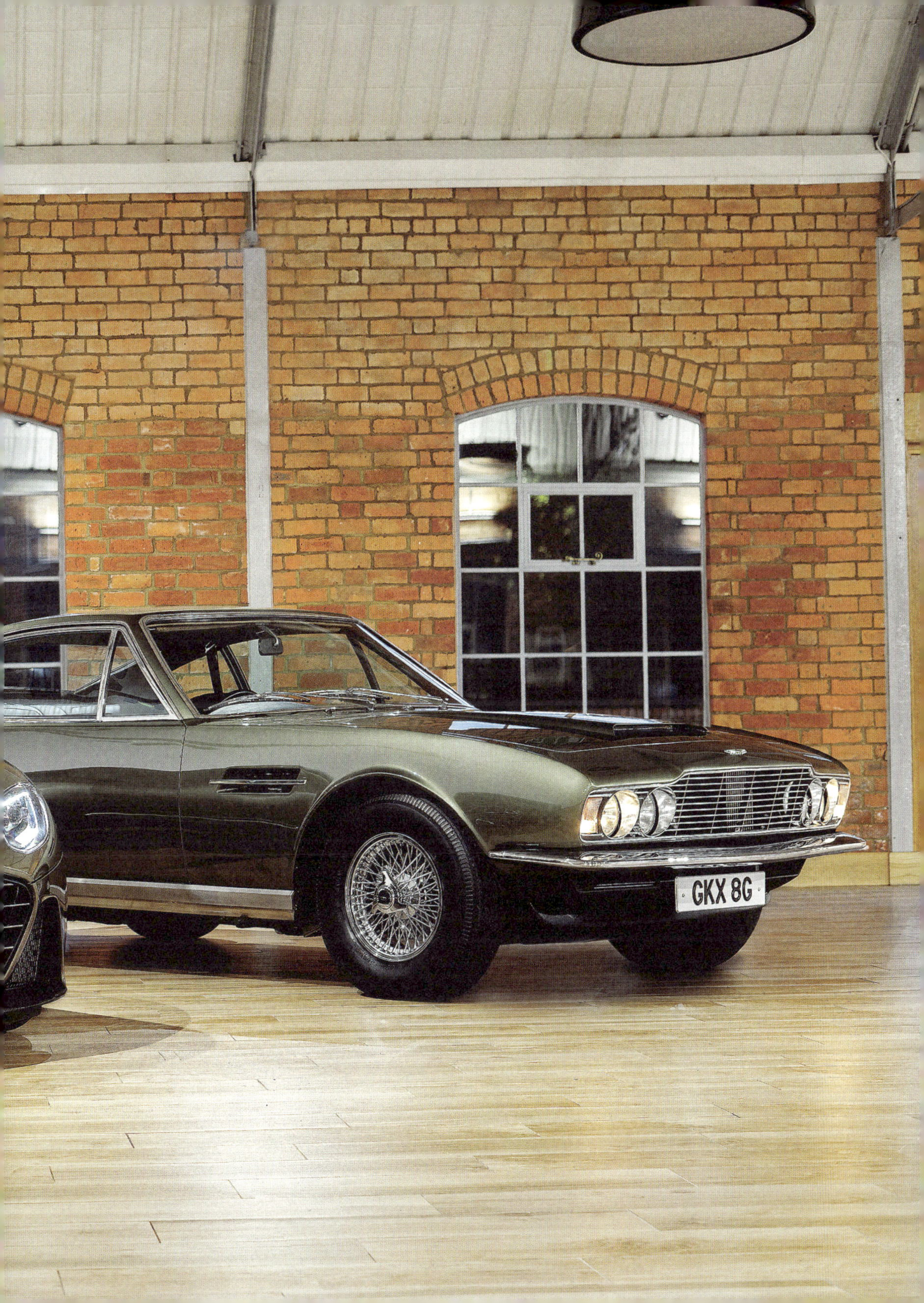
GKX 8G

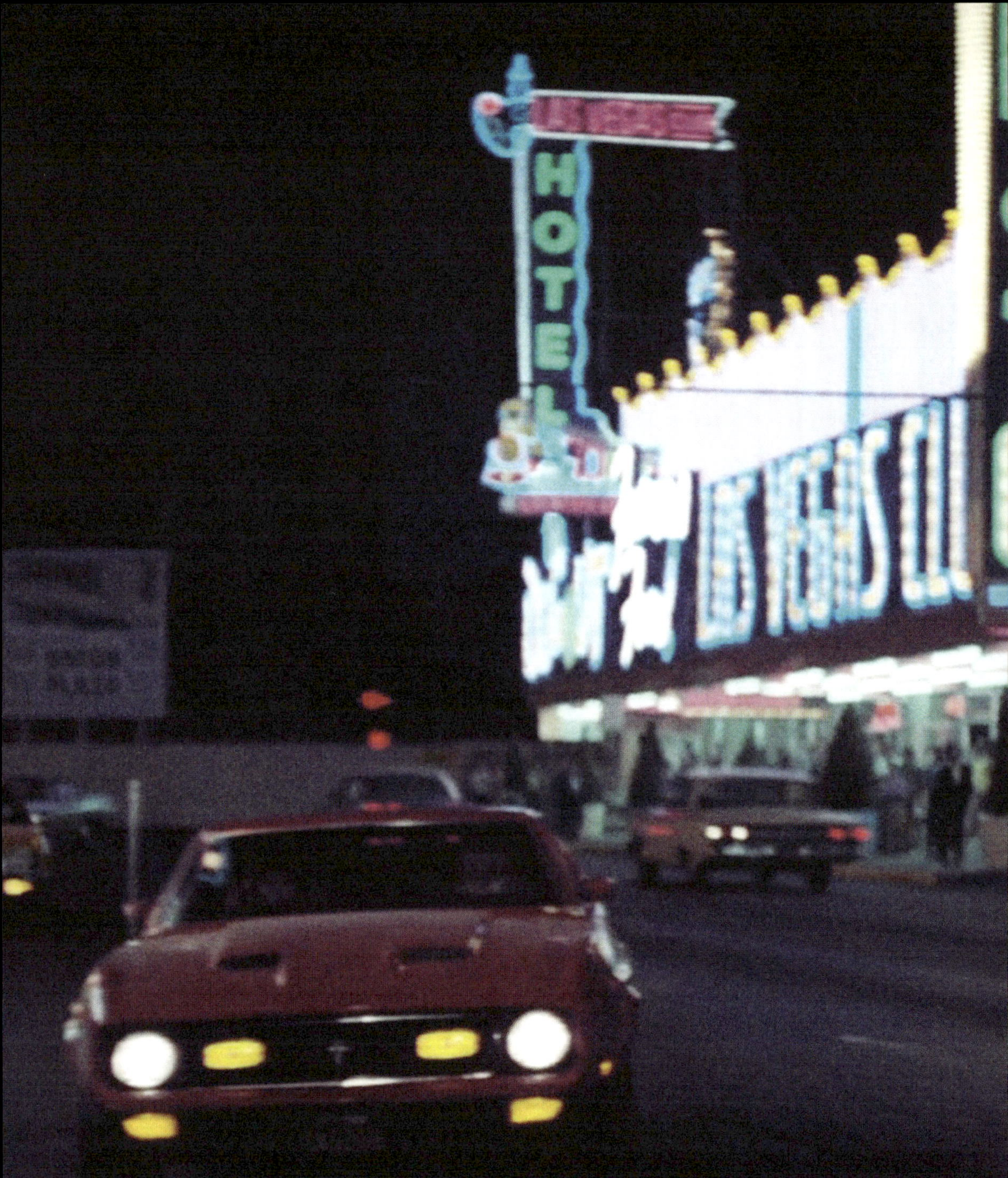
HOTEL
LAS VEGAS

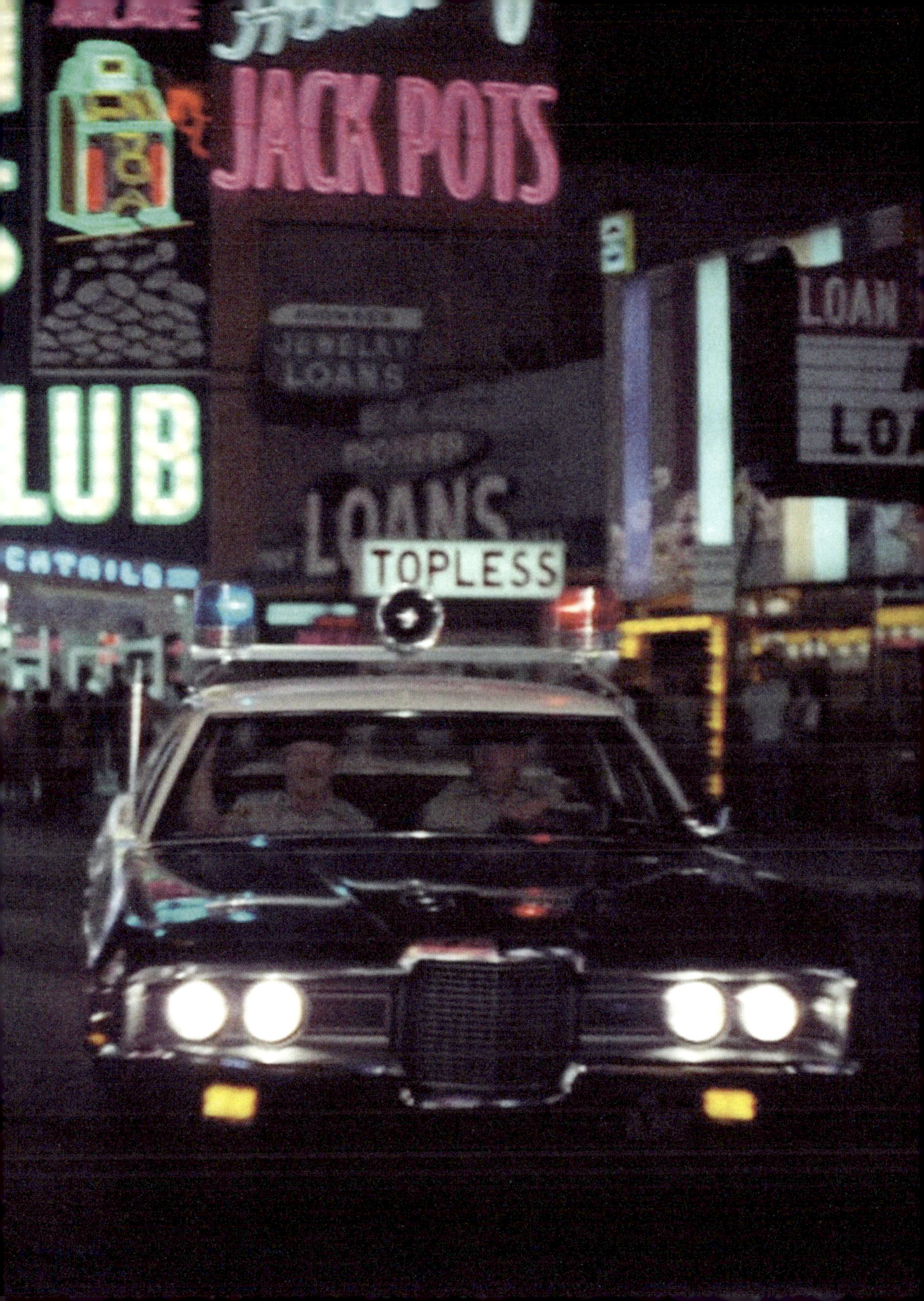
JACK POTS
LUB
JEWELRY
LOANS
LOANS
TOPLESS
LOAN

DER FORD MUSTANG MACH 1 AUS *DIAMANTENFIEBER* (1971)

Nachdem Ford-Fahrzeuge schon in den früheren James-Bond-Filmen in Nebenrollen präsent waren, spielte in diesem Film mit einem Mustang Mach 1 zum bislang einzigen Mal ein Ford die automobile Hauptrolle. Sean Connery kehrte nach vier Jahren Pause zu der Rolle zurück, die ihn weltbekannt gemacht hatte.

In der Geschichte, die sich um den Diamantenschmuggel von Südafrika über Amsterdam bis in die USA dreht, kommt Bond seinem Erzfeind Blofeld auf die Spur. Dabei wird er von der charmanten Schmugglerin Tiffany Case (Jill St. John) unterstützt, die eben diesen roten Mustang fährt. Erstmals zu sehen ist er am Flughafen McCarran in Las Vegas, dann an der örtlichen Tankstelle Circle K. Nachdem Bond in ein bewachtes Firmengelände eingedrungen ist, wartet Tiffany vor der Tür und überlässt ihm das Steuer. In den hell erleuchteten Straßen des Spielerparadieses kommt es zu einer wilden Verfolgungsjagd, während der immerhin acht blau-weiße Ford Custom 500 Polizei-Limousinen auf der Strecke bleiben.

Ursprünglich war geplant, den Aston Martin DB 5 aus *Goldfinger* und *Feuerball* kurz einzusetzen. Doch das wurde wieder verworfen. Auch der DBS aus *Im Geheimdienst Ihrer Majestät* erhielt keine weitere Hauptrolle. In der ersten Drehbuchfassung war nur die Formulierung »wild car chase in the streets of Las Vegas« zu lesen, ohne einen Autotyp zu nennen. Mit der Zeit wurde das Script detailreicher und die »wild car chase« führte zu viel Schrott. An der Autoverfolgungsjagd waren letztlich 13 Stuntfahrer mit 53 Autos beteiligt. 24 Autos erlitten Totalschaden. Nach Aussagen des Drehbuchautors Tom Mankiewicz waren es sogar mehr: zwischen 40 und 80 Autos. Man merkt bereits: Rund um dieses Spektakel gibt es unterschiedliche Aussagen, und eine abschließende Klärung ist bis zum heutigen Zeitpunkt unmöglich. Soweit wie möglich soll hier versucht werden, die Dinge gerade zu rücken, ohne die Ungereimtheiten auszusparen.

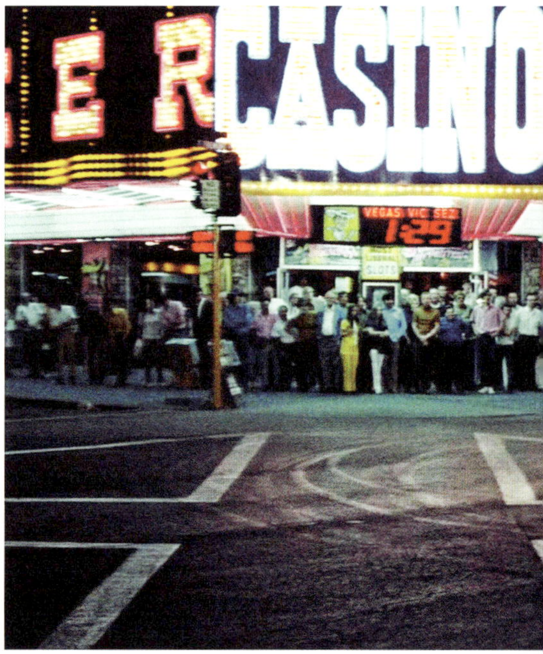

Für den Ford hatten sich die Filmproduzenten nicht ganz uneigennützig entschieden. Der Hersteller war ihnen schon früher gerne entgegengekommen: Die von Tania Mallet gespielte Tilly Masterson fährt in »Goldfinger« ein weißes Mustang Cabriolet, übrigens das erste, das damals in Europa zu sehen war. Auch in »Feuerball« war ein, allerdings hellblaues, Mustang Cabrio zu sehen, das von der Gangsterin Fiona Volpe (Luciana Paluzzi) gesteuert wird. Ford garantierte, alle Fahrzeuge zur Verfügung zu stellen, wenn Bond einen ihrer Wagen fährt. Da dieser Budgetposten nicht unerheblich war, und Regisseur Guy Hamilton beschloss, ziemlich viel Autoschrott zu hinterlassen, willigte man ein. Da das jüngste Modell der Mustang-Reihe gerade in der sportlichen Variante Mach 1 vorgestellt worden war, entschied man sich dafür. Das Budget wurde übrigens dennoch belastet, aber später mehr zu diesem kuriosen Punkt.

Der 1971 Ford Mustang Mach 1 (body code 05) verfügte standardmäßig über die folgende Ausstattung:

- Rote Lackierung (paint code 3, bright red)
- Vermillion Mach 1 Sports Interior (trim code 5E)
- keine Streifen an der Karosserie, kein Heckspoiler, kein Stauluft-Ansaugsystem und keine Motoraufladung und Leistungssteigerung

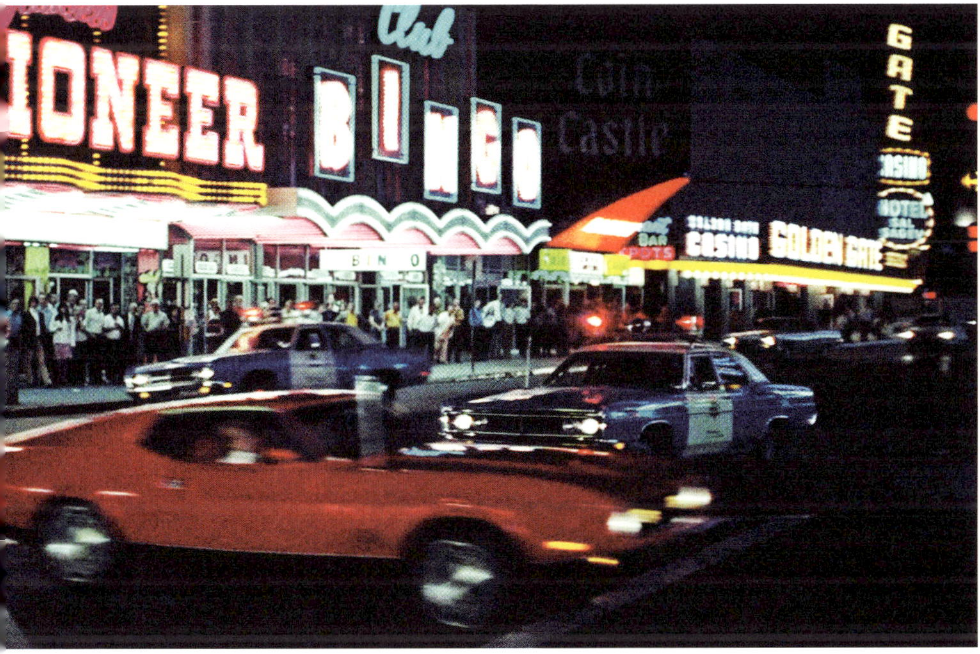

Alle Szenen der Verfolgungsjagd sollten nachts in Las Vegas entstehen. Guy Hamilton wollte dafür wichtige Teile der Spielerstadt für fünf Nächte absperren, doch das zu realisieren galt zunächst als unmöglich. Dann half die Freundschaft zwischen Co-Produzent Albert R. Broccoli und dem Unternehmer Howard Hughes. Broccoli hatte ihm 16 mm Filmkopien der 007 Filme geschenkt. Jetzt offerierte Hughes seine Kontakte. Er residierte damals im Desert Inn Hotel und Casino und organisierte Drehgenehmigungen. So bekam das Filmteam nicht nur den nötigen Zugang, sondern durfte auch im Landmark Hotel drehen, das Hughes gehörte, und filmte direkt vor seiner Tür. Am Riviera Hotel prangte übrigens während der Dreharbeiten der Schriftzug »James Bond Is Here« – zu Recht, denn das Hotel wurde neben dem Spa Hotel zur Basis der Filmproduktion.

»HALT DICH FEST!« —JAMES BOND (SEAN CONNERY) ZU TIFFANY CASE (JILL ST. JOHN)

Damit es nicht zu dramatischen Beeinträchtigungen kam, gab es vorab ein Treffen mit dem Bürgermeister und dem Vorstand der Vereinigung der Einzelhändler. Alle waren sehr hilfsbereit, erkannten den Werbeeffekt und sagten zu. Also arbeitete das Drehteam ab dem 12. April 1971 auf der Fremont Street und dem Sunset Boulevard, dem so genannten »Strip« in Las Vegas. Am 13. April raste Stuntman Richard E. Butler, der Sean Connery doubelte, über den Fußweg am »Horseshoe« Casino gegenüber dem »Golden Nugget«. Einen Tag später entstand der Teil, in dem er in die Straße gegenüber vom Golden Nugget einbog – die sich später als enge Gasse entpuppte und mit dem Schild »DEAD END« versehen wurde. Connery erschien an diesem 14. April und drehte Nahaufnahmen gemeinsam mit Jill St. John. Das nicht alles perfekt abzusperren war, ist im Film zu sehen. Wer genau hinschaut, entdeckt hinter oder neben den rasenden Fahrzeugen eine Reihe von Schaulustigen auf den Bürgersteigen. Und tatsächlich waren die auch schuld daran, dass Aufnahmen wiederholt werden mussten. Dazu später mehr.

Die Idee war, dass Bond und Tiffany Case den sie verfolgenden Polizeiautos entkommen, indem sie ihnen nicht nur auf den Hauptstraßen, sondern auch immer wieder durch freistehende Parkplätze und Parkbuchten entwischen. Auch die Polizeiwagen, die dabei zu Bruch gehen, stammten übrigens von Ford. Da es in Las Vegas aber keinen entsprechenden Parkplatz gab, nutzte man den Parkplatz des Universal-Studiogeländes in Los Angeles und dekorierte ihn entsprechend. Daher sind dort die Schilder »The Mint Parking« zu sehen. »The Mint« war damals eines der Hotels und Casinos am Strip. Auf die Idee mit dem Parkplatz kam der Regisseur vor einem Kaufhaus in Kalifornien: »Ich dachte mir, ein Parkplatz wäre ein neuer Ansatz. Ich sah das Chaos auf dem Parkplatz der May Company in Kalifornien und übernahm die Idee, weil sie eben außergewöhnlich ist. Geplant haben wir das Ganze mit kleinen Modellen wie den Dinky Toys Cars«, so Guy Hamilton.

Die genaue Anzahl der Fahrzeuge ist bis heute unklar. Gesichert ist aber, dass zwischen sechs und zwölf Mach 1 von Ford an das Las Vegas Convention Center zu den Dreharbeiten geliefert wurden. Nach Angaben des Autors Paul Newitt, der für das Magazin »Mustang Monthly« recherchierte und seine Erkenntnisse in der Ausgabe Januar 1998 veröffentlichte, waren es sechs, von denen die meisten mit der 302er Maschine ausgestattet waren. Für die Aufnahmen mit Sean Connery bekam der Wagen allerdings etwas mehr Power, damit die Reifen auch richtig qualmten. Die Motorisierung nennt sich 429 CJ. Es gab mehrere Varianten dieser Ford-Mustang-Baureihe: mit Chromstoßstange, mit Waben- und mit Gittergrill. Die Filmversion hatte einen Wabengrill und in Wagenfarbe lackierte Frontteile. Nach derzeitigem Stand

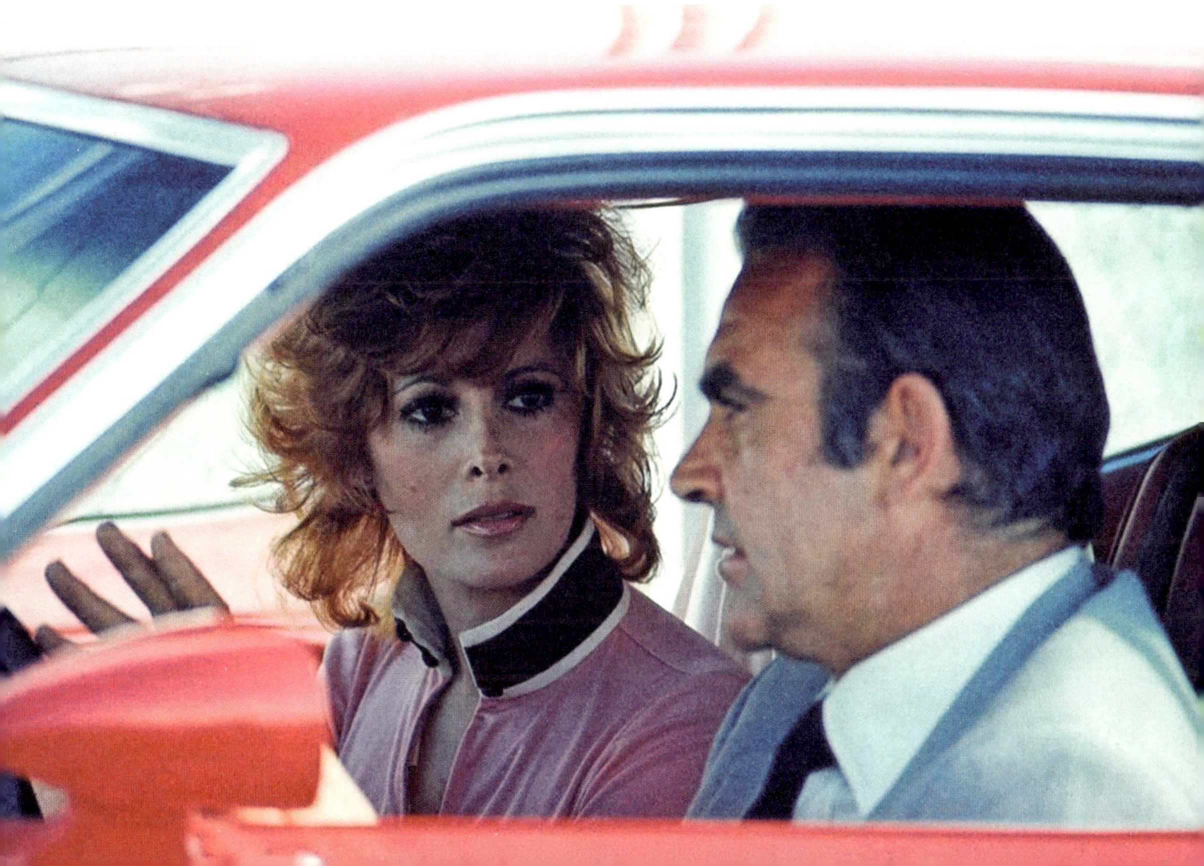

kann man zumindest sechs verschiedene Autos einzelnen Szenen zuordnen:

Car 1: Das sogenannte »hero car« für die Szenen mit Sean Connery und Jill St. John sowie Nahaufnahmen der beiden Hauptdarsteller. Der Wagen hat am hinteren linken Kotflügel eine Beule und vorn rechts in der Windschutzscheibe den gelben California Highway Patrol (CHP) Inspection Sticker. Die Beule entstand bei Aufnahmen am 13. April. Der Gurt hängt an der linken Schulter herunter. Der Wagen wurde auch für die meisten Szenen auf der Fremont Street genutzt. In einem BBC Clip mit dem englischen Komiker Derek Nimmo ist nicht nur zu sehen, wie Connery kurz an der Straße anhält, sondern auch, dass der Wagen über einen roten Überrollbügel verfügt.

Car 2: Stuntwagen für die Verfolgungsjagd auf der Fremont Street mit rotem Überrollbügel und einer Halterung hinten, die möglicherweise für die Kamera benutzt wurde. Er rast rückwärts von den Polizisten weg und fährt eine scharfe Linkskurve, sodass die Fußgänger flüchten müssen.

Car 3: Zu sehen bei der Jagd auf dem Parkplatz und auf den zwei linken Rädern fahrend in der schmalen Gasse – mit Überrollkäfig, Zwei-Rohr-Auspuffanlage, C6-Getriebe und schwarzen Standard Sicherheitsgurten. Dreh am 25. Mai.

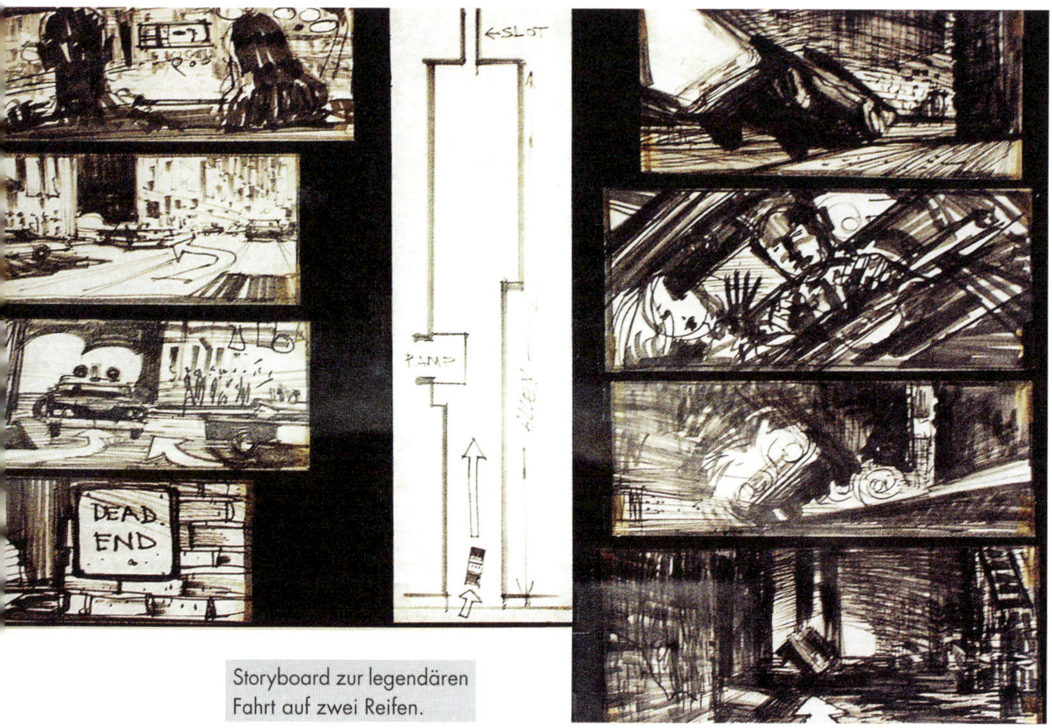

Storyboard zur legendären Fahrt auf zwei Reifen.

Car 4: Stunt-Car für den Rampensprung vom Parkplatz mit Ein-Rohr-Auspuffanlage. Mach 1 Aufkleber links fehlt, aber es ist dennoch ein Mach 1.
Car 5: Stunt-Car für die Fahrt durch die schmale Gasse auf den zwei rechten Rädern. Bei dem Wagen fehlt der rechte Außenspiegel. Er hat schwarze Reifen (keine Weißwandreifen), einen Überrollkäfig und die Antenne fehlt.
Car 6: Der Wagen, der aus der Gasse herauskommt, hat Weißwandreifen und fährt dann auf allen vieren weiter.
Highlight der ganzen Sequenz war letztendlich die Flucht vor einem Polizeiwagen durch eine schmale Gasse. Bond fährt auf eine Rampe und bringt den Wagen so auf die beiden rechten Reifen. »Halt Dich fest!«, weist er Tiffany noch an (»lean over«, im Original). Dann geht es durch die Lücke. Dazu Guy Hamilton: »Ich hatte in der BBC gesehen, wie Rémy Julienne ein Auto auf die Seitenräder kippte und so über einen Flugplatz fuhr. Ich dachte: Das ist sensationell. Das brauchen wir für Bond.« Leider wurde aber nicht Rémy Julienne und seine Truppe engagiert.
Konzipiert wurde die Sequenz von George »Joie« Chitwood und seiner »Thrill Show«. Der ehemalige Rennfahrer, der sieben Mal am 500 Meilen Rennen von Indianapolis teilgenommen

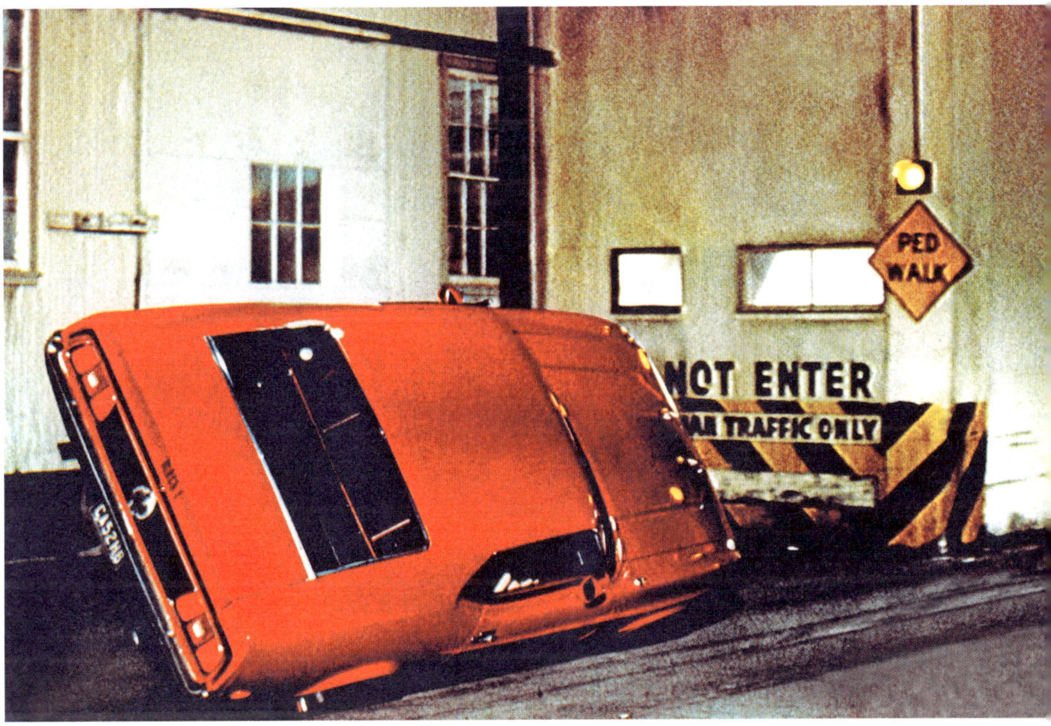

hatte, begann schon in den 40er Jahren mit Stunt-Shows, die er in den 50er Jahren ausbaute. Zum Teil zogen vier Teams, die er »Hell Drivers« nannte, durch die USA. Dazu zählte auch der Fahrer Joe Williams, der lange Zeit einen der Mustangs besaß, wie er dem Autor dieses Buches erzählte. Allerdings hat er ihn umgebaut und als Basis für einen Monster-Truck verwendet ...

In den Shows, die später als »The Tournament of Thrills« firmierten, war auch zu sehen, wie Chitwood und andere längere Zeit Autos auf zwei Rädern fuhren. Doch der Chef der Truppe fuhr bei »Diamantenfieber« nicht selbst, sondern einer seiner Stuntmen mit dem Namen Buzz Bundy. Es war Dienstag der 25. Mai 1971, der 42. Drehtag. Die Szenen 249 bis 251 begannen um 19.00 Uhr auf dem Studiogelände von Universal in Los Angeles. Um 20.40 Uhr fuhr Bundy los, traf zielsicher die Rampe und drehte den Wagen auf die beiden rechten Räder. Am Ende der Gasse setzte er ihn wieder ab. Alles lief reibungslos. »Im Anschluss kam der Produzent Broccoli zu mir und fragte, können Sie das nochmal machen?«, so Bundy später in einem Interview. »Ich antwortete ›sicher‹ und fuhr nochmals«. Es ist ein Wagen mit zwei Außenspiegeln zu sehen. Der Überrollbügel allerdings nicht, auch wenn Bundy erwähnte, dass der essentiell wichtig war für den Stunt, um sich daran festzuhalten.

Da man am nächsten Tag mit den Dreharbeiten auf der Bohrinsel vor der Küste des kalifornischen Ocean Side begann, konnte man die Fahrt auf die Freemont Street nicht mehr drehen und musste umdisponieren. Am 4. Juni kehrte das Team nach Las Vegas zurück, um nun endlich den Rest des Autostunts auf Zelluloid zu bannen. Regisseur Guy Hamilton wartete das belichtete Filmmaterial ab und war nicht zufrieden. Für ihn waren zu viele Schaulustige in der Nähe und man sah eine Reihe von Blitzlichtern. Er beschloss, das Ganze nochmals drehen zu lassen, denn der Stunt sollte erstmals im Kino zu sehen sein und in keinem anderen Film oder Bildmotiv zuvor.

Allerdings stellte sich heraus, dass Buzz Bundy und seine Truppe anderweitig gebucht waren. Da Regisseur Guy Hamilton mit Aufnahmen mit den Stars beschäftigt war, verpflichtete der Produzent Broccoli als Ersatz eine französische Stuntmen-Truppe. Die Second Unit drehte mit den Franzosen, doch mehrmals hintereinander bekam der Ersatzfahrer den Wagen nicht auf zwei Räder. Auch der amerikanische Stuntman Everett Creach versuchte es, doch der Mustang landete viermal auf dem Dach. Um 4 Uhr nachts wurde abgebrochen. Zuvor hatte man noch mit Fahrzeugen mit kleinerem und leichterem Motor und speziellen Gewichten an einer Seite experimentiert, doch es half nichts. Weitere Versuche waren nötig.

Am 14. Juni dann ein neuer Versuch: Dieses Mal klappte es reibungslos – ohne Zuschauer. Das französische Team verantwortete den Stunt erneut,

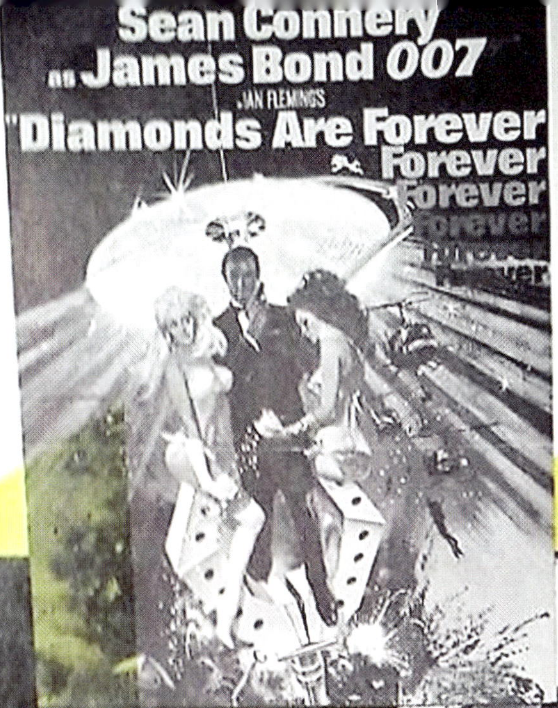

Tournament of Thrills Stunt Drivers Create The JAMES BOND "DIAMONDS ARE FOREVER" Chase Scenes!

The Great James Bond Mustang Escape

In "Diamonds Are Forever", the James Bond Mustang, cornered in a dead end street by pursuing police cars, hits a ramp and goes up on two wheels. Aiming for a narrow pedestrian walk, narrower than the cars' width, he squeezes through the long alley, balancing on two wheels. The police car can't, of course, make it and Agent 007 escapes. The sequence at right shows how it was done with Buzz Bundy, Tournament of Thrills stuntman, at the wheel doubling for Sean Connery.

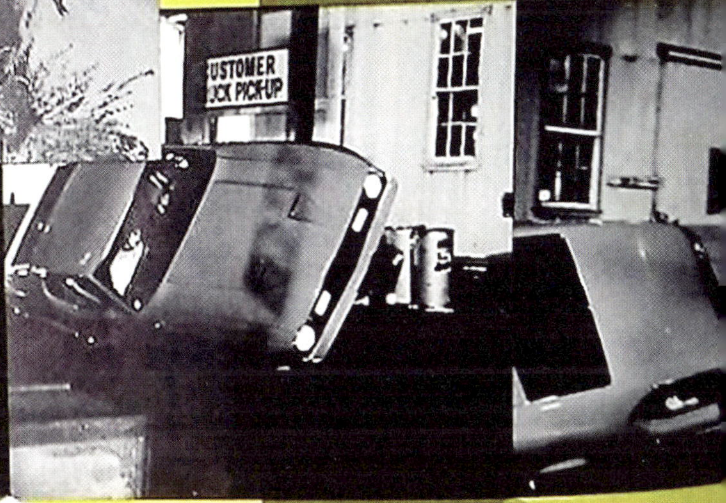

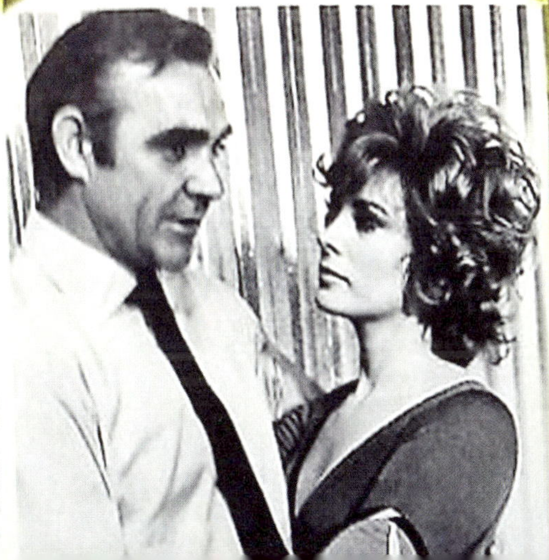

Sean Connery, as old super cool himself Agent 007, in a scene from "Diamonds Are Forever" with his new leading lady, jet setter Jill St. John.

One of the highlights of the James Bond hit, "Diamonds Are Forever" is the exciting auto crash and chase scene. Tournament of Thrills was called in to do the stunts for these hilarious and hair-raising sequences, and performed them in studio back lots and on the streets of Las Vegas. In these scenes, sharp eyed stunt aber sie drehten den Stunt auf den beiden falschen Rädern. Der Fahrer kam nicht auf den rechten beiden Rädern auf die Fremont Street heraus, sondern auf den beiden linken. Die Einfahrt in die vermeintliche Gasse und die Ausfahrt aus derselben wurden nicht am gleichen Ort gedreht: In die Gasse gefahren wurde auf dem Universal Studiogelände, doch heraus auf die Fremont Street in Las Vegas. Guy Hamilton äußerte sich später über seine Probleme mit dem Stunt: »Ich konnte lediglich filmen, wie das Auto aus der Gasse herauskam. Es schwankte, und einen fürchterlichen Augenblick lang schien es, als ob es sich überschlüge, aber dann landete es auf den vier Rädern und bog um die Ecke. Das war das Beste, was wir hinbekamen.« Dennoch

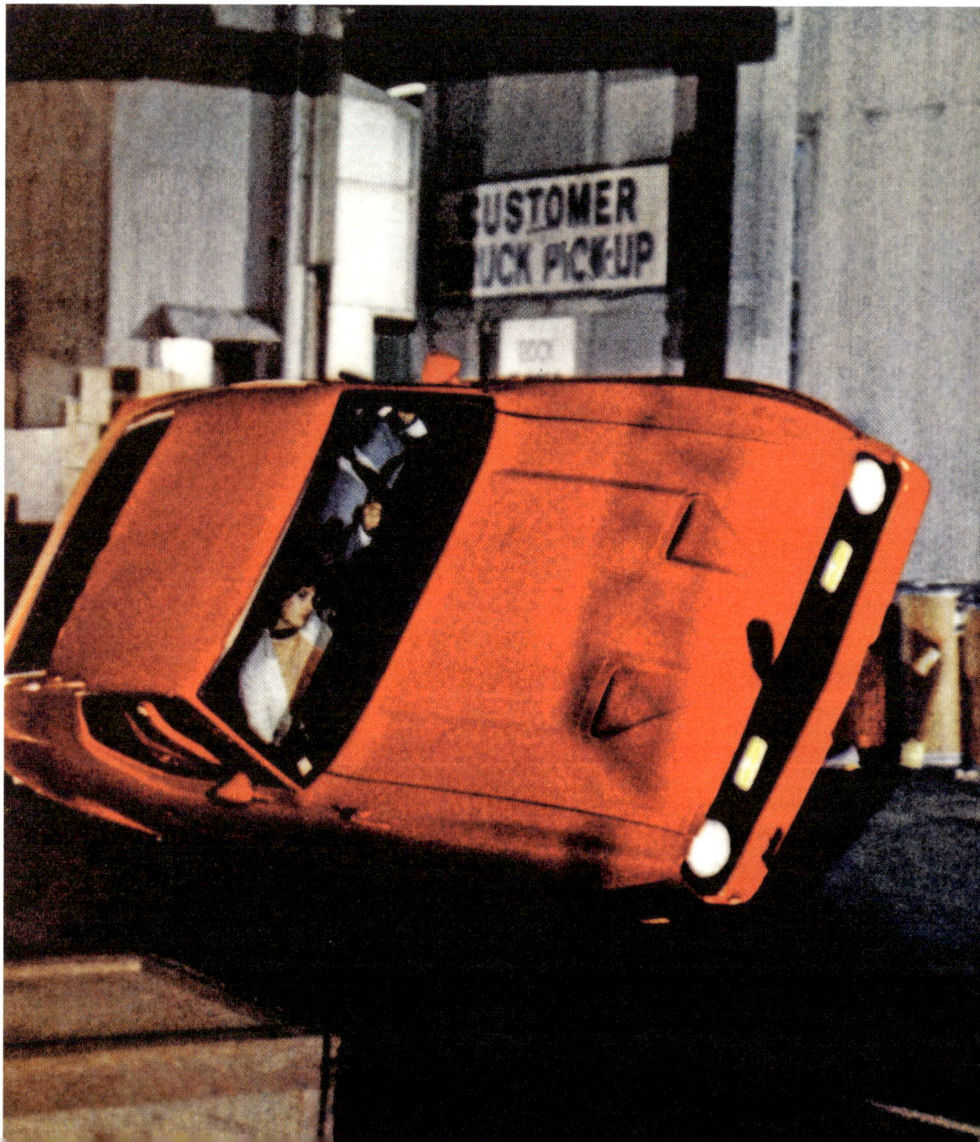

war es nicht perfekt. Allerdings war die im Film so schmal wirkende Gasse mit dem schönen Schild »DEAD END« so breit wie zwei der Ford Mustangs. Dadurch, dass das Publikum aber nur auf den Wagen starrt und in dem Moment kein Verhältnis zur Umgebung entwickelt, fiel es nicht auf. Den groben Fehler, der jetzt passiert war, sah man erst später.

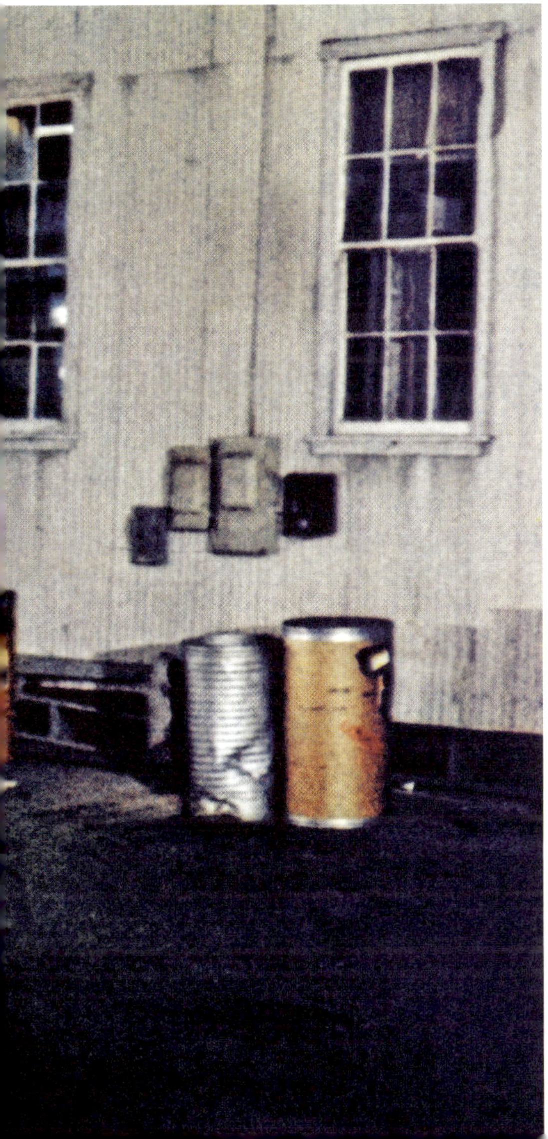

Als der Regisseur sich die Muster anschaute, merkte er lakonisch an: »Das ist so spannend, das wird keinem auffallen. « Und genau so war es – zunächst. »Diese Seite oben oder jene, das war mir egal«, so der Engländer weiter. Dann entschied er sich noch, eine Nahaufnahme von Sean Connery und Jill St. John im Auto zu drehen, sodass man auch darauf schließen könnte, der Wagen sei unterwegs einmal auf allen vieren und dann – über eine weitere Rampe – auf den anderen beiden Rädern weitergefahren. So ergibt auch Bonds Bemerkung im Original (»lean over«) mehr Sinn. Doch letztendlich war es egal. Der Stunt beeindruckte Millionen Menschen im Kino, und allein das zählt.

Einigen wenigen Quellen zufolge wurden der Zwischenschnitt mit Connery und Jill St. John und Connerys Bemerkung mit Hilfe eines Schwenkgestells in den Londoner Pinewood Studios gedreht, aber das ist unsicher. Laut Jill St. John drehte sie die Szene in einem im Studio »querstehenden Wagen«. Das Gestell erwähnte sie nicht.

KOMISCHES UND WISSENSWERTES

Die Aufnahmen am Flughafen am 9. Mai 1971 verliefen problemlos, doch die an der Circle K Tankstelle am selben Tag nicht: Als sich in der Stadt herumsprach, dass Connery wieder als 007 unterwegs

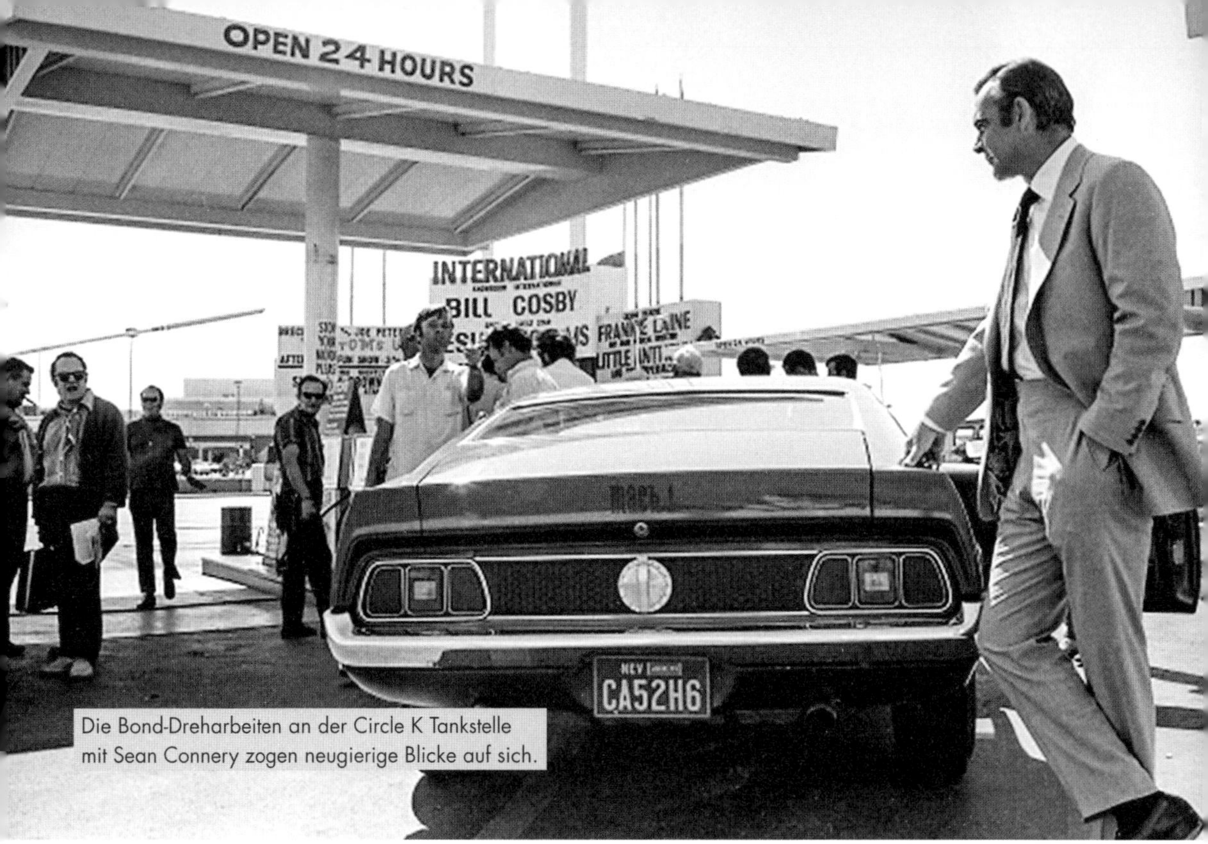

Die Bond-Dreharbeiten an der Circle K Tankstelle mit Sean Connery zogen neugierige Blicke auf sich.

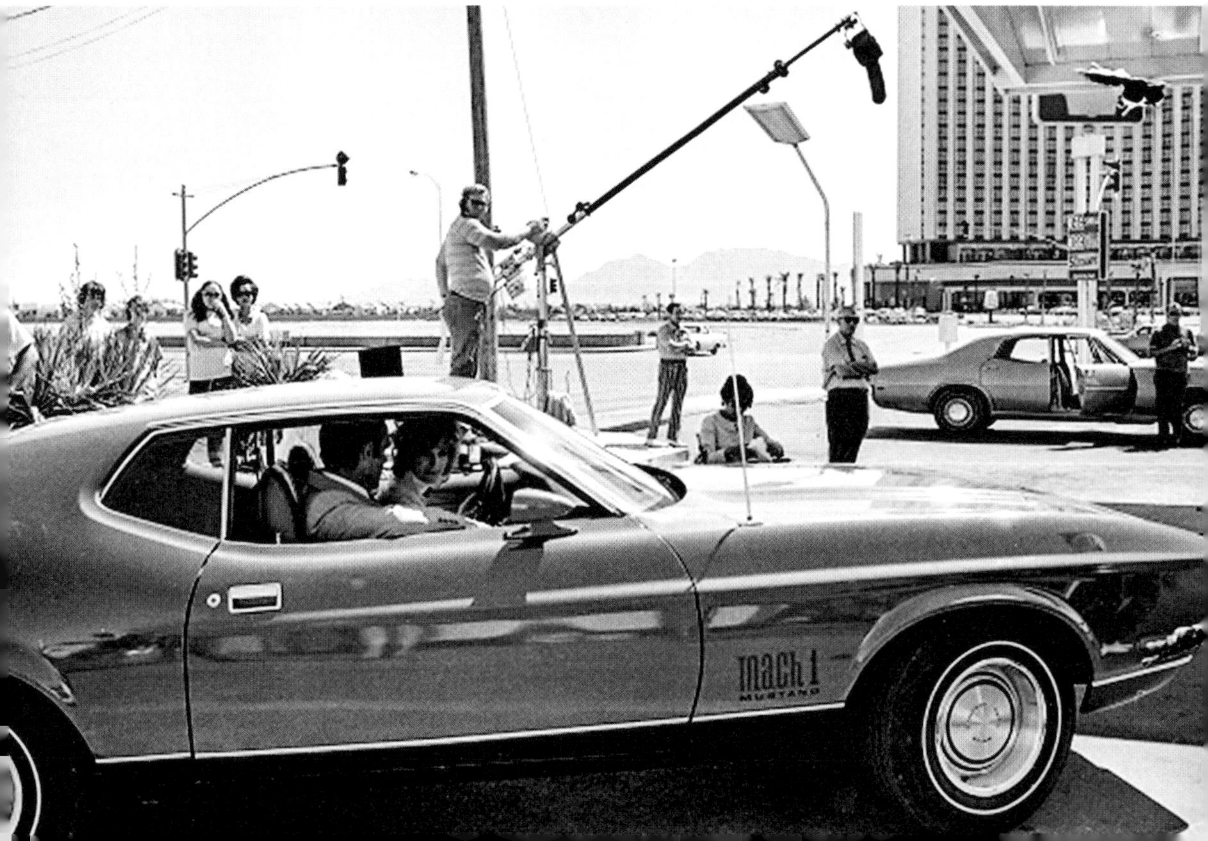

war, noch dazu am helllichten Tag, fuhren die Autos der Schaulustigen gegenüber der Tankstelle langsamer, so Regisseur Guy Hamilton. »Wir mussten die Aufnahmen sogar unterbrechen, weil jemand auf den Cadillac einer Frau auffuhr. Beide Fahrer hatten zum Set herübergesehen.«

Auf die Frage, warum er die Polizisten so vertrottelt dargestellt habe, sagte Regisseur Hamilton: »Weil ich amerikanische Polizisten nicht leiden kann. Als ich das erste Mal mit dem Wagen in das Film-Studio fuhr, und die Gepflogenheiten noch nicht kannte, stoppte mich ein Studiopolizist und hielt mir sofort seinen Colt unter die Nase. Was sind denn das für Sitten?«

Und noch eine Laune des Regisseurs fand sich in dem Film wieder: Guy Hamilton mochte keine amerikanischen Autos. Daher beschloss er, so viele wie möglich zu Schrott fahren zu lassen.

Was aus den Mustangs wurde, ist schwer herauszubekommen. Einige gingen zu Bruch und wurden verschrottet. Da die Wagen für die Aufnahmen zum Teil auch umgebaut worden waren, konnte Ford nicht für die Sicherheit der Fahrzeuge bürgen und damit auch keine Garantie mehr geben. Eines der Fahrzeuge wurde Teil der Stunt Show »The Tournament of Thrills« von Buzz Bundy. Besonders interessant, zum Teil aber auch verwirrend, sind Dokumente von Lois Eminger. Sie arbeitete früher in der Rechtsabteilung

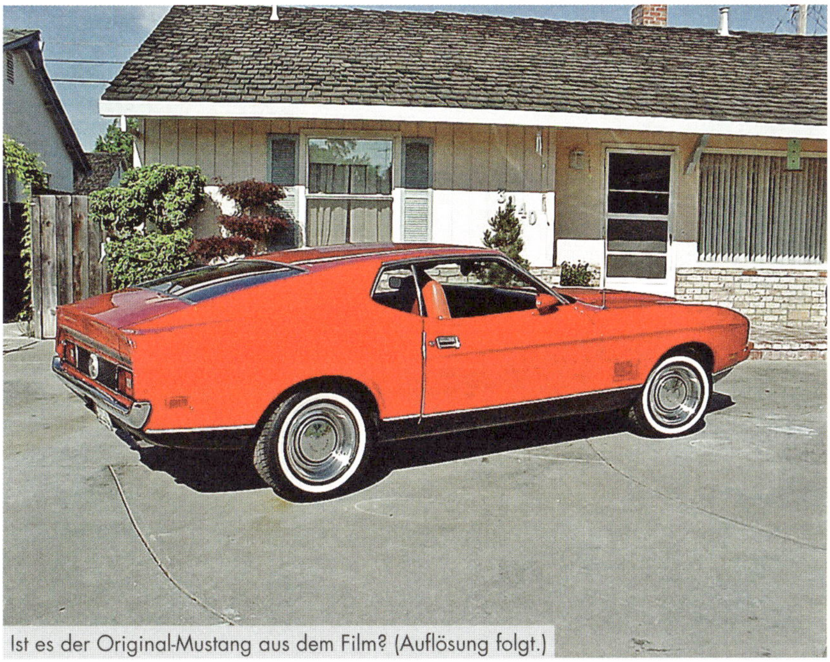

Ist es der Original-Mustang aus dem Film? (Auflösung folgt.)

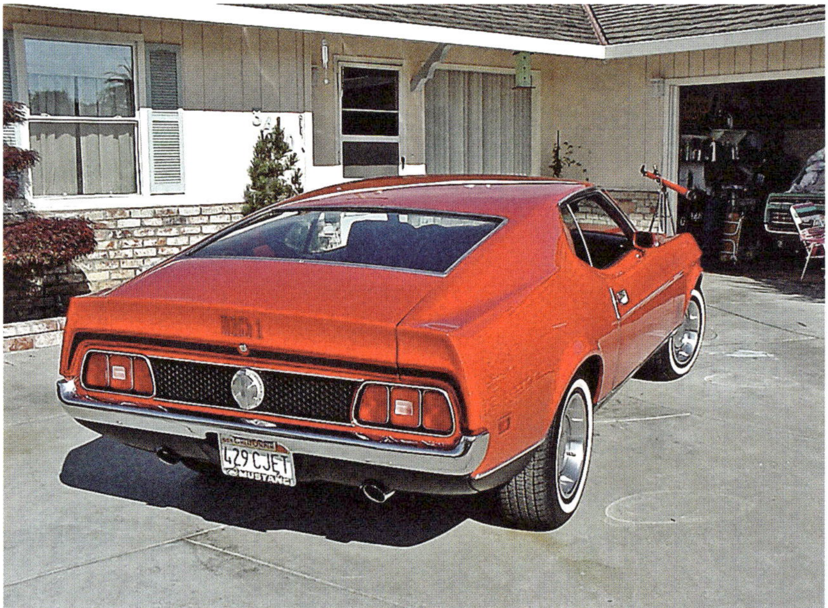

Leider hatte sich Mike Alameda in Bezug auf die Authentizität des Wagens geirrt.

von Ford und hatte unter anderem Zugriff auf Rechnungsunterlagen. Aus einem Papier geht hervor, dass elf Fahrzeuge in »bright red« (»BR RED« in der Auflistung) als »Press Loan« klassifiziert wurden. Davon gingen sechs zu Orten in Illinois, Ohio, Iowa, Utah, Kalifornien und nach Texas. Fünf Stück wurden allerdings zum Convention Center in Las Vegas gebracht. Da zwei davon die Farben Gelb (Yellow) und Zinngrau (Pewter) hatten, kommen nur drei mit den folgenden Fahrgestellnummern als »Bond-Autos« in Betracht:

05J 058 375-G-342
05J 059 375-G-343
05J 076 375-G-007.

Man achte auf die letzte Nummer. Die zugehörige Bemerkung lautete übrigens nicht »Press Loan« sondern »Press Show«. Tatsächlich war keines davon im Film zu sehen, und dennoch wurde es jahrelang behauptet. Die Geschichte dieses Wagens ist besonders erzählenswert: Im Jahr 1982 wurde ein roter Ford Mustang Mach 1 im Magazin »Mustang Monthly« angeboten, für den sich drei Jahre lang niemand interessierte. Mike Alameda nahm Kontakt auf, weil er nach genau so einem Wagen suchte. Weder Verkäufer noch Käufer wussten jedoch etwas über die genauere Geschichte des Autos. Alameda begann eine Restaurierung, die sich bis 1992 hinzog. Währenddessen stellte er fest, dass die Chassis-Nummer zu einem der ersten 200 Fahrzeuge gehört. Er bemühte sich um die Originalunterlagen aus dem Ford-Archiv und fand heraus, dass der Wagen in den Phoenix Sales District geliefert wurde. Das dreiseitige Dokument enthielt zusätzlich die Bemerkung »375-G-007 Press Show Las Vegas«. Der Wagen wurde über den Ford-Händler Earnhardt in Chandler an das Las Vegas Convention Center geliefert, wo die Mustangs während der Dreharbeiten geparkt wurden. Nach weiteren Recherchen meinte der neue Besitzer herausgefunden zu haben, dass dieser Wagen für die ersten Szenen außerhalb des Nasa Testgeländes und die Nahaufnahmen von Sean Connery und Jill St. John genutzt worden sei. Er kam darauf, weil die Motorisierung mit der 429 CJ Maschine kräftiger ausfiel als bei den anderen Wagen, was für die genannten Szenen wichtig war.

Mike Alameda dachte also, durch Zufall eines der Original Filmfahrzeuge erstanden zu haben. Tatsächlich war 05J 076375-G-007 wirklich »nur« ein Press Car und hatte zufällig diese drei Ziffern am Ende. Es gab auch noch 008 und 009. Bedauerlich für Alameda, der den Wagen noch im Jahr 2000 im Rahmen der »Movie Cars« Ausstellung im bekannten Petersen Auto Museum ausstellte. Als er den Mustang mitsamt seinen mühsam zusammengetragenen Unterlagen für 100.000 Dollar anbot, fand sich aber verständlicherweise kein Käufer – zumindest nicht zu dem Preis. Verkaufen konnte er ihn 2018

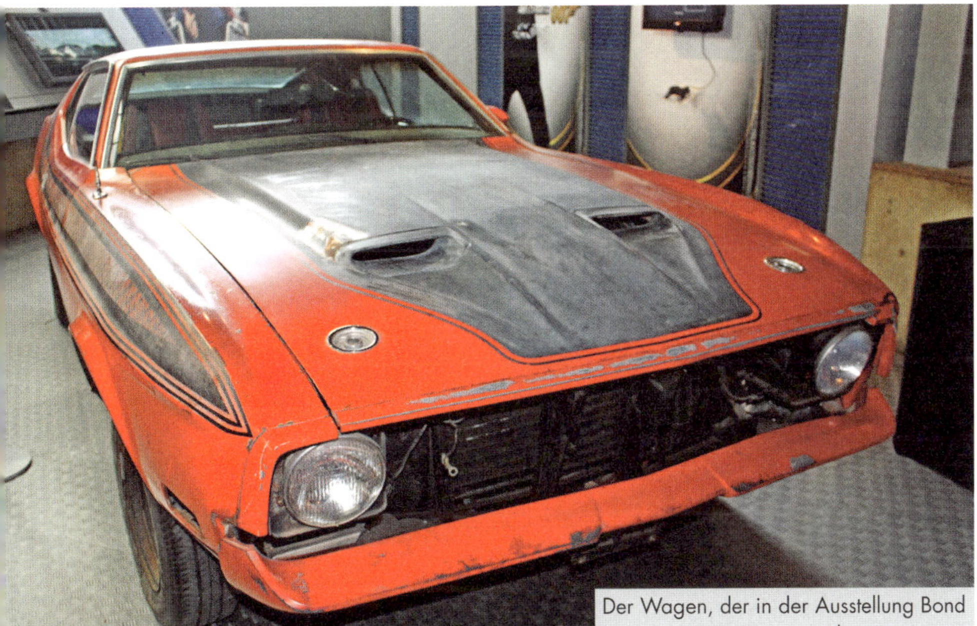
Der Wagen, der in der Ausstellung Bond in Motion präsentiert wurde, …

dann tatsächlich, aber zu einem substantiell geringeren Preis, der nicht bekannt wurde. Er ging nach Australien; der Käufer heißt Duncan Brian.

Ähnlich problematisch verhält es sich mit einem Wagen, der, auf welchem Wege auch immer, zur Ian Fleming Foundation gelangte. Man bekam einen Tipp und ging davon aus, dass es (Fahrgestellnummer 1F05M 100066) einer der Filmwagen war; ein Trugschluss, wie sich später herausstellte. Man fand ihn in einem sehr schlechten Zustand. So fehlte der Frontgrill, andere Felgen waren montiert und an beiden Seiten fanden sich lange schwarze Aufkleber, die bis zum Heck reichten. Außerdem war die Haube schwarz lackiert. Das Auto wurde in dem Zustand von März 2014 bis Januar 2021 in der »Bond in Motion« Ausstellung in London gezeigt und erhielt dadurch eine gewisse Authentizität. Doch es ist nachweislich keines der Filmfahrzeuge. Die Ausstellung ist inzwischen geschlossen.

Sicher ist lediglich – nach neuesten Nachforschungen vieler Beteiligter aus mehreren Teilen der Welt –, dass es exakt ein Fahrzeug gibt, das an den Filmaufnahmen beteiligt war:

Der Wagen mit der 351C Maschine, mit dem der Stuntman Buzz Bundy bei der Wiederholung der Fahraufnahmen durch die enge Gasse zu sehen ist (Fahrgestellnummer 1F05M 160938), wurde nach den Aufnahmen von Pacific

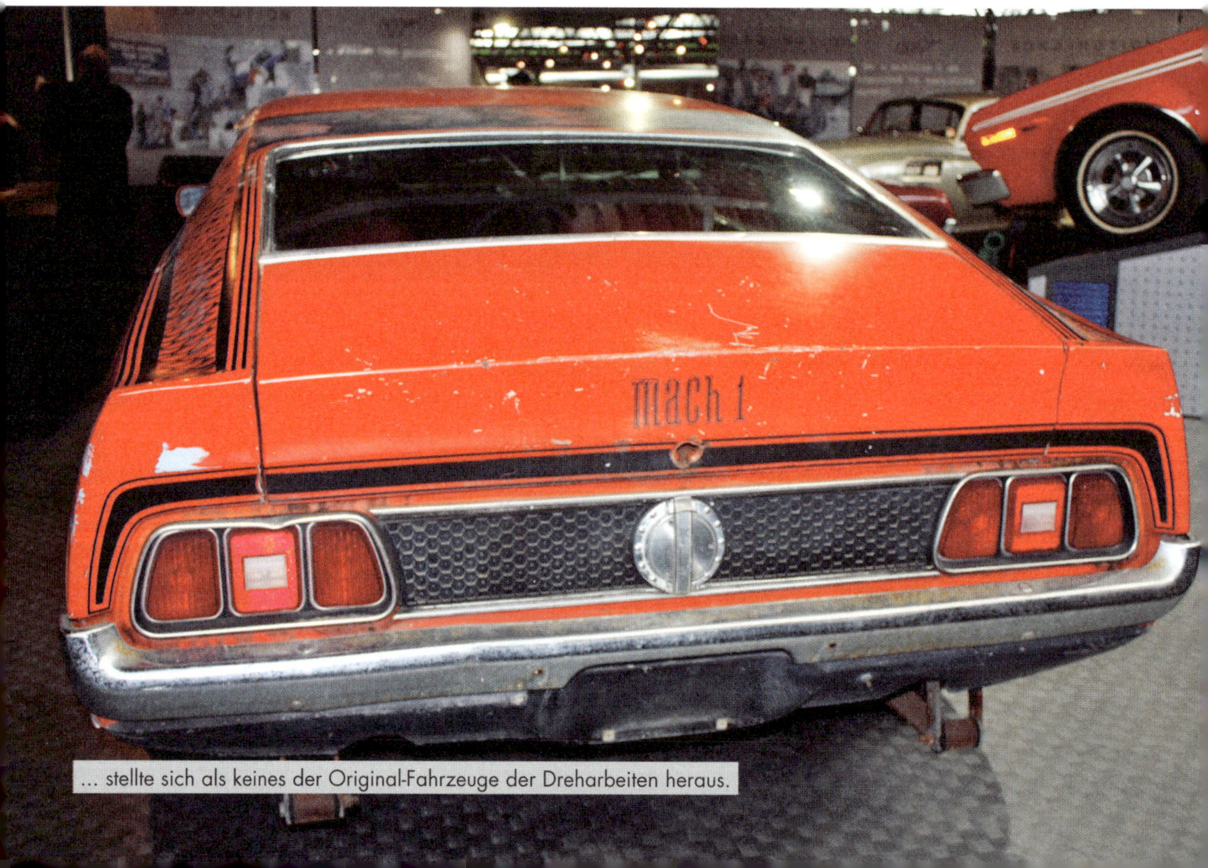

… stellte sich als keines der Original-Fahrzeuge der Dreharbeiten heraus.

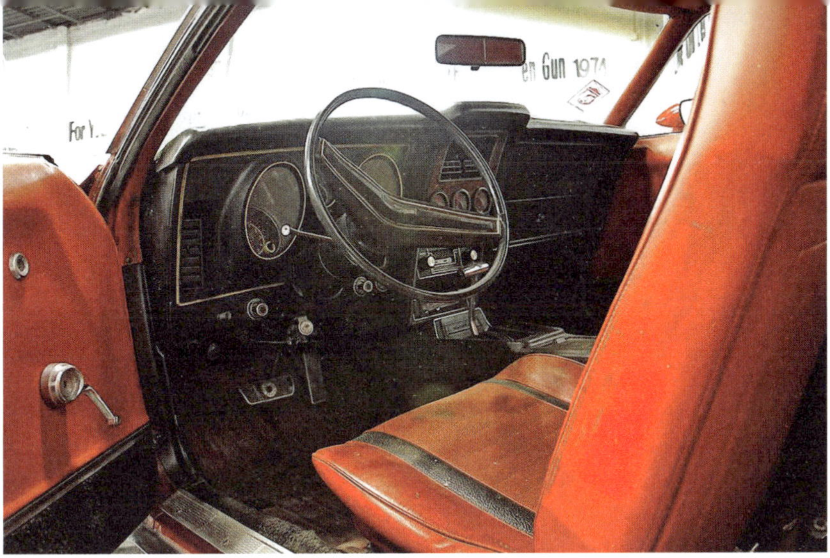

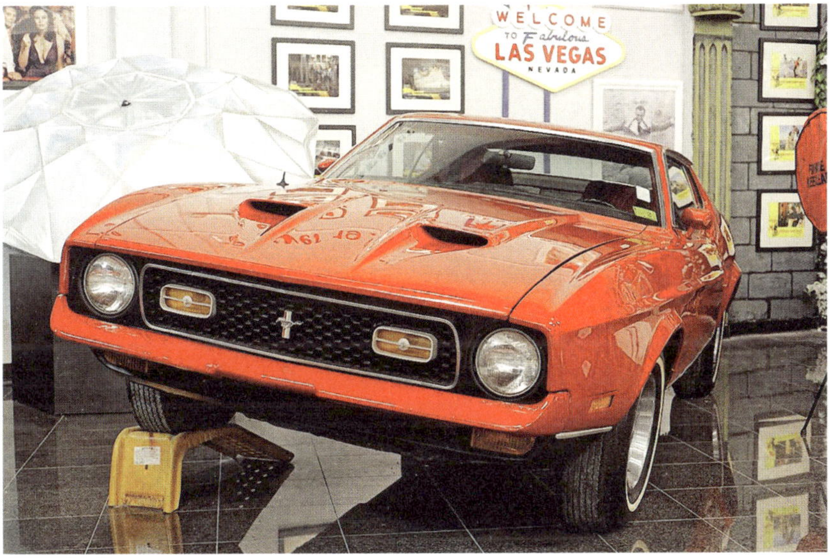

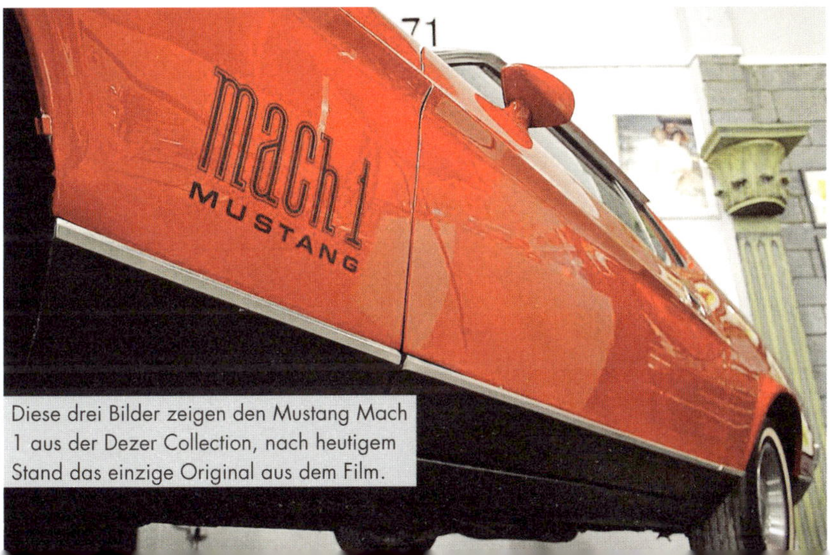

Diese drei Bilder zeigen den Mustang Mach 1 aus der Dezer Collection, nach heutigem Stand das einzige Original aus dem Film.

Auto Sales Inc. an die Produktionsfirma verkauft und später von einem gewissen Joseph Brancella erworben. Er veräußerte ihn an Peter Nelson, der ihn aus New York nach England transportieren ließ. Nelson betrieb von 1989 bis 2011 das »Cars of the Stars« Museum im englischen Keswick. Der Mustang war in einem schlechten Zustand, wurde auch eine Zeitlang so ausgestellt, aber nach und nach restauriert. Schließlich stellte Nelson ihn in der schrägen Position aus, wie er bei der Fahrt durch die Gasse zu sehen ist. Dieser Wagen wurde nach der teilweisen Restaurierung gemeinsam mit anderen Fahrzeugen aus Nelsons Sammlung von dem US Sammler Mike Dezer übernommen und zunächst nach Miami, dann nach Orlando gebracht. Die Ausstellung ist allerdings geschlossen. Noch im Jahr 2021 soll der so genannte »Dezerland Park« in Orlando, Florida mit einem »Bond Museum« und einer »Bond Lounge« und diversen 007-Vehikeln eröffnen – einschließlich des Mustangs.

Mehrere Szenen und Texte, die sich Drehbuchautor Tom Mankiewicz ausgedacht hatte, schafften es nicht in den fertigen Film. Dazu zählt ein »incredible U-Turn« und ein so genanntes »Auto Ballett«. Als klar wird, dass Tiffany und

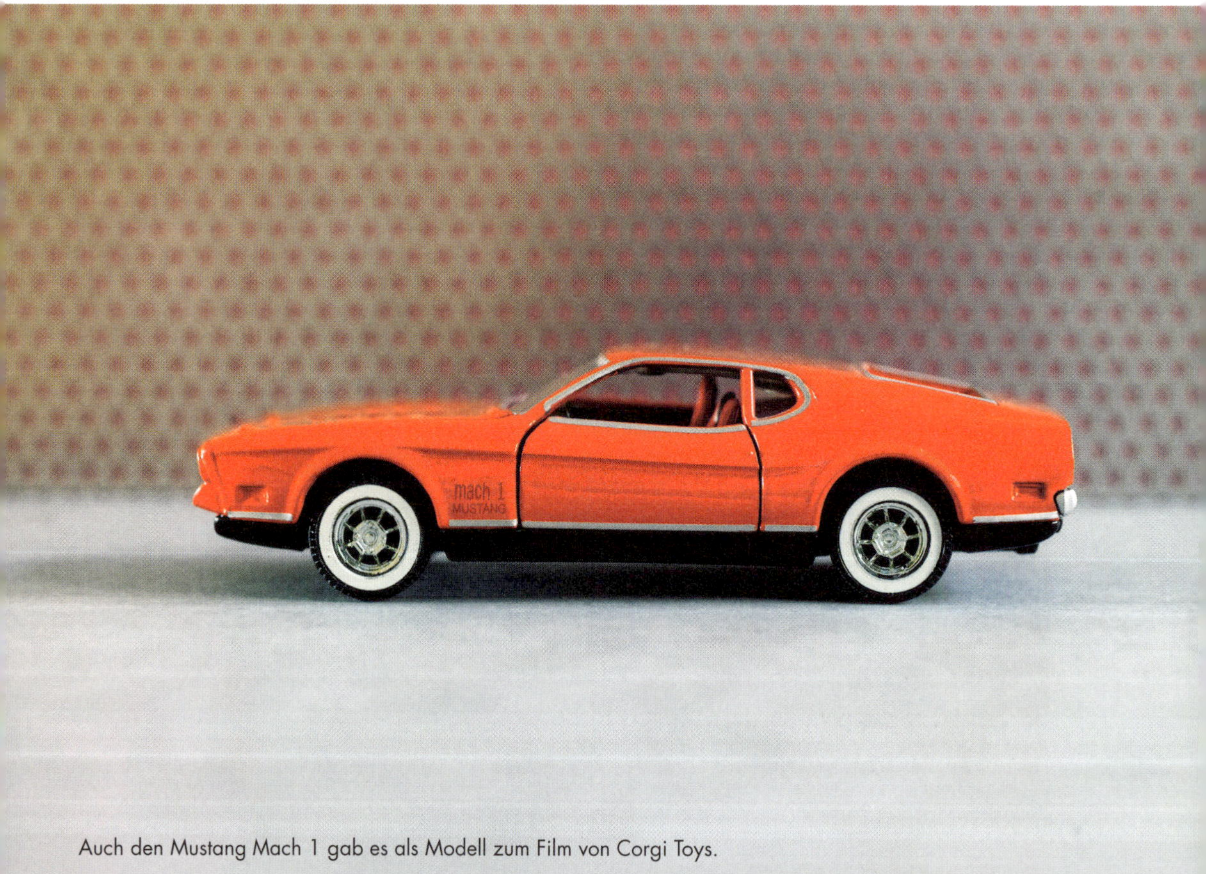

Auch den Mustang Mach 1 gab es als Modell zum Film von Corgi Toys.

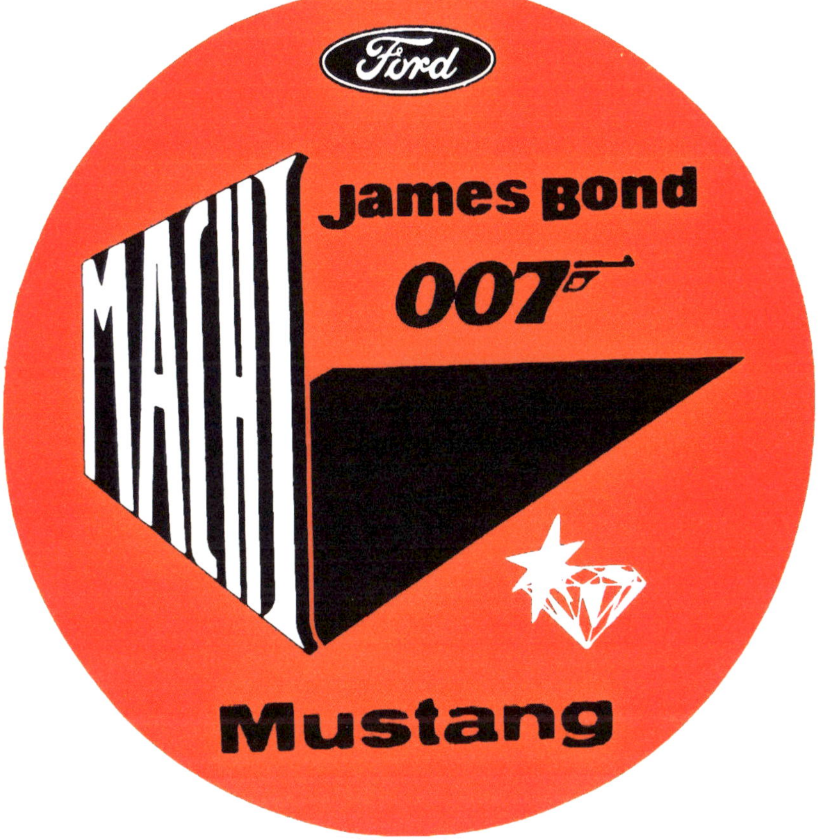

Bond verfolgt werden, sagt er den schönen Satz: »This is your captain speaking. Fasten seat belt please«. (Also: »Hier spricht ihr Kapitän. Bitte schnallen sie sich an.«) Leider war er im Film nicht zu hören. Gedreht wurde außerdem, wie noch zwei weitere Polizeifahrzeuge in die Gasse fahren, von denen einer gegen den Wagen des Sheriffs knallt und die Besatzung des dritten Wagens schließlich den verunfallten Kollegen hilft. In den Film schaffte diese Aktion es jedoch nicht.

Äußerst originell getextet war die Werbung für den Mustang Mach 1 damals. Sie lautete: »1971 gibt es noch mehr Mustang fürs Geld. Breitere Spur, tiefer gelegt, super windschlüpfrig... Mach 1 hält die Pole Position. Fahr einen Mustang und etwas fährt in Dich.«
Auch irgendwie schlüpfrig.
Im Februar 1972 erschient ein Corgi Toys Modell des Ford Mustang (Nr. 391). Das gab es jedoch nur für ein Jahr, da der Verkauf hinter den Erwartungen

zurückblieb. Interessanterweise verfügten die Spielzeugmodelle, im Gegensatz zum Film, über eine schwarzlackierte Haube und zwei verschiedene Felgentypen. Ein Satz sah aus wie Speichenfelgen. Das verwirrte die Sammler seinerzeit genauso wie die Suche nach den vielen Filmfahrzeugen. Das blaugraue Sakko, das Sean Connery unter anderem bei den Szenen der Verfolgungsjagd getragen hat, wurde am 29. Juni 2021 in einer Online-Auktion der englischen Firma Propstore offeriert. Connery wurde von Co-Produzent Albert R. Broccoli angeboten, so viele Anzüge wie er wollte nach den Dreharbeiten mitzunehmen. Dennoch ist nicht klar, aus welcher Quelle dieses Stück stammt. Man schätzte den Wert vorab auf 20.000 – 30.000 Dollar. Doch verkauft wurde es nicht. Der Mindestpreis von Lot 139 wurde nicht erreicht.

Ford versprach zwar der Filmproduktion, unbegrenzt Fahrzeuge zur Verfügung zu stellen, aber umsonst war der Service nicht. Man war wohl zu sehr schockiert, dass von den zurückgelieferten Ford Mustang »zwölf Stück schwer beschädigt« ankamen. So geht es aus einem Brief von der Ford Marketing Corporation an Eon Productions vom 13. August 1971 hervor. Die Wagen konnten nicht mehr repariert und nur noch »als Wracks« oder »Teileträger« verkauft werden. Ford fand zwar einen Käufer, der ihnen alle abnahm, bekam aber, bei einem Wert von 28.525 Dollar, gerade mal 6.450 Dollar für den großen Haufen Schrott. Zwar berücksichtigte man einen Nachlass von 2.075 Dollar, aber dennoch stellte man Eon Productions eine Rechnung: 20.000 Dollar mussten an Ford bezahlt werden.

DATEN UND FAKTEN

Modell: Ford Mustang Mach 1, linksgelenkt, Schrägheck-Coupé (Sports Roof)
Farbe: Rot (Bright Red)
Bauzeit: Juli 1971 bis 1973
Stückzahl: 1971: 149.682 mit vier verschiedenen Motorvarianten, davon Sportsroof: 36.498
Von den im Film verwendeten 71er Mustang gab es in der Vermillion-Ausstattung 5E in Bright Red (Code 3) nur 1310 Exemplare
Motor: 4,9 – 7,03 Liter-Ottomotor und Reihensechszylinder (250 cui)
Leistung: 213 – 380 PS
Kennzeichen: CA52H6
Höchstgeschwindigkeit: 186 km/h
Screen Time des Wagens: 5.19 Minuten
Verbrauch: 19,6 Liter auf 100 km
damaliger Neupreis: von 3.260 über 4.360 bis ca. 4.500 US Dollar in Deutschland kostete der Wagen zwischen 12.000 und 15.000 Deutsche Mark

Der Amerikaner Kevin Marti von Marti Auto Works in Arizona übernahm die Unterlagen von Lois Eminger und wurde auch offiziell von Ford lizensiert, Recherchen durchzuführen. Der Dank für diese Stückzahlen gebührt ihm.

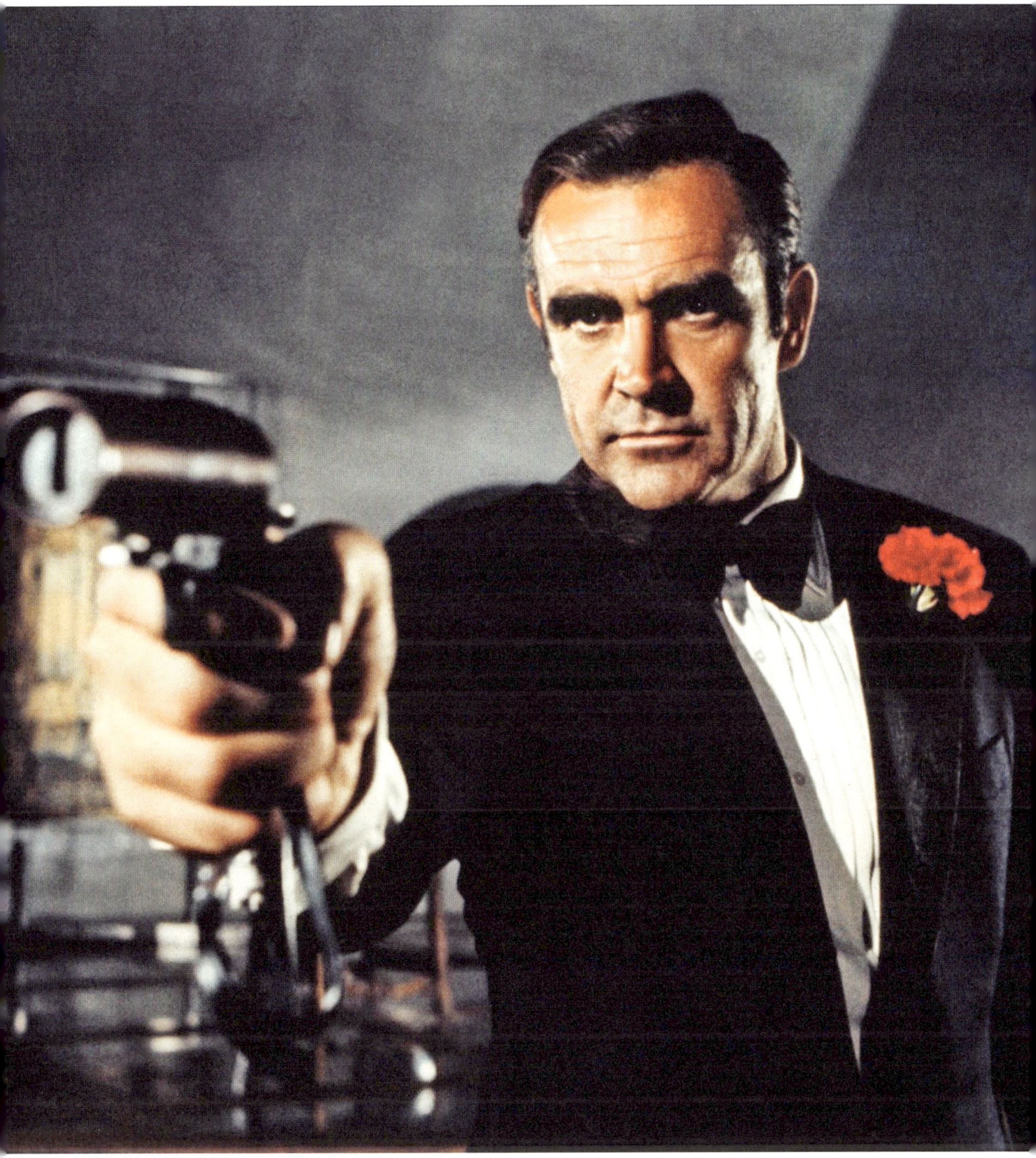

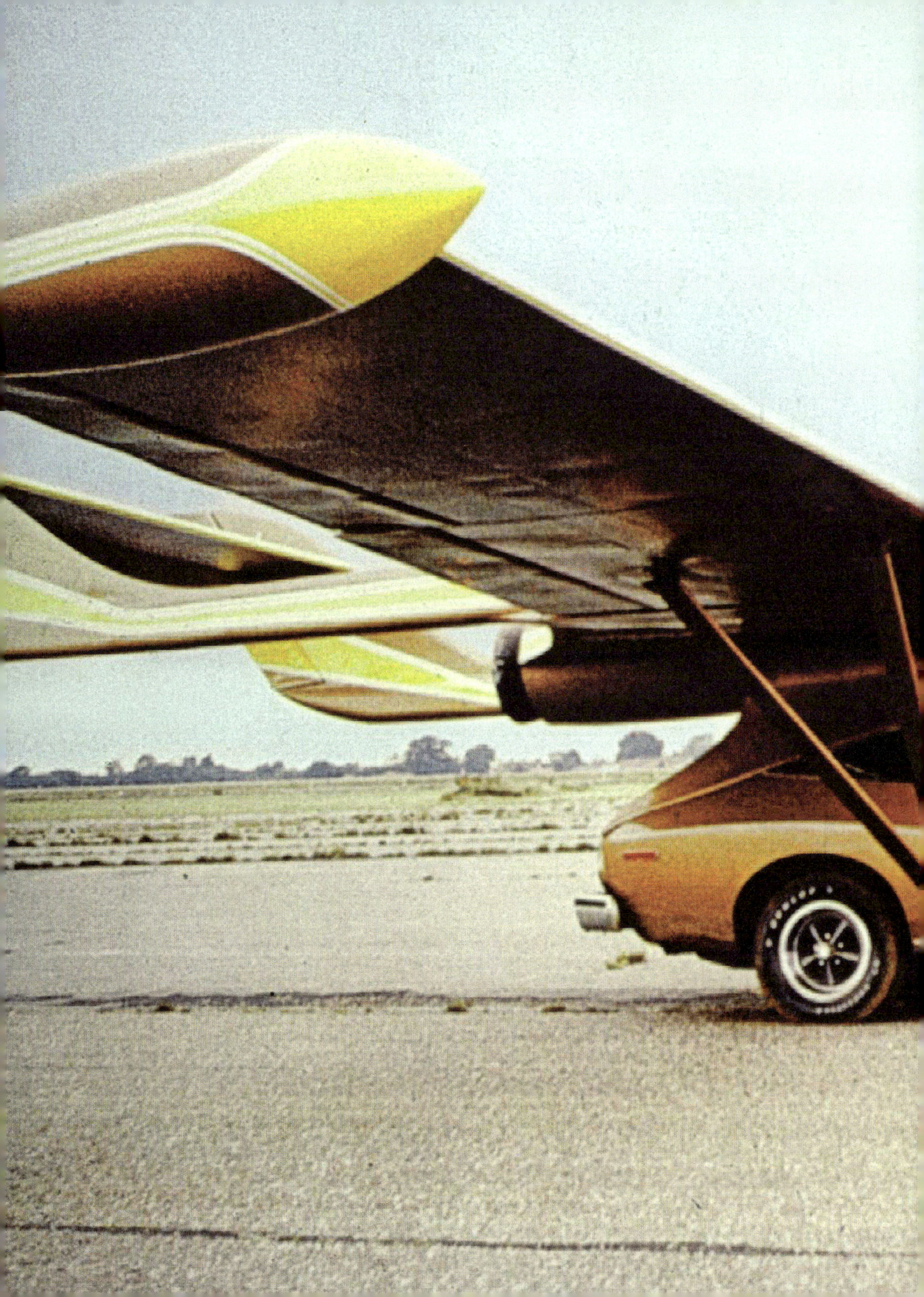

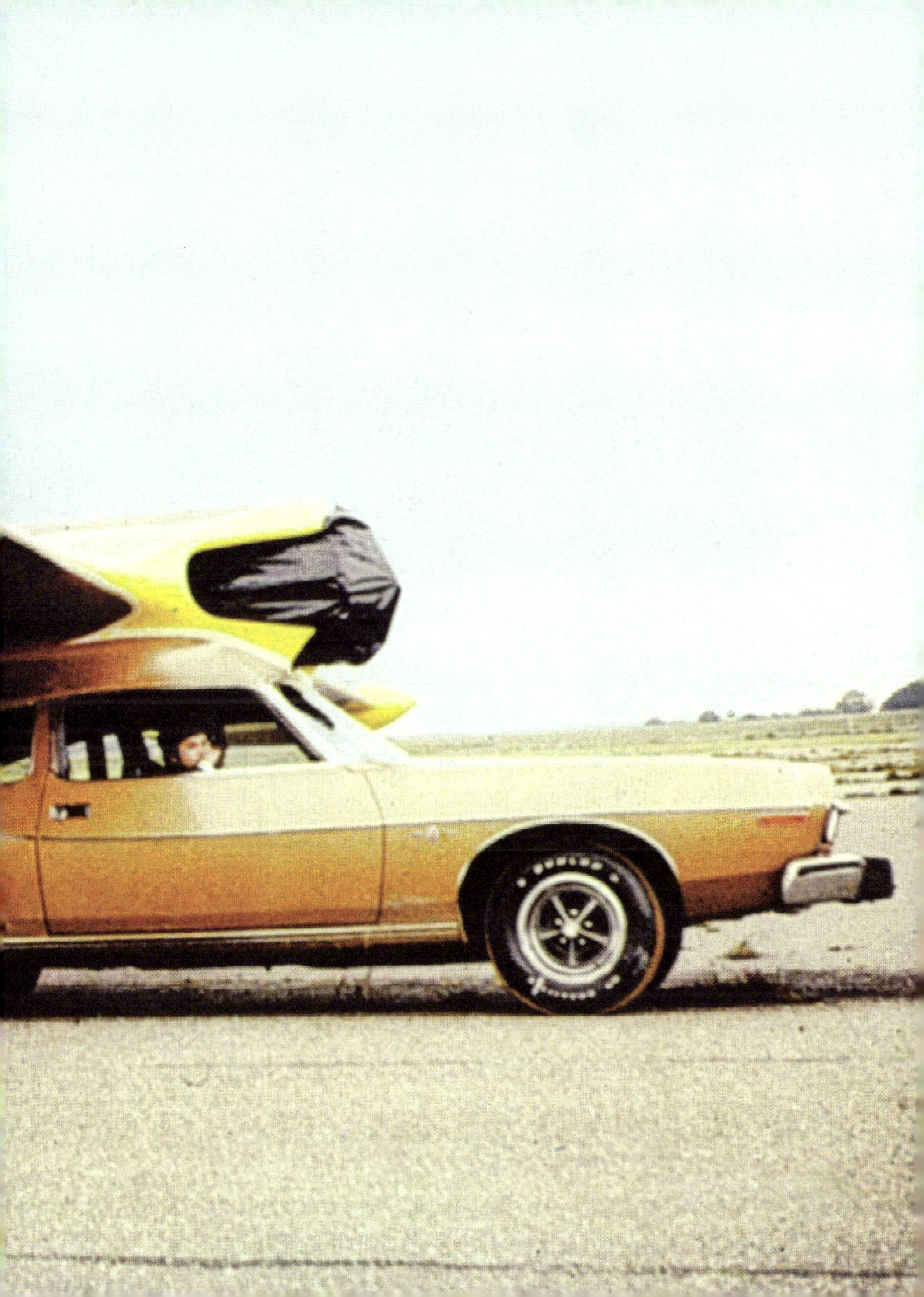

DAS AMC MATADOR COUPÉ AUS *DER MANN MIT DEM GOLDENEN COLT* (1974)

Fahrzeugtechnisch äußerst ungewöhnlich ist, dass beim zweiten Einsatz von Roger Moore nicht nur er als Bond einen Wagen der Firma AMC fährt, dem wir uns im vorigen Band gewidmet haben. Auch der von Christopher Lee gespielte Widersacher Scaramanga sitzt am Steuer eines AMC. Ja, am Steuer – im Gegensatz zu den sonst auch mal im Fond platzierten Bösewichten. Während der Verfolgungsjagd durch Bangkok befinden sich also sowohl Scaramanga, als auch sein kleinwüchsiger Helfer Schnick Schnack (»Nick Nack« im Original, gespielt von Hervé Villechaize) vorn in einem goldfarbenen AMC Matador Coupé, dessen Farbe ja perfekt zum Titel des Films passt. »Au, Au, ich glaube wir kriegen Ärger«, sagt der Helfer denn auch mal kurz zu seinem Chef, als er den sie verfolgenden Bond im Rückspiegel entdeckt, aber tatsächlich kommen sich die beiden Wagen nicht einmal besonders nahe.

»AU, AU, ICH GLAUBE WIR KRIEGEN ÄRGER.« —SCHNICK SCHNACK (HERVÉ VILLECHAIZE) ZU SCARAMANGA (CHRISTOPHER LEE)

Das AMC Matador Coupé wirkt zunächst eher bieder und sieht aus wie jedes der Standardfahrzeuge, das in den 70er Jahren produziert wurde. Es hat nicht einmal Waffen an Bord. Die beiden Gangster haben allerdings eine Geisel im Kofferraum, also rund 55 bis 65 Kilogramm mehr Gewicht, denn gleich zu Anfang der Actionszene befördert Scaramanga die von Britt Ekland gespielte Mary Goodnight außerhalb des Rajadamnern Boxstadions in der thailändischen Hauptstadt Bangkok in das Heck des Coupés und schließt es danach.

Das Auto, das 1974 von der Zeitschrift »Car and Driver« zum »Best Styled Car« des Jahres gekürt wurde, verfügte über eine ganz spezielle Ausgestaltung. Zu der Bezeichnung AMC Matador Brougham Deluxe kam noch die so genannte Cassini Edition mit einer besseren Innenausstattung und äußeren Verzierungen in Form von Chromleisten. Häufig bestellten die Käufer aber »nur« weiße Streifen. Benannt wurde das Modell nach dem amerikanischen Modedesigner Oleg Cassini und kostete in dieser Ausstattung 299 Dollar extra.

Im Film enthüllt das Fahrzeug seine besonderen Fähigkeiten erst zum Ende

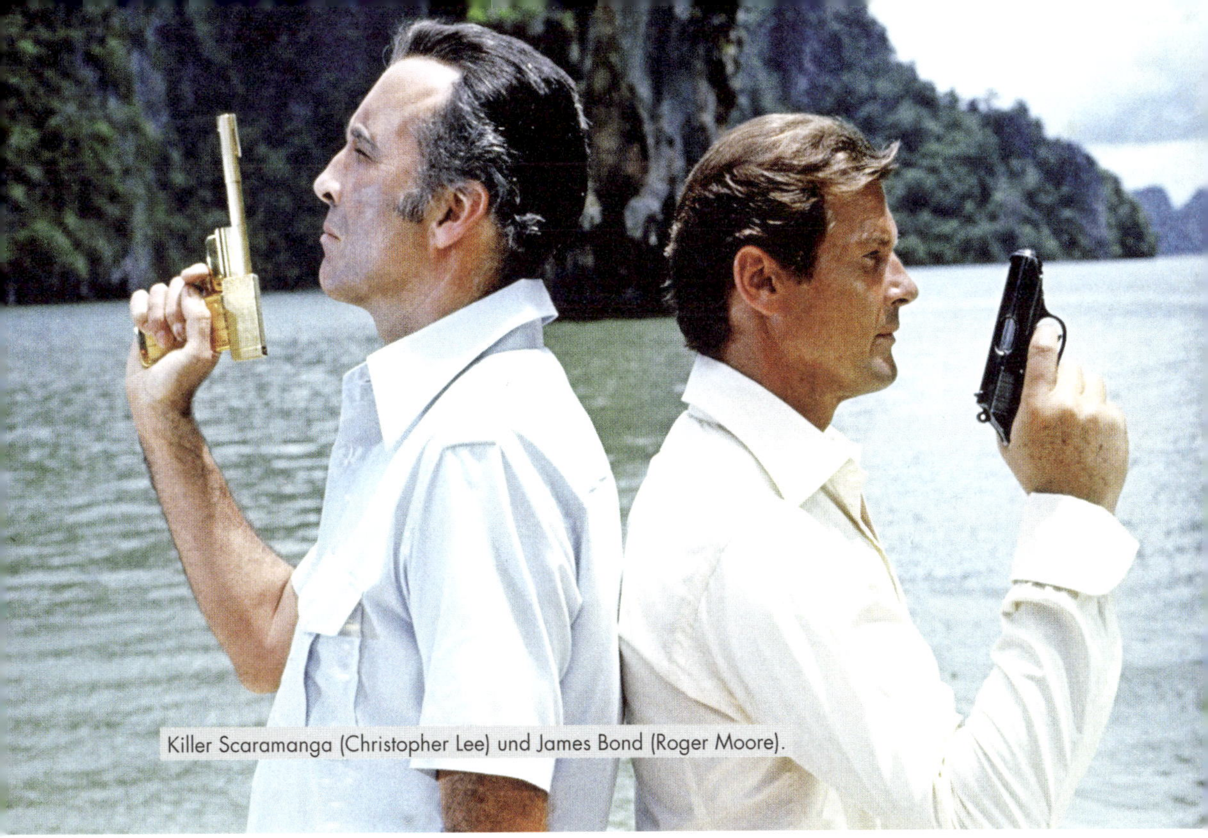

Killer Scaramanga (Christopher Lee) und James Bond (Roger Moore).

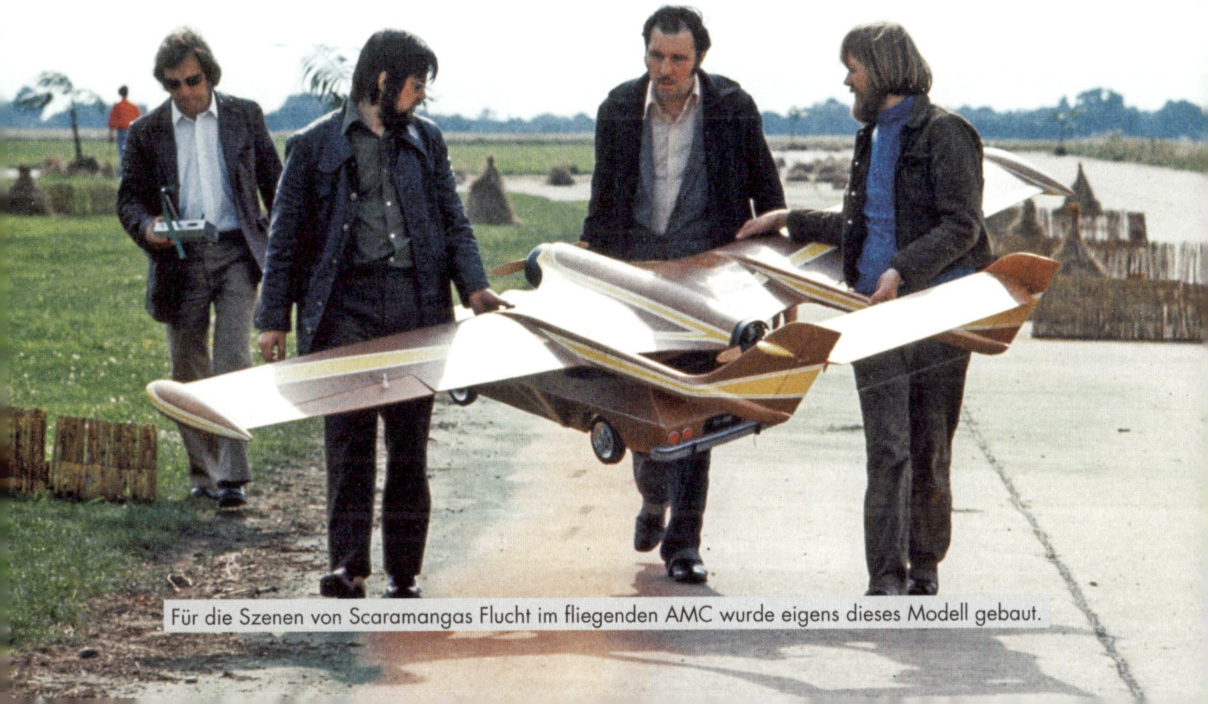

Für die Szenen von Scaramangas Flucht im fliegenden AMC wurde eigens dieses Modell gebaut.

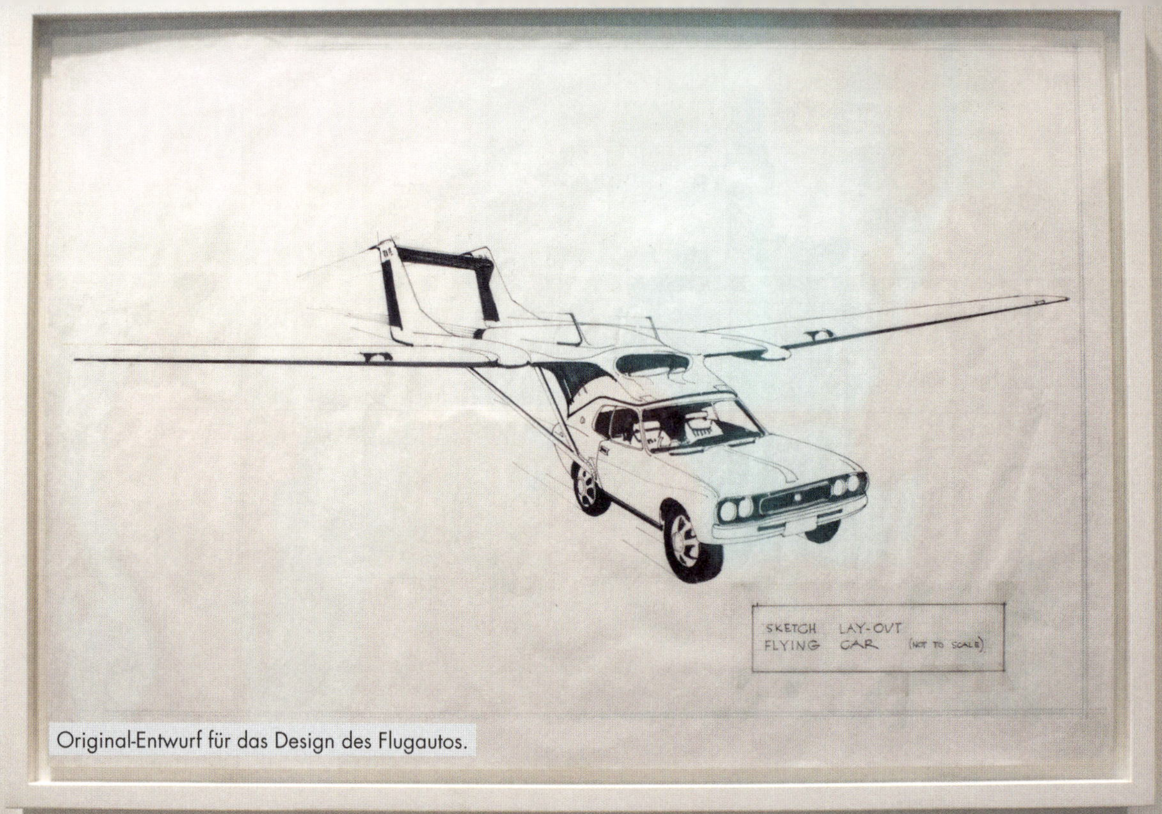

Original-Entwurf für das Design des Flugautos.

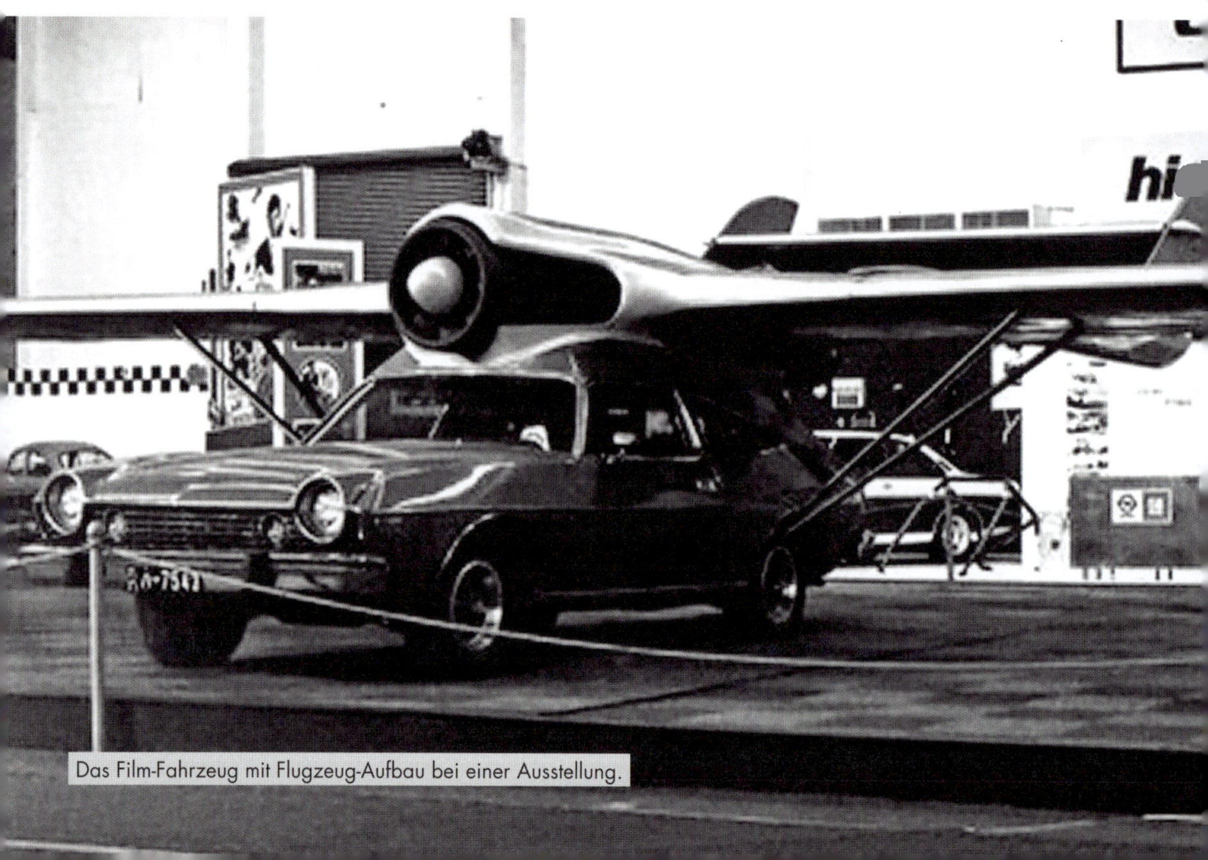

Das Film-Fahrzeug mit Flugzeug-Aufbau bei einer Ausstellung.

der Verfolgungsjagd. In einem am Stadtrand befindlichen Schuppen wird das goldene Designobjekt zum Flugzeug. Die Instrumente ändern sich, links und rechts klappen Verstrebungen an, und plötzlich erscheint ein Leitwerk. Das komplette Gerät war mit dem Flugleitwerk übrigens 9,15 m lang, 12,80 m breit und 3,04 m hoch. Im Film schwebt es von Bangkok bis zu einer Insel im chinesischen Meer, aber in Wirklichkeit konnte es nur etwa 500 Meter zurücklegen. Es wurde daher bei einem Teil der Aufnahmen durch ein etwa ein Meter langes, ferngesteuertes Modell ersetzt.

Ein Stuntman fuhr das Fahrzeug aus dem provisorischen Hangar hinaus, und dafür klappten sogar Teile des Gebäudes weg. Im Anschluss an diese Szene kam Special Effects Mann John Stears zum Einsatz. Er hatte in den englischen Pinewood Studios ein rund ein Meter langes Modell des Flugautos gebaut und konnte es, dank Produktionsdesigner Peter Murton, auch in einer vom ihm gestalteten thailändischen Mini Landschaft abheben lassen. Die Aufnahmen dazu entstanden im Juli 1974 auf dem englischen Flugplatz der Royal Air Force Station in Bovingdon, etwa 24 Kilometer nordwestlich der Pinewood Studios. Stears steuerte das Mini Matador Coupé per Fernbedienung, womit es zu Anfang allerdings einige Probleme gab. Weil er Angst hatte, dass das exklusive Einzelstück etwas abbekommen würde, und die Steuerung sich als sehr wacklig entpuppte, traute er sich zuerst nicht das Ding tatsächlich in die Luft gehen zu lassen. Dass es optisch nicht ganz dem fahrfähigen Wagen entspricht, war an den auffällig weißen Felgen zu erkennen, ist aber Kinobesuchern damals sicher nicht aufgefallen. In dieser Hinsicht sind Einzelbildschaltungen von DVDs sicher enthüllender, aber auch der Tod kinomagischer Momente.

KOMISCHES UND WISSENSWERTES

Kurz vor und während der Transformation des AMC zu einem Flugzeug sorgen die Filmemacher auch noch dafür, einen der Sponsoren glücklich zu machen: Bevor das Auto in den Hangar hinein fährt, sieht man mal saubere, mal dreckige Felgen, und keine besonders gut zu erkennende Schrift auf den Reifen. Drinnen ist dann deutlich »DUNLOP« zu lesen. Auch so ein Film muss ja schließlich finanziert werden.

Zwei Designzeichnungen des flugfähigen Autos kamen am 8. Juni 1993 bei einer Versteigerung des Londoner Auktionshauses Sotheby´s unter den Hammer. Ein Privatsammler zahlte 280 Pfund dafür – damals etwa 700 DM.

Der Wagen wurde etwa ein Jahr für Promotionszwecke eingesetzt und auf Ausstellungen gezeigt, bevor ein früherer Schauspieler und AMC-Sammler ihn übernahm und regelmäßig bewegte. Am 23. April 2001 wurde er dann als

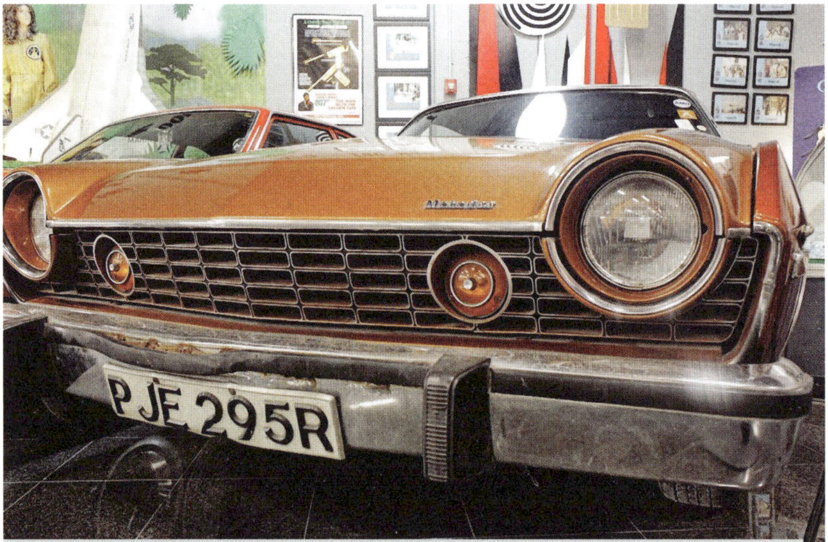

Bei diesem Fahrzeug aus der Dezer Collection handelt es sich um ein baugleiches Auto.

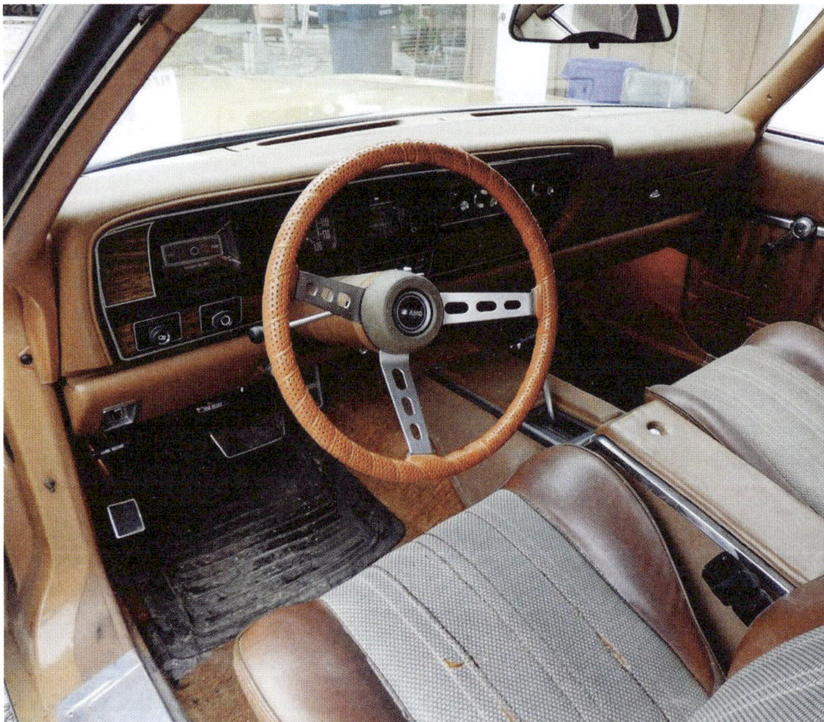

Lot 442 vom Auktionshaus Bonhams & Brooks im englischen Hendon Air Museum versteigert, wenn auch ohne den Flugaufbau, und von Peter Nelson, dem Eigentümer des »Cars of the Stars« Museum im nordenglischen Keswick, erworben. Er bezahlte gerade mal 6.000 Pfund dafür. In der Dezer Collection in Miami befindet sich ein Fahrzeug, das dem Filmwagen sehr ähnelt, doch es handelt sich um ein späteres Baujahr. Der Wagen mit dem Kennzeichen PJE 295R wurde 1976 gebaut und am 15. Juni 1977 erstmals zugelassen.

Übrigens fuhr auch die Polizei in dem Film Autos vom Typ AMC Matador, allerdings in einer anderen Ausstattung. Schon im Jahr 1972 hatte das Los Angeles Police Department 534 Exemplare erworben, allerdings mit Sedan-Aufbau, keine Coupés, die in schwarz/weiß lackiert worden waren. Sie sahen allerdings ein klein wenig anders aus (eine Hupe mittig auf dem Dach, zwei Blaulichter links rechts) als die, die sich in Bangkok in die Verfolgungsjagd einmischen (ein rotes Rundumlicht auf dem Dach, eine Hupe mittig dahinter). Zwei der drei bekommen Blechschäden ab. Die generelle Konstellation ist aber auf jeden Fall ungewöhnlich: drei Autotypen, eine Marke in einem Film.

Der ehemalige Marineoffizier Moulton Taylor aus Kalifornien nahm das Filmfahrzeug zum Anlass, um über dessen Flugeigenschaften nachzudenken. Er konstruierte ein Auto mit ausfahrbaren Tragflächen und einem Propeller, das innerhalb von fünf Minuten zu einem Flugzeug umgerüstet werden kann. Laut Michael G. Wilson, dem damaligen Anwalt der Filmproduktion und späteren Co-Produzenten, basiert das fliegende Auto auf einem echten Flugauto, das in den 50er und 60er Jahren erfunden worden war.

Im Herbst 2011 stellte die Firma Terrafugia aus Boston das Flugfahrzeug »Transition« vor. Das Gefährt ist als Auto rund sechs Meter lang und zweieinhalb Meter breit, wird aber als Flugzeug durch die Spannweite der Flügel rund acht Meter breit und kostete 279.000 Dollar. Die Höchstgeschwindigkeit in der Luft liegt bei 185 km/h. Die ersten Auslieferungen des »Transition« sollten erst 2012, dann 2013 dann im 2. Halbjahr 2016 sein. Bislang wurden aber immer noch keine Fahr-, Flugzeuge ausgeliefert. Möglicherweise wird das unter dem neuen chinesischen Eigentümer, der Zhejiang Geely Holding Group der Fall sein, die im November 2017 Terrafugia Inc. übernommen haben. Das Einverständnis und die Freigabe der US-Flugbehörde liegen auf jeden Fall vor.

Im niederländischen Raamsdonksveer arbeiten seit dem Jahr 2004 ein paar Tüftler unter der Leitung des Ingenieurs John Bakker an einem fliegenden Fahrzeug mit der Bezeichnung PAL-V. Die steht für »Personal Air and Land Vehicle«, also ein persönliches Land und Luftfahrzeug, das über einen

ausklappbaren Rotor, Antriebspropeller und Leitwerk verfügt. Der Zweisitzer verfügt über 200 PS, soll 499.000 Euro kosten und befindet sich immer noch in der Testphase.
Während der Standard AMC Matador als Modell durchaus erfolgreich war und rund 100.000 Stück in fünf Jahren ihre Käufer fanden, war das bei der Oleg Cassini Brougham Deluxe Edition nicht der Fall. 1974 fanden sich 6.165 Abnehmer, ein Jahr später aber nur noch 1.817, so dass diese Ausstattungsvariante 1976 schon wieder verschwand. Generell gilt aber auch, dass der voluminöse V8 Motor 21 Liter auf 100 Kilometer verbrauchte. Das war aufgrund der beginnenden Ölkrise nicht gerade verkaufsfördernd.

DATEN UND FAKTEN

Modell: AMC Matador Coupé, links gelenkt
Farbe: Gold (Golden Tan oder Harvest Gold)
Bauzeit: Anfang 1974 – Frühjahr 1978
Stückzahl: 62.269 (1974) / rund 100.000 in fünf Jahren
6.165 mit Oleg Cassini Innenausstattung (im Jahr 1974)
Motor: 5,9 Liter, V 8 Motor
Leistung: 223 PS
Kennzeichen: – 7543
Höchstgeschwindigkeit: 187 km/h
Screen Time des Wagens:
4 Minuten 1 Sekunde

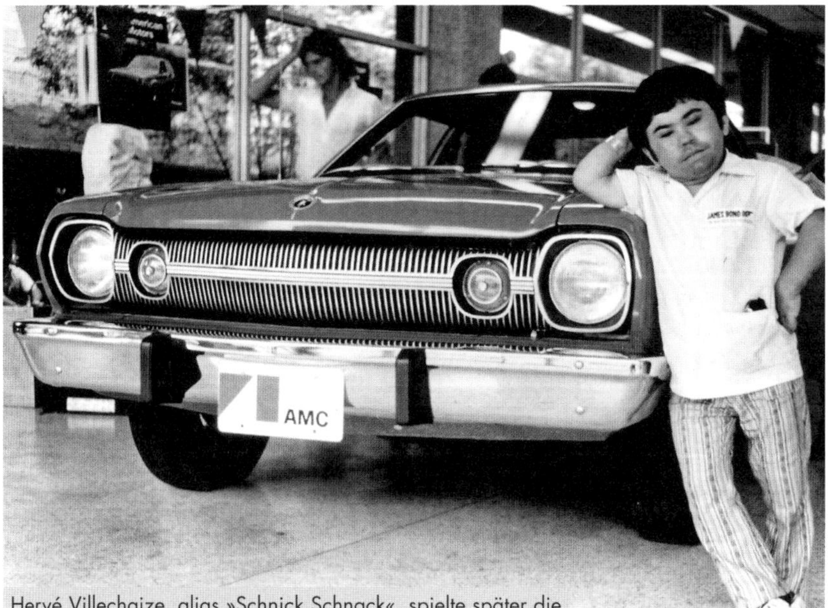

Hervé Villechaize, alias »Schnick Schnack«, spielte später die Rolle des Assistenten »Tattoo« in der TV-Serie *Fantasy Island.*

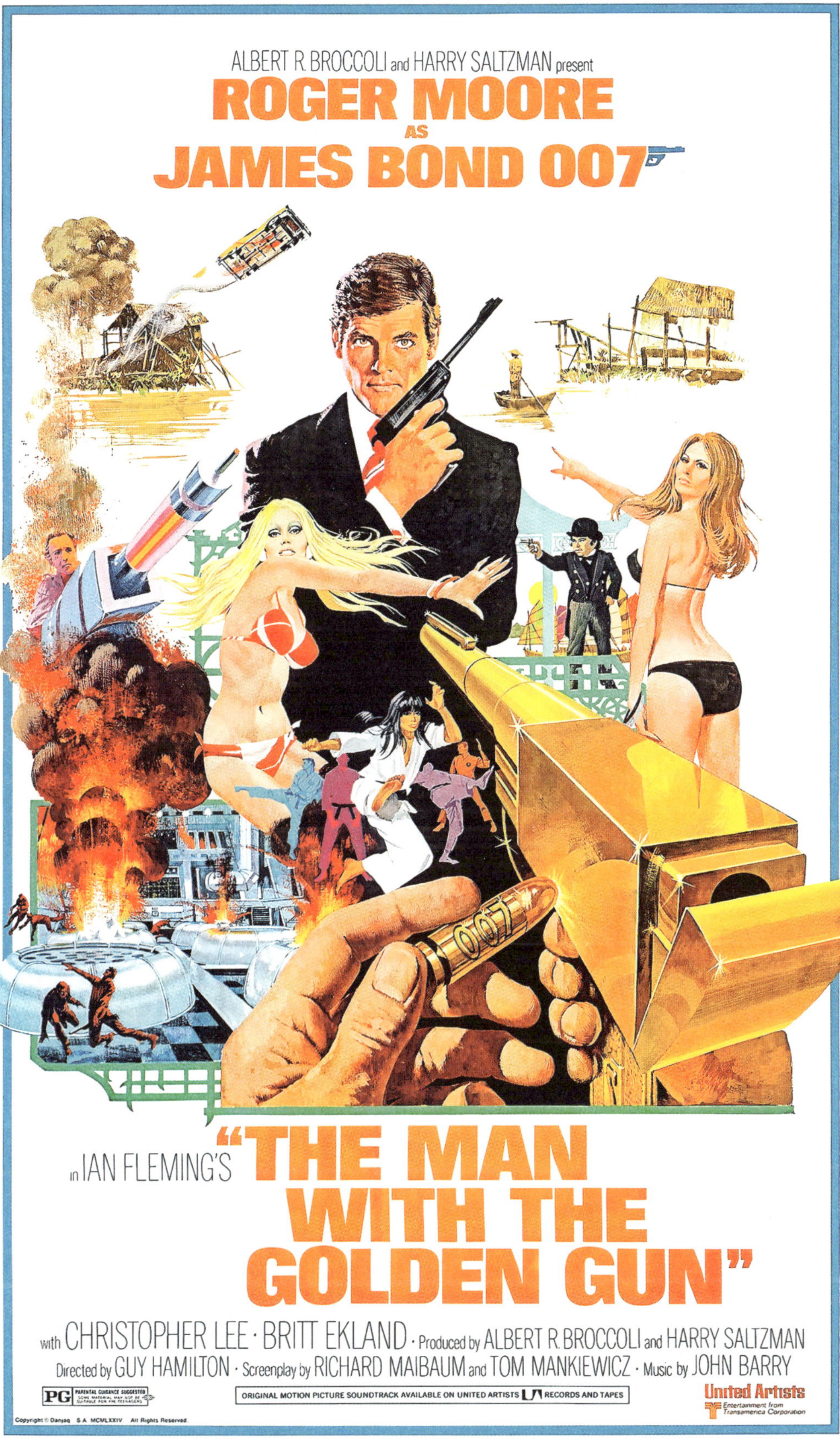

ALBERT R. BROCCOLI and HARRY SALTZMAN present
ROGER MOORE
AS
JAMES BOND 007
007
in IAN FLEMING'S "THE MAN WITH THE GOLDEN GUN"
with CHRISTOPHER LEE · BRITT EKLAND · Produced by ALBERT R. BROCCOLI and HARRY SALTZMAN
Directed by GUY HAMILTON · Screenplay by RICHARD MAIBAUM and TOM MANKIEWICZ · Music by JOHN BARRY
PG PARENTAL GUIDANCE SUGGESTED
ORIGINAL MOTION PICTURE SOUNDTRACK AVAILABLE ON UNITED ARTISTS RECORDS AND TAPES
United Artists
Entertainment from Transamerica Corporation
Copyright © Danjaq S.A. MCMLXXIV. All Rights Reserved.

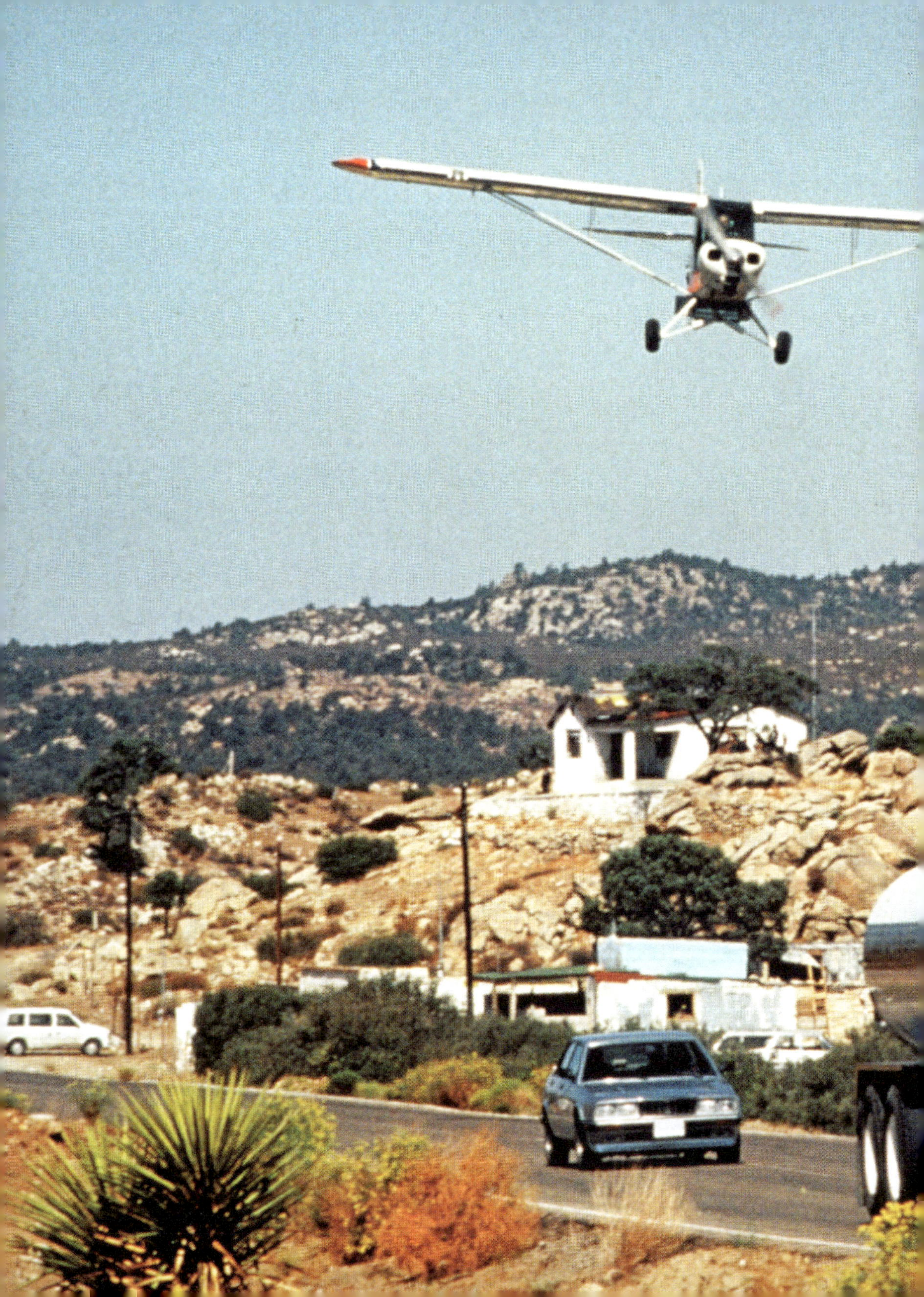

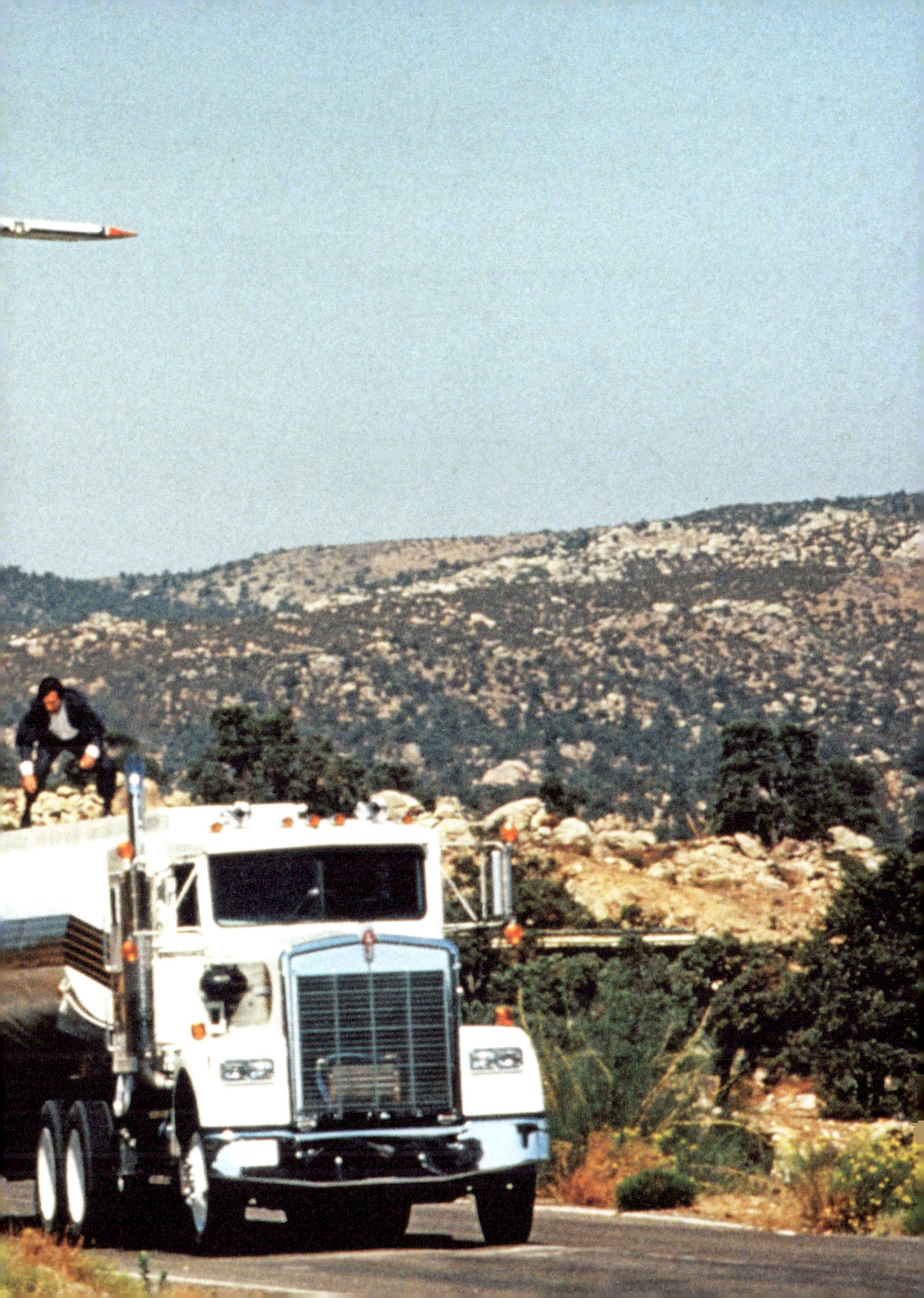

DIE KENWORTH TRUCKS AUS *LIZENZ ZUM TÖTEN* (1989)

Für Timothy Daltons zweiten und letzten Einsatz als James Bond inszenierten die Macher eine Verfolgungsjagd mit Lkw. Im Film macht Bond Jagd auf den Drogenbaron Franz Sanchez (Robert Davi), der seinen ganz speziellen Stoff in vier Tanklastern transportiert. Als sein Hauptquartier enttarnt wird, weist ihn ein Mitarbeiter mit dem dringenden Appell »Wir müssen weg, Patron!« darauf hin, dass es nun gleich brenzlig werden kann. Sanchez muss fliehen. 007 lässt sich dank der Pilotin Pam Bouvier (Cary Lowell) auf dem Dach eines der flüchtenden Laster absetzen und drängt, nachdem er den Fahrer aus der Kabine geworfen hat, einen anderen an die Felswand. Der geht dabei zu Bruch. Als mit einer Stinger Rakete auf ihn geschossen wird, fährt er über eine Rampe und nur auf der linken Bereifung weiter, macht einen Jeep platt, löst seinen Anhänger, der einen weiteren Wagen zur Explosion bringt und fährt zwischendurch mal auf den acht Hinterreifen durch eine Feuerwand, wobei die beiden Vorderreifen in die Luft gehen – ein sogenannter Wheelie. Außerdem hangelt sich der Held von der Fronthaube des einen Lasters bis zum Heck des vorausfahrenden und klettert daran hoch. Zum Schluss explodiert das vierte Fahrzeug.

»ERST DACHTE ICH MIR, WIE MACHE ICH DAS BLOSS, UND DANN: DAS WIRD BESTIMMT EIN SPASS!« —KENWORTH-CHEFINGENIEUR LARRY ORR

Nach der guten Zusammenarbeit zwischen Regisseur John Glen und Stuntkoordinator Rémy Julienne entwickelte man zum fünften Mal gemeinsam eine Verfolgungsjagd. Die Idee dafür entstand schon Jahre zuvor, und deren Umsetzung sollte es auch schon in früheren Filmen geben, doch jetzt wurde sie endgültig realisiert. Hinzu kam, dass Glen ein großer Fan des Thrillers *Lohn der Angst* aus dem Jahr 1953 ist, in dem zwei Lkw-Fahrer in Südamerika Nitroglyzerin transportieren. Er tüftelte schon länger an der Idee, aber Julienne entwarf die Sequenz, erschuf Storyboards und suchte dann nach einem Lkw-Hersteller, der bereit war, sich auf das Abenteuer einzulassen. Die in der Stadt Kirkland im US-Bundesstaat Washington beheimatete Firma Kenworth sagte zu, auch wenn Chefingenieur Larry Orr zunächst mulmig zumute war bei dem, was sich die Filmemacher so alles über-

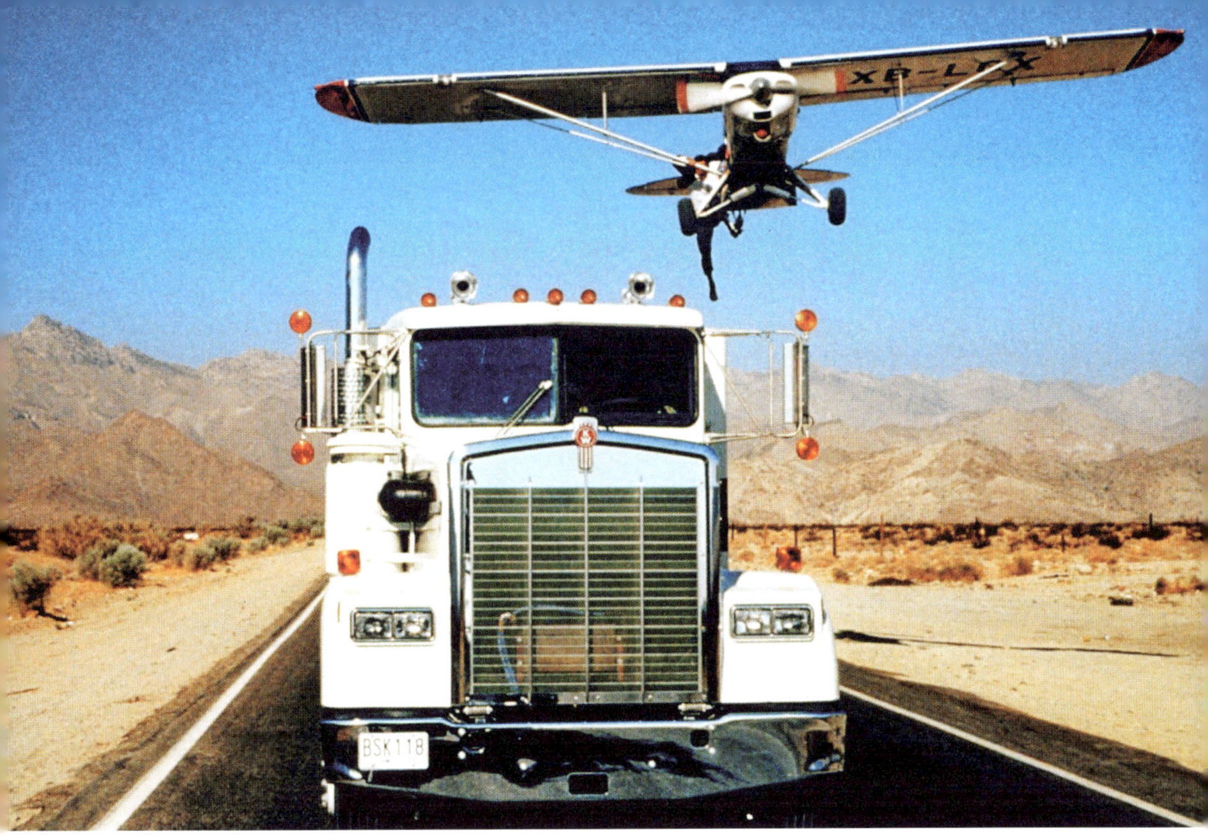
BSK 118

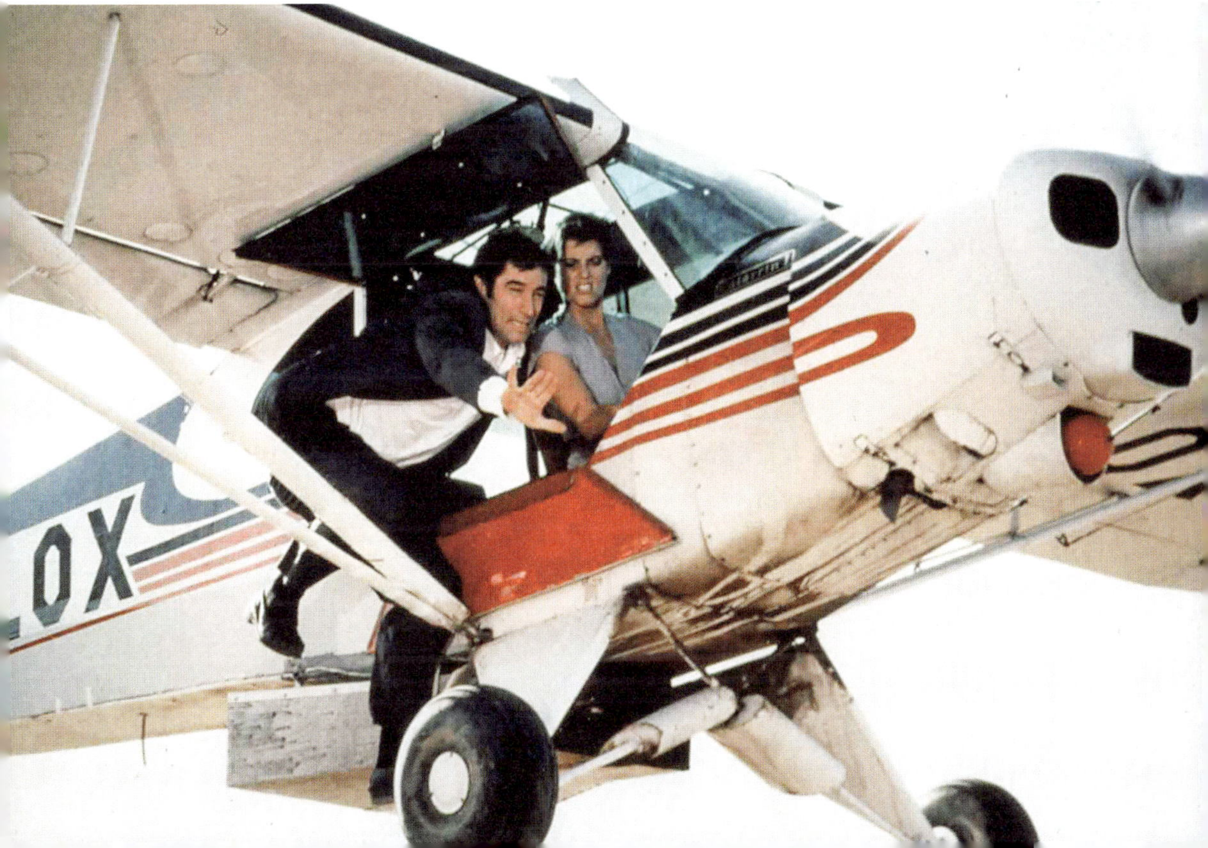
LOX

legt hatten: »Erst dachte ich mir, wie mache ich das bloß, und dann: Das wird bestimmt ein Spaß!« Um die gewünschten Szenen zu realisieren, baute man mehrere ganz normale Trucks um, die nach Angaben von John Glen pro Stück »um die 100.000 Dollar« kosteten, um. In der Sequenz gab es mehrere Kunststückchen, für die Modifizierungen notwendig waren. So etwa:

1. Die Trucks mussten schneller werden. Dafür ging man zur Firma Detroit Diesel in Allison und rüstete die Motoren mit einem Turbolader auf.

2. Ein Truck fährt auf eine Rampe und dann nur auf den linken Reifen. Dafür ging man zur Firma Truckweld, die dem Fahrzeug eine andere Aufhängung und Achse verpassten. Um die Szene noch etwas spektakulärer zu machen, wird in dem Moment noch eine Stinger-Rakete abgefeuert. Das Geschoss fliegt unter dem Laster hindurch.

3. Ein Truck stellt sich auf die »Hinterbeine«, das heißt, die hinteren Reifen drehen durch, und der vordere Teil des Fahrerhauses hebt von der Straße ab: Der sogenannte »Backwheelie Truck« verfügte über eine Maschine mit 1000 PS und hatte damit »mehr als doppelt soviel wie ein Standard-Truck«, sagt Larry Downs von Inland Kenworth. Er verfügte auch über eine spezielle Bremse an der Steuerung »was im Straßenverkehr illegal ist«. Außerdem wurde sein Heck beschwert. Er wog fünf Tonnen.

4. Für die Fahraufnahmen, in denen die Schauspieler so tun, als würden sie den Truck steuern, wurde ein Fahrzeug so umgebaut, dass die Steuerung in das Schlafabteil hinter den Fahrersitz verlegt wurde. Dort saß dann der nicht sichtbare Fahrer. 1997 verwendete man das gleiche Prinzip für den Film *Der Morgen stirbt nie.*

Zuständig für die Planung der ganzen Umbauten war Moe Buringrud, ein früherer Ingenieur von Kenworth in Seattle, den man dafür aus dem Ruhestand zurückholte. Er schrieb sogar eine extra Gebrauchsanweisung und schickte sie den Verantwortlichen in Mexiko City zu. KenMex/ Kenworth Mexicana, die Dependance von Kenworth in Mexiko, half bei der Umsetzung vor Ort. Insgesamt dauerte allein die Vorbereitung der aufwändigen Sequenz rund drei Monate.

Gedreht wurde von Anfang September bis Mitte Oktober auf der Carretera La Rumorosa, einer sehr kurvigen, gefährlichen, rund fünf Kilometer langen, abgesperrten Strecke. Sie liegt etwa acht Kilometer außerhalb von Mexicali in Richtung Tijuana. Der Drehort lag etwa eine Stunde von der Basis der Filmcrew entfernt. »Es war eine sehr gefährliche Bergstraße voller Serpentinen«, so Regisseur John Glen. »Im Laufe der Jahre hatte es dort zahlreiche tragische Unfälle gegeben, sodass sie diesen Abschnitt der Straße schließlich gesperrt und eine Umgehung gebaut hatten. Wir hatten sehr viel Spaß, weil wir machen konnten, was wir wollten. Allerdings: Ein Fehler, und es ging 90 Meter tief in den Abgrund.«

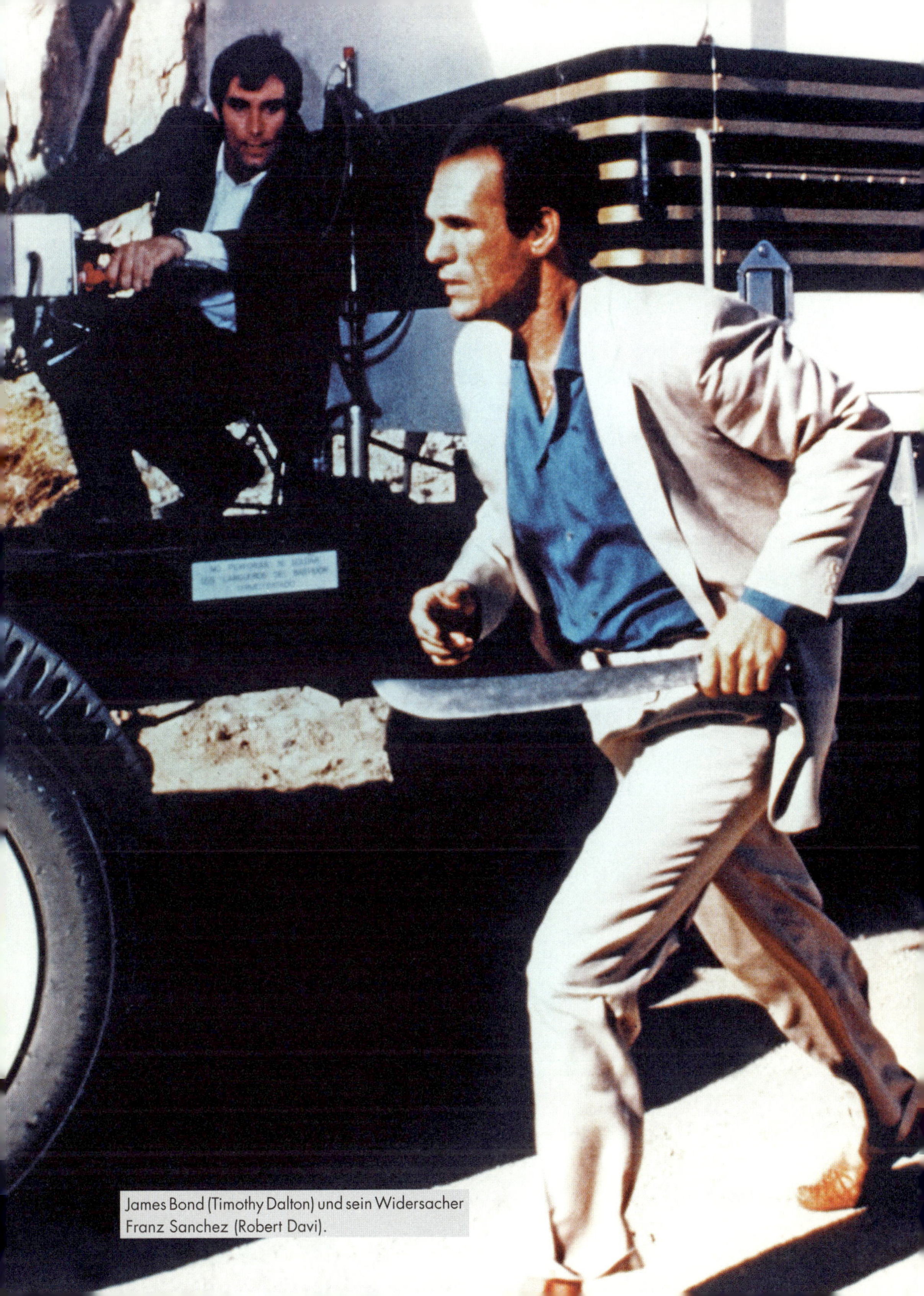

James Bond (Timothy Dalton) und sein Widersacher Franz Sanchez (Robert Davi).

Bevor es zum Drehort ging, wurden die Stunts geübt. Am schwierigsten erwies sich die Szene, in der ein Truck sich auf die seitlichen, linken Räder stellt. Zunächst testete Fahrer Gilbert Bataille den Stunt mit einem Weintransporter der französischen Firma Sénéclauze nebst Anhänger in Form eines Tanks. Dem wurde allerdings ein besonderer Umbau zuteil. Der eigentliche Tank war leer. Direkt hinter dem Fahrerhaus, genau in der Mitte, zwischen den beiden hinteren Achsen, wurden ausklappbare Stützräder angebracht. So konnte Bataille erstmal testen, wie weit er sich nach dem Überfahren der Rampe zur Seite lehnen konnte. Danach wurde einer der Kenworth Trucks auch mit ausklappbaren Stützrädern ausgerüstet, und er übte damit.

Am 13. und 14. September 1988 übte Bataille auf der Rumorosa mit dem Lkw ohne den Anhänger. Nach Aussagen von Special-Effects-Mann John Richardson flog eine der Stinger-Raketen, die immerhin eine Reichweite von bis zu sechs Kilometern hatte, nicht wie geplant. Er gestand später, dass ein Mann, der gerade eine Telefonleitung reparierte, davon getroffen wurde, obwohl er rund vier Kilometer entfernt war. Er verletzte sich schwer am Ellenbogen. Erst am 14. Oktober wurden die Aufnahmen mit dem abgeschossenen Projektil aus der Bazooka inszeniert, wobei das Geschoss entschärft wurde. Es hing an einem nicht sichtbaren Draht. Am 16. Oktober gab es Wiederholungen. Der Laster setzte sogar wie geplant auf, und zerstörte zwei auf der Straße angebrachte Kartons, die den Jeep doubelten, der in dem Stunt am Ende zerstört werden sollte. Am 14.10. hatte Bataille das Aufsetzen auf

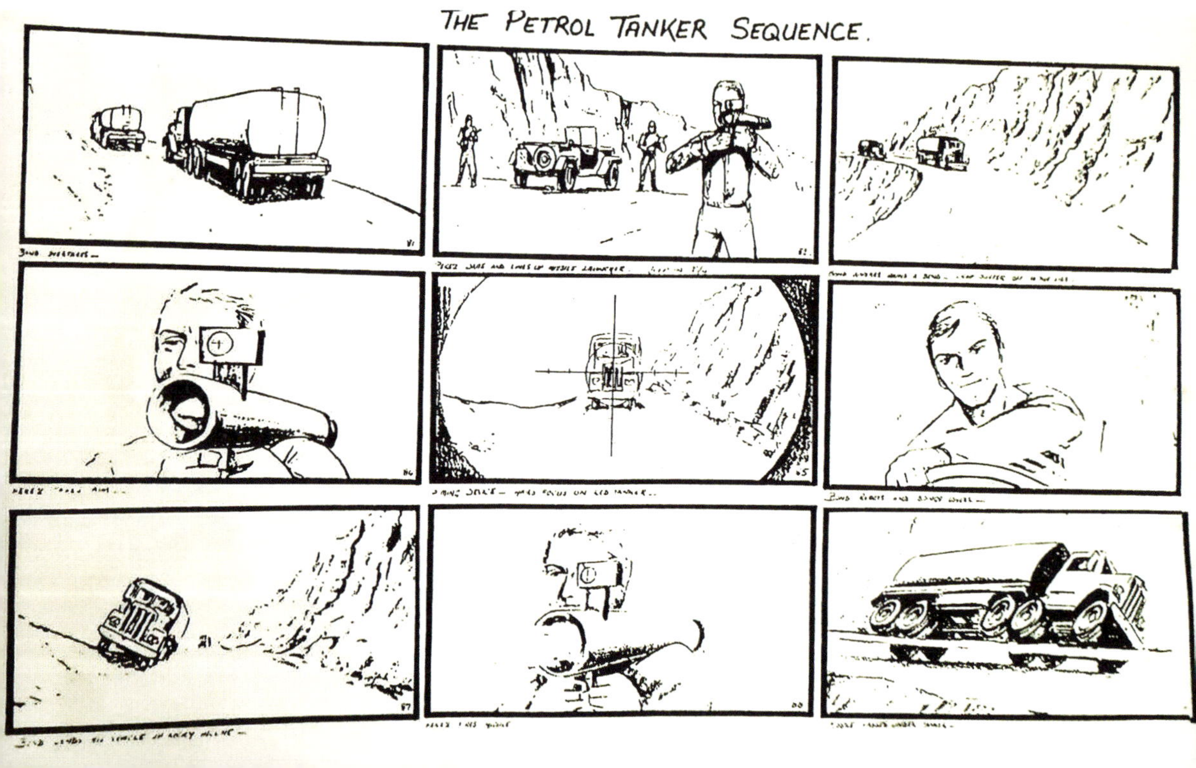

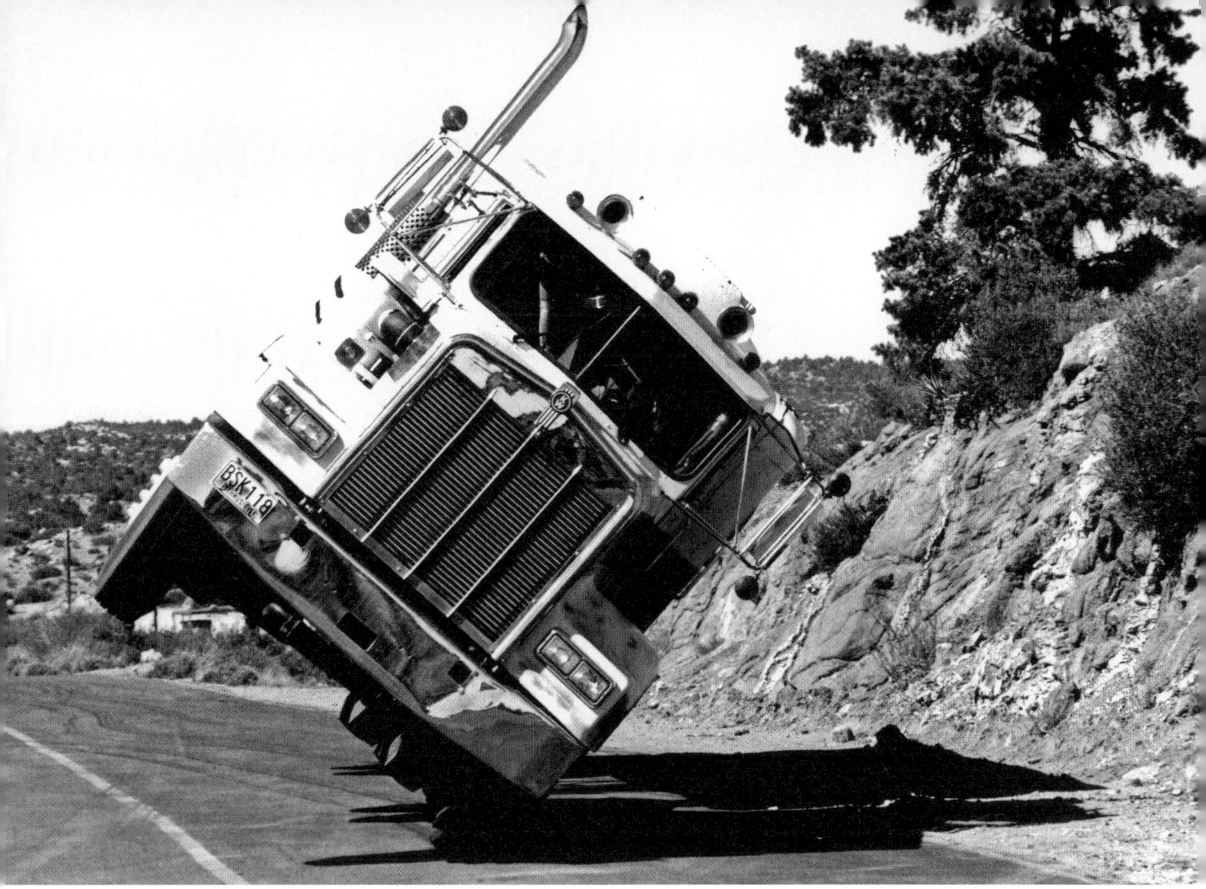

den Jeep geübt, doch der Laster kam zu früh auf zehn Räder zurück und machte den Jeep nicht so kaputt wie gewünscht. Letztendlich bremsten die Überreste den Lkw sogar, der sich mit dem Schrott des Wagens verhakte.

Am 18.10. und am 19.10. gab es weitere Aufnahmen, doch der Laster setzte wieder zu früh auf und zerstörte nicht, wie vorgesehen, den auf der Straße stehenden Jeep. So beschloss 2nd-Unit-Regisseur Arthur Wooster, den Lkw einfach noch einmal über den Jeep fahren zu lassen, und das Ganze nicht in einer Einstellung zu drehen. Bei Special-Effects-Techniker Chris Corbould klang das alles dann wie ein Kinderspiel – kein Wunder, wenn man weiß, dass diese Aussage aus einem Buch stammt, das von der Produktionsfirma herausgegeben wurde: »Der Fahrer des Tanklastzugs erschien am Drehort – kein Helm, kein Sicherheitsgurt, nichts. Er stellte eine Rampe auf, fuhr einfach darauf und kippte den Tanklaster auf die Seite. Es war ziemlich atemberaubend. Er machte es immer und immer wieder. Er legte den Lastwagen mehrmals auf die Seite, und wir mussten einen Kran holen, um ihn wieder aufzurichten. Es war erstaunlich.« Ja, ja, wer's glaubt.

Für den »Backwheelie« wurden drei Drehtage benötigt. Am 19. September und 7. Oktober wurde geübt. Am

17. Oktober gelang es Stuntfahrer Dominique Julienne, dem Sohn von Rémy Julienne, problemlos die Vorderreifen hochzureißen und damit auch noch durch eine Feuerwand zu fahren. Aufgrund der gewonnenen Erfahrung, fuhr er auch noch den weißen Dodge Ram Pick-up der Gangster durch die Feuerwand. Dafür trug er nicht nur einen feuerfesten Anzug, sondern wurde auch im Gesicht mit schützender Creme eingerieben.

An einer anderen Stelle der kurvigen Strecke, behalf man sich mit sehr starken Kabeln, um den Aufleger eines der Laster zu stabilisieren und dann zielge-

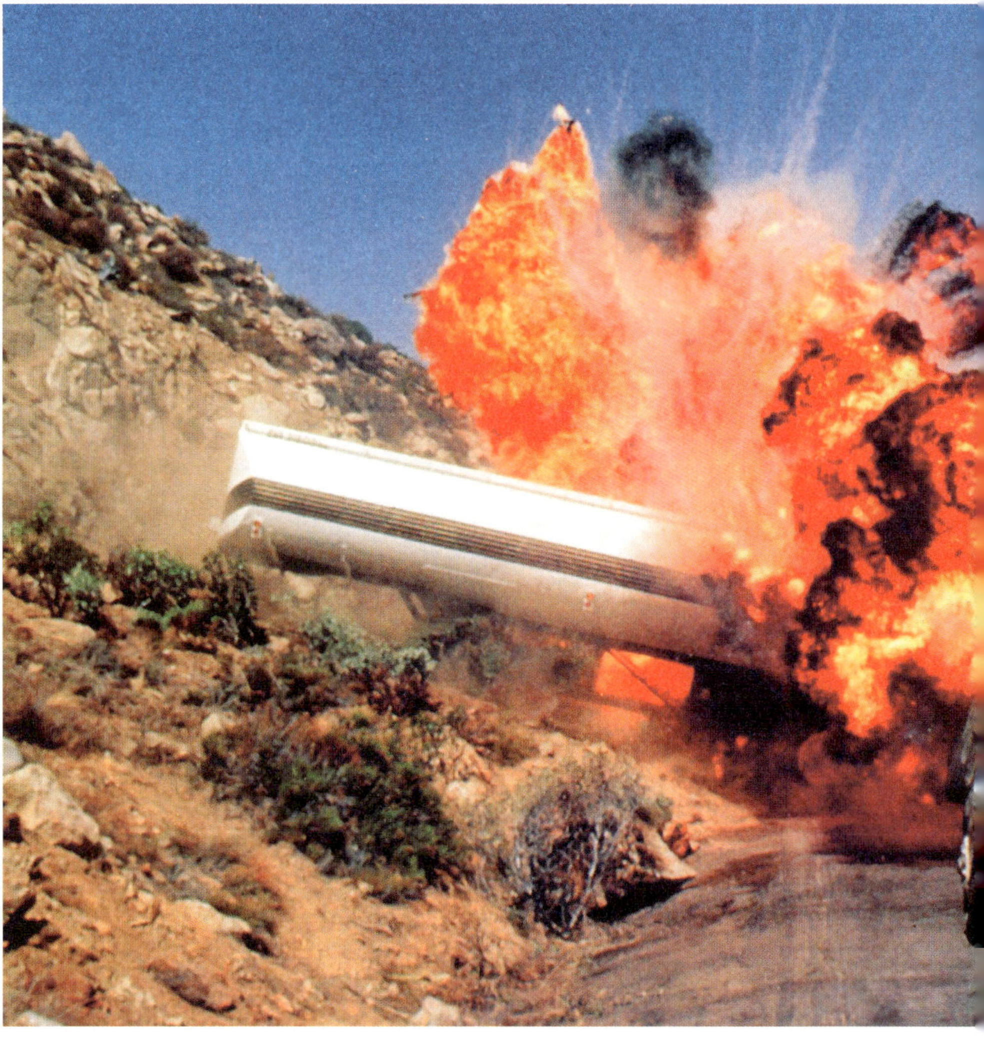

nau rückwärts den Berg hinunterrollen zu lassen. Leider fuhr der nicht wie vorgesehen rückwärts, sondern überschlug sich unterwegs mehrfach und blieb unten liegen. Wenigstens war das am Rande der Strecke, ohne dass er diese komplett blockierte. Das Ganze musste also wiederholt werden. »Schon wieder eine 80 Millionen Dollar Abschreibung«, sagt der von Anthony Starke gespielte Finanzberater Truman-Lodge im Film einmal zu seinem Chef Sanchez. Das bezieht sich wohl zum Teil auch auf die Dreharbeiten.

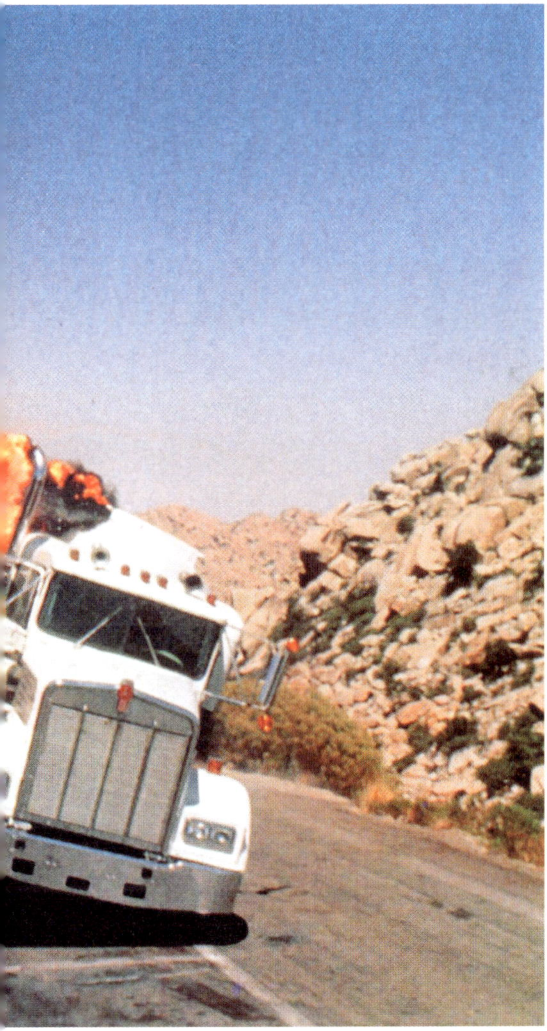

Generell ging vieles schief. Der Unfall mit einem Lkw, der in eine Felswand gedrückt wurde, war nicht geplant, gefiel den Machern aber so gut, dass die Sequenz entsprechend umgeschrieben wurde. Arthur Wooster erinnert sich daran wie folgt: »Am 1. September drehten wir eine Einstellung von zwei Lastwagen, die nebeneinander um eine Kurve fuhren. Einer der beiden Lastzüge wurde dabei an die Felswand gedrückt. Wir drehten alles mit, und es war spannender als der Stunt, weil es echt war. Ich rief John Glen an und sagte: Wir hatten einen Unfall. Der könnte uns aber nützlich sein, wenn wir ihn in die Geschichte einbauen. John sah sich unsere Aufnahmen an. Wir verwendeten sie und bauten darauf auf.«

Simon Crane doubelte Timothy Dalton in den Actionszenen, bei denen es zum Teil bis zu 50 Grad heiß war. Da der Tanklaster etwa 110 km/h schnell war, war eine Koordination mit dem Flugzeug über ihm, von dem er auf den Laster springen sollte, nicht einfach. Beim ersten Versuch, setzte Pilot Corkey Fornof mit einem Rad auf und Crane ging herunter, aber das sah zu einfach aus. Also wurden die Aufnahmen wiederholt, und das Team machte es so oft, bis zu sehen war, dass er auch wirklich sprang. Es klappte erst im fünften

Anlauf. Fornof doubelte die Schauspielerin Cary Lowell. Dafür trug er Kleid und Perücke – und, weil es so heiß war, keine Unterwäsche. Hinter Crane und Fornof fuhren ein Löschzug der ebenfalls 110 km/h schnell war, ein Krankenwagen und Teile des Kamera-Teams. »Wir mussten alle überfliegen«, so Simon Crane. »Es gab vier oder fünf Versuche.« Bei einem Versuch fiel er vom Laster in den Sand, brach sich aber nichts. »Es war ein aufwändiger Stunt«, so Crane weiter. »Daher aß ich vorher nichts, nur für den Fall das – Gott behüte – etwas schiefging und ich ins Krankenhaus eingeliefert und operiert werden müsste – dann darf man nichts gegessen haben. Schließlich aß ich vier Tage lang nichts, und am Ende hing ich wirklich in den Seilen.«

»WIR HATTEN ES MIT TANKERN ZU TUN, DIE UM DIE FÜNF TONNEN WOGEN. WIR STELLTEN ABARTIGE DINGE MIT IHNEN AN…« —SPECIAL-EFFECTS-EXPERTE CHRIS CORBOULD

Laut John Richardson gingen Lkw mitten in der Nacht aus rätselhaften Gründen in Flammen auf, Autos verunglückten. In einer Nacht fuhr einer gegen die Wand, verletzte aber glücklicherweise niemanden. Timothy Dalton fuhr nur knapp an einem anderen Lkw vorbei und vermied in letzter Sekunde einen Unfall. »Es ist eine verhexte Gegend«, sagte Arthur Wooster später. Fünf Nonnen und ein Hund sollen auf der Straße verunglückt sein: »Man glaubte, dass es auf der Straße spukt.« Hinzu kam eine ganz merkwürdige Geschichte: Ein Setfotograf hielt die letzte große Explosion fest, und auf einem der Bilder ist eine feurige Hand zu sehen, die aus den Flammen herauszugreifen scheint. Wooster war konsterniert und schaute sich umgehend das gefilmte Material an. Das Ganze war schließlich mit vier Kameras gefilmt worden. Und was sah man auf dem Zelluloid? Nichts.

Speziell die Explosionen stellten Macher und Akteure vor große Herausforderungen. Am 15. September und am 17. Oktober ließen es die Special-Effects-Experten ordentlich krachen. Chris Corbould sagte dazu: »Wir hatten es mit Tankern zu tun, die um die fünf Tonnen wogen. Wir stellten abartige Dinge mit ihnen an, schickten sie über die Kanten von Abhängen, ließen sie auf den Hinterrädern fahren und veranstalteten ein paar der riesigsten Explosionen, die ich

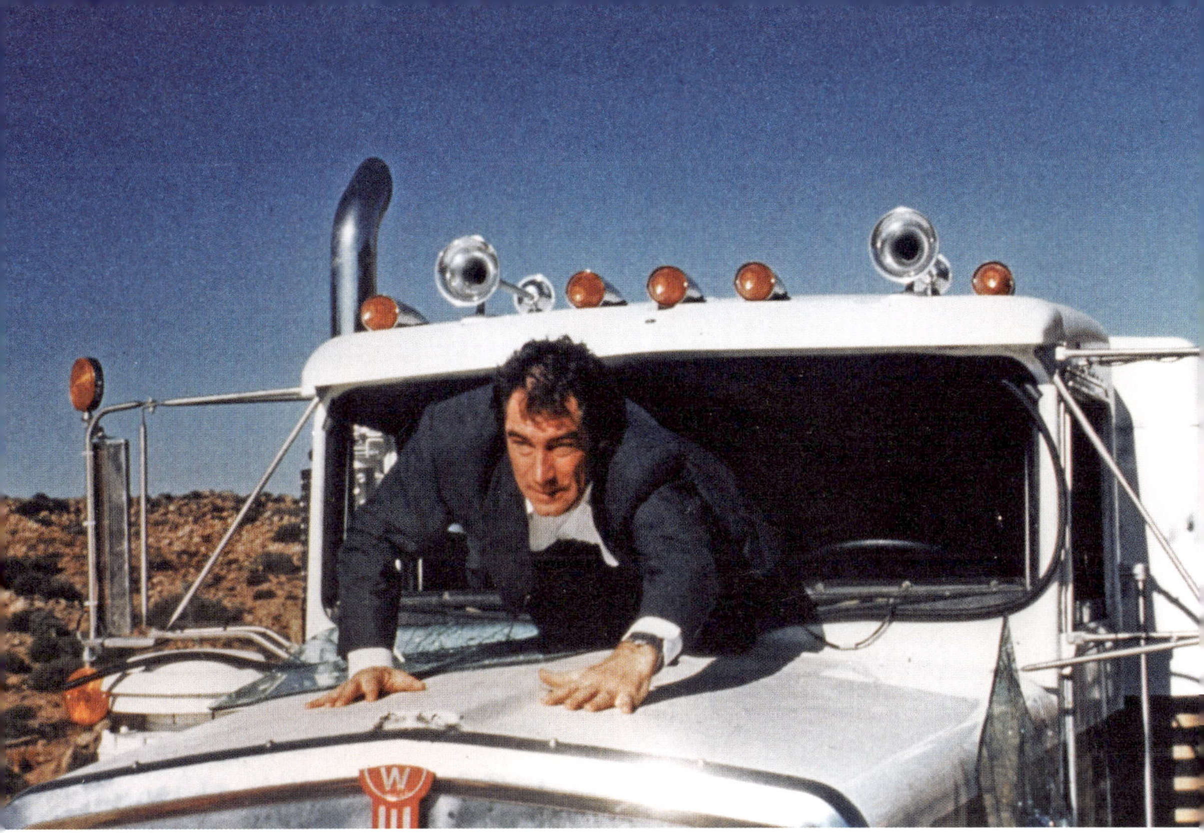

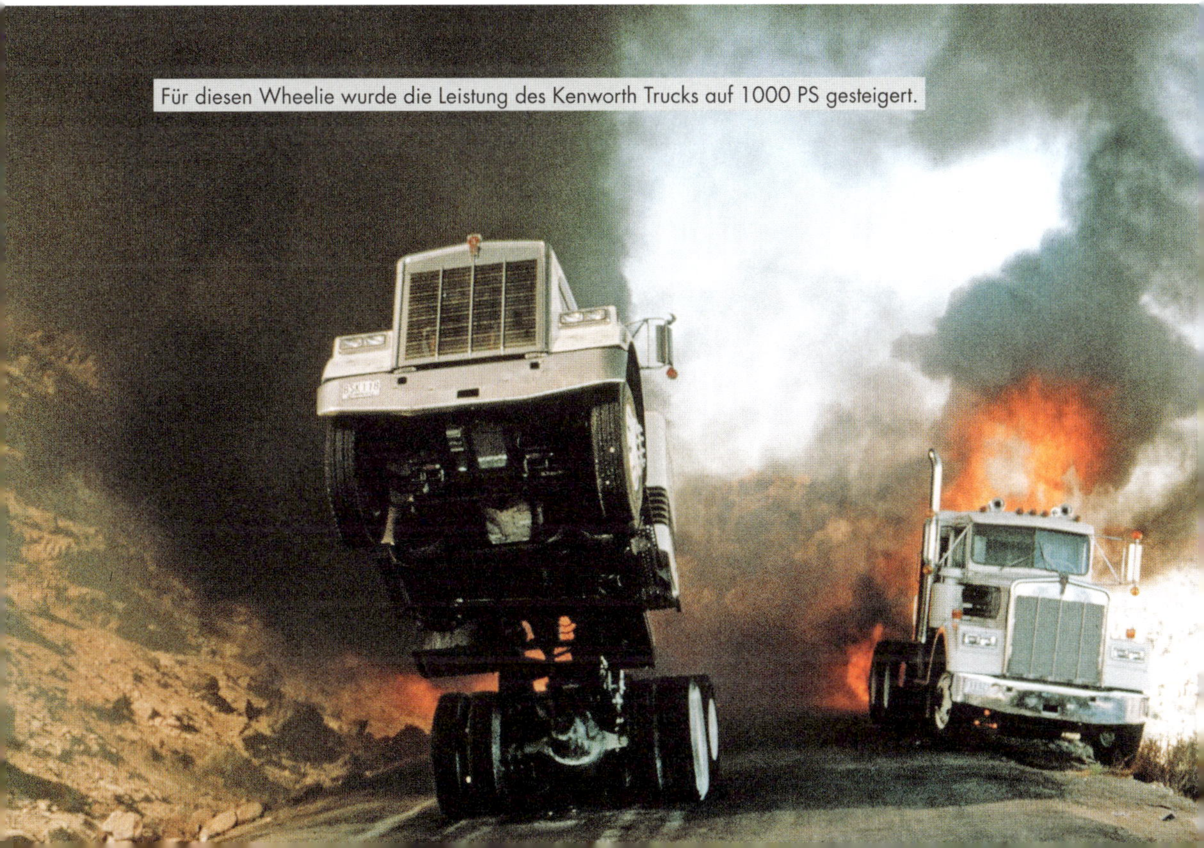

Für diesen Wheelie wurde die Leistung des Kenworth Trucks auf 1000 PS gesteigert.

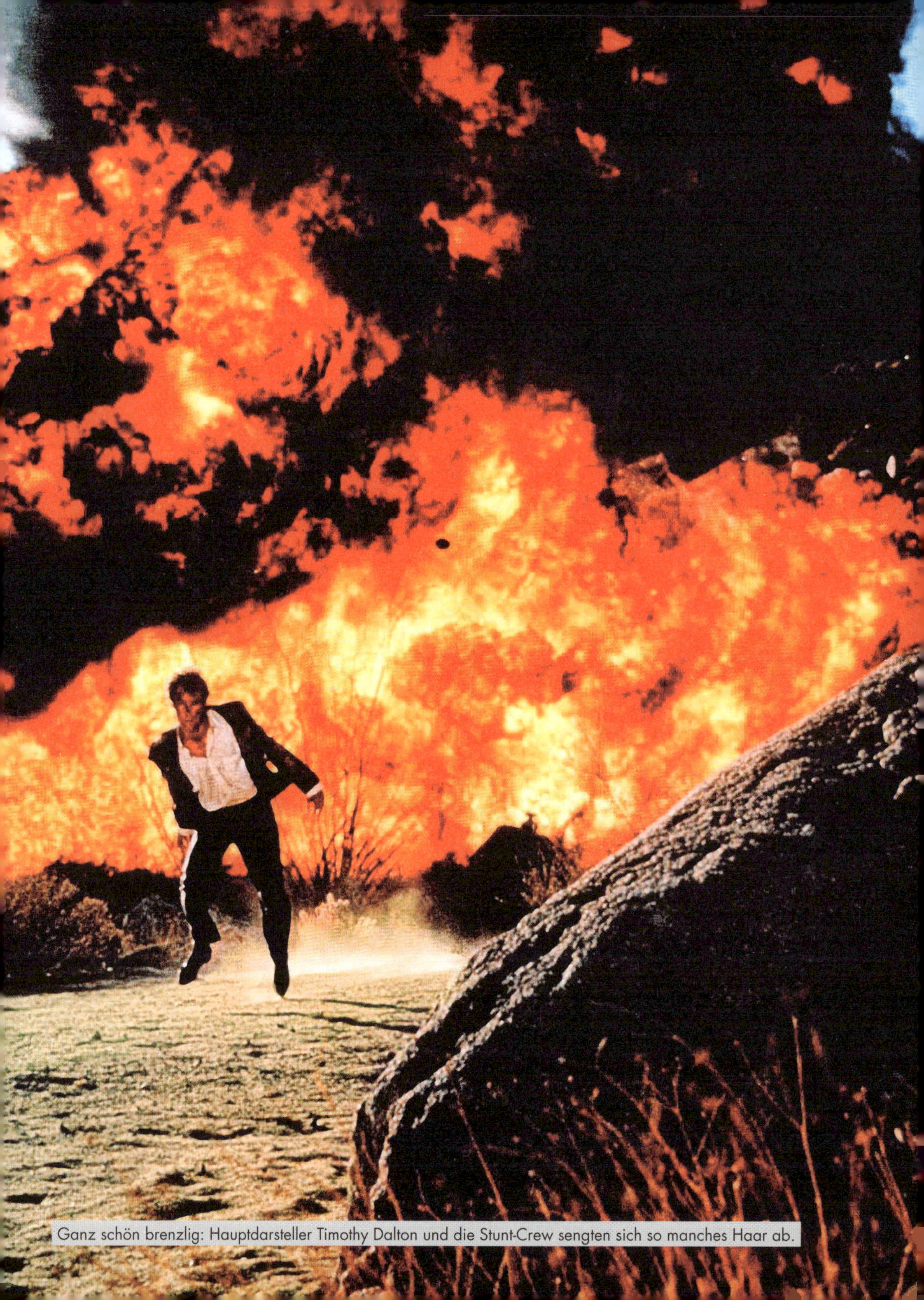

Ganz schön brenzlig: Hauptdarsteller Timothy Dalton und die Stunt-Crew sengten sich so manches Haar ab.

je inszeniert habe. Um zu zeigen wie ein Tanklaster mit 15.000 Litern Benzin in die Luft fliegt, muss man schon etwas ziemlich Gewaltiges erschaffen.«

John Richardson ergänzte: »Für die letzte Explosion, bei der zwei Tanklaster in die Luft gejagt werden, nahmen wir etwa 750 Liter Benzin pro Tanklaster.« Die große Schlussexplosion der Lkw wurde zu einem komplizierten Unterfangen, und Hauptdarsteller Timothy Dalton erzählte später mehrfach, selbst Angst gehabt zu haben: »Bei der Vorbereitung stand die Crew in sicherer Entfernung hinter dicken Scheiben aus Plexiglas. Als ich losrannte und es knallte, sah ich nur noch, dass einige von ihnen ganz verschwunden waren.« Sie rannten schon vorher weg, so John Glen: »Wir wiesen Timothy ein sicheres Fleckchen zu, als die Explosionen im Hintergrund stattfanden, dann lief er los und sah, wie die Kameramänner auch wegliefen, weil es so heiß war. Die meisten haben die Haare an ihren Beinen verloren, denn wir hatten fast alle kurze Hosen an.«

Die Anzahl der eingesetzten Kenworth Trucks variiert in verschiedenen Quellen. Selbst Regisseur John Glen widerspricht sich, als er in verschiedenen Dokumentationen mal von zehn, mal von 16 Lastern spricht. Sieben von ihnen gingen total kaputt. Und was sagte Kenworth Chefingenieur Larry Orr am Ende der Dreharbeiten zu dem ganzen Projekt? »Rémy Julienne erklärte mir seine Ideen in Mexiko City, aber ich hätte nie gedacht, dass das alles so groß und umfangreich werden würde.« Das betraf allerdings nicht die Hauptdarsteller Timothy Dalton, Cary Lowell und Robert Davi. Regisseur John Glen drehte mit ihnen an nur fünf Tagen, vom 3. bis 7. Oktober, auf der kurvenreichen Straße nahe Mexicali. Ansonsten agierten sie im Studio. Dreh-Ende für das zweite Aufnahmeteam war am 19. Oktober nach 46 Tagen. Damit war man elf Tage hinter dem Drehplan.

KOMISCHES UND WISSENSWERTES

Die Laster wurden zu Ehren der von Cary Lowell gespielten Figur Pam Bouvier während der Dreharbeiten »Pamela One, Two, Three« ... usw. genannt. Der Wert aller Wagen betrug rund eine Million Dollar, so viel wie das Budget des ersten Bond Films *Dr. No.* Auch der auf 1000 PS leistungsgesteigerte Laster wurde zerstört.

John Glen erwähnte in einem Interview am 3. November 2019 im Frankfurter Filmmuseum, dass es zunächst Probleme mit dem französischen Stuntman gab, der eigens für zwei Stunts eingeflogen wurde. Er traf im Flugzeug auf eine Frau und erschien nicht rechtzeitig. »Das ist wohl das, was Franzosen so tun«, so Glen ironisch. Dann kam er aber doch an dem Morgen des Tages zum Set, an dem er gebraucht wurde. »Wir drehten die Szene mit dem Wheelie in nur einem Take«, so Glen. »Er machte aber nicht nur das, sondern landete auch mit der einen Seite der Räder auf dem Jeep und machte den platt. Es waren fantastische Stunts, alles war Klasse und er war wieder verschwunden.« Gemeint ist Gilbert Bataille, aber den Namen nannte Glen nicht. Die gesamte Aussage steht allerdings im Widerspruch zu einer ganzen Reihe von Zeugenaussagen, dass die Aufnahmen speziell für diese beiden Stunts mehrere Tage benötigten. Sie ist daher mit Vorsicht zu genießen.

Wenn bei der Verfolgungsjagd auf Bonds Laster mit einer Stinger-Rakete gezielt wird, sieht man interessanterweise fast denselben Zielbildschirm, den Bond in dem Film *Der Hauch des Todes* an seinem Aston Martin V8 Vantage in Österreich verwendet. Als er dort seine Raketen aktiviert, um einen Lkw zu sprengen, sieht man allerdings ein rotes Display. Bei diesem Film ist es grün, und lustigerweise sind beide Fahrzeuge ungefähr gleich schnell. Beide fahren zwischen 69 und 70 Meilen pro Stunde.

Mit den Autokennzeichen hatten die Ausstatter immer so ihre Probleme. Hier ist es nicht anders. Als Bond sich auf den ersten Laster absetzen lässt, trägt der das fiktive Kennzeichen von Isthmus City mit der Zahlenbuchstabenkombination BZX 255. Bei dem Duell mit einem mexikanischen Kontrahenten sitzt Bond plötzlich in einem Laster mit dem Kennzeichen BSK 118 und BZX 255 zerschellt an der Felswand.

Der Hersteller brachte schon vor dem Filmstart eine auf 100 Fahrzeuge begrenzte sogenannte Limited Edition seines Trucks Kenworth W 900B Aerodyne heraus und pries in einer Pressemitteilung vom 7. Juli 1989 dessen besondere Ausstattung, auch wenn die Fahrzeuge letztendlich doch anders aussahen als die im Film verwendeten Modelle. Diese Trucks verfügten über eine größere Haube, polierte Aluminium-Felgen, verchromte Stoßstangen, beheizbare, schwenkbare Außenspiegel, besondere luftgefederte Sitze, eine 300 Watt Kenwood-Musikanlage mit acht Lautsprechern sowie Kassetten- und CD Spieler nebst ein paar Bond Soundtracks. Die Schlafabteilung bot zusätzlich noch einen Zehn-Zoll-Fernseher, einen Videorecorder und ein Michelin Sicherheitspaket. Die Sonderserie zierte übrigens ein 007-Logo und war sofort ausverkauft. Vielleicht lag es ja auch an dem passenden Werbespruch in den Anzeigenmotiven. Der lautete: »Go ahead and buy one. After all, you only live twice«.

DATEN UND FAKTEN

Modell: Kenworth W 900 B Aerodyne, linksgelenkt
Farbe: weiß
Bauzeit: ab Februar 1982
Trucks beim Dreh: 10/16
Motor: Detroit Diesel
Leistung: 240 – 600 PS
Kennzeichen: BSK 118, BZX 255, FAV 821, UGL 283,
Höchstgeschwindigkeit: 90 mph/ ca. 144 km/h
Damaliger Neupreis: 100.000 Dollar
Screen Time der Lkw: 10 Minuten 29 Sekunden

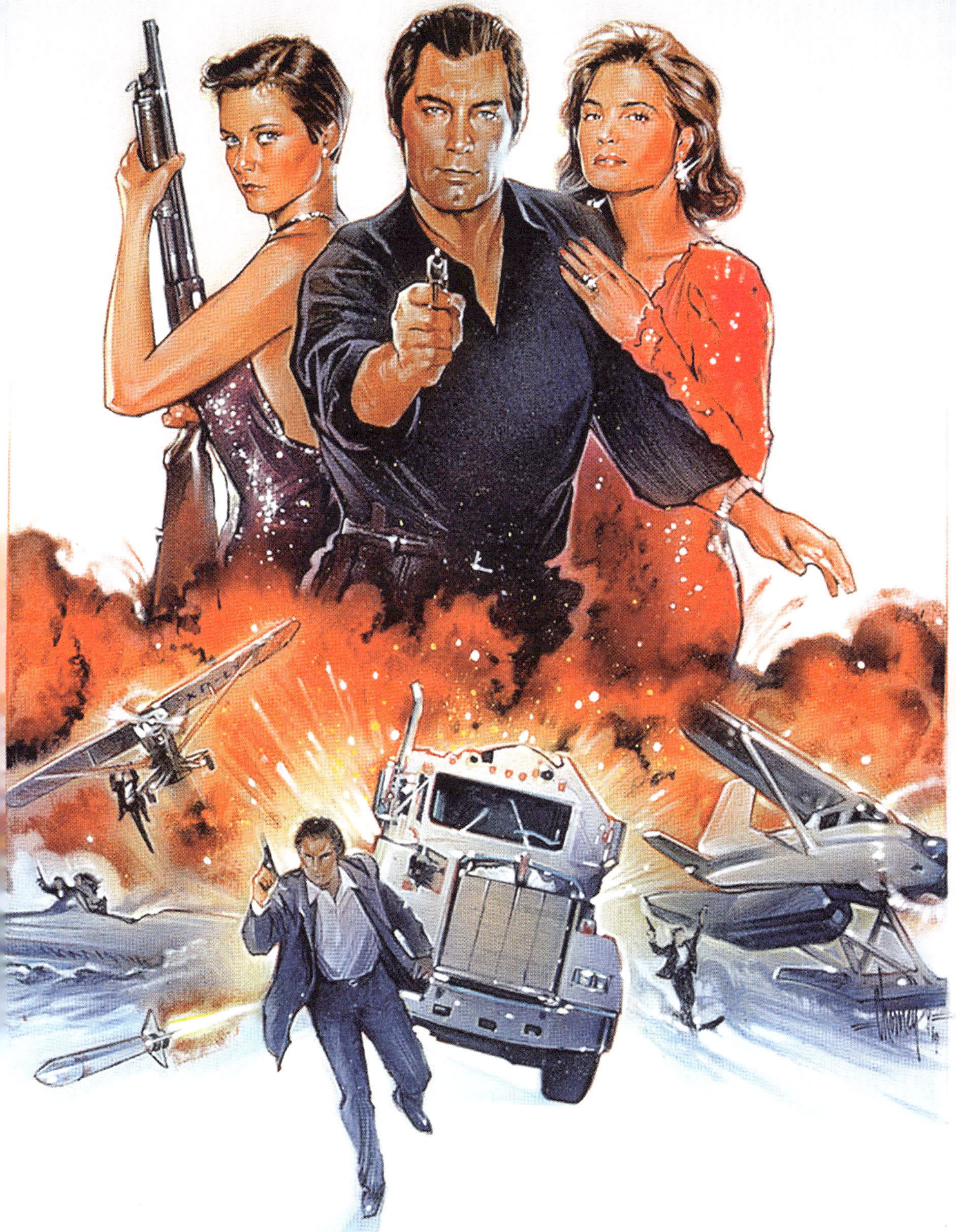

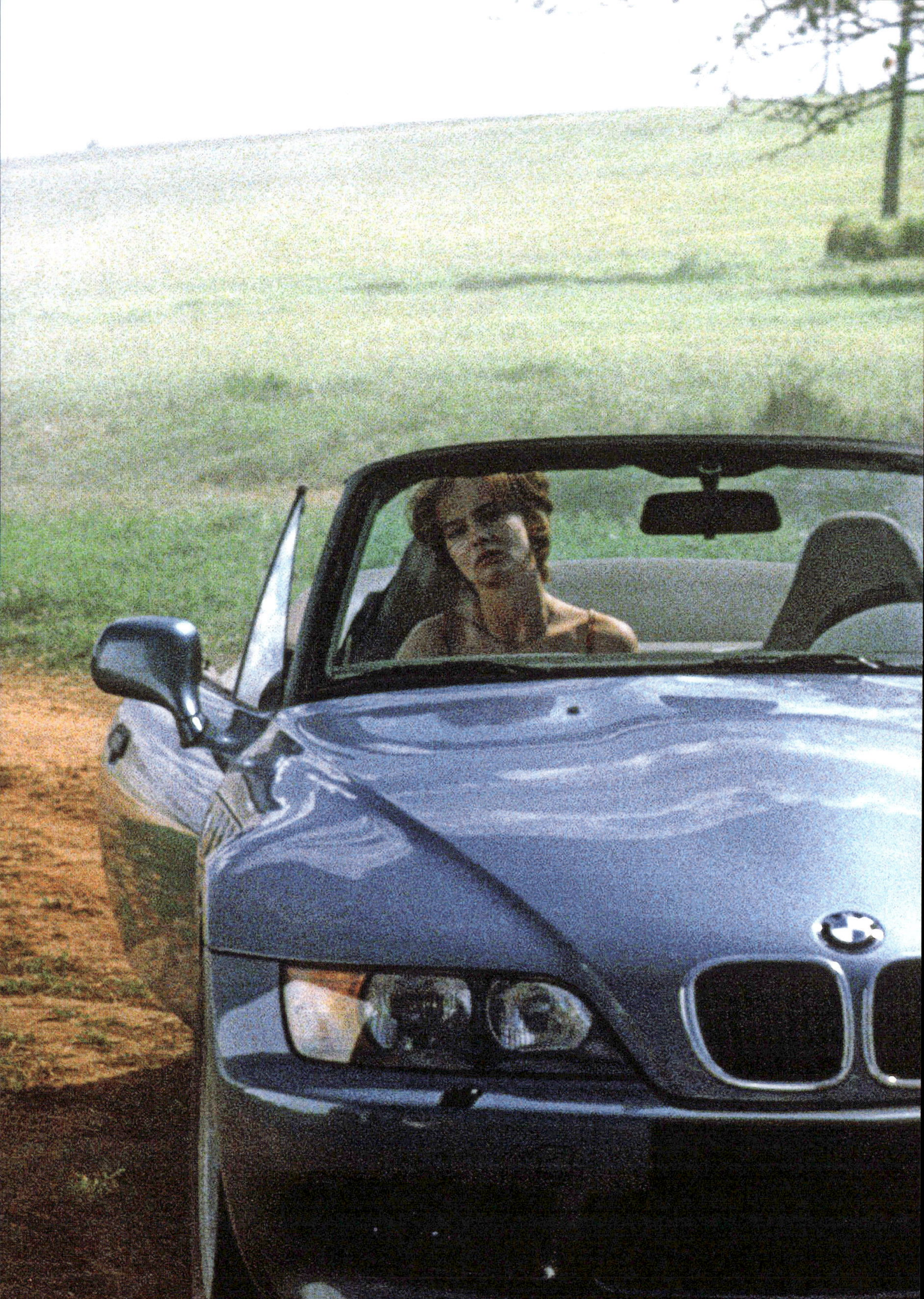

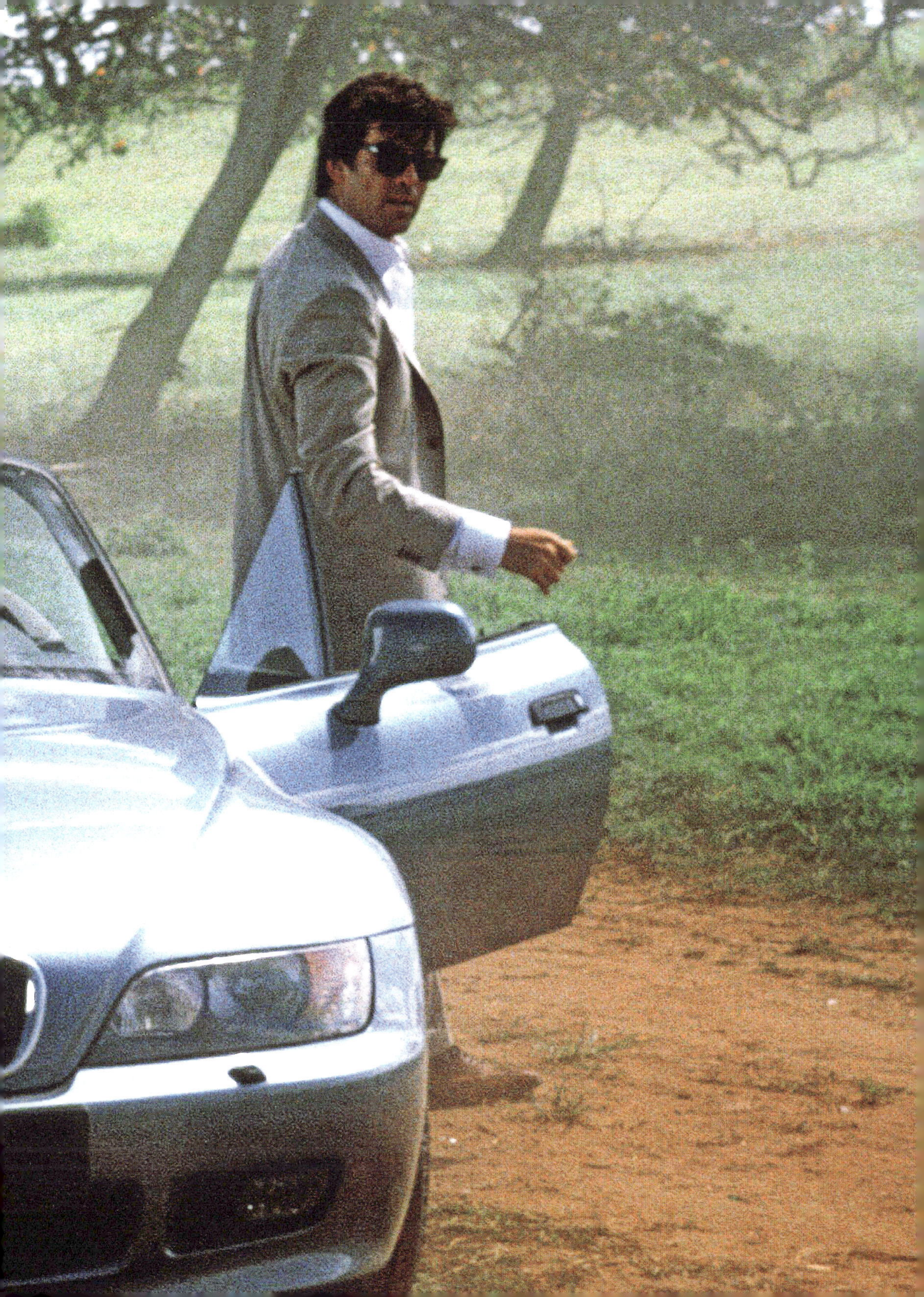

DER BMW Z3 ROADSTER AUS *GOLDENEYE* (1995)

Deutsche Autos haben in James-Bond-Abenteuern oder bei der Vermarktung der Filme jahrelang nur Nebenrollen gespielt. So verfolgten schwarze Mercedes 190 Coupés Bonds Aston Martin 1964 in *Goldfinger*. Bei der PR-Kampagne des Films *Man lebt nur zweimal* wurde 1967 eine Flotte von sieben BMW 2000 CS verwendet. In Kooperation mit der Autovermietung Hertz fuhren eigens aus Tokio eingeflogene japanische Frauen in den Wagen durch Deutschland und Österreich. Die Kosten trugen der Filmverleih United Artists sowie fünf deutsche und zwei österreichische Tageszeitungen. 1969 war es dann wieder einmal eine schwarze Mercedes-Limousine, die als Verfolgerauto – mit Irma Bunt und drei weiteren Bösen an Bord – herhalten musste. Später wird aus einem Mercedes 600 heraus noch Bonds Frau erschossen. Auch ein VW Käfer hatte einen kleinen Auftritt.

1983 waren dann bei *Octopussy* sowohl BMW als auch Mercedes und ein VW im Einsatz. Bei einer Verfolgungsjagd auf der Berliner Avus war die Polizei in BMW der 5er-Reihe unterwegs. Zudem musste Roger Moore drehbuchbedingt einmal kurz in einen VW Käfer einsteigen. Als man BMW 1989 erneut fragte, ob das Unternehmen für Timothy Daltons zweites Abenteuer *Lizenz zum Töten* eine 7er Limousine zur Verfügung stellen würde, winkten die Bayern ab. Laut Drehbuch sollte der Wagen eine Lkw-Kolonne stoppen, was den sensiblen Münchnern jedoch als »zu aggressiv« galt. So fuhr Bösewicht Sanchez einen silbernen Maserati Biturbo.

Im Sommer 1994 fragte man wieder bei deutschen Autobauern an. *GoldenEye*,

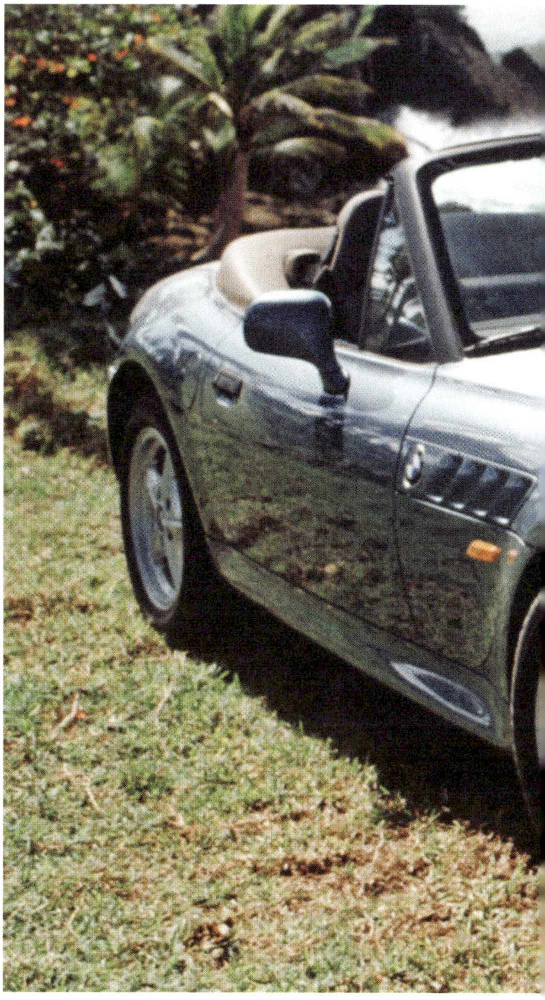

der erste Einsatz von Pierce Brosnan als 007, war in Vorbereitung, Autos ein wichtiger Bestandteil des Erfolges und man hatte noch eine mobile Nebenrolle zu besetzen. Nach einem Besuch der Produzenten im Münchner BMW Design-Zentrum fiel im Herbst die Entscheidung, den neuen Z3 Roadster zu verwenden. Damals waren außerdem noch der Mercedes SLK, ein japanischer und mehrere britische Hersteller im Rennen, doch nach Angaben von Gordon Arnell, Director of Publicity der Produktionsgesellschaft Eon Productions, »hatten die englischen Hersteller nicht das richtige Auto parat.« Da Mercedes mit dem SLK nicht rechtzeitig fertig wurde, kam der BMW zum

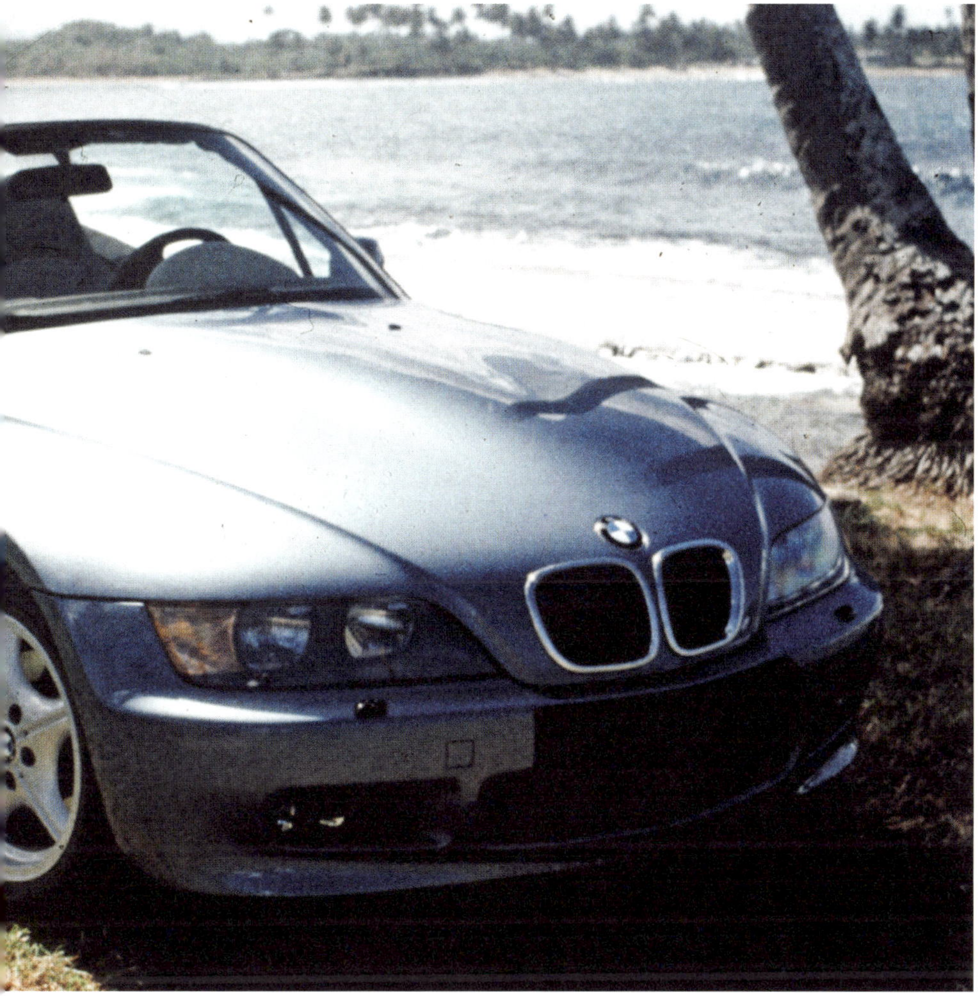

Einsatz. Wichtig für die Entscheidung war auch das gemeinsame Marketing-Ziel. Die beiden neuen Partner wollten Publikum und Kunden ansprechen, die nicht älter sind als 30 Jahre. Da man verabredete, in den für beide Parteien wichtigen Märkten USA, Deutschland und Japan Kinostart und Verkaufsstart zu koordinieren, war man sich schnell handelseinig.

Verabredet wurde eine finanzielle Beteiligung der Autobauer in der Hinsicht, dass BMW in einer weltweiten Kampagne für den Wagen von November 1995 bis März 1996 in spezieller Weise auf den Film eingeht. So wurde man nicht etwa Lizenznehmer, sondern Marketing-Partner. Die exakten Summen dieser Aktivitäten wurden verständlicherweise geheim gehalten und boten daher im Laufe der Zeit immer wieder Anlass zu wilden Spekulationen. Folgende Beträge tauchten in der Presse auf:

BMW bezahlte Zehntausende Dollar
– laut US-Today 01.02.1995
BMW bezahlte 20 Millionen Mark
– laut TV-Movie 03/1996
BMW bezahlte 20 Millionen Dollar
– laut US-Medien
BMW bezahlte über 40 Millionen Dollar
– laut Wiesbadener Kurier 27.01.1996
– laut Schwarzwälder Bote 19.02.1996
– laut Saarbrücker Zeitung 13.04.1996

BMW-Chef Bernd Pischetsrieder dementierte jegliche Bezahlung, räumte aber in der *Süddeutschen Zeitung* ein, dass es eine gegenseitige Unterstützung in der Werbung gebe. Und PR-Direktor Richard Gaul ergänzte: »Wir haben für die Dreharbeiten zwei Prototypen zur Verfügung gestellt. Geld ist aber nicht geflossen, das machen wir nie.«

BMW bestand darauf, dass man dem Unternehmen vorab das Drehbuch vorlegte, und prompt wurde es gebracht. Pressechef Johannes Schultz in der *FAZ*: »Die Bond-Leute waren über den Wunsch, das Drehbuch zu lesen, ziemlich verwundert, haben dann aber doch eingewilligt.« Das Drehbuch wurde von einer Botin nach München gebracht, und Schultz durfte es mit einem Kollegen von der Marketing-Abteilung unter Aufsicht lesen. »Etwa drei Stunden haben wir gebraucht. Die ganze Zeit saß die Frau von der Filmgesellschaft in einer Ecke des Zimmers, in dem wir das Drehbuch gelesen haben.« Nach seinen Angaben wurde darüber, wie der Auftritt des Wagens aussieht, »keine Vorgaben gemacht. Außerdem hatten wir sowieso keinen Einfluss auf das Drehbuch.« Es gilt aber als sicher, dass man sich Dinge wie einen plötzlichen Ausfall des Wagens oder aggressiv wirkende Aktionen mit dem Auto verbeten hatte. Auch eine Beteiligung an der Verfolgung mit dem Ferrari lehnte man ab. Schultz bezeichnete das Ganze als »so pubertär«. Zudem wäre es unglaubwürdig gewesen, denn der kleine Roadster hätte mit seinen 140 PS gegenüber dem 381 PS starken Italiener sowieso nicht mithalten können. Für Action-Szenen dieser Art bot BMW der Produktion auch einen McLaren F 1 an, der zu den Studios nahe London gebracht wurde, und mit dem man dort auch fuhr. Regisseur Martin Campbell lehnte einen Einsatz aber ab, denn schließlich sei der »Aston Martin der wahre Bond-Wagen.«

Am 22. Januar 1995 wurde dann die Mitwirkung von BMW bei einer Pressekonferenz anlässlich des Drehstarts von *GoldenEye* in den britischen Studios von Leavesden – übrigens ehemalige Rolls Royce Hallen – offiziell bekanntgegeben. Eine große braune Kiste mit einem weiß/blauen Emblem, die zwischen einem Aston Martin DB 5 in silbermetallic und einem gelben Ferrari

»SELBSTVERSTÄNDLICH, ALL DIE ÜBLICHEN KLEINEN RAFFINESSEN!« —Q (DESMOND LLEWELYN) STELLT DEN Z3 JAMES BOND (PIERCE BROSNAN) VOR

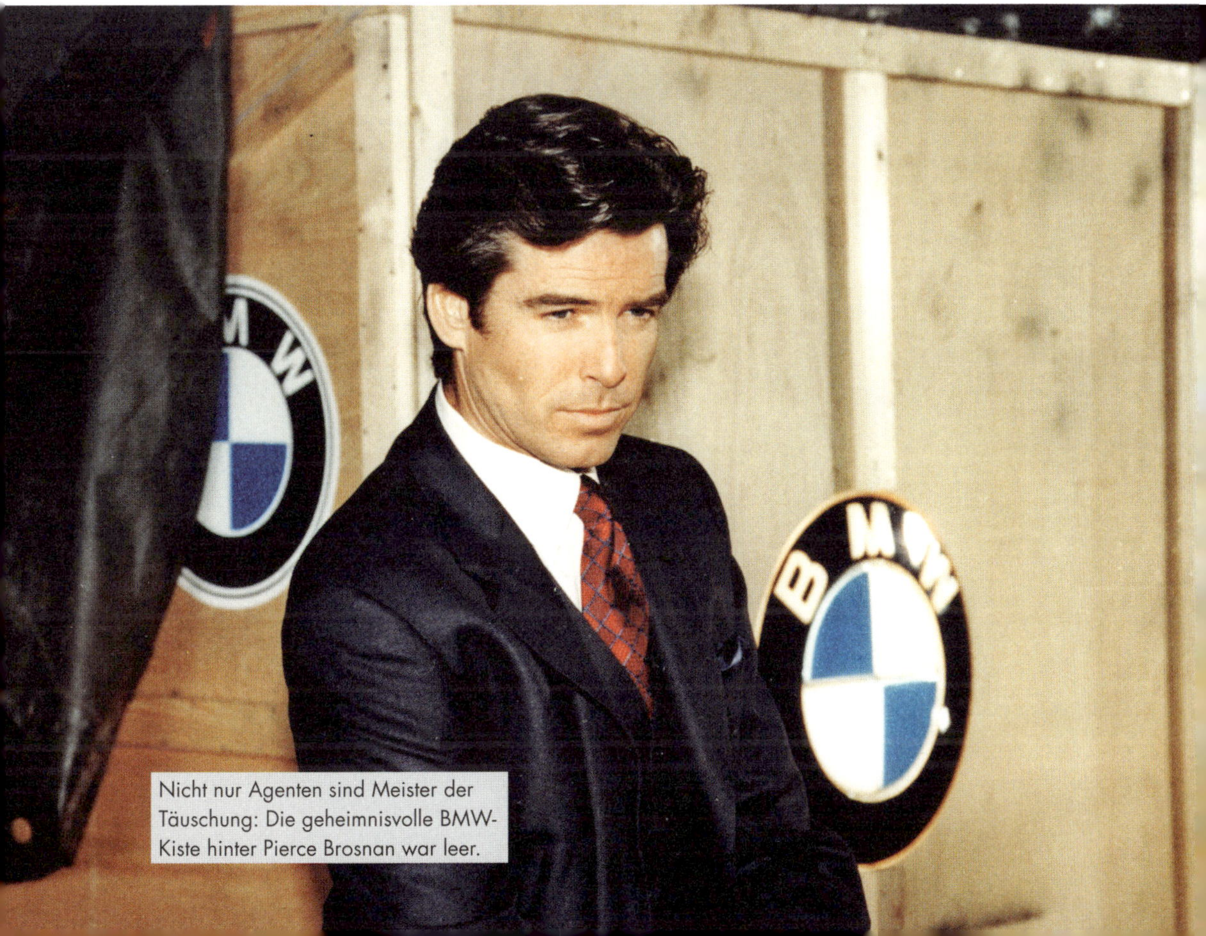

Nicht nur Agenten sind Meister der Täuschung: Die geheimnisvolle BMW-Kiste hinter Pierce Brosnan war leer.

355 GTS stand, verriet zumindest den Einsatz eines Fahrzeugs, wenn auch nicht das Aussehen des Modells. Zusätzlich bewachte ein Wärter nebst deutschem Schäferhund den mysteriösen Holzverhau. Der war übrigens leer. Die wie immer patriotischen, und zum Teil antideutsch eingestellten britischen Boulevard-Zeitungen waren entsetzt. Im *Daily Telegraph* stand zu lesen: »Machen Sie sich auf einen Schock gefasst, einen wirklichen Schock.« Der *Independent* textete: »Bond-Erfinder Ian Fleming würde sich im Grabe umdrehen«, obwohl der immer mal wieder auch deutsche Autos in seinen Romanen erwähnt hatte (Mercedes Benz und VW). In dem Magazin *Top Gear* hieß es: »Dass BMW uns Rover weggekauft hat – gut. Dass sie Motoren für Rolls Royce bauen – okay. Aber James Bond ohne Aston Martin – das ist zuviel. Wie kann Englands Top-Agent gegen das Böse kämpfen, wenn er ein deutsches Auto fährt?« Allerdings entstanden alle diese Texte zu einer Zeit, als noch nicht bekannt war, wie groß denn der Auftritt des BMW sein würde. Nach Betrachten des Films verstummte die Kritik. Es waren eher die bayerischen Autobauer, die Spott über sich ergehen lassen mussten, da die Aktionen des Wagens sich nur auf zwei kurze Sequenzen beschränkten. Zum einen wurde er in Qs Werkstatt 007 vorgeführt. Diese Sequenz wurde am 9. Februar in den neu gestalteten Studios von Leavesden gedreht. Q, gespielt von Desmond Llewelyn, sagte den Satz »Selbstverständlich, all die üblichen kleinen Raffinessen!«, doch die bleiben weitgehend verborgen, wenn man mal von einem Bremsfallschirm absieht, der später nicht zum Einsatz kam, und einem kleinen beweglichen Monitor, der hier aber nicht vorgeführt wurde. Im Verlauf des Films waren die erwähnten Extras wie etwa »Stinger-Raketen hinter den Scheinwerfern« überhaupt nicht zu sehen.

»Der BMW ist so selten zu sehen, weil der Deal erst so spät zustande kam«, sagte Regisseur Martin Campbell später. »Also konnten wir ihn nur hier und da einfügen.« Dazu zählt wohl auch die Mini-Sequenz, die zwischen dem 29. Januar und 2. Februar 1995 in Puerto Rico entstand, das für Kuba doubelte. Da fuhr Pierce Brosnan den Wagen, mit Isabella Scorupco an seiner Seite, im schönsten Sonnenlicht eine sandige Piste nahe der Küste entlang und wurde von einem landenden Flugzeug gebremst. »Der Pilot war Tom Danaher, und damals über 70 Jahre alt. Er machte es zehn Mal«, so der Co-Produzent Michael G. Wilson. Er landete die Cessna 72 immer punktgenau. Für die Fahraufnahmen nutzte man übrigens einen weißen Mitsubishi Pick Up vom Typ L 200 als Kamerawagen für das Team und Aufheller. Bei dem Z3 wurde der Kofferraumdeckel abgenommen. Der Kofferraum wurde mit Gewichten und einem extrabreiten und schweren Stück Holz beschwert, das bis über die hintere Stoßstange hing, um ihm die nötige Stabilität zu verleihen. »Zu der Zeit gab

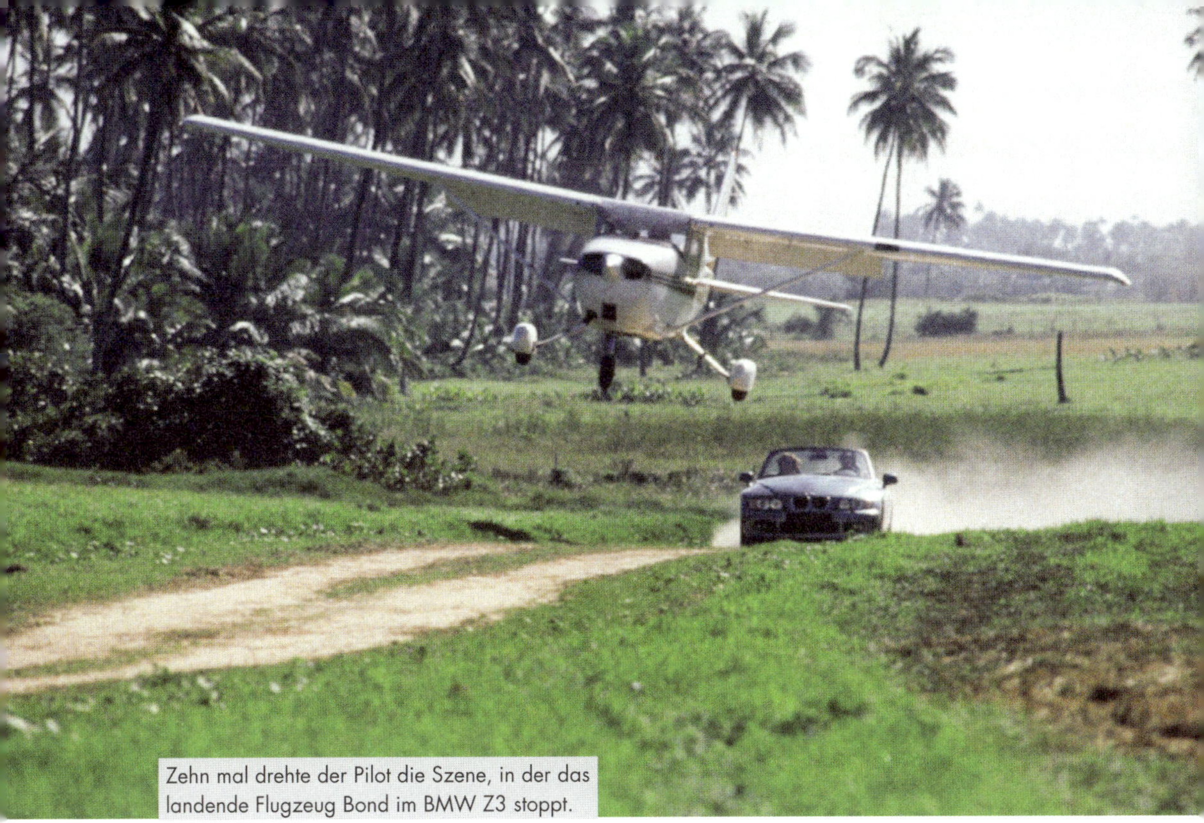

Zehn mal drehte der Pilot die Szene, in der das landende Flugzeug Bond im BMW Z3 stoppt.

es nur zwei Z 3 Roadster auf der Welt«, so Wilson. »Wenn etwas damit passiert wäre, hätte BMW uns umgebracht. Den Wagen versteckten wir immer unter einer Plane.«

Für die Dreharbeiten lieferte BMW zwei handgefertigte Vorserienmodelle, die nach Schätzungen von Insidern jeweils über 100.000 DM kosteten. Hinzu kamen Transportkosten und ein sehr großer Begleitschutz inklusive Equipment, damit keine Fotos vor der offiziellen Premiere des Films an die Presse gelangten. Eigens dafür wurden in Puerto Rico riesige Reflektoren aufgebaut, um Fotografen zu blenden. »Während dieser Dreharbeiten kam plötzlich ein Hubschrauber angeflogen, woraus ein Fototeam Bilder von den Filmaufnahmen schoss. Die Bilder sind dann in einer örtlichen Tageszeitung gedruckt worden. Gott sei Dank nicht mit dem Hinweis, dass Bond den neuen Z3 fährt. Die haben den Knaller nicht erkannt«, so BMW Pressechef Johannes Schultz zur *FAZ*.

Am 13. November 1995, dem Tag der Welturaufführung von *GoldenEye* in der New Yorker Radio City Music Hall, wurde der Z3 Roadster im Central Park von Q-Darsteller Desmond Llewelyn und Star Pierce Brosnan der Presse vorgestellt. 20 Exemplare standen abends nahe dem Kino neugierigen Interessenten zur Verfügung. Teil der Marketingstrategie war auch, dass ausgewählte Journalisten zu einem Essen im Restaurant Rainbow Room eingeladen wur-

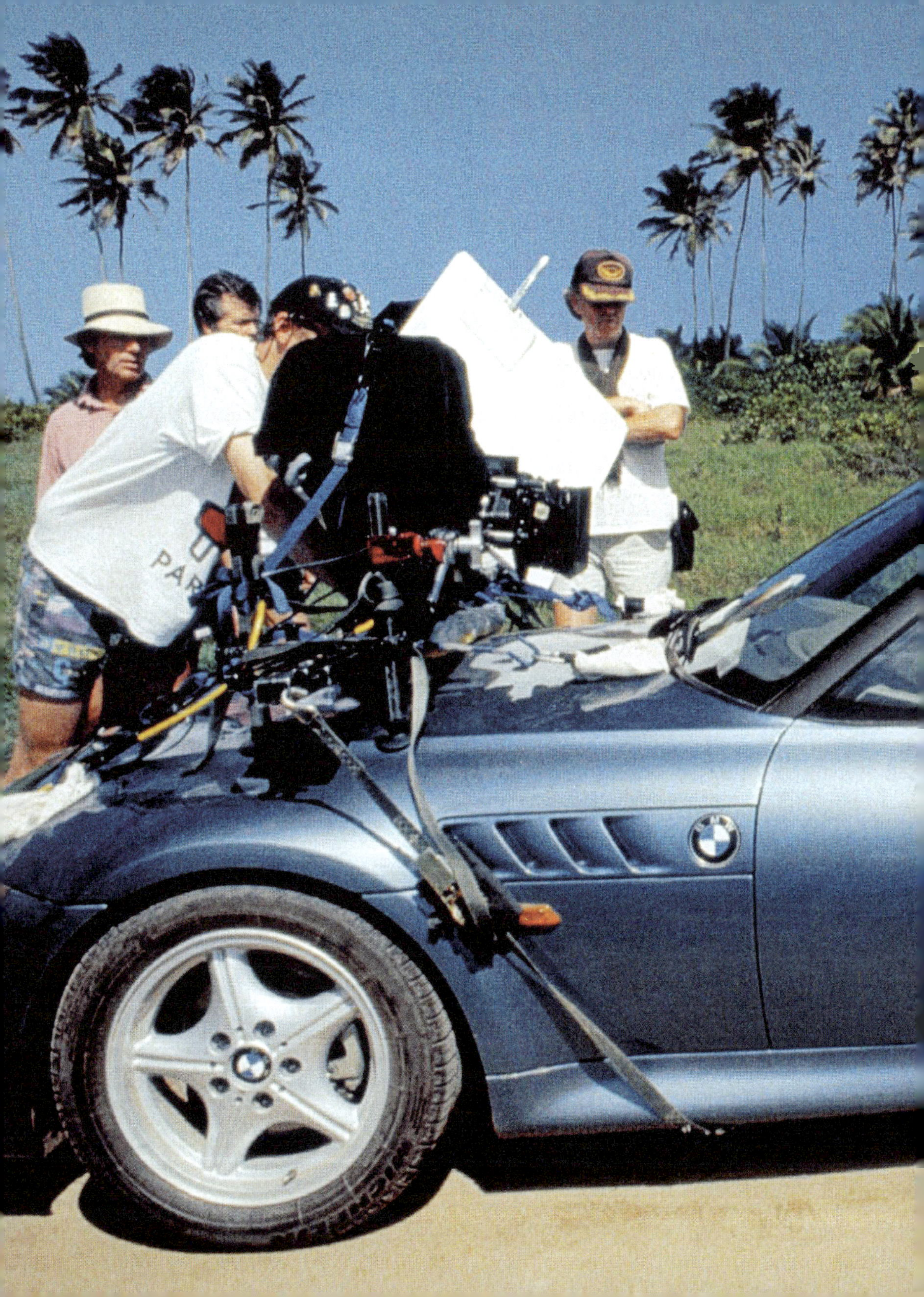

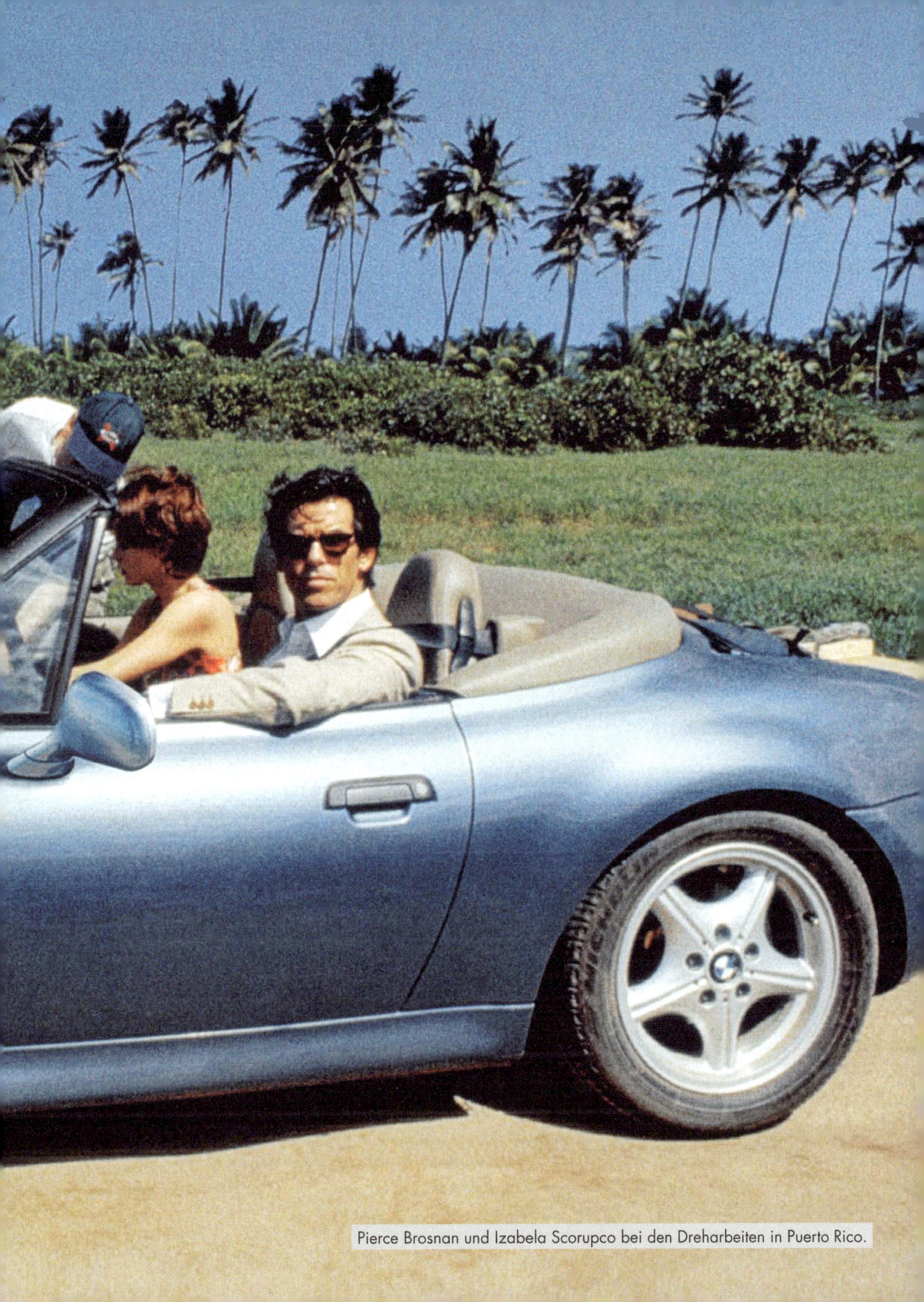

Pierce Brosnan und Izabela Scorupco bei den Dreharbeiten in Puerto Rico.

den, das sich in der 65. Etage des Rockefeller Center befindet, und danach im blauen Roadster zur Weltpremiere gefahren wurden.

Die Autobauer warben außerdem recht aggressiv: Zum einen mit Anzeigen, die den Wagen in einer wilden Verfolgungsjagd flüchtend vor einem herannahenden Panzer zeigten, zum anderen mit spaßigen Texten wie »In seinem neuen Film, hat James Bond eine Affäre mit einer Schwedin, einer Russin und einer Bayerin«, »Bonds Have More Fun« oder »Der Mann, der jedes Auto fahren kann, wählt einen BMW.« Man warb aber auch mit überheblichen und sogar sachlich falschen Zeilen wie: »Zu verkaufen: Aston Martin, dunkelgrün, kugelsichere Scheibe, Schleudersitz, Raketenabschussvorrichtung, Reifenschlitzer, Champagner-Kühler, Radarschirm, Lasersuchsystem, seitliche Ge-

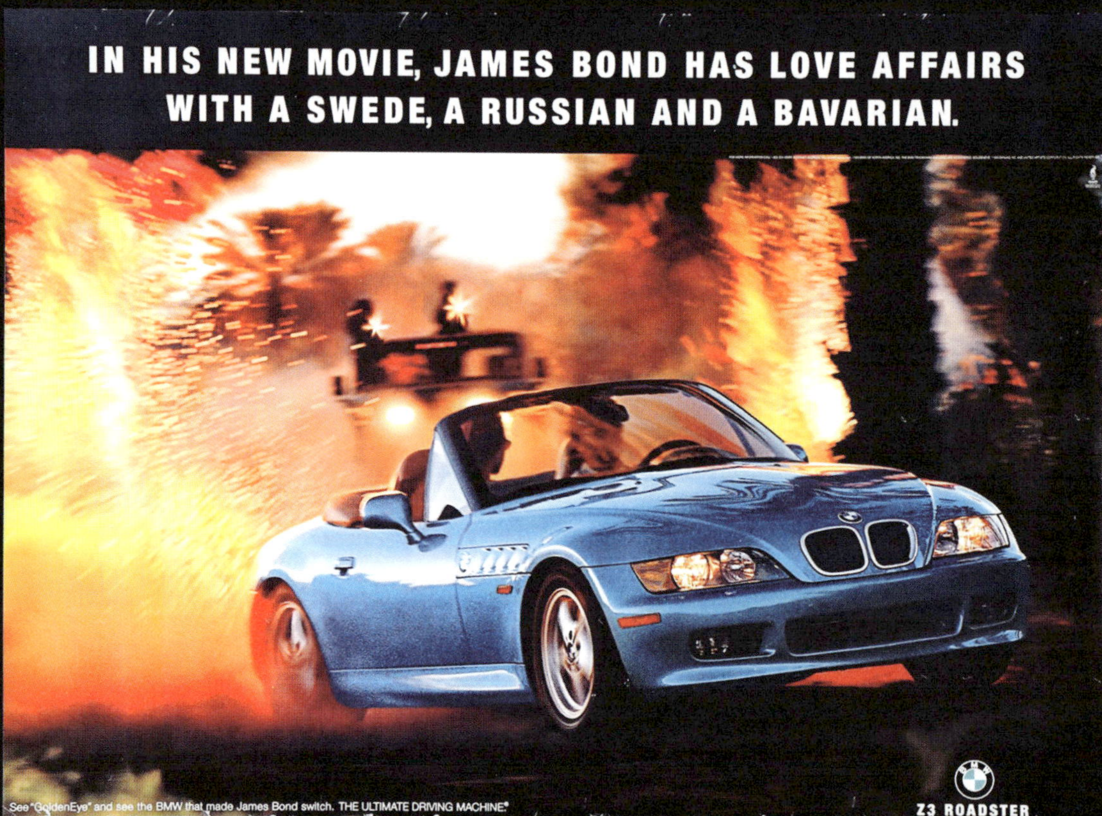

schosse. Ein Vorbesitzer. Rufen Sie 05-26-007. Fragen Sie nach Q.«

Dem Verkauf tat das keinen Abbruch. Im Gegenteil. Die Neugier war riesig und die Bestellflut so immens, dass Vic Doolan, Präsident von BMW of North America, seine Händler anwies, weniger für den Wagen zu werben. Auch die Berichterstattung war exzessiv. Sogar der Lackierer Michael Herold von der BASF Lacke und Farben AG aus Münster wurde plötzlich zum Star. Er hatte, wenn auch unwissend, bei den beiden Vorserienmodellen am Produktionsort in Spartanburg für die richtige Farbgebung gesorgt: Atlanta Blau. Über den prominenten Fahrer sagte er: »Er fährt umweltbewusst mit einem Wasserbasislack – allerdings gerührt, nicht geschüttelt«. Schnell war die Jahresproduktion von 35.000 Autos gleich dreimal ausverkauft. Zeitweilig summierten sich die Lieferzeiten auf bis zu zwei Jahre, was die Zeitschrift *auto motor und sport* zu der gelungenen ironischen Anmerkung brachte: »James, den Wagen bitte«. Sogar Promis fuhren plötzlich Z3. Zu den Kunden der 100 Wagen, die das US-Versandhaus Neiman Marcus anbot, zählten Alec Baldwin, der für Ehefrau Kim Basinger kaufte, Madonna, die gleich zwei für gute Freunde erwarb, und Steven Spielberg – er beschenkte seine 75-jährige Mutter mit dem weiß-blauen Spaßmobil.

Die Branche zollte BMW für den gelungenen Marketing-Coup und den Verkaufserfolg neidvoll Respekt. »Golden Eye gelegt«, hieß es in dem bereits zitierten Auto-Magazin, »Golden-Chef« schrieb die *Bild* über Pischetsrieder, und Bernd Michael, Geschäftsführer des Werbeagenturriesen Grey Deutschland, verriet: »James Bond passt wunderbar in das Auto.« Nach Angaben des Branchenmagazins *Hollywood Reporter* und des Buches »Product Placements« von L. Kinney and B. Sapolsky, galt die Platzierung des Z3 als eine der erfolgreichsten in der Filmgeschichte. Nach deren Angaben gab BMW rund drei Millionen Dollar dafür aus und verdiente etwa 240 Millionen Dollar mit Vorabverkäufen, die auch dank der Bestellungen aufgrund der Berichterstattung in den US-Medien zustande kamen. Ein limitiertes »007 Model« des BMW Z3 war schon am Tag der Ankündigung ausverkauft. Kein Wunder also, dass die Mitbewerber eher unglücklich waren. Mercedes Pkw-Chef Jürgen Hubbert reagierte vergrätzt und bezeichnete den SLK als »ein Auto, von dem James Bond nur träumen kann«, und der Brite Graham Morris, Audi-Vorstand für Sales und Marketing, antwortete auf die Frage, warum der neue 007 nicht Audi TT Cabrio fährt: »Sie sollten eigentlich James Bond diese Frage stellen, weil er die Gelegenheit verpasst hat, in einem aufregenderen Auto zu fahren. Vielleicht fehlt 007 der unfehlbare Geschmack, den man ihm zuschreibt.«

Natürlich warb BMW mit dem Bond-Auftritt, wo immer sich die Gelegenheit bot. Bei der Präsentation auf der Detroit Motor Show im Januar 1996 arrangierte man eine Tanzvorführung, spielte Tina Turners Titelstück, und ein Bond-Double schwebte vom Hallendach direkt auf den Fahrersitz. Ein Wagen tauchte sogar in der populären »Tonight Show« von Jay Leno auf. Beim Tennis-Turnier in Bergedorf Ende Februar stattete man Autofreak und Tennis-Star Henri Leconte mit einem Z3 Dienstwagen aus. Am 23. März 1996 stellte die BMW AG unter dem Motto »Golden Night Party« im Münchner Forschungs- und Ingenieurzentrum vor etwa 1300 Gästen den Z3 Roadster vor. Für die Präsentation hatte man sich eine Mischung aus Bühnenshow und Filmausschnitten von *GoldenEye* ausgedacht. Dazu hieß es im Münchner Merkur: »Höhepunkt der Show: Begleitet von Feuerzauber öffnete sich vor den Augen der Zuschauer ein großer Container, in den Saal rollte das Traumfahrzeug mit der attraktiven Akteurin Izabella Scorupco am Steuer.« In der Berliner Filiale wurde der Wagen

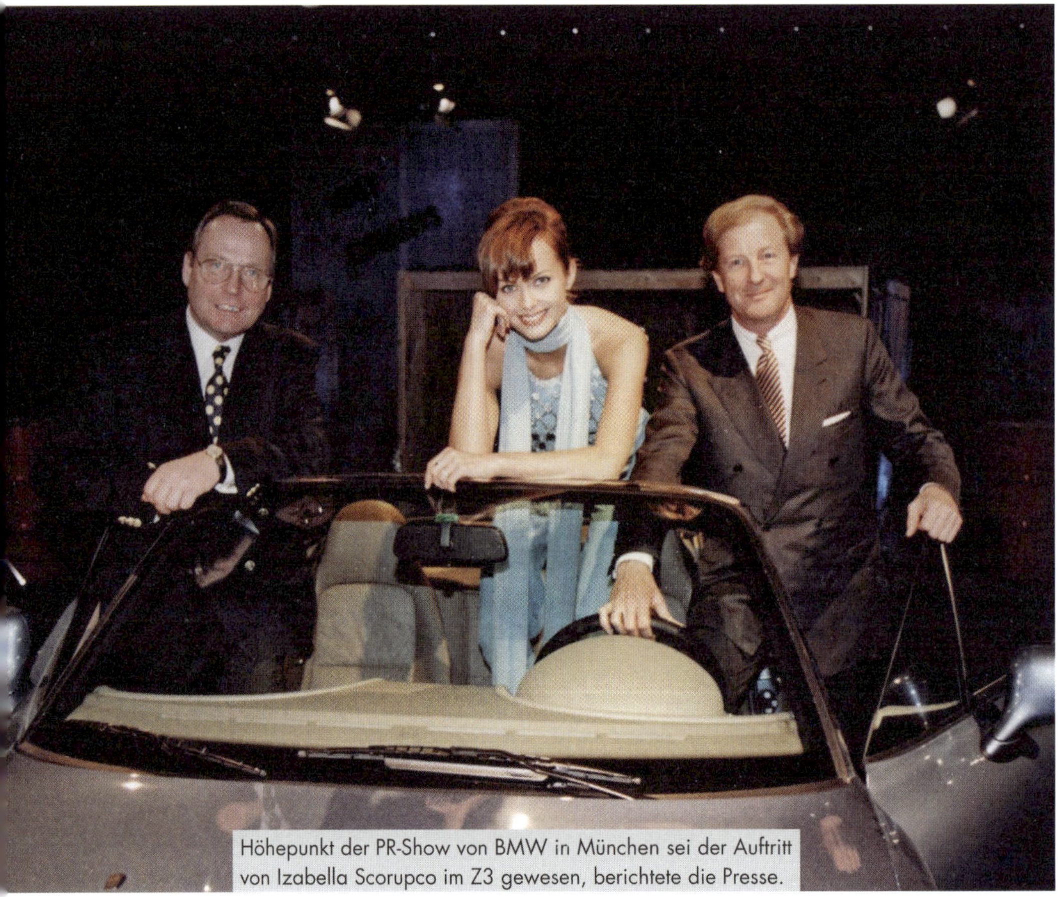

Höhepunkt der PR-Show von BMW in München sei der Auftritt von Izabella Scorupco im Z3 gewesen, berichtete die Presse.

von einem russischen Hubschrauber in Tempelhof eingeflogen. Im Münchner Autohaus »Russin« schrieb Brosnan-Doppelgänger Christoph Piesk am 1. April 1996 Autogramme. In Essen wurde der Wagen in der Discothek »Mudia Art« vor 1200 Gästen präsentiert, wobei ein Tina Turner- und ein Luciano Pavarotti-Double für Unterhaltung sorgten. Aufgrund der zur Show gehörenden Rauchentwicklung verlor eine Besucherin kurzfristig das Bewusstsein.

Im Nachhinein konstatierte das bekannte Wirtschaftsmagazin *Harvard Business Review: »Eckpunkte dieser Kampagne war die nahezu perfekte Vereinigung zwischen dem James Bond Film GoldenEye und dem Z3 Roadster. Beide Marken (Bond und BMW) transportieren Vermächtnis und Prestige und unterstützen sich so gegenseitig. Die Mission von BMW war einfach: die Messlatte für einen qualitativ hochwertigen Roadster zu definieren, und die Marke James Bond gab dem Wagen den Stempel von Qualität und Akzeptanz, um voran zu kommen, auch wenn die Kosten von $ 28.500 niedrig waren. Der Z3 sprach auch mehrere Nischenmärkte an, die alle einen Geschmack für die ›feineren Dinge‹ im Leben hatten (genauso wie das 007 Gegenstück). Die Partnerschaft sprach potentielle neue BMW Eigentümer an, die auch ein Interesse an James Bond Artikeln haben, aber auch bestehende Kunden, die etwas mehr Spaß und Belebung in ihrem Leben wollten. GoldenEye war einer der größten Erfolge des Jahres 1995, spielte in den USA 26,2 Millionen Dollar in der ersten Woche ein und vergrößerte die Form des Advertising dieses Produkts für Millionen von Menschen. Weil es keine offenkundige Werbung war, und der Z3 geschmackvoll in die Geschichte eingebunden war, war die Begeisterung rund um den James Bond Film authentisch.«*

Nach Ende der PR-Aktivitäten kam eines der Fahrzeuge nach München zurück und steht seitdem im hauseigenen Museum. Das andere verblieb bei der Filmproduktionsgesellschaft.

KOMISCHES UND WISSENSWERTES

Nachdem der Roadster in *GoldenEye* zu sehen war, rechnete BMW mit Vorbestellungen von 5000 Stück, bekam aber

»DER BMW IST EIN AUTO FÜR DEINE TOCHTER, ABER NICHT, WENN DU ERNSTHAFT AUTO FAHREN WILLST.« —PIERCE BROSNAN ÜBER DEN Z3 NACH DEM WERBE-HYPE

in kurzer Zeit 10.000 Aufträge. Nachdem der Wagen im Weihnachtskatalog der US-Firma Neiman Marcus für 28.500 Dollar offeriert wurde, waren alle 100 Exemplare innerhalb von 30 Minuten ausverkauft. Sie verfügten über dieselbe Farbgebung wie im Film: Atlanta Blue Metallic (Farbcode 306), beiges Dach und innen beiges Leder. Zusätzlich gab es aber noch ein Holzlenkrad, eine Mittelkonsole aus Holz und 16 Zoll Twin Spoke Felgen. So sah der Wagen etwas anders aus als im Film. An der Mittelkonsole gab es eine Plakette, die das 138 PS starke Sondermodell mit 1,9-Liter-Vierzylinder als »James Bond Roadster« auswies. Anfang April 2020 erzielte ein Fahrzeug, die nur 7.600 Meilen gelaufene Nr. 66 von 100 Stück, bei einer Auktion in Connecticut immerhin einen Preis von 22.007 Dollar. Ein paar Jahre zuvor war ein weiterer Wagen für 24.000 Dollar verkauft worden.

Weder in dem Moment, als der Wagen in Qs Labor erstmals gezeigt wird, noch bei den Szenen in der Karibik, hat der Wagen ein vorderes Nummernschild, sondern nur ein hinteres. Die entsprechende Fläche vorne ist geschwärzt. Auf den Filmplakaten ist ein Rechtslenker zu sehen.

Als der ganze Trubel vorbei war und die Branche sich wieder anderen Auto-Themen zuwandte, gab schließlich auch Pierce Brosnan eine ehrliche und keine offizielle Antwort zum Thema ab. Er sagte: »Der BMW Z3 ist ein Auto für Frauen, ein Vierzylinder eben. Im Film fahre ich auch einen Aston Martin DB 5, das hat Spaß gemacht. Privat fahre ich Porsche Carrera 911. Der BMW ist ein Auto für deine Tochter, aber nicht, wenn du ernsthaft Auto fahren willst.« Übrigens lautet das Nummernschild an seinem Porsche: »ICY CALM« – eisig still.

DATEN UND FAKTEN

Modell: BMW Z 3, links gelenkt
Farbe: Atlanta Blau
Bauzeit: September 1995 – Juli 2002
Stückzahl: zwei Vorserienmodelle für den Film/
alle Baureihen: 279.273/
andere Quellen: 293.000 Stück (incl. Facelift ab 1999)
Preis: 43.700 Euro/$ 29.800 in den USA/
Das US-Sondermodell Z3 007 Roadster kostete $ 35.000
Motor: 1,8-Vierzylinder-Motor
Leistung: 115 PS
Kennzeichen: vorne keins, hinten 8X8 608
Höchstgeschwindigkeit: 196 km/h
Screen Time des Wagens: 1 Minuten 46 Sekunden

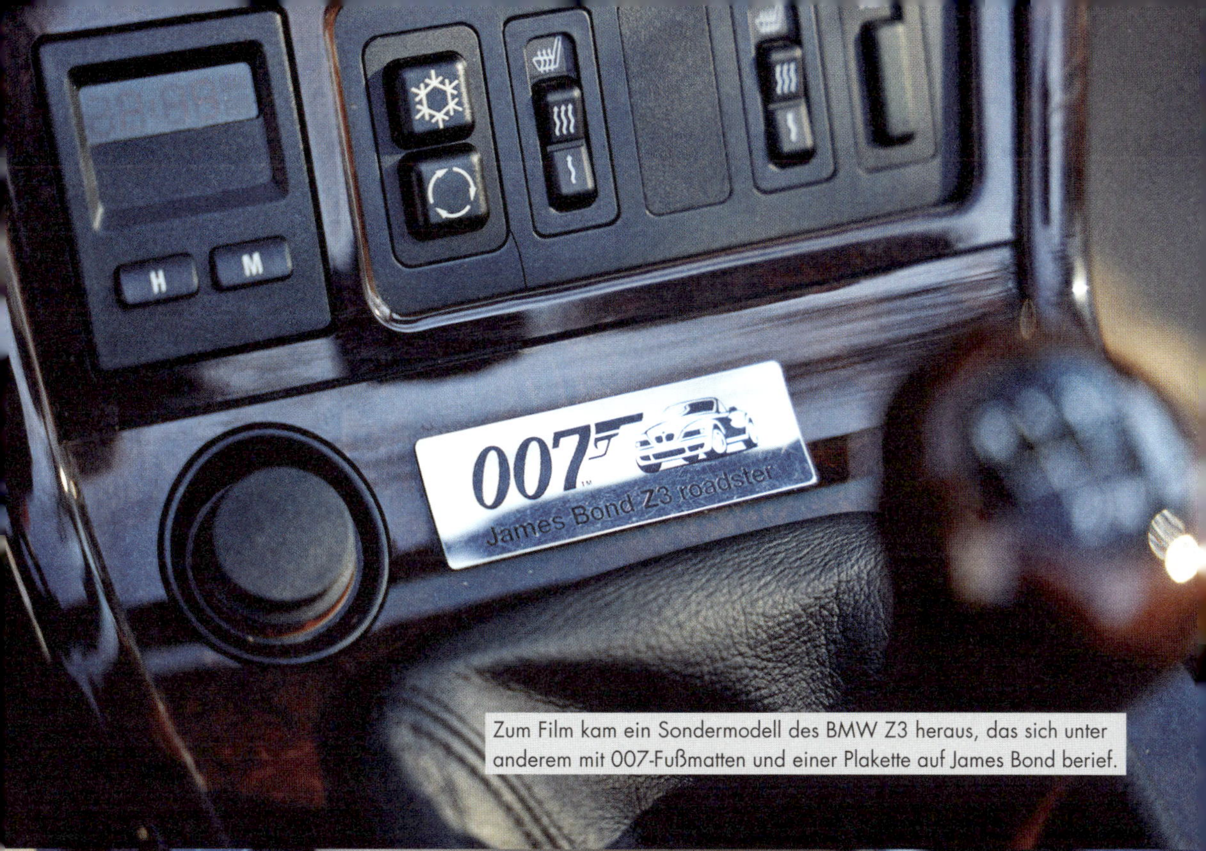

Zum Film kam ein Sondermodell des BMW Z3 heraus, das sich unter anderem mit 007-Fußmatten und einer Plakette auf James Bond berief.

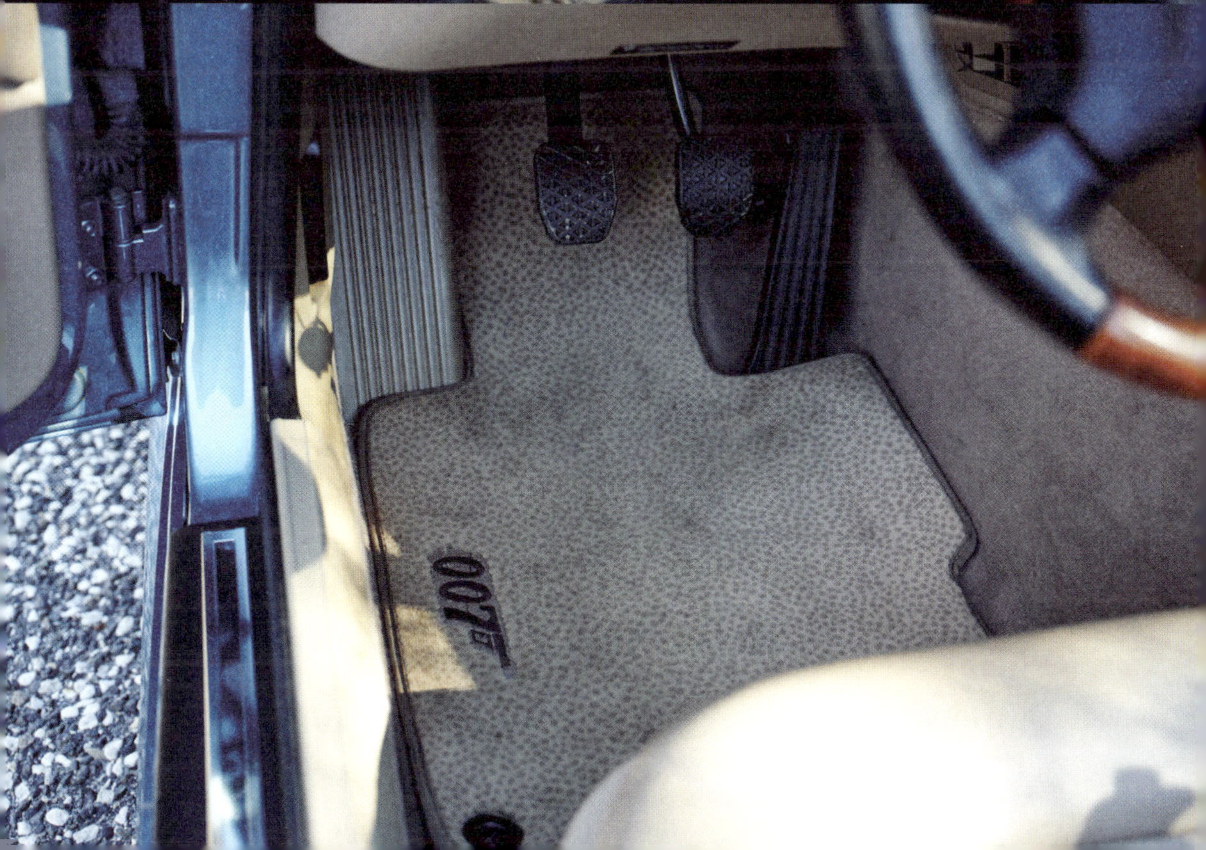

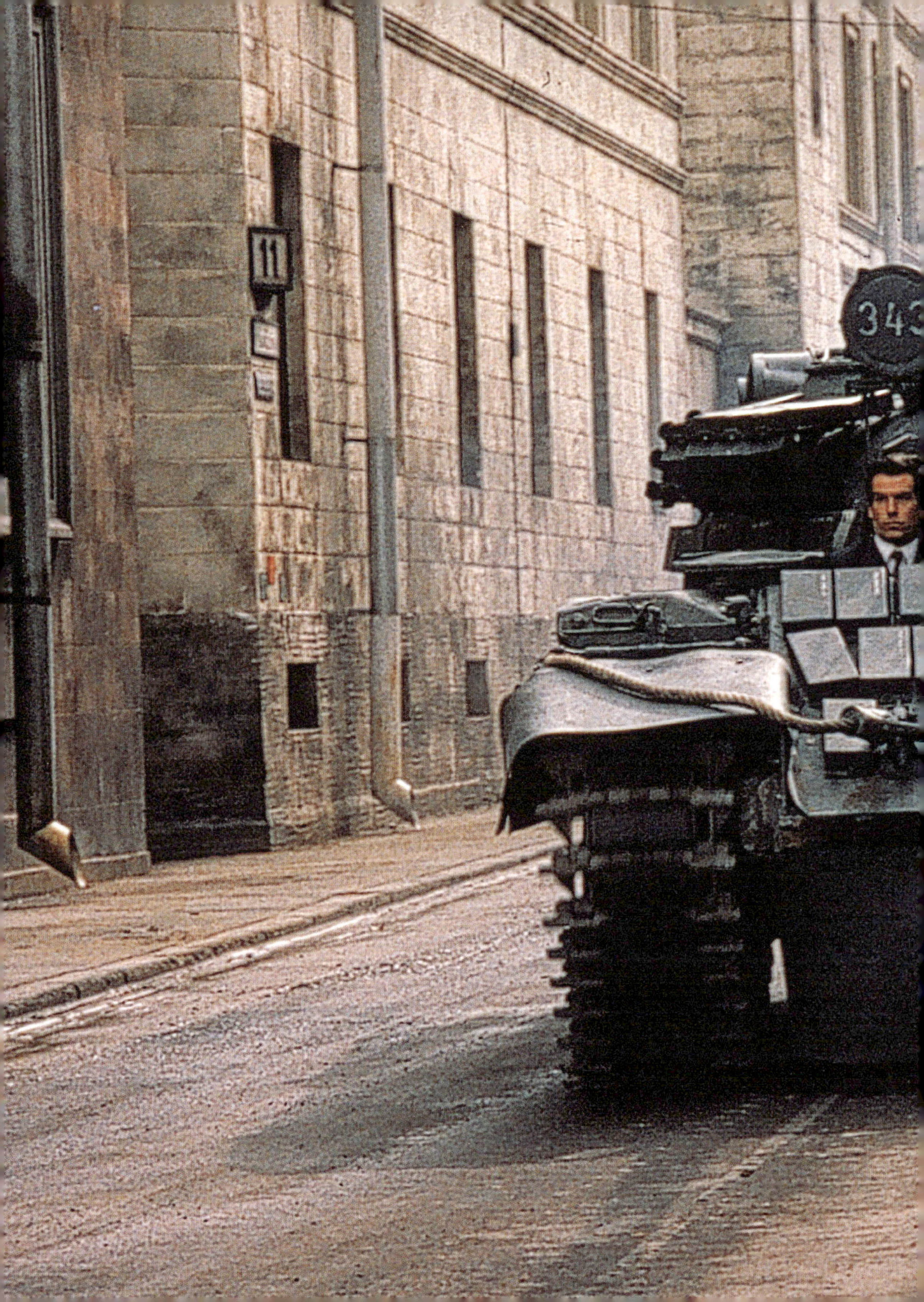
11

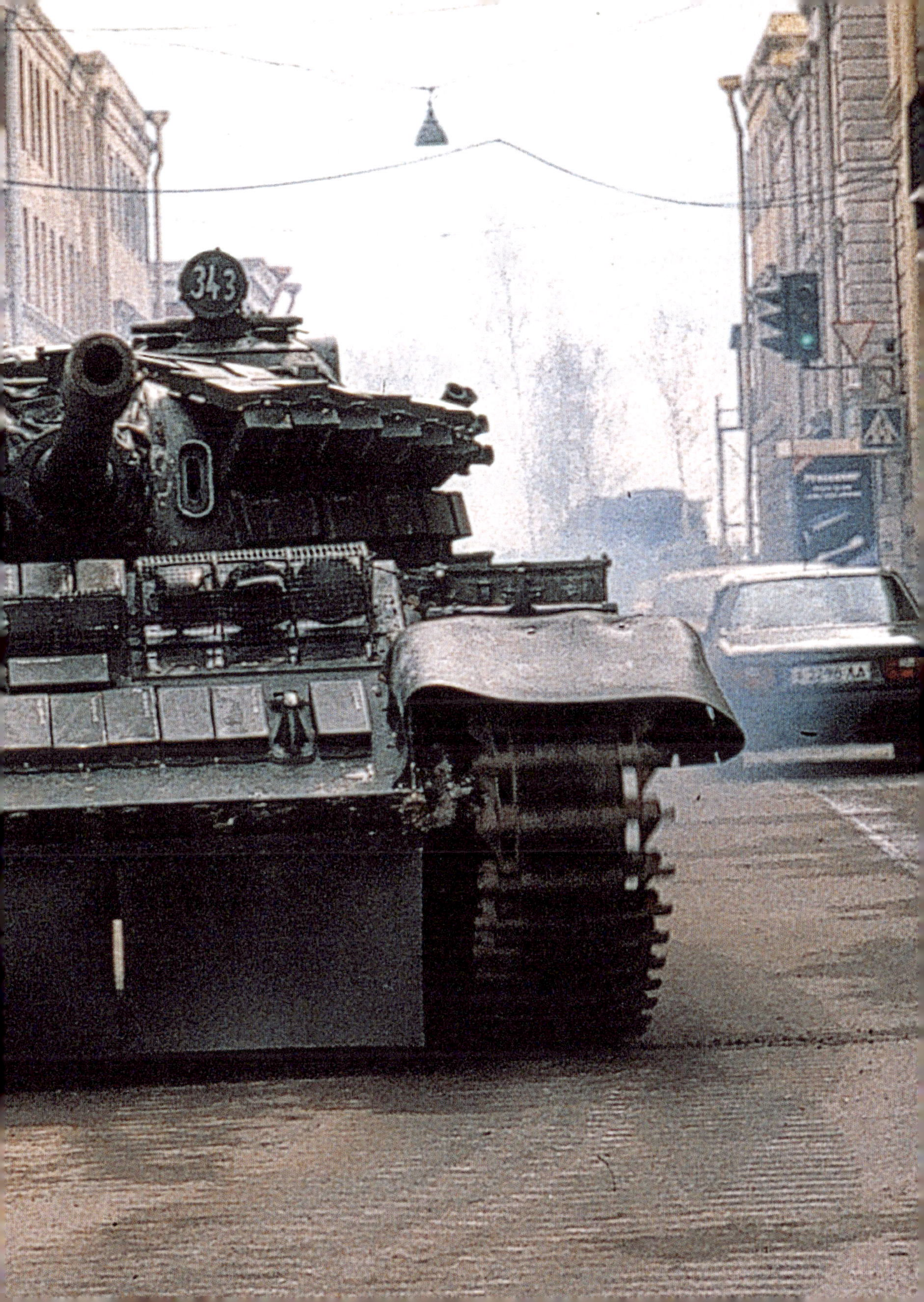
343

DER PANZER T-55 AUS *GOLDENEYE* (1995)

Es wirkt so unwirklich, wenn man es das erste Mal sieht, und sorgte bei Kinozuschauern im Jahr 1995 für großes Aufsehen. James Bond durchbricht in einem Panzer eine Steinmauer und macht danach in St. Petersburg fast alles platt, was sich ihm in den Weg stellt.

Für Pierce Brosnans ersten Einsatz als 007 und einer sechsjährigen Pause nach dem Film *Lizenz zum Töten*, wollten die Produzenten auf jeden Fall klotzen und nicht kleckern. Dafür entwickelten sie eine Action-Sequenz mit dem größten Fahrzeug, welches es bislang in der Bond-Geschichte gegeben hat: einem Panzer T-55. Im Film verfolgt der Agent Ihrer Majestät seinen ehemaligen Kollegen 006 alias Alec Trevelyan und dessen Killerin Xenia, aber auch die von dem russischen General Ouromov entführte Computerprogrammiererin Natalya. Als der Kidnapper mit einem Wolga Pkw flüchtet, schnappt sich Bond einen Panzer und folgt ihm. »Schneller!« und »Durch die Einfahrt!« schreit der Verfolgte schon fast hilflos seinen Fahrer an und versucht, Bond zu entkommen. Am Ende der Sequenz feuert James Bond noch einen Schuss auf einen getarnten Zug ab, in dem sich 006 und Xenia befinden. Das Ganze wurde an drei verschiedenen Orten inszeniert.

Die Dreharbeiten begannen am 16. Januar 1995 in den ehemaligen Rolls Royce Werken in Leavesden oberhalb von Wat-

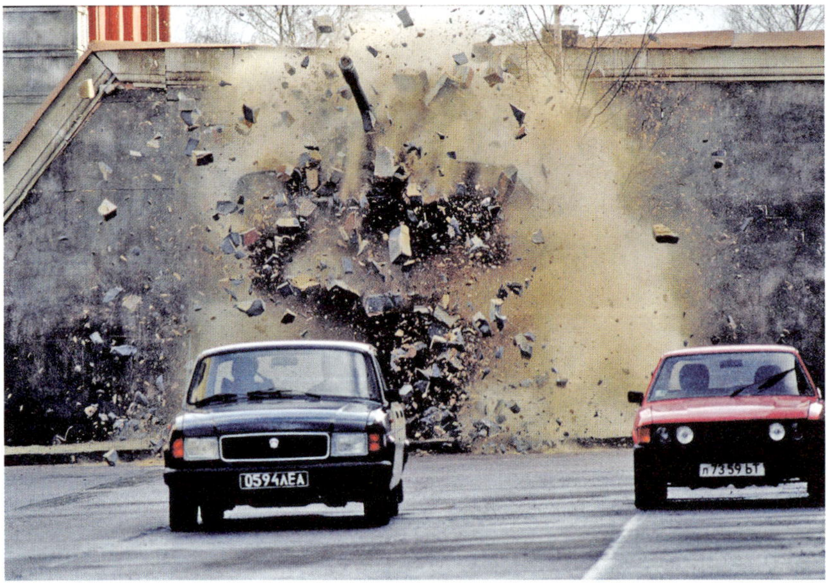

ford, rund 34 km nordwestlich von London, die damit zum größten Filmstudio Europas wurden. Geplant war, dass 18 Wochen an dem Film gearbeitet werden sollte. Die Hallen umfassen eine Fläche von 1,25 Millionen Quadratmetern. Das Freigelände ist so groß, dass es mühelos mehrere Großproduktionen aufnehmen kann. In dem ehemaligen Flugzeug-Hangar wurden im 2. Weltkrieg Mosquito-Bomber gefertigt. Es gab genügend Platz, um dort eine Reihe von Sets zu bauen. Zunächst waren ausschließlich umfangreiche Dreharbeiten in St. Petersburg geplant. Doch aus mehreren Gründen musste anders disponiert werden. Dazu später mehr.

Da die Panzerjagd zwar in St. Petersburg spielt, die Location Scouts aber auch in England Drehorte fanden, die sie für geeignet hielten, wurde ein Teil der Sequenz im englischen Peterborough aufgenommen. Für zwei Montage (3. und 10. April) wurde die in Privatbesitz befindliche Eisenbahnstrecke Nene Railway, an der schon Szenen für *Octopussy* entstanden, erneut zum Drehort. Auf dem Gelände der alten British Sugar Corporation abseits der Oundle Road, rund 130 km nördlich der Leavesden Studios, fährt 007 mit dem Panzer vor. Unterhalb der »Bridge 62« bringt er sich dann in Position und feuert einen Schuss auf den herannahenden russischen Militärzug ab.

Nach diversen Vorbesprechungen und Motivbesichtigungen, reiste das 2nd Unit Team Anfang April 1995 nach St. Petersburg. Ab dem 11. April drehte es für eine Woche in der ehemaligen Hauptstadt des Zarenreichs. Dort wurden der Stadtteil Admiralteysky und

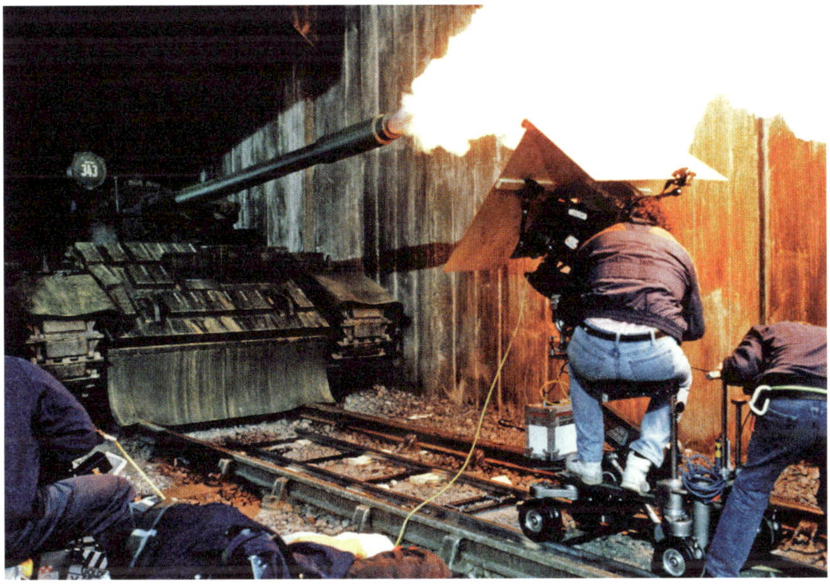

eine Straße entlang des Moika Kanals zum Schauplatz, was Co-Produzentin Barbara Broccoli vor große Probleme stellte: »Wir drehten in einem sehr sensiblen Teil der Stadt, wo die Botschaften Frankreichs und Japans sowie das Staatliche Puschkin Museum liegen. Wir sperrten die Straße während der Dreharbeiten vier Tage lang ab, was alle sehr nervös machte.« Es kam hinzu, dass die Produktion für Schäden an Straßen und Gebäuden haftbar gemacht werden konnte. Diese Tatsache mussten die Verantwortlichen auf beiden Seiten berücksichtigen.

Wie also die sensiblen Bereiche schützen? Da man dort mit einem T-55 Panzer mit Kettenantrieb nicht fahren durfte, behalf man sich mit einem verkleideten sechsrädrigen Spähpanzer vom Typ Saladin, der von Alvis gebaut wurde. Er war nur 11,6 Tonnen schwer und nicht etwa 36 wie der T-55. Man verwendete aber nur das Chassis und baute rotierende Ketten davor, die den echten optisch glichen. Genaue Angaben gibt es zwar leider nicht, aber dieser Umbau verursachte immense Kosten und kam nur in der Szene zum Einsatz, als der verkleidete Saladin Panzer am Kanal entlang fährt und die sich rückwärts bewegenden Geländewagen vor sich her treibt. Dennoch war es purer Stress für Fahrer Gary Powell: »Wenn man auf Gebäude zufährt, die 100 Jahre alt sind und man den entsetzten Blick des Location Managers sieht, denkt man schon darüber nach was man so tut. Wenn man so ein Gebäude rammt, kommt man vielleicht für den Rest seines Lebens ins Gefängnis.«

Während der Aufnahmen bekam man mit, dass es Kriminelle auf die teure Ausrüstung abgesehen hatten, um sie gewinnbringend weiterzuverkaufen. Dar-

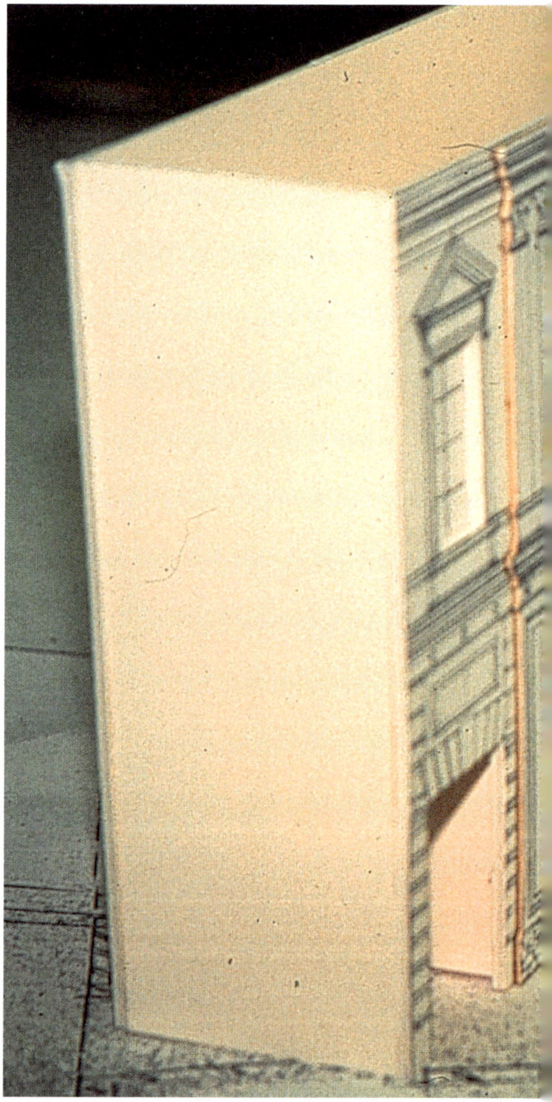

aufhin verzichtete man darauf, die Stars in die Stadt zu bringen. Ursprünglich war geplant, dass die 1st Unit acht Tage vor Ort sei und die 2nd sogar 21. Letztendlich war diese Crew aber nur elf Tage in Russland. Man beschloss, große Teile der benötigten Straßen, Statuen und Monumente in England nachzubauen. Produktionsdesigner Peter Lamont entwarf die Straßenzüge und baute zunächst ein Modell aus Pappmaché. Dann stellte er ein Team von Handwer-

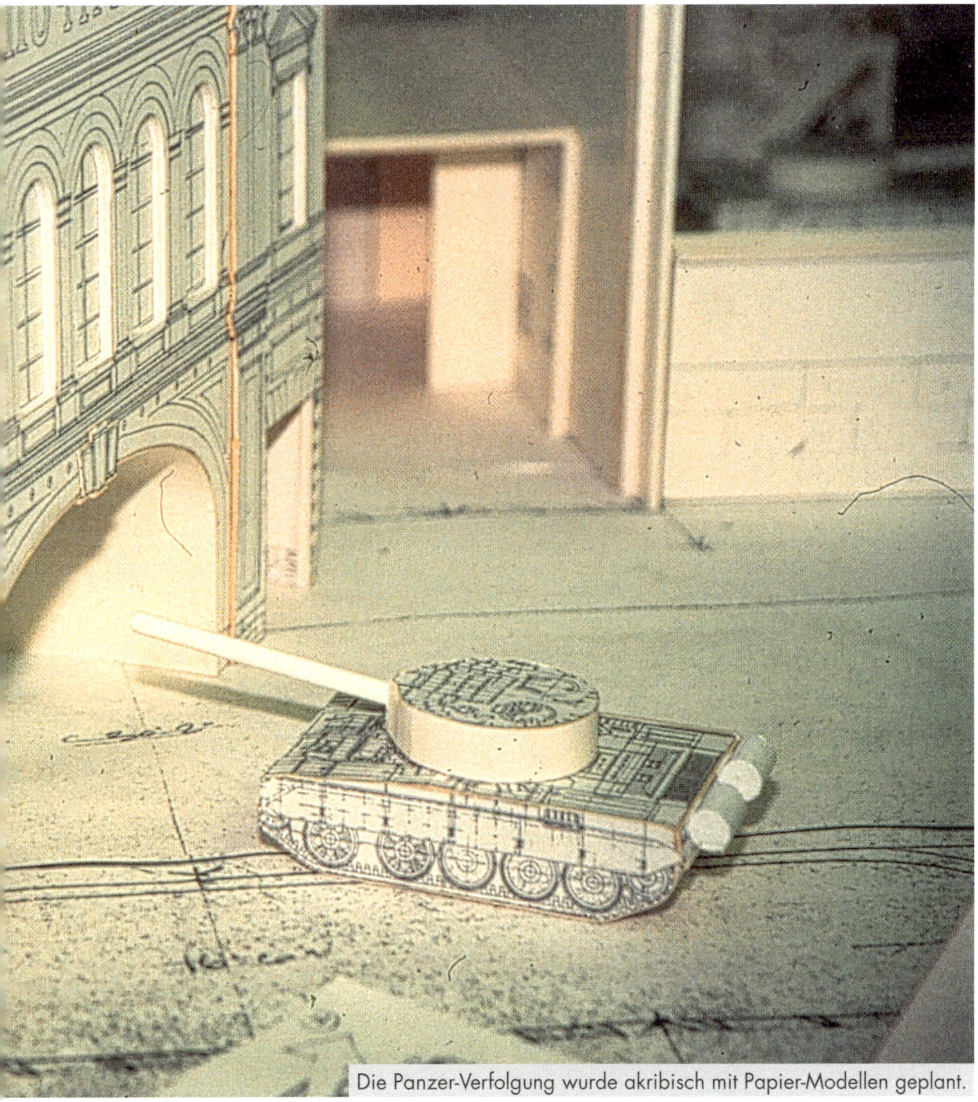
Die Panzer-Verfolgung wurde akribisch mit Papier-Modellen geplant.

kern zusammen und arbeitete mit ihnen an der Umsetzung der Planung mit dem Modell. Um Authentizität zu erreichen, engagierte Lamont einen ostdeutschen Architekten und einen russischen Ingenieur, die auf die Details achteten. Da sie nicht ins Licht der Öffentlichkeit wollten, wurden sie im Abspann nicht genannt. In sechseinhalb Wochen war die Crew fertig. Doch bevor auf dem Freigelände in Leavesden gedreht werden konnte, musste man erst die Panzer besorgen und vor allem damit fahren lernen.

Nach verschiedenen Quellen, kaufte Chris Corbould, der Leiter des Special-Effects-Teams, in Russland drei Panzer, ließ sie nach England liefern, sorgte dafür, dass sie umgebaut wurden und identisch aussahen. Alle trugen die Nummer 343. Stuntfahrer Jim Dowdall berichtete davon, dass ein Panzer aus Israel kam und noch Sand in den Ketten hatte, einer brandneu war und über sämtliche Handbücher verfügte und einer alt und stark in Mitleidenschaft gezogen. Bei dem machte auch noch die Kupplung Probleme. Um sie alle wie einen wirken zu lassen, verkleideten Chris Corbould und sein Team die drei Panzer, ließen sie aggressiver, martialischer aussehen und mit falscher Bewaffnung bestücken. Allerdings ist in zwei Aufnahmen zu sehen, dass auf dem Parkplatz am russischen Archiv fünf Panzer stehen. Woher die anderen beiden kommen, ist strittig.

Nach verschiedenen Quellen wurde ein Panzer vom East England Military Museum geliehen, später dorthin zurückgebracht und bis zum Jahr 2013 am Old Buckenham Flughafen auch ausgestellt. Das erklärt aber immer noch nicht die Herkunft des fünften Fahrzeugs. Eventuell war es eine gut verkleidete Attrappe. Nach den ersten Testfahrten mit den Panzern stellte sich heraus, dass die mit Ketten angetriebenen Fahrzeuge viel zu langsam für eine Verfolgungsjagd waren. Also verpasste man ihnen Rollen und kaschierte diese. Da man die Ketten nicht herausschneiden konnte, behalf man sich mit einem Trick und verwendete die Gummis von einem britischen Chieftain Panzer. Die sind aber viel breiter. So musste Jim Dowdall ran. Er verbrachte einen Tag damit, die Gummis, die innerhalb der Kette lagen, zu verkleinern. Sie wurden zwischen die Kettenglieder gepresst und schützten so die Straße.

Jeder Panzer wog rund 36 Tonnen. Da die Fahrzeuge nicht gerade schnell waren, man aber keine behäbigen Vehikel zeigen wollte, drehte die 2nd Unit mit verschiedenen Bildgeschwindigkeiten, um so zu tun, als ob die Panzer schneller fahren würden. Statt 24 Bilder pro Sekunde wurde auch mal mit 18 oder 16 Bildern gedreht. Da während der Sequenz sehr viele der Gebäude und Statuen zu Bruch gingen, und es ein zu großer Aufwand gewesen wäre, einige wieder neu aufzubauen, wurde teils mit vier oder sogar sechs Kameras gearbeitet. Ian Sharp, der Regisseur der 2nd Unit, begann am 27. April in Leavesden mit den komplexen Dreharbeiten.

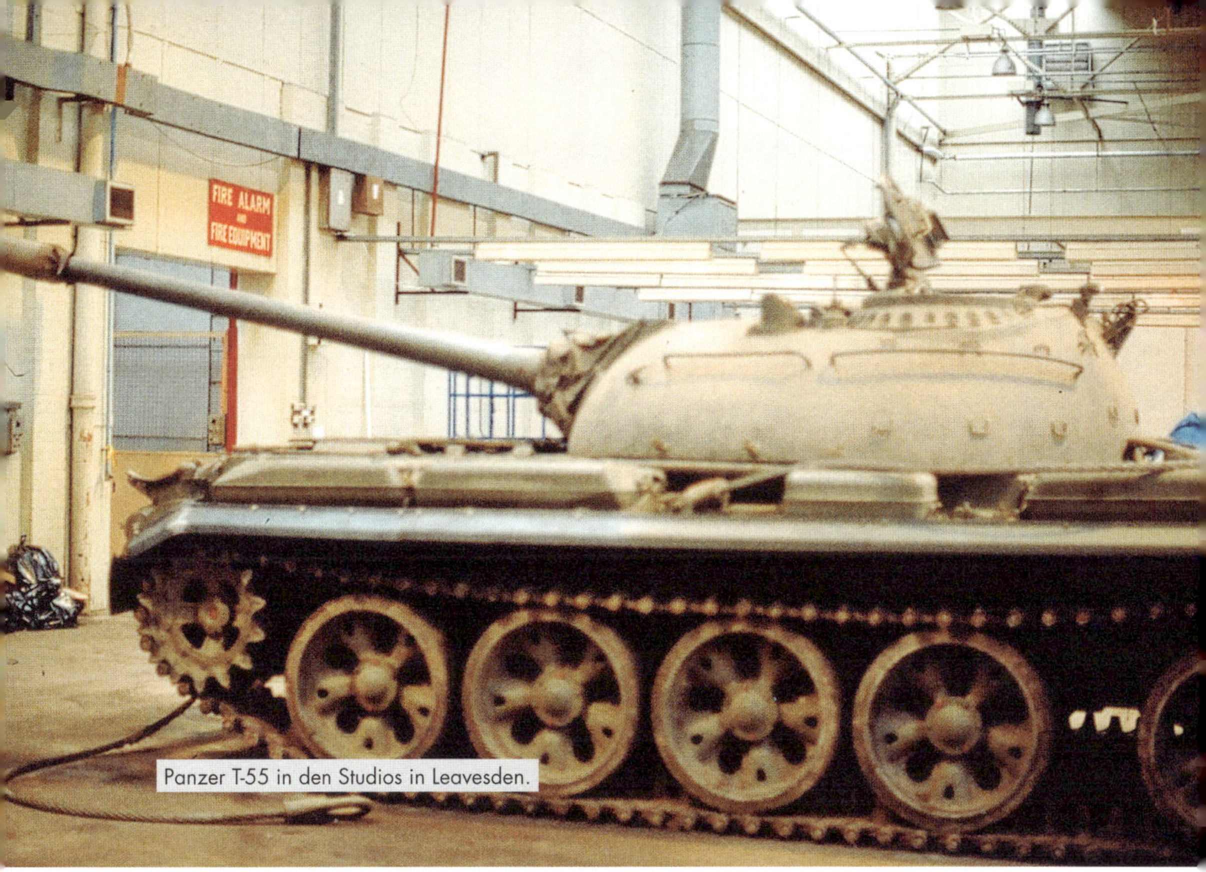

Panzer T-55 in den Studios in Leavesden.

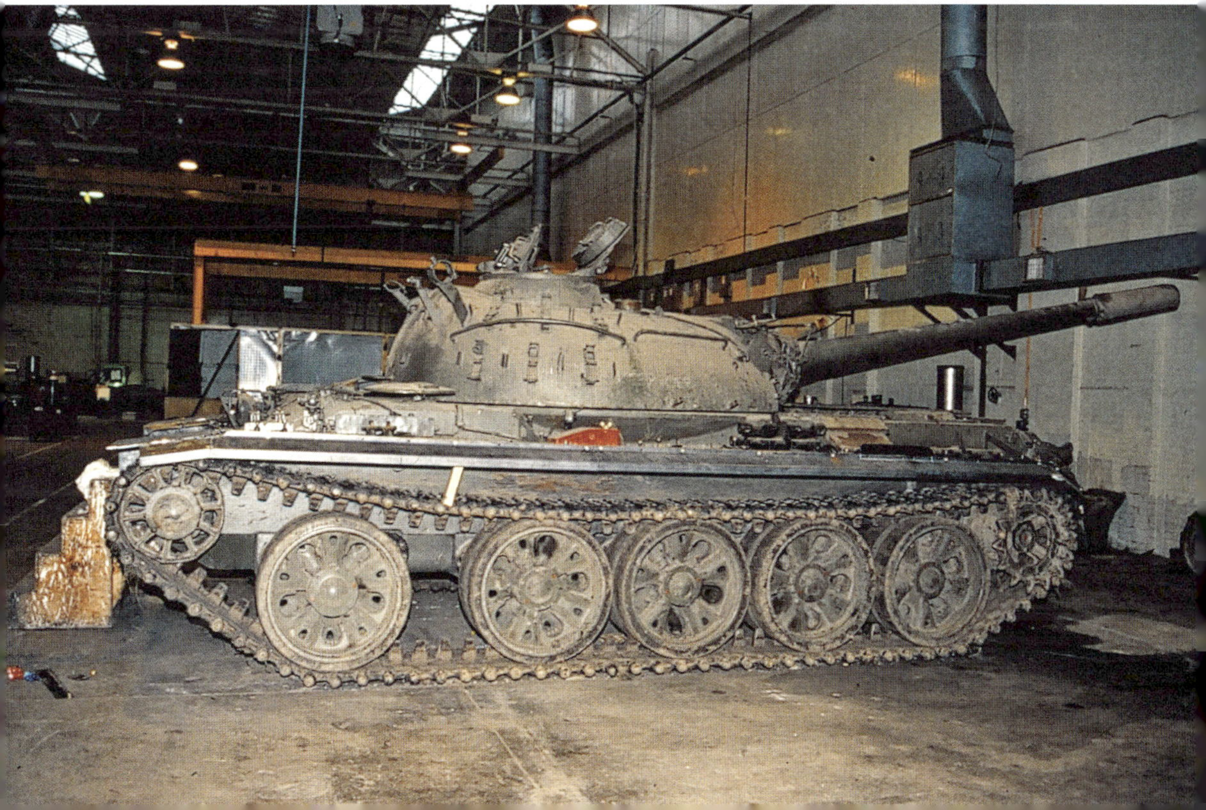

Später wurde er mit der Aussage zitiert: »Der Panzer ist wie Frank Sinatra – er macht nur einen Take.«

»WENN MAN MIT ETWA 20 MEILEN PRO STUNDE IN EINEM 35 BIS 40 TONNEN SCHWEREN PANZER FÄHRT, DANN BREMST DER NICHT WIE EIN NORMALES AUTO.« —STUNTFAHRER GARY POWELL

Vor allem die Zerstörung eines Lasters mit Perrier-Dosen, und die Fahrt gegen die Statue des Zaren Nikolaus auf dem geflügelten Hengst bereiteten den Machern Probleme. Um sicher zu gehen, dass der Laster auch auseinanderbrach, wurde er zuvor präpariert. Er wurde zum Teil angesägt, und an mehreren Stellen platzierte man Sprengladungen, die es dem Panzer ermöglichten, durch den Lkw zu fahren. Weitere Sprengladungen kamen in einige Dosen und dienten allein dem Effekt. Bei der Fahrt gegen die Statue trug ganz viel Glück dazu bei, dass die Idee von Chris Corbould auch funktionierte. Er hatte eine Schlinge an der Statue befestigt. Powell beschleunigte den T-55 auf etwa 55 km/h, traf den unteren Teil des Sockels und gabelte die Statue auf. Sie blieb tatsächlich daran hängen. Dennoch klappte nicht alles wie geplant. Um dafür zu sorgen, dass die Ungetüme auch rutschen, wurde ein Teil der Straße mit Wasser und Spülmittel benetzt. Einmal wurde jedoch eine Kamera getroffen, was zu einer Abschreibung von rund 200.000 Dollar führte. Stunt-Koordinator Powell, der von Dowdall instruiert worden war, weil er noch nie zuvor einen Panzer gefahren hatte, passierte das Missgeschick. Sein Kommentar: »Wenn man mit etwa 20 Meilen pro Stunde in einem 35 bis 40 Tonnen schweren Panzer fährt, dann bremst der nicht wie ein normales Auto.«

Nach den vierwöchigen Aufnahmen auf dem Außengelände durfte Pierce Brosnan an seinem letzten Drehtag, dem 1. Juni 1995, dann auch endlich selbst Panzer fahren, oder besser gesagt, so tun, als ob er fährt. Für ihn wurde auf der rechten Seite des Panzers ein Loch in die Hülle geschnitten und innen ein Sitz montiert. Tatsächlich saßen Stunt-Koordinator Gary Powell oder auch mal Stuntman Jim Dowdall innen, und zwar links unterhalb von Brosnan. Um einigermaßen gucken zu können, wurde wieder getrickst. Zunächst wurden drei kleine Digitalkameras unterhalb der Kanone sowie links und rechts außen auf dem Panzer montiert. Die waren natürlich so kaschiert, dass sie nicht zu erkennen waren. Innen befanden sich drei kleine Monitore. So konnte man sehen, wo sich die Mitte des Panzers befand und wie die Abstände zu den Seiten waren. Als problematisch erwiesen sich dabei die Größenverhältnisse, denn bei einer Weitwinkel-Kamera wirkte jemand, der etwa 2,5 Meter entfernt stand, als stehe er mehr als zehn Meter entfernt. Das wäre zu gefährlich geworden und kam daher nicht in Betracht. Also musste eine andere Lösung gefunden werden. Die bestand darin, dass man mit Hilfe eines Schneidbrenners vor dem Fahrer eine Lücke in die Panzerung schnitt, was eine immer noch recht eingeschränkte Sicht ermöglichte. Die Fahrer blickten also durch ein kleines, von außen nicht sichtbares Fenster unter einer Gummiabdeckung, lenkten und fuhren das Monstrum. Wer genau hinschaut, stellt fest, dass man sporadisch keinen Fahrer in dem Panzer sieht. Nach dem die Nahaufnahmen des Hauptdarstellers im Kasten waren, drehte die 2nd Unit noch bis zum 6. Juni Panzersze-

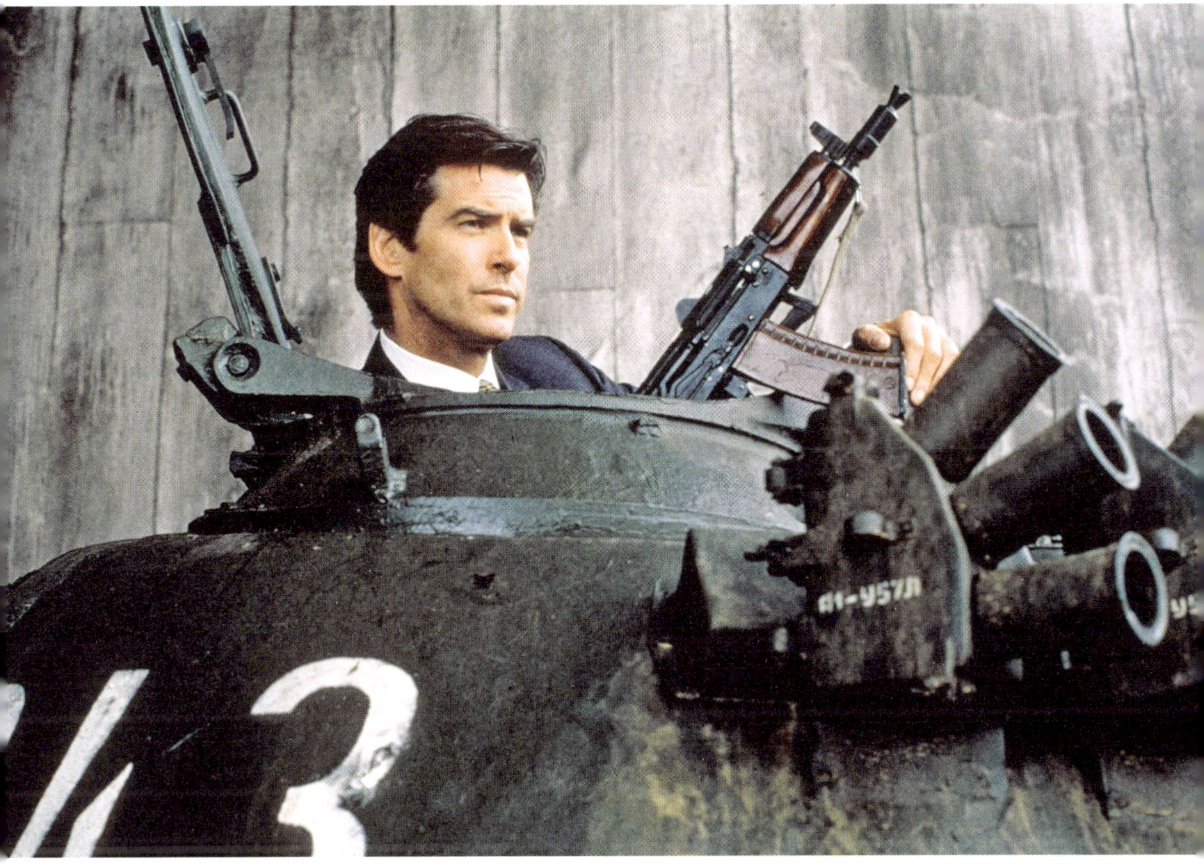

nen und bis zum 10. Juni Aufnahmen, die nachgedreht werden mussten. Dann waren die Dreharbeiten abgeschlossen. Am letzten Tag dieser Aufnahmen verabschiedete sich tatsächlich die Kupplung des einen Panzers, aber alle Bilder waren rechtzeitig eingefangen worden.
Nach Ende der Aufnahmen, wurden die drei Panzer wieder nach Russland verkauft. Da jedoch mit ihnen geschossen worden war, musste ein Mann vom Beschussamt in Birmingham zunächst die Schiesseinrichtungen der Panzer deaktivieren. Erst dann gingen sie auf die weite Reise.

Umgebaut wurden übrigens auch die schwarzen GAZ-31029 Wolga Pkw, die Teil der Actionsequenz wurden. Da sie in Russland eher als Limousine fungieren und dementsprechend behäbig reagieren, wurden die Wagen etwas tiefergelegt. Die Fahrzeuge erhielten Reifen mit einem flacheren Profil und eine hydraulische Handbremse für ein besseres Handling. Zu den sechs Fahrzeugen vom Typ Wolga kamen noch etwa 50 Polizeifahrzeuge, die im Verlaufe der Sequenz zerstört wurden. Die Schrottplätze Englands sorgten für die Ausstattung.

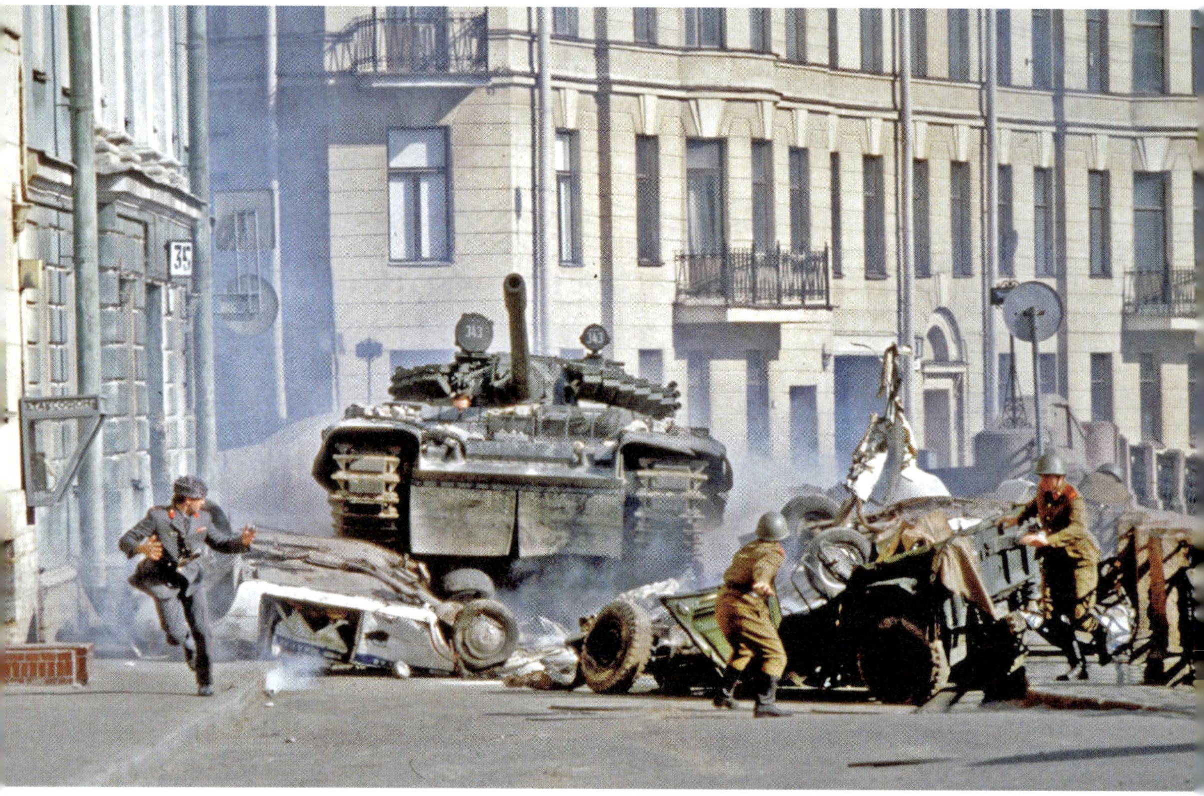

KOMISCHES UND WISSENSWERTES

Als russische Medien und Kinobesucher die Panzerverfolgungsjagd zum ersten Mal sahen, gab es eine Reihe von Berichten und Gerüchten darüber, dass die britischen Filmemacher ihre Kunst- und Bauwerke beschädigt hätten. Die Produzenten bemühten sich schnell klarzustellen, dass sämtliche Objekte nur Dekoration waren.

Für die Fahrszenen in St. Petersburg wurden zwei russische Panzermechaniker engagiert, die gerade mal 19 Jahre alt waren. Sie verdienten damals einen Dollar im Monat. Sie kamen jeden Morgen um fünf Uhr zum Drehort, stiegen in den Panzer, starteten darin einen kleinen Motor und wärmten so den Ölkreislauf vor. Erst dann konnte der richtige Motor angeworfen werden. Danach mussten sie noch zu zweit die Bremse lösen, sodass das Filmteam ab sechs Uhr morgens arbeiten konnte.

Innerhalb der Verfolgungsjagd erfährt Sponsor Perrier einen ganz besonderen Höhepunkt an Aufmerksamkeit, als der T-55 durch einen mit Wasserdosen beladenen Laster fährt. Da die Firma vermeiden wollte, dass mit den beteiligten Dosen, ob beschädigt oder unversehrt, nach dem Dreh Geschäfte gemacht werden, wurden Mitarbeiter abgestellt, die die rund 90.000 Dosen einsammelten und zum Unternehmen zurückbrachten.

Da der Co-Produzent Michael G. Wilson mit der Musik des französischen Komponisten Eric Serra für den Soundtrack nicht zufrieden war und ihn später sogar »kontrovers« nannte, engagierte er exakt eine Woche vor dem Filmstart zusätzlich den britischen Komponisten John Altman. Der schuf ausschließlich die Musik für die Panzerverfolgungsjagd. Nach dessen Angabe ist Wilsons Aussage sehr diplomatisch. Tatsache ist, dass nicht nur der Co-Produzent Serras Musik »hasste«. Altman komponierte am Samstag, orchestrierte am Sonntag und nahm am Dienstag den Track auf. Wilson war so glücklich darüber, dass er sagte: »Wenn ich gewusst hätte, das Sie so schnell sind, hätte ich Ihnen den ganzen Film gegeben. Sie haben unseren Film gerettet.« Unglücklicherweise für Altman erschien seine Musik nie auf einer Platte, da diese Aufnahmen schon abgeschlossen waren. Sie ist nur im Film zu hören.

DATEN UND FAKTEN

Modell: T-55
Farbe: grün
Bauzeit: 1958 bis Mitte der 70er Jahre
Stückzahl: unbekannt
Motor: V12-W-55 Dieselmotor, 38,88 Liter Hubraum
Leistung: 580 PS
Kennzeichen: 343
Höchstgeschwindigkeit: 40 – 50 Meilen pro Stunde/64 – 80 km/h
Screen Time des Panzers: 3 Minuten 33 Sekunden

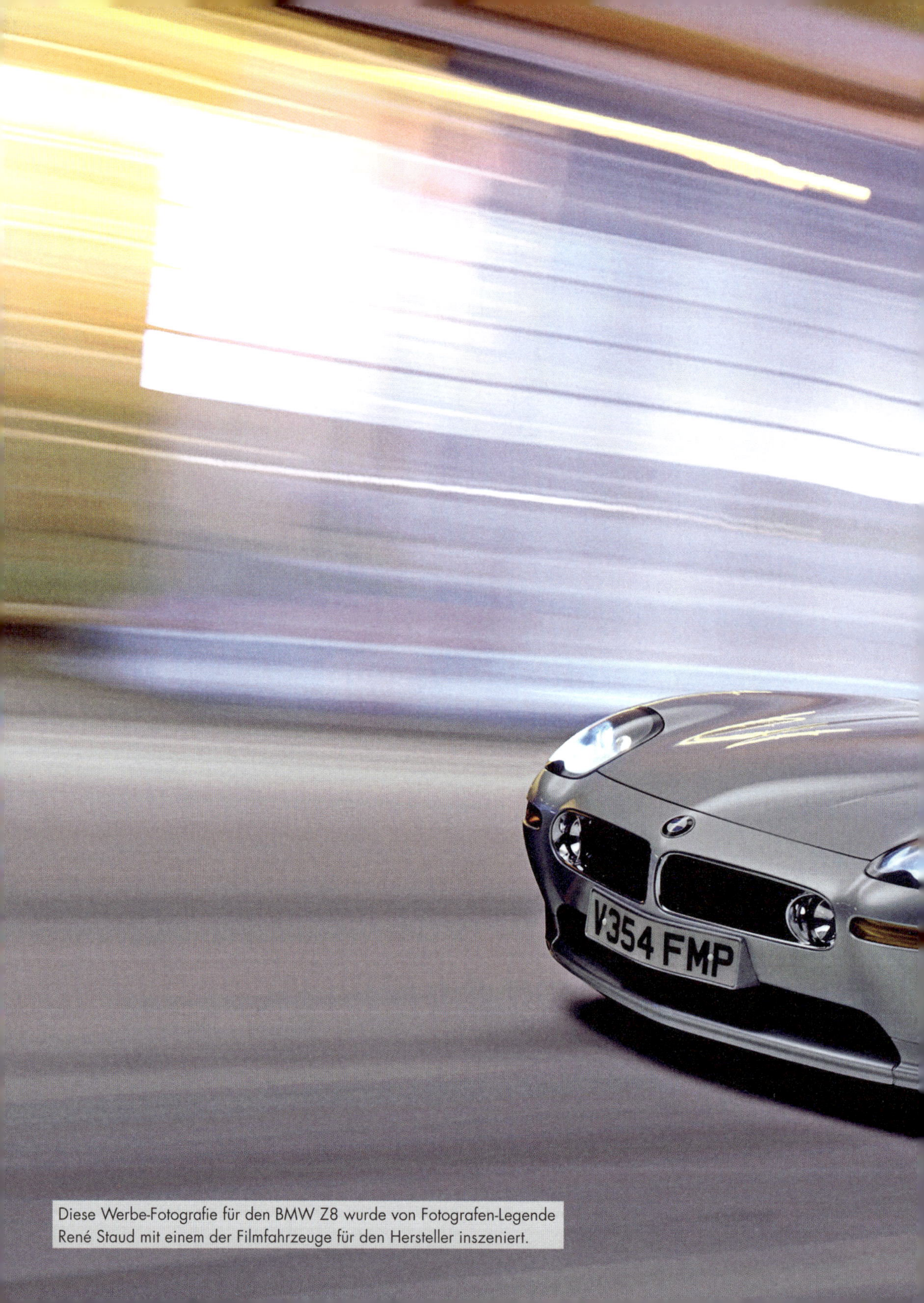

Diese Werbe-Fotografie für den BMW Z8 wurde von Fotografen-Legende René Staud mit einem der Filmfahrzeuge für den Hersteller inszeniert.

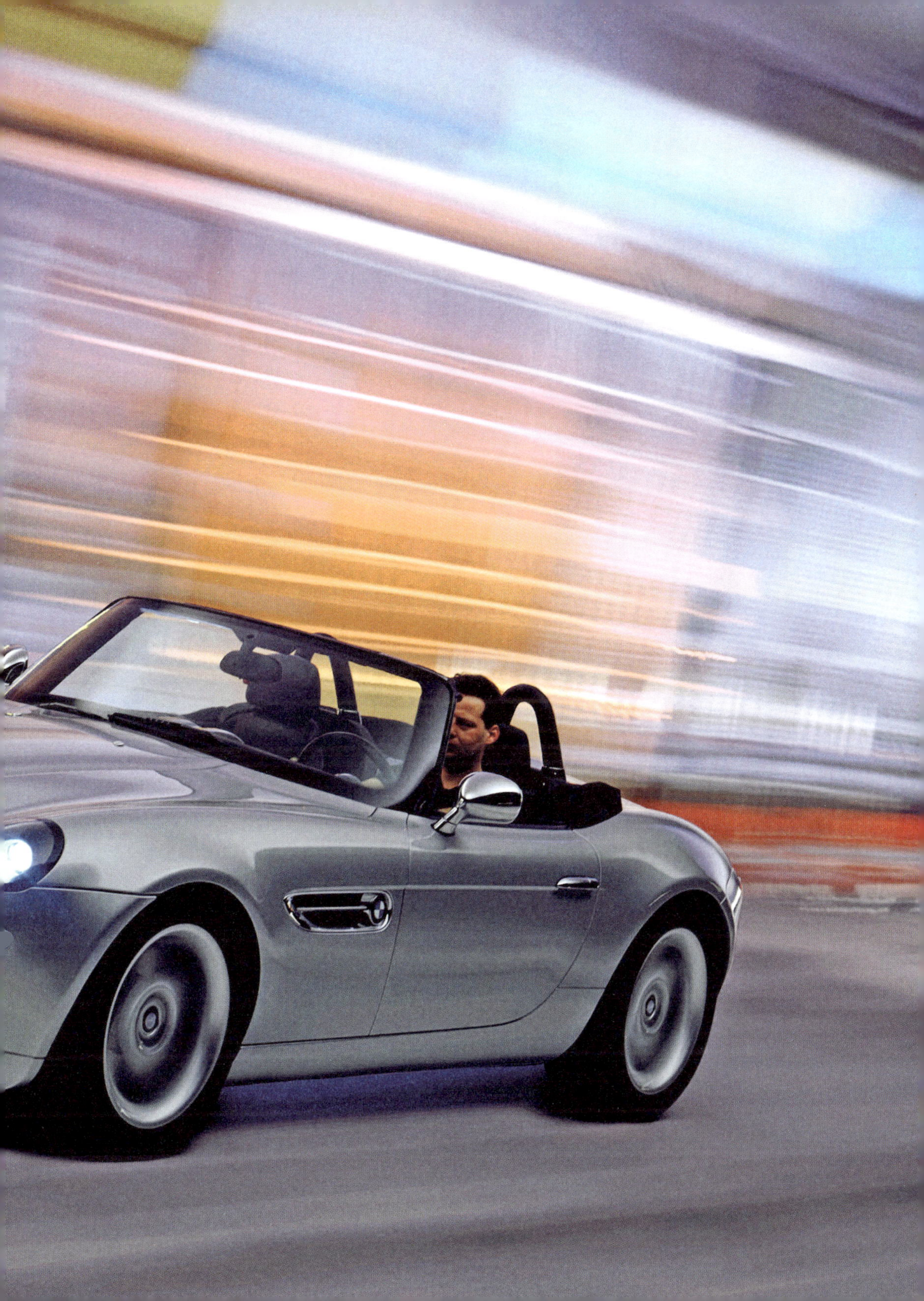

DER BMW Z8 AUS *DIE WELT IST NICHT GENUG* (1999)

Auf der Tokyo Motorshow im Herbst 1997 stellte BMW mit dem Z 07 eine Designstudie vor, die formal an den von Albrecht Graf von Goertz entworfenen Sportwagen BMW 507 aus den 50er Jahren erinnern sollte. Vom 507 wurden zwischen 1956 und 1959 nur 252 Exemplare gebaut. Die neue Studie war ganz in schwarz gehalten und mit rotem Leder ausgeschlagen. Die Leistung war mit etwa 400 PS angegeben, die Höchstgeschwindigkeit mit 250 km/h. Im Januar 1998 erhielt MGM/UA Fotos der Designstudie, und im September kam ein Team nach München, um sich den ersten Prototyp anzusehen, der inzwischen in Z8 umbenannt worden war. Man sagte zu, den Wagen in dem neuen Bond-Film zu verwenden und kam überein, noch weitere Fahrzeuge aus dem BMW-Konzern einzusetzen. Dazu zählten ein Range Rover in spezieller »long-version« für die von Judi Dench gespielte Geheimdienstchefin »M«, ein Land Rover für die von Sophie Marceau gespielte Widersacherin Elektra und ein Rover R 75, in dem Bond und Elektra auch kurz fahren würden. Allerdings wurde am Ende ein Teil der Beerdigungssequenz, in der die Rover zu sehen waren, wieder geschnitten. Auch eine kurze Szene mit dem Aston Martin DB 5 fiel übrigens raus.

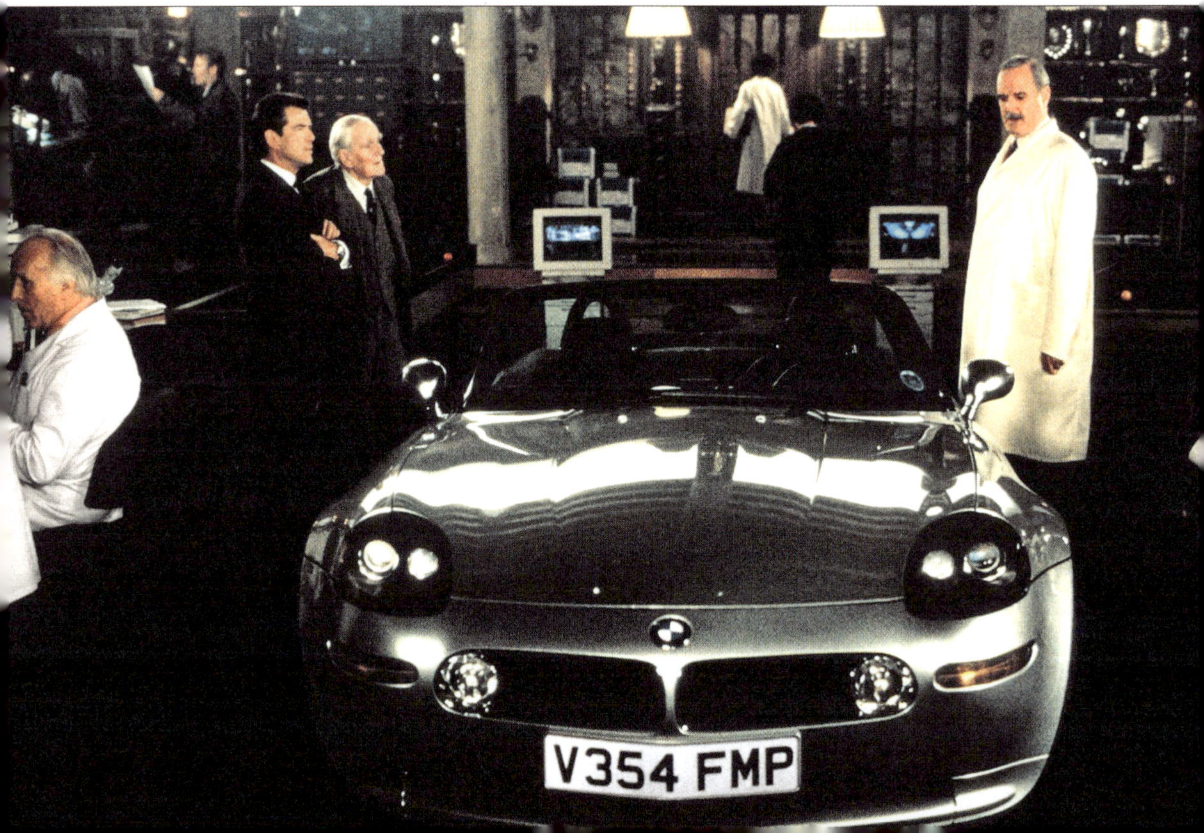

Ein Blick in eine frühere Drehbuchversion, den sogenannten »First Draft« (ersten Entwurf) vom 15. Juni 1998, der von Neal Purvis und Robert Wade »based on an idea by Richard Maibaum« verfasst wurde, enthüllt, dass der Wagen noch als »Z 7« bezeichnet wurde. Zu diesem Zeitpunkt waren noch weniger Auftritte vorgesehen als später im fertigen Film. Bond steht zunächst in Qs Labor fragt ihn: »What about transportation?« Der Techniker antwortet cool: »Have I ever let you down, 007?« Später fährt der Agent mit dem Wagen, für den noch nicht einmal eine konkrete Farbe festgelegt war, auf einem Testgelände in Tschetschenien vor. Mehr passiert anfangs nicht. Aber es gibt noch einen dritten Auftritt an der Kaviarfabrik des Russen Zukovsky in Baku. Mit den Worten »The high speed chase is on« wird verdeutlicht, dass nun Action angesagt ist – allerdings anders als im späteren Film. Hier werden Zukovsky und die Wissenschaftlerin Christmas Jones in einem Jeep und Bond im BMW von zwei Helikoptern mit rotierenden Sägen über die Fußwege der Fabrik gejagt. Bonds Wagen springt über ein Loch im Weg, wird aus den Helis beschossen, feuert Raketen zurück und rast weiter. Bond drückt auf einen Knopf, woraufhin sich ein Bremsfallschirm öffnet, der ihn kurz vor der offenen See stoppt. Dann wird der BMW in zwei Teile zersägt und Bond schießt den zweiten Helikopter vom Himmel. Witzigerweise klingelt etwas später noch

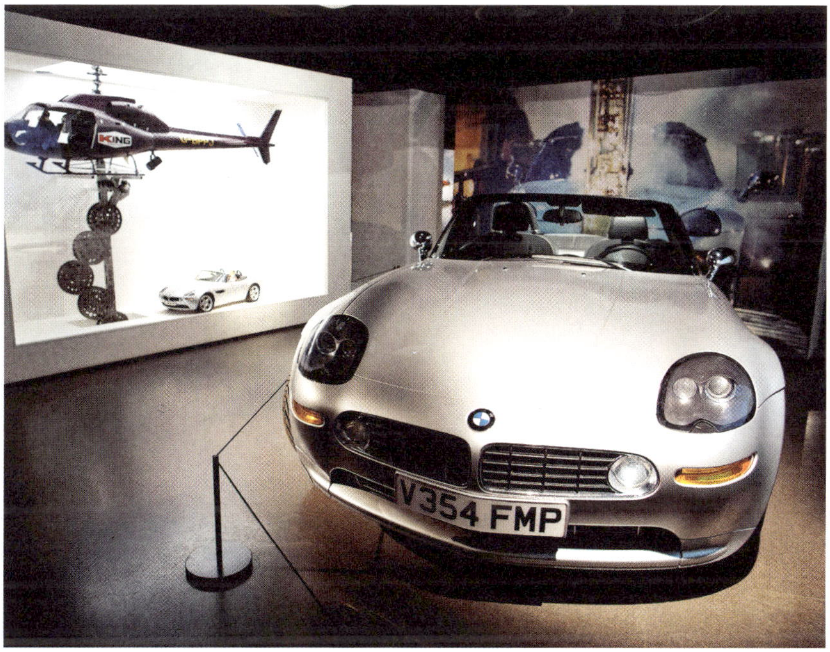

sein Autotelefon. Er krabbelt in eine der beiden Hälften des Wagens hinein und nimmt den Anruf entgegen.

Für den Film wurde einiges geändert. Hier richtet sich das Hauptaugenmerk auf den Z8, der zunächst ausführlich in Qs Labor vorgestellt wird. »Neues Modell? Noch mehr Spielzeug?«, kommentiert Bond die Einweisung ironisch. Es folgen eine Fahrt durch die Ölfelder in Baku, die übrigens zum Teil mit einem ferngesteuerten Spielzeugmodell gefilmt wurde, ein Besuch bei Christmas Jones und schließlich der finale, anders umgesetzte Auftritt auf dem Gelände der Kaviarfabrik.

Zu Beginn der Dreharbeiten waren die BMW Z8 noch nicht fertig, geschweige denn ausgeliefert. Es gab bis dato nur einen Prototyp und einen Testwagen. Also wurde beim Setbau zunächst mit einem Spielzeugmodell eines BMW Z3 geprobt. Als die Fertigstellung des Z8 näher rückte, lieferten die Bayern den Briten eine Karosse und ihr Design, damit die Special-Effects-Techniker eine Basis für das Fahrzeug hatten. Nach diesem Muster fertigten sie vier Kunststofflaminate. Der Body des Wagens wurde anhand der Original-Karosse geformt und in zwei Teilen hergestellt, um Lücken in der Haube und im Kofferraum zu vermeiden. Die Karosserieteile wurden um eine Dax Cobra V8 herum positioniert, damit das Gefährt aussah wie ein echter Z8. Das Team hatte für die Herstellung nur acht Wochen Zeit. Auf alle nicht benötigten Extras wurde verzichtet. Die beiden Repliken und die Karosse kamen schließlich zum Einsatz, wobei letztere allerdings während der Dreharbeiten zerstört wurde. Den Grund dafür enthüllt ein Blick in die nächste Drehbuchfassung. Danach wird 007 von einem Hubschrauber gejagt, an dem rotierende Kreissägen hängen. Er gerät so sehr in Bedrängnis, dass sein Wagen der Länge nach durchgesägt wird. Nach diesem Script ist die Action hier zu Ende – und Bonds Fahrvergnügen auch.

Ursprünglich gab es noch eine Reihe weiterer Ideen, die die vielfältigen Fähigkeiten dieses besonderen Z8 zeigen sollten, doch umgesetzt wurden sie nicht. Danach wurde der Z8 wie folgt ausgestattet: Er verfügt über eine Außenhaut, die Radarstrahlen absorbiert, sodass er von den Verfolgern nicht erkannt werden kann. Er kann nachts dank Wärmefeldmessung ohne Licht fahren. Er hat einen Laser an Bord, mit dem er die Elektronik anderer Autos lahmlegen kann. Im Film sollte das so wirken, als ob der Verfolger eine Panne hat. Außerdem hat er eine elektromagnetische Abhörvorrichtung, die den Sprechenden zugleich auf einem Bildschirm visualisiert. Fahrinformationen werden auf die Windschutzscheibe übertragen und aus den seitlichen Lüftungsgittern lassen sich Raketen abfeuern.

»Aggressionen, die vom Fahrzeug ausgehen«, hatte BMW zuvor stets abgelehnt, aber »inzwischen haben wir uns gewandelt und unsere Meinung geändert«, wie Johannes Schultz von der BMW AG dazu sagte. Immerhin eine Ra-

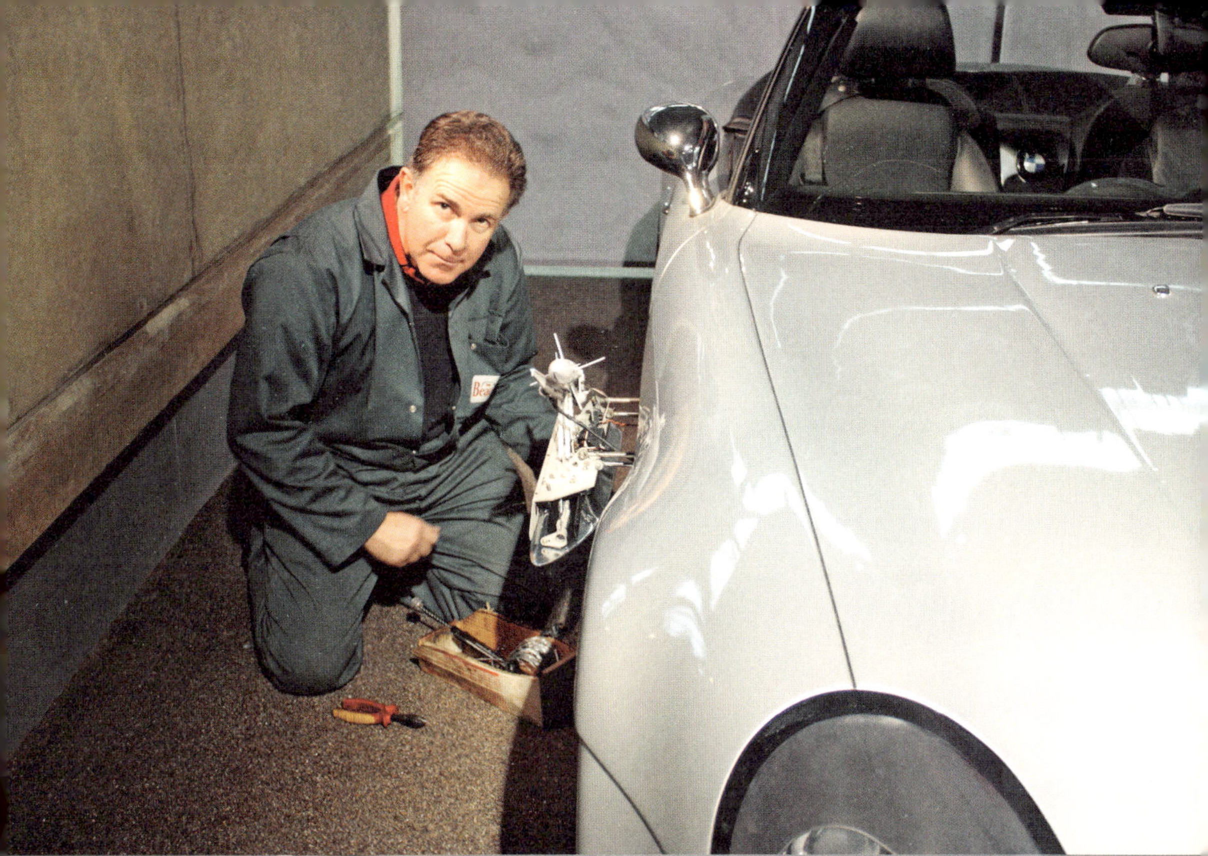

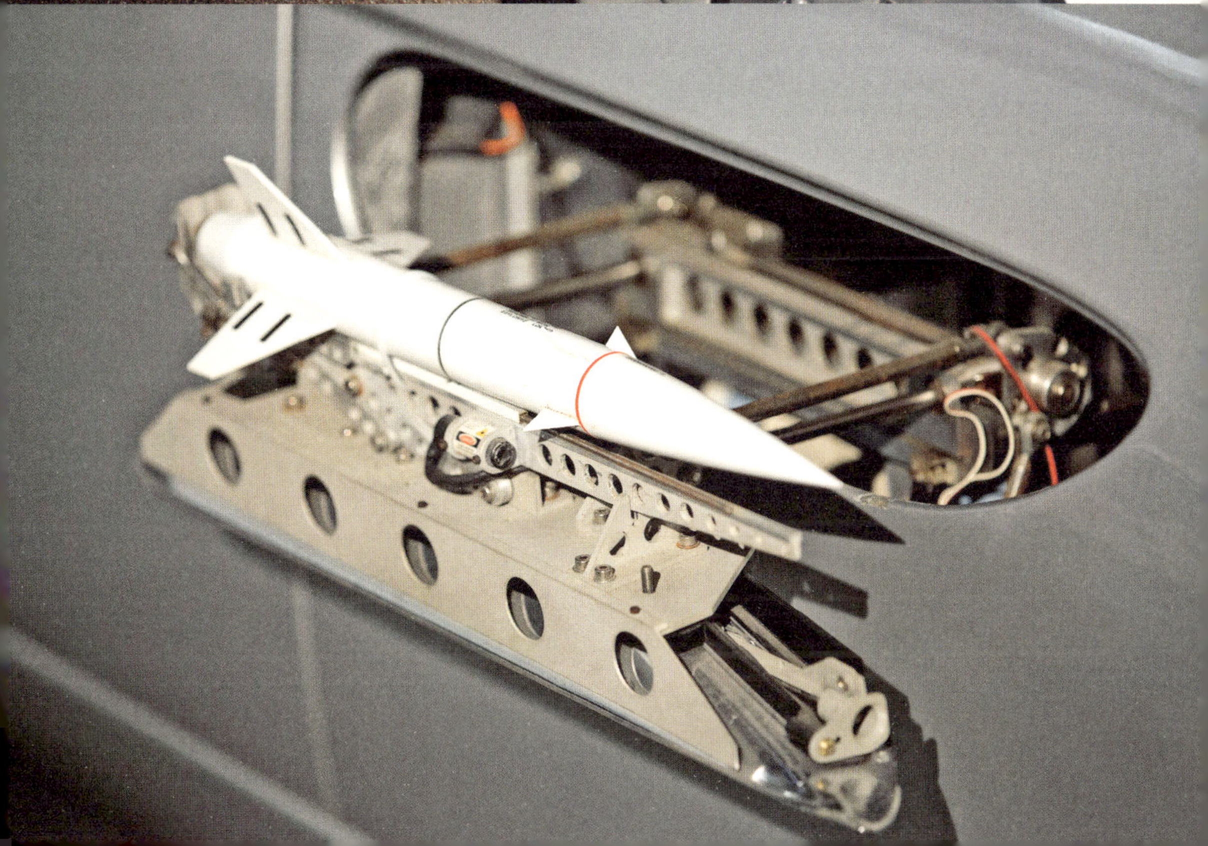

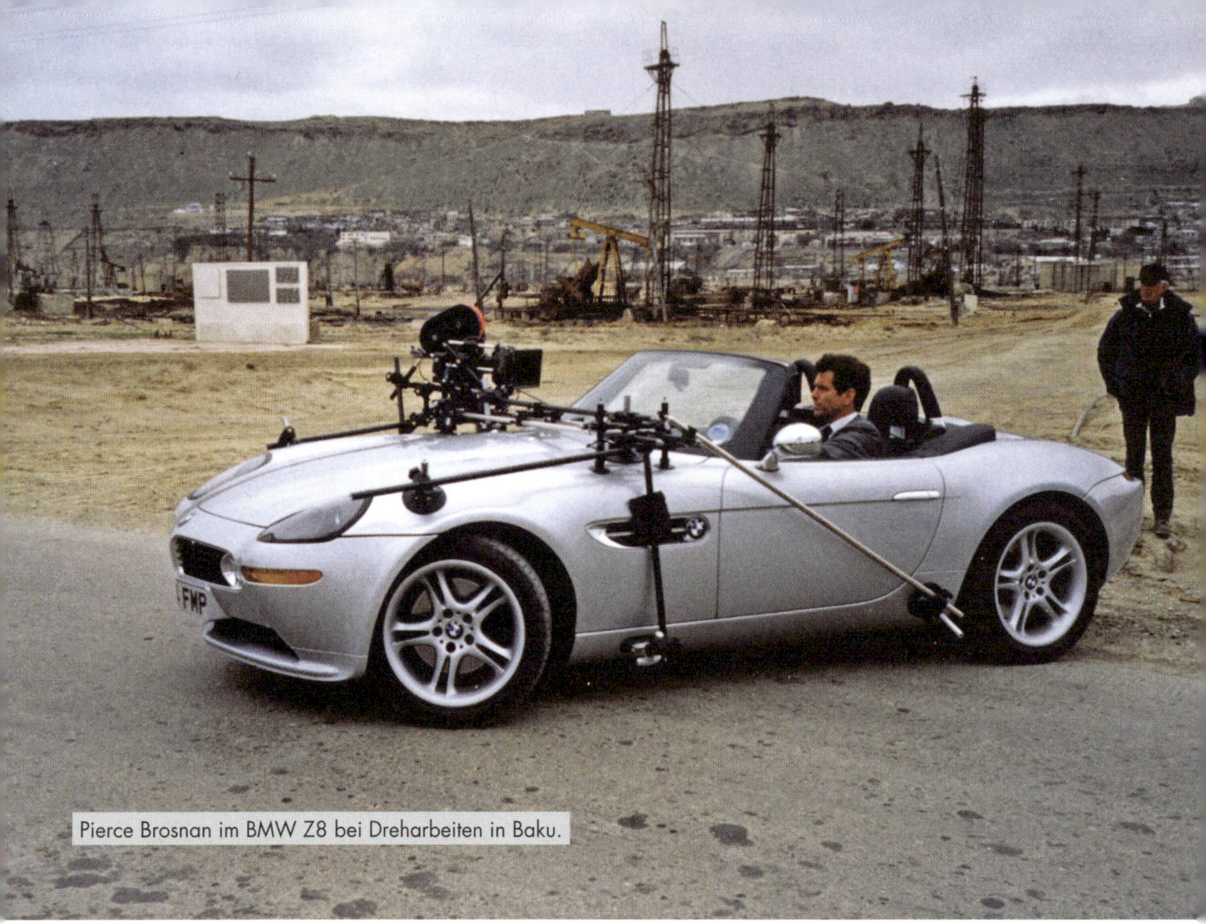

Pierce Brosnan im BMW Z8 bei Dreharbeiten in Baku.

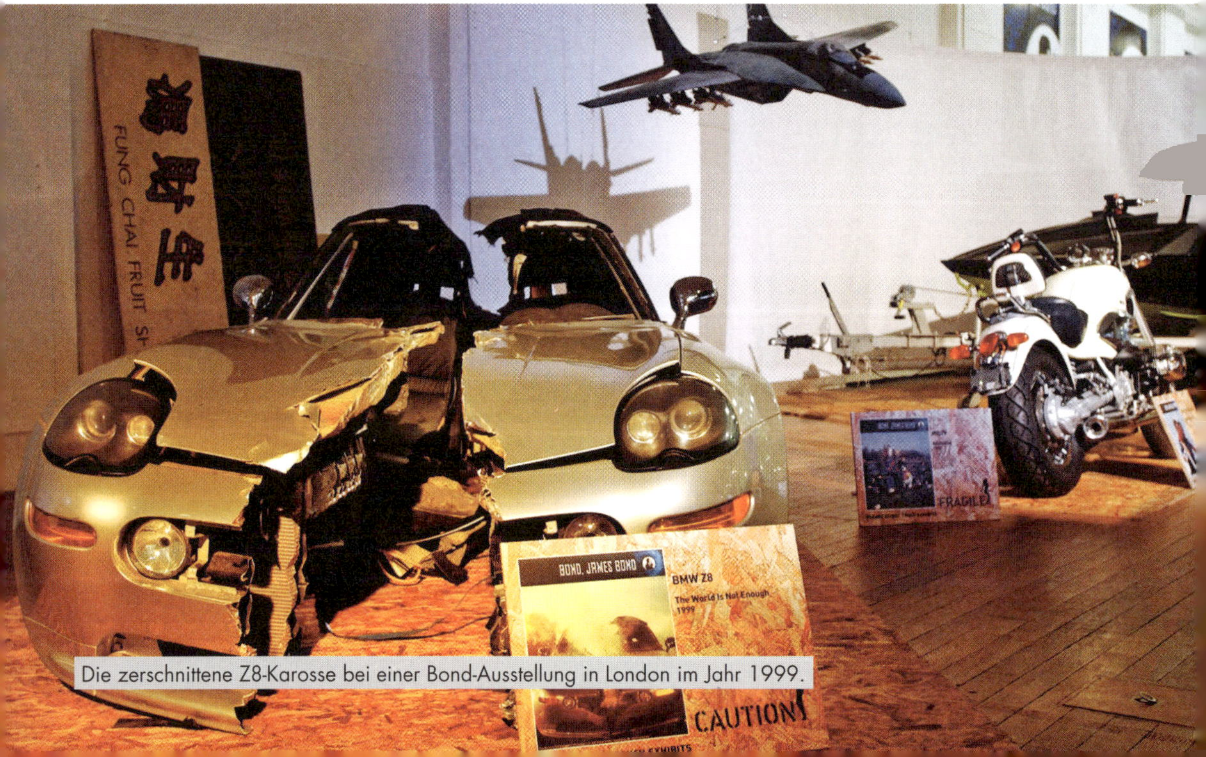

Die zerschnittene Z8-Karosse bei einer Bond-Ausstellung in London im Jahr 1999.

kete blieb erhalten. Der Special-Effects-Techniker Nick Finlayson, der wahre Tüftler, hinter Q, dem Waffenmeister in den Filmen, der Bond immer die Erfindungen in die Hand drückt, beschrieb treffend das Drama dieser filmischen Ideen: »Unser größtes Problem ist heute, mit der Technik Schritt zu halten.«

Erwähnenswert ist noch, dass der Z8 äußerlich wie jedes andere Serienauto aussah, und die Tricks dank der Special-Effects-Leute in den Londoner Studios entstanden, auch wenn Regisseur Michael Apted später eine andere Aussage treffen sollte: »Einer der tollen Aspekte an den Bond-Filmen sind die Stunts, weil man weiß, dass sie nicht computergeneriert sind. Sie sind echt.« Das nennt man PR.

Am 23. März 1999 gab BMW in einer Presseerklärung die Mitwirkung an dem Film bekannt. Am 6. April kamen Sophie Marceau und Pierce Brosnan per Privatjet in Baku an, drehten den ganzen nächsten Tag in Bibi-Heibat, den alten Ölfeldern außerhalb von Baku, und gaben einen Tag später eine Pressekonferenz in einem alten Kino. Gedreht wurde in den folgenden Tagen nicht nur in Baku, sondern auch 30 km außerhalb in den Bergen von Neft Dashlary, wo der neue BMW auch zum Einsatz kam. Schon am 5. Januar hatte eine Sprecherin von Eon in der aserbaid-

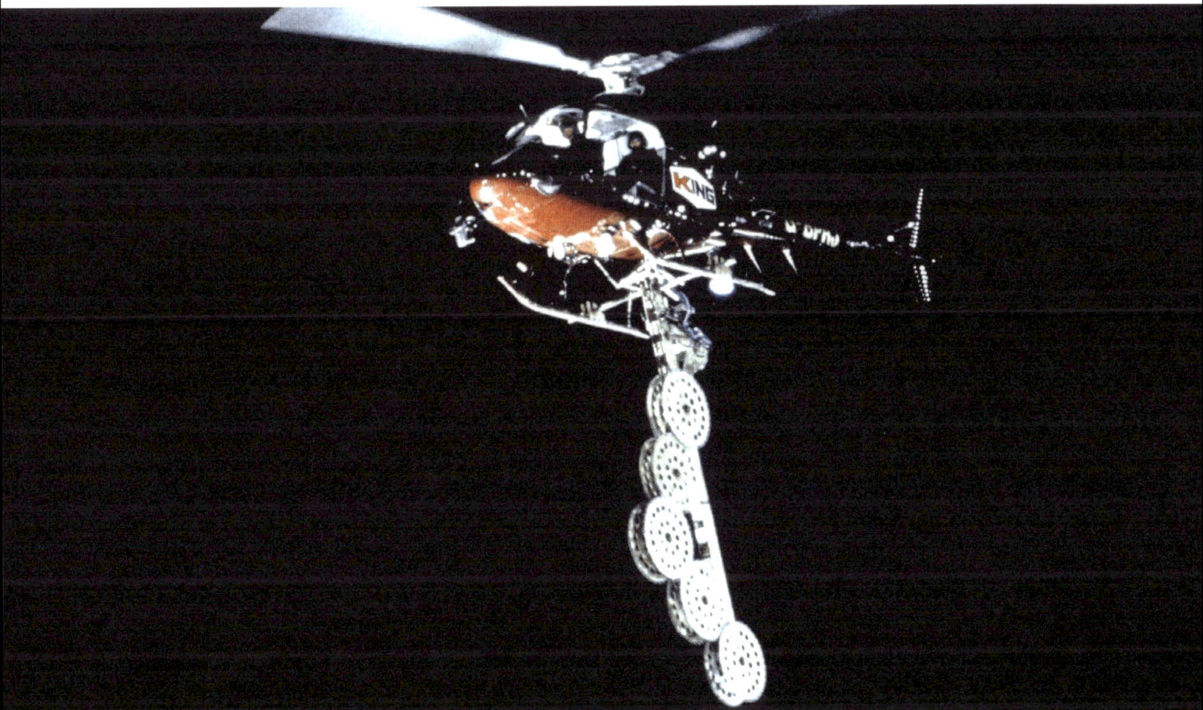

schanischen Hauptstadt angekündigt, dass man dort drehen werde. Großen Medienwirbel gab es jedoch nicht. Nach Informationen des 007-Fans Ismail Imanov »wusste niemand etwas über den Bond-Besuch. ›Wer ist James Bond?‹, fragte jemand.«

Auf dem Freigelände der Pinewood Studios war inzwischen eine 90 mal 120 Meter große Ölförderanlage in und über einem Becken mit schwarz gefärbtem Wasser errichtet worden. Am 28. Januar begannen die Dreharbeiten auf dem Kaviar-Set in den Pinewood Studios, das man intern als die »Stadt der Stege« bezeichnete. Mitte Mai entstand im englischen Elstead die aufwendige Action-Sequenz, in der 007 im BMW von Helikoptern mit zehn rotierenden Sägen gejagt wird. Auch in Spanien wurde gedreht. Ab dem 22. Mai filmte das Team sieben Tage lang in dem kleinen Ort Cuenca sowie in Bardenas Reales und Tudela. Die wüstenartige Gegend in der Provinz Navarra doubelte für eine russische Nuklearwaffenabschussbasis. Später wurde noch in der Türkei gearbeitet, allerdings aufgrund der unsicheren Sicherheitslage ohne die Stars. Spanien und die Studiobauten stehen im Film für die Türkei und Kasachstan. Am 26. Juni 1999 waren die Dreharbeiten abgeschlossen.

Nach dessen Ende blieben einer der fahrfähigen Prototypen und die Laminate im Besitz von Eon Productions. Wie zuvor auch, zahlte BMW nicht direkt an MGM/UA sondern sorgte für Transport, Begleitung sowie Service, und man einigte sich erneut auf die so genannte »Cross-Promotion«. Vier Wochen vor dem US-Start am 19. November 1999 bis zwei Monate nach dem Filmstart in dem jeweiligen Land warb man für den Film und stellte die Autos aus. Zudem erschienen Spielzeugmodelle in drei Größen.

»›WER IST JAMES BOND?‹, FRAGTE JEMAND.«
—BOND-FAN ISMAIL IMANOV ÜBER DAS AUSBLEIBEN DES MEDIENRUMMELS IN BAKU

KOMISCHES UND WISSENSWERTES

Während die Produzenten einen der Wagen behielten und immer mal wieder ausstellten, wurde der andere im Rahmen der Christie's Online Auktion »50 Years of James Bond: The Auction« vom 28. September bis zum 8. Oktober 2012 als »pre-production replica« angeboten und auch versteigert. Das Auktionshaus gab einen Wert von 25.000 bis 35.000 Pfund an. Erzielt wurden allerdings 85.250 Pfund. Der Käufer blieb anonym und musste sich damit begnügen, einen »umgebauten« Wagen zu erwerben. Nach Angaben des Auktionshauses verfügte der Wagen über einen Chevrolet ZZ4 350 V8-Motor mit Fünfgang-Getriebe von Tremec, eine Vorder- und Hinterradaufhängung von Jaguar und hydraulische Bremsen vorne sowie innenbelüftete Bremsen hinten.

Alle Fahrzeuge erhielten das Nummernschild V354 FMP. Das Kennzeichen wurde in England aber nie auf einen der Filmwagen zugelassen. Stattdessen wurde es für einen anderen Z8 verwendet. Der Privatmann, dem das Auto gehört, fährt immer noch damit in England herum.

DATEN UND FAKTEN

Modell: BMW Z 8, links gelenkt
Farbe: silbermetallic
Bauzeit: 1999 – November 2002 (Alpina Roadster bis 2003/555 Stück mit 391 PS und 260 km/h Höchstgeschwindigkeit)
Stückzahl: 5.703
Motor: 4,9 Liter V 8
Leistung: 400 PS
Kennzeichen: V354 FMP
Preis: 235.000 DM
Höchstgeschwindigkeit: 250 km/h (abgeregelt)
Screen Time des Wagens: 1 Minute 53 Sekunden

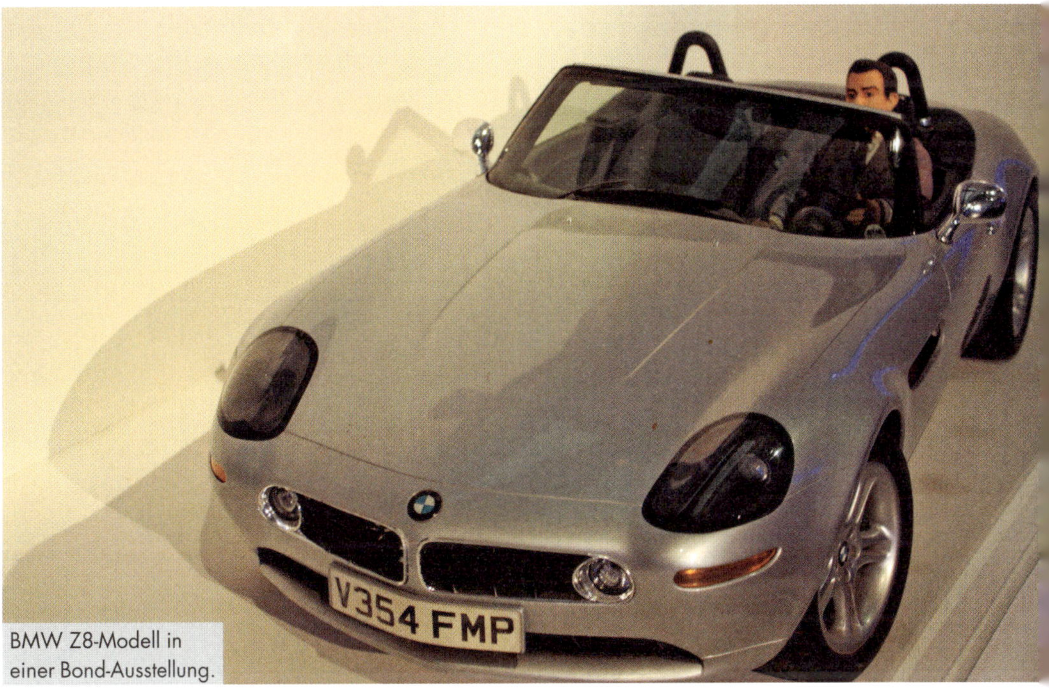

BMW Z8-Modell in einer Bond-Ausstellung.

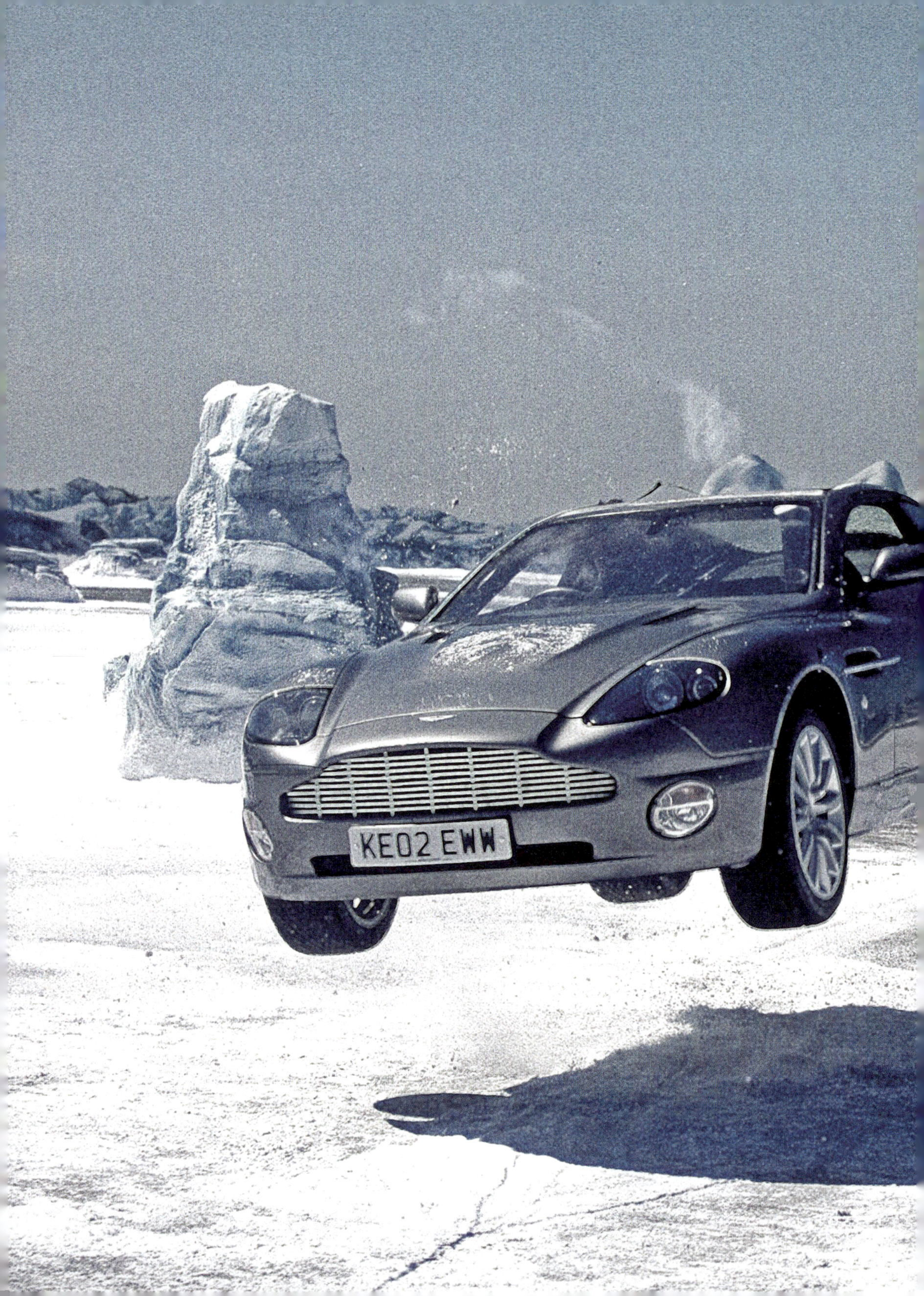
KE02 EWW

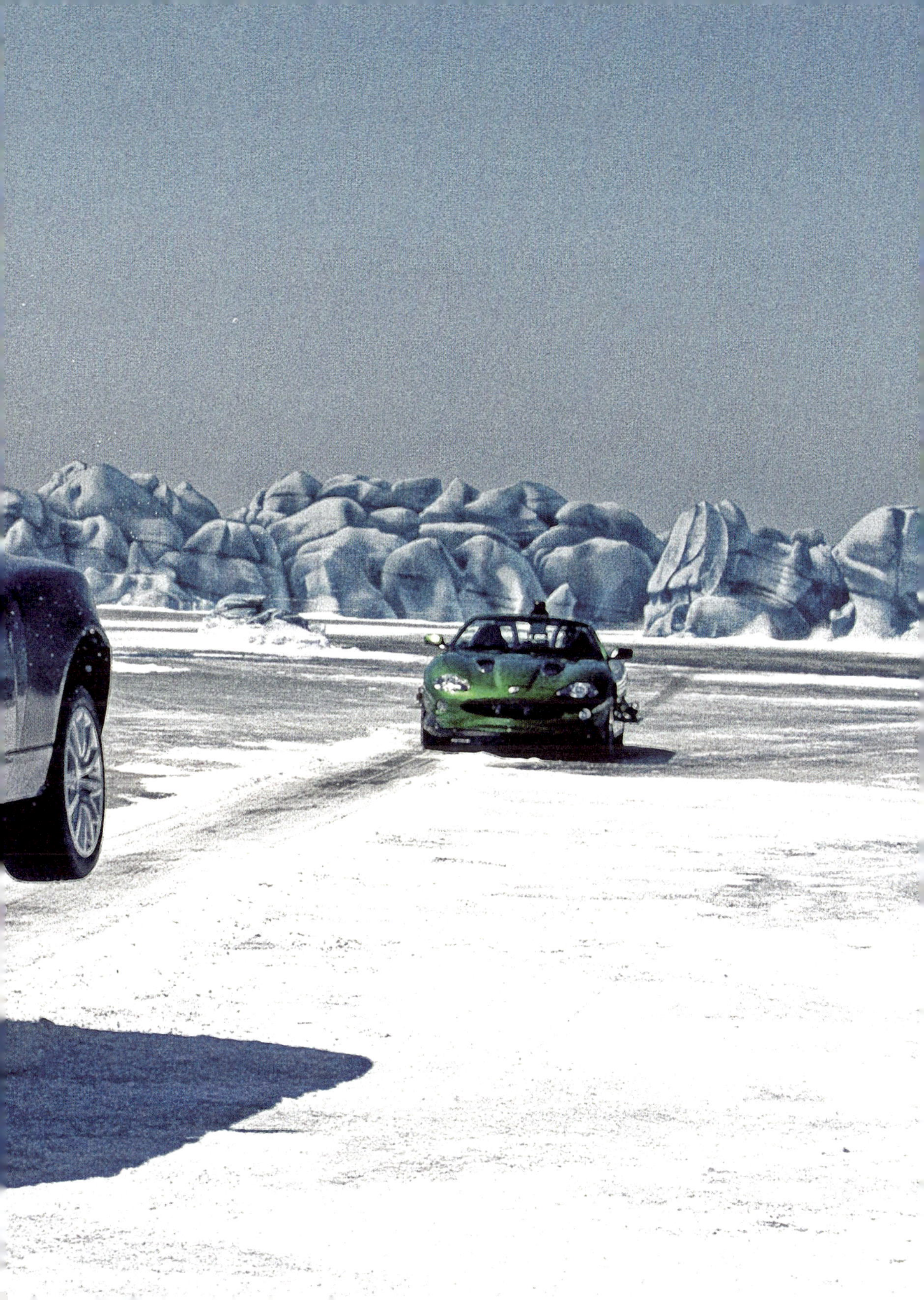

DER ASTON MARTIN V12 VANQUISH AUS *STIRB AN EINEM ANDEREN TAG* (2002)

So ganz glücklich war BMW nicht mit dem dritten Einsatz in Folge als »Bonds Motoren Werke«. Noch nicht einmal zwei Minuten lang tauchte der Z8 auf, und am Ende wurde er auch noch zersägt. »Wenn ich das gewusst hätte, hätte ich es vielleicht nicht gemacht«, sagte Johannes Schultz, Leiter audiovisuelle Medien des Münchner Autobauers, im Nachhinein.

Dennoch bemühte sich das Unternehmen um eine weitere Kooperation, schließlich hatte man mit dem neuen Mini oder den anstehenden Rolls-Royce-Modellen interessante Fahrzeuge zu bieten. Doch Wolfgang Reitzle, ehemaliger Vize-Chef in München und danach Leiter der »Premier Auto Group«, der exklusiven Abteilung von Ford, offerierte wohl ein besseres Promotionspaket. Am 23. August 2001 gab MGM bekannt, dass James Bond in seinem jüngsten Film einen Aston Martin V12 Vanquish fahren und damit »zu seinen Wurzeln zurückkehren werde«.

Im Oktober 2000 hatte man den Wagen vorab schon potentiellen Interessenten gezeigt und ihn im März des folgenden Jahres auf der Genfer Automobilmesse präsentiert. Im September kam der 228.000 Dollar teure Sportwagen dann in den USA auf den Markt. Ende des Jahres konnte das Unternehmen erfreulich bilanzieren, dass man 50 Prozent mehr Autos absetzen konnte als im Jahr 2000. »Ich bin sicher, dass James Bond einige der Styling-Ideen an diesem Aston Martin anerkennen wird«, sagte ein

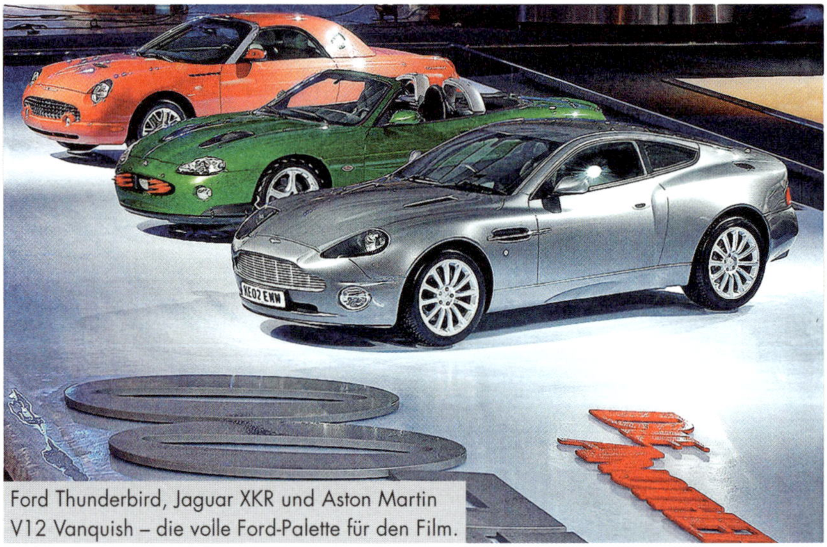

Ford Thunderbird, Jaguar XKR und Aston Martin V12 Vanquish – die volle Ford-Palette für den Film.

Sprecher des Unternehmens und fügte ironisch hinzu: »Er wird feststellen, dass der Wagen sich technologisch weiterentwickelt hat und für die Arbeit, die er so zu tun hat, perfekt ausgestattet ist.« Der clevere Schachzug war damals auch langfristig interessant, weil Aston Martin plante, an einer Neuauflage des DB 5 zu arbeiten. Der sollte 2004 herauskommen und Fahrzeugen wie etwa dem Boxster von Porsche Konkurrenz machen. Bekanntlich wurde daraus nichts. Erst 2020 kamen die ersten von 25 Stück der limitierten Version des DB 5 heraus – für 3,53 Millionen Euro pro Auto, ohne Straßenzulassung, dafür aber mit für Bond typischen Extras.

Die geballte Präsenz der damaligen Aston-Martin-Mutter Ford war dann erstmals auf der Pressekonferenz zur Verkündung des Drehbeginns am 11. Januar 2002 in den Pinewood Studios zu sehen, als ein silberner Aston Martin Vanquish und ein grünes Jaguar XKR Cabrio auf der Bühne präsentiert wurden. In Cannes gesellte sich dann noch ein Range Rover dazu. Zudem präsentierte Jaguar das 007-Logo auf den damals aktuellen Formel-1-Boliden, doch beflügelt hat es die Wagen nicht – sie fuhren zumeist hinterher oder fielen aus.

Im Film ist es wieder einmal Q, dieses Mal von John Cleese gespielt, der Bond den Aston übergibt, auch wenn man dafür eine Londoner U-Bahn-Station gewählt hat. Er preist den Wagen als ein »Meisterwerk britischer Automobilbaukunst« an. Seine Fähigkeiten kann das Hightech-Gerät dann auf Island bei

»MAN HAT DIESE BEIDEN STARKEN MASCHINEN, DIE FÜR DIE SCHLACHT GEBAUT SIND, DOCH SIE BEGEGNEN SICH WIE BEI EINEM BALLETT, TANZEN AUF DEM EIS.« —RICK YUNE, DER FAHRER DES GRÜNEN JAGUAR XKR

einer Verfolgungsjagd auf einem zugefrorenen See unter Beweis stellen. Dort waren bereits Teile von *Im Angesicht des Todes* entstanden. Dafür bauten die Special-Effects Leute in den Studios gleich mehrere Wagen um und rüsteten sie mit einem Vierradantrieb aus. So lieferte eine skandinavische Firma spezielle Reifen, mit denen auf Eis gefahren und gebremst werden konnte. Zwischenzeitlich überschlägt sich der Wagen einmal und landet auf dem Dach, aber er verfügt über einen speziellen Mechanismus, der ihn aus der misslichen Lage befreit und wohlbehalten wieder auf die vier Reifen stellt. Rick Yune, der Fahrer des grünen Jaguar

XKR Cabrios, beschrieb die Szenen gegenüber dem Autor Paul Duncan so: »Man hat diese beiden starken Maschinen, die für die Schlacht gebaut sind, doch sie begegnen sich wie bei einem Ballett, tanzen auf dem Eis.«

Nach Aussagen von Regisseur Lee Tamahori durchlief Island zu der Zeit eine »Phase der globalen Erwärmung«, sodass es anfangs Probleme gab, dort zu drehen. Nach diversen Tests, und der Überlegung, die Arbeiten nach Alaska zu verlegen, versuchte man es dann doch. Da die auserwählte Jökulsárlón Gletscherlagune nur ein paar Wochen im Jahr stark genug zufriert, dass sie mit mehreren Autos belastet werden kann, spielte auch das Glück eine Rolle. Es kam der kälteste Februar seit 60 Jahren und man konnte loslegen. Der Zugang zum Meer wurde extra für die Arbeiten verschlossen. Nach Ende der Dreharbeiten schmolz das Eis und war nicht mehr tragfähig.

Ein 50 Personen Team arbeitete vier Wochen lang, vom 25. Februar bis Ende März 2002, mit acht Autos bei rund 10 Grad unter Null in Island, aber das Eis machte trotz der ausreichenden Kälte Probleme. Mehrfach musste Nachschub herbeigeschafft oder künstlich gekühlt werden, um die Tragfähigkeit zu garantieren. Bäume und Schnee wurden zum Teil auch herbeigeflogen. Da es nicht gelang, alle Bilder wie vorgesehen mit den zwei Tonnen schweren Aston Martins in Island zu drehen, behalf man sich im Juni 2002 mit einer künstlichen Eisfläche in den britischen »Blue Egg Studios« in Gloucestershire. Vier Wagen waren dort im Einsatz – drei als Ersatz, falls die Stunts misslingen sollten.

Die Idee, dass der Aston Martin »so gut wie unsichtbar« ist, stammt von den beiden Drehbuchautoren Neal

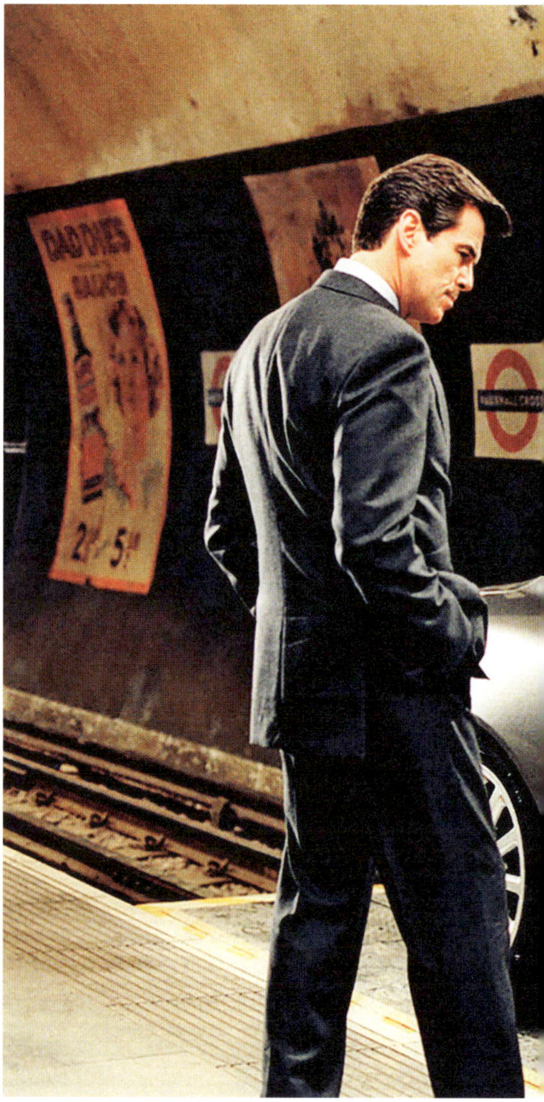

Purvis und Robert Wade. »Als wir das ursprünglich vorschlugen, waren wir uns nicht sicher, ob uns das irgendjemand abkaufen würde«, so Robert Wade. »Die Idee dahinter ist, dass er in Island oder in der Wüste, wo nicht viel Kontrast im Hintergrund herrscht, unsichtbar ist. Doch in einer städtischen Umgebung würde man ihn sehen.« Für Co-Autor Neal Purvis ist es »eine Tarnung und keine Tarnkappe.« Diese kam vor allem während der Ver-

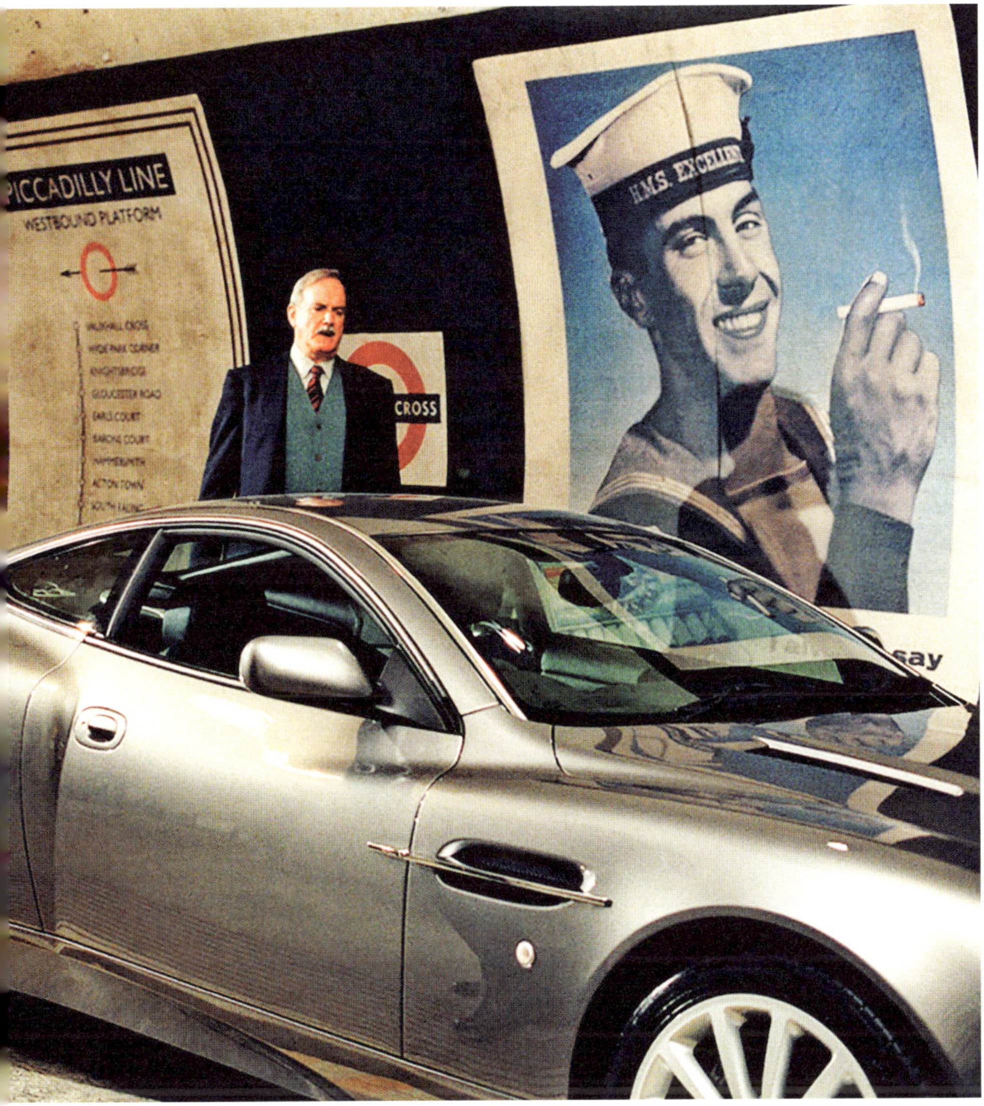

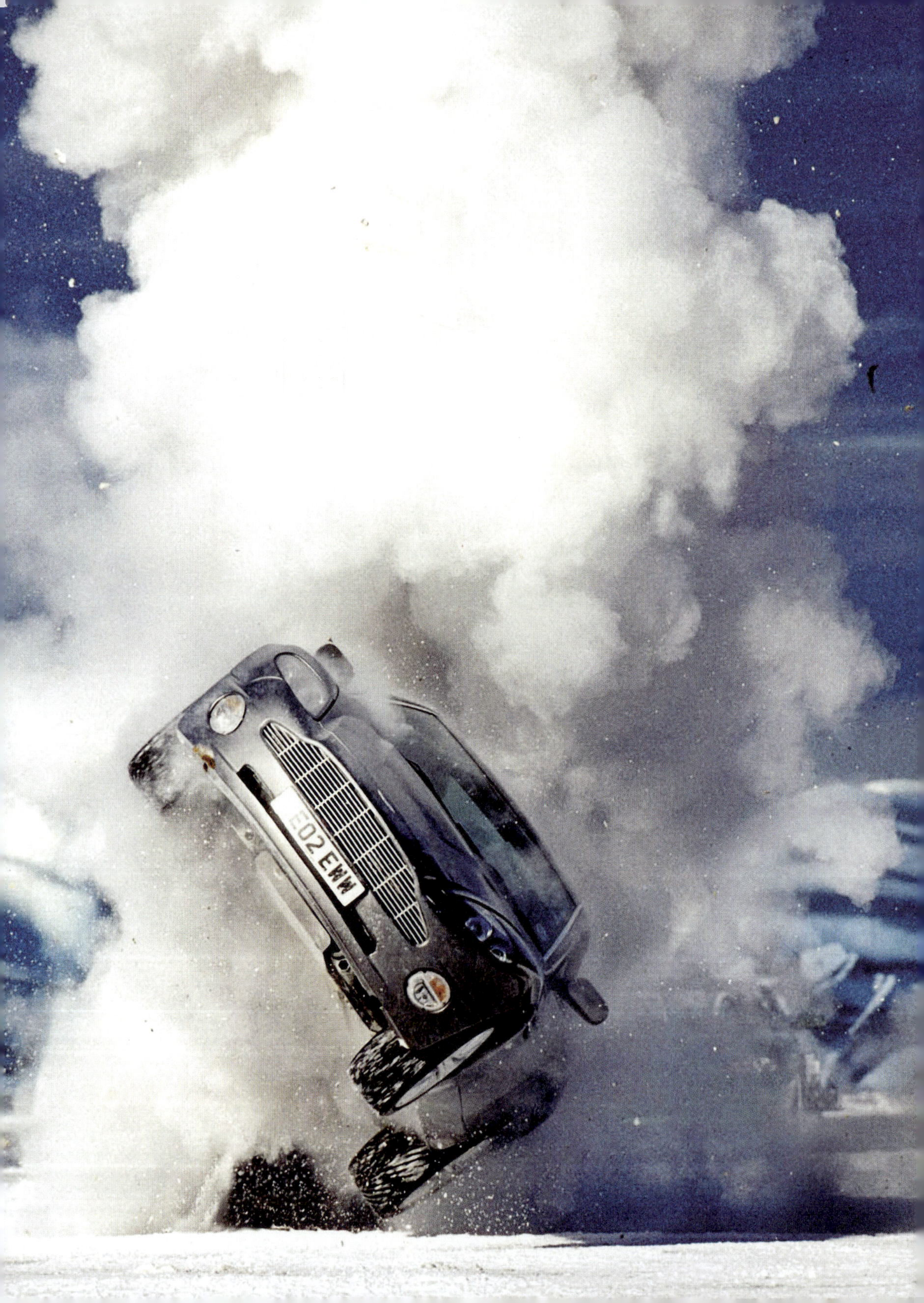
EO2 EWW

folgungsjagd mit dem grünen Jaguar XKR und in dem Eispalast zum Einsatz. Die Szenen wurden überwiegend im Mai 2002 in den Pinewood Studios gedreht.

Einen Vorgeschmack auf den neuen Wagen in kleiner Form gab es bereits im Mai während der Filmfestspiele in Cannes, denn die Besucher der MTV-Party erhielten ein Spielzeugmodell. Es war nicht das letzte zu dem Film, wurde aber zu einem der exklusivsten.

KOMISCHES UND WISSENSWERTES

Nach verschiedenen Quellen bezahlte Ford mit seiner Premiere Automotive Group 35 Millionen Dollar um in diesem und zwei weiteren Bond-Filmen mit Fahrzeugen präsent zu sein. Kein Wunder also, dass Aston Martin, Jaguar, Ford, Volvo und Range Rover zu sehen waren und alle anderen Fabrikate, wie etwa Porsche, Lamborghini und

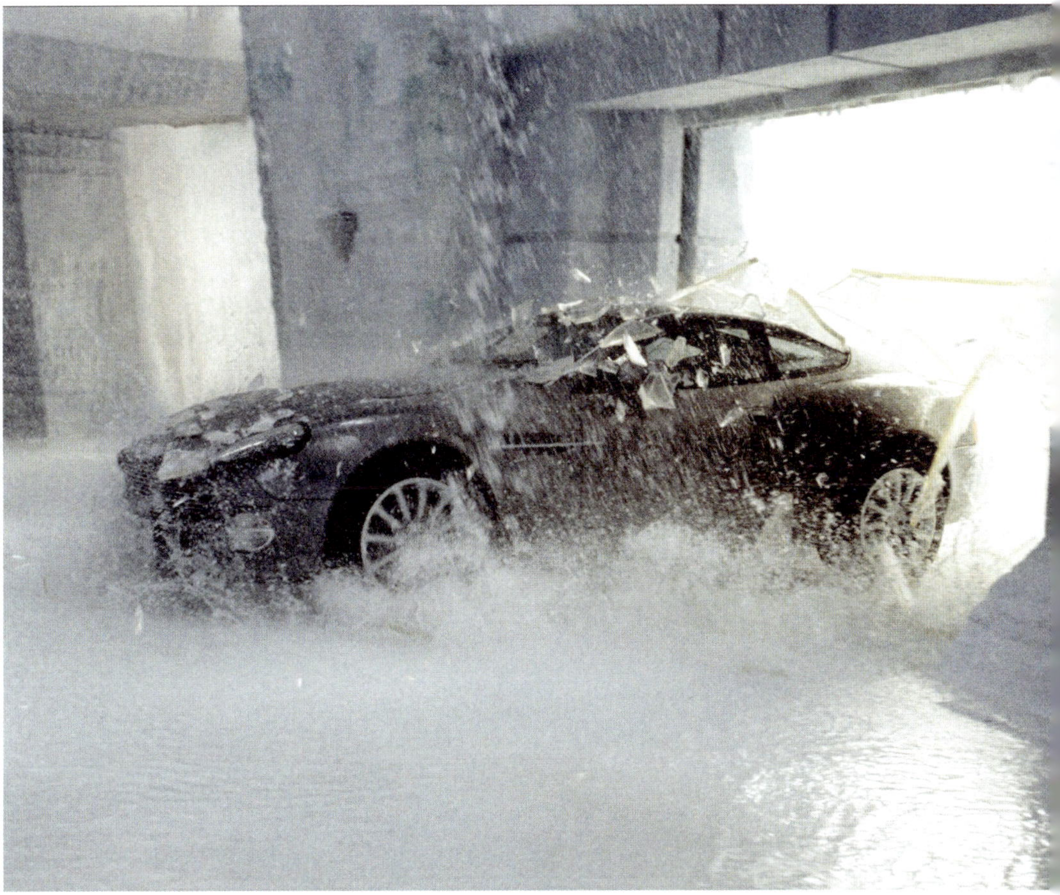

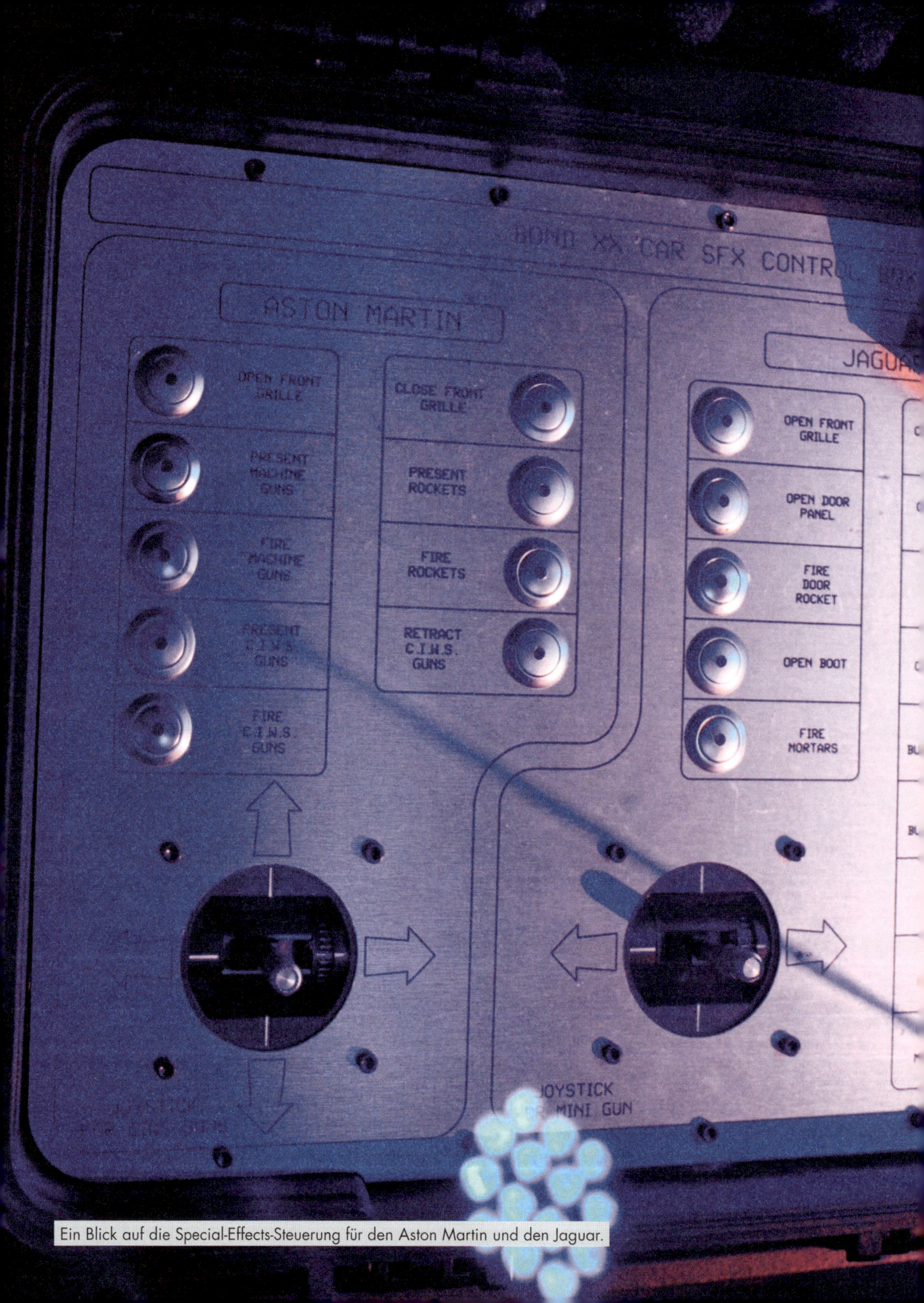

Ein Blick auf die Special-Effects-Steuerung für den Aston Martin und den Jaguar.

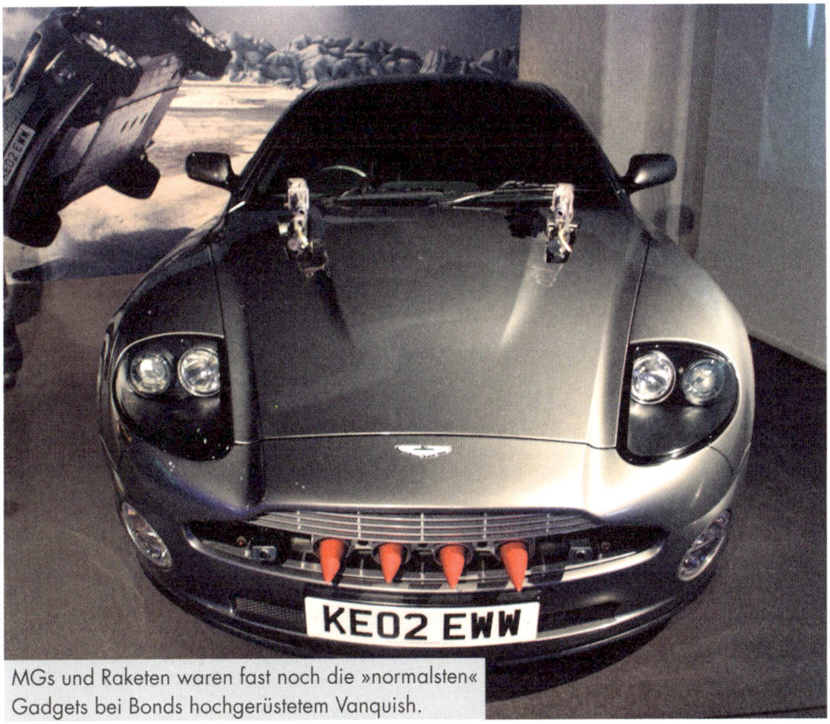

MGs und Raketen waren fast noch die »normalsten« Gadgets bei Bonds hochgerüstetem Vanquish.

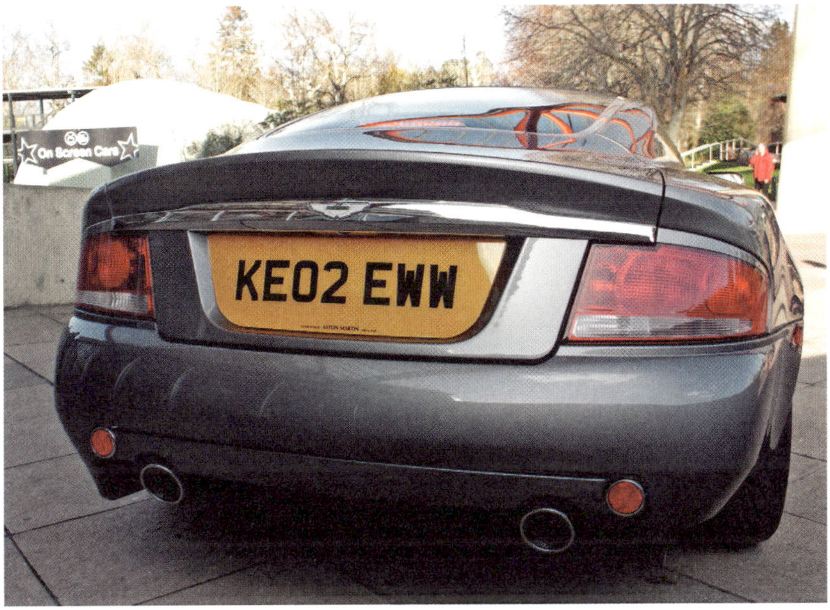

Ferrari, auch wenn sie nur zur Dekoration dienten, etwas abbekamen. Entweder sie explodierten oder wurden aus einem Flugzeug geworfen. Da auch viele andere Marken Auftritte hatten, wurde der Film scherzhaft »Buy Another Day« genannt.

Anfang 2002 gab es Ärger von Seiten der Konzernmutter Ford, als die Topmanager den Zubehörkatalog von Aston Martin entdeckten. Darin fanden die Herren Bill und Edsel Ford unter anderem Gürtel, deren Schlösser Handschellen aus Silber führten. Sie waren, wie *Der Spiegel* berichtete, als »Reminiszenz an die Geheimdienst-Ausrüstung von 007« gedacht, stießen aber auf keinerlei Gegenliebe. Der Katalog wurde eingestampft.

Ford war allerdings dank seines Sponsorings erfolgreich. Zum Filmstart wurde eine Auflage von 700 Stück des von Halle Berry (sehr kurz) gefahrenen Thunderbird mit 007 Logo auf der Instrumententafel in der Farbe Koralle herausgebracht. Steve Lyons, damals Präsident der Ford Division, sagte dazu, »dass wir für den 007 Thunderbird ein

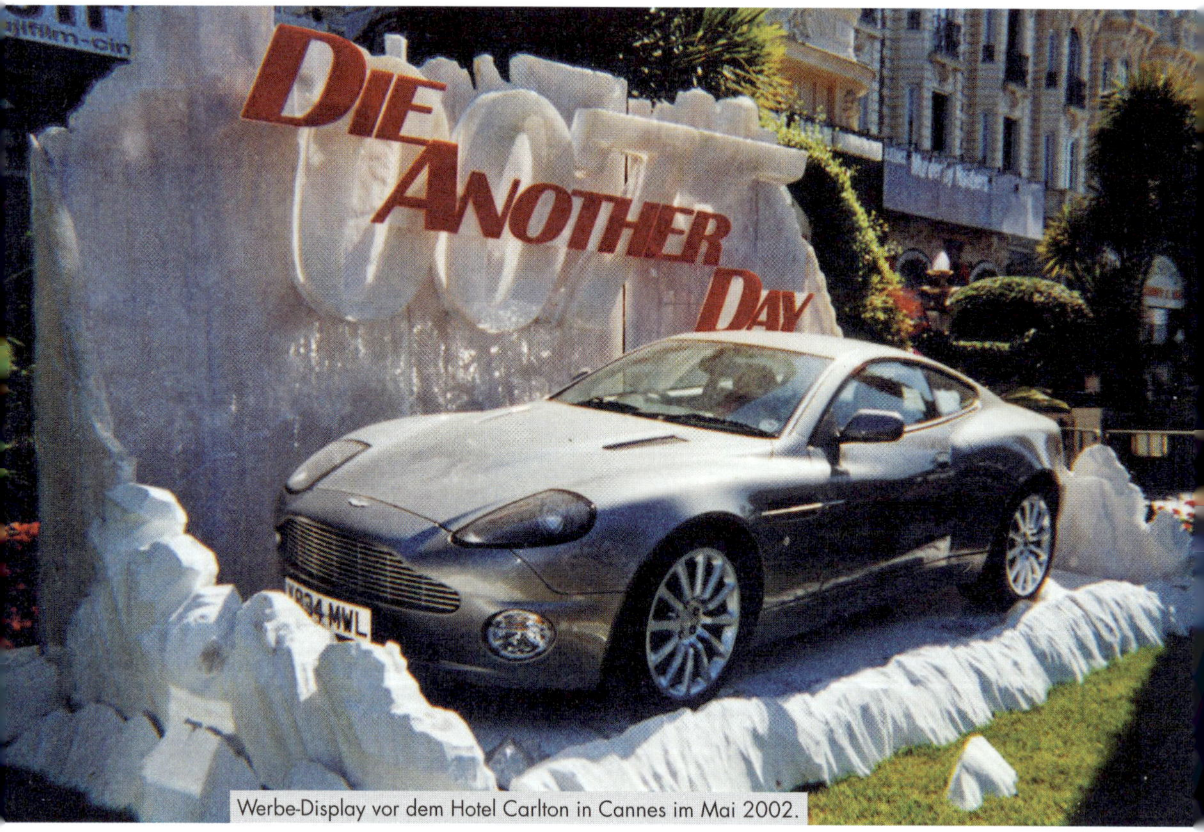

Werbe-Display vor dem Hotel Carlton in Cannes im Mai 2002.

Fahrzeug entwickeln wollten, das zu der von Halle Berry gespielten Figur Jinx passt und bei den Händlern und den Fans Neugier und Enthusiasmus hervorruft«. Also gab es darin ein paar Extras, die besonders waren, wie etwa Speichenfelgen und ein weißes Dach. 6.394 Stück wurden für jeweils 43.995 Dollar verkauft. Sechs Exemplare dienten Showzwecken. Alle Wagen waren durchnummeriert. Nr. 188 von 700 wurde übrigens von dem britsichen Moderator Jonathan Ross erworben. Nur der Wagen aus dem Film hatte ein korall-farbenes Dach, wurde nach den Dreharbeiten am Ford Firmensitz in Detroit ausgestellt und am 22. Mai 2010 gemeinsam mit zwei Originaldesignzeichnungen versteigert.

Der merkwürdige Drehbucheinfall, dass der Aston Martin Vanquish über eine Form von Unsichtbarkeit, im Original »adaptive camouflage«, verfügt, wurde weltweit als albern kritisiert und zu Recht als Unsinn verspottet. Das vermutlich vernichtendste Urteil kam vom ehemaligen Bond Darsteller Roger Moore. Er sagte öffentlich, dass er den Wagen nicht mochte, und nannte dieses Feature schlicht »lächerlich«. Aber das sagte ausgerechnet derjenige, der in dem Film *Der Spion, der mich liebte* einen Fisch aus einem angeblich abgedichteten Fahrzeug warf...

Die vielfältige Kritik an der Auto-Sequenz erstreckte sich auch noch auf eine andere Szene des Films. Wenn der Verfolger Zao aus seinem Jaguar eine Rakete abfeuert, wirft sich Bonds Aston kurz auf die Seite, sodass das Geschoss unter ihm durchfliegt. Mal davon abgesehen, dass es so etwas, wenn auch mit Trucks, schon in dem 007-Abenteuer Lizenz zum Töten gab, könnte man meinen, dass Bond-Produzenten auch gerne Fernsehen schauen. Eine fast identische Szene gab es bereits in der TV-Serie *Team Knight Rider* mit einem Ford Mustang Cobra SVT. In der 1997/98 ausgestrahlten Serie ist es der fünfte Trans-Am-Nachfolger mit dem schönen Namen »Domino« (Bond-Fans werden wissen, dass auch die weibliche Hauptfigur des Films *Feuerball* so heißt). Der Ford Mustang bewegt sich kurz auf die beiden rechten Räder, um einen Angriff abzuwehren. Dominos passender Kommentar: »Ich liebe es, neue Stellungen auszuprobieren.«

DATEN UND FAKTEN

Modell: Aston Martin Vanquish, rechts gelenkt
Farbe: Silber
Bauzeit: 2001 – Juli 2007
Stückzahl: 1503 (Vanquish S: 1086) Gesamt: 2589 (laut Aston Martin waren es 2578 Stück)
Motor: 5,9 Liter V 12 Ottomotor
Leistung: 460 PS (S: 520 PS)
Kennzeichen: KE02 EWW
Preis: £158.000
Höchstgeschwindigkeit: 306 km/h (Vanquish S: 321 km/h)
Screen Time des Wagens: 6 Minuten 7 Sekunden

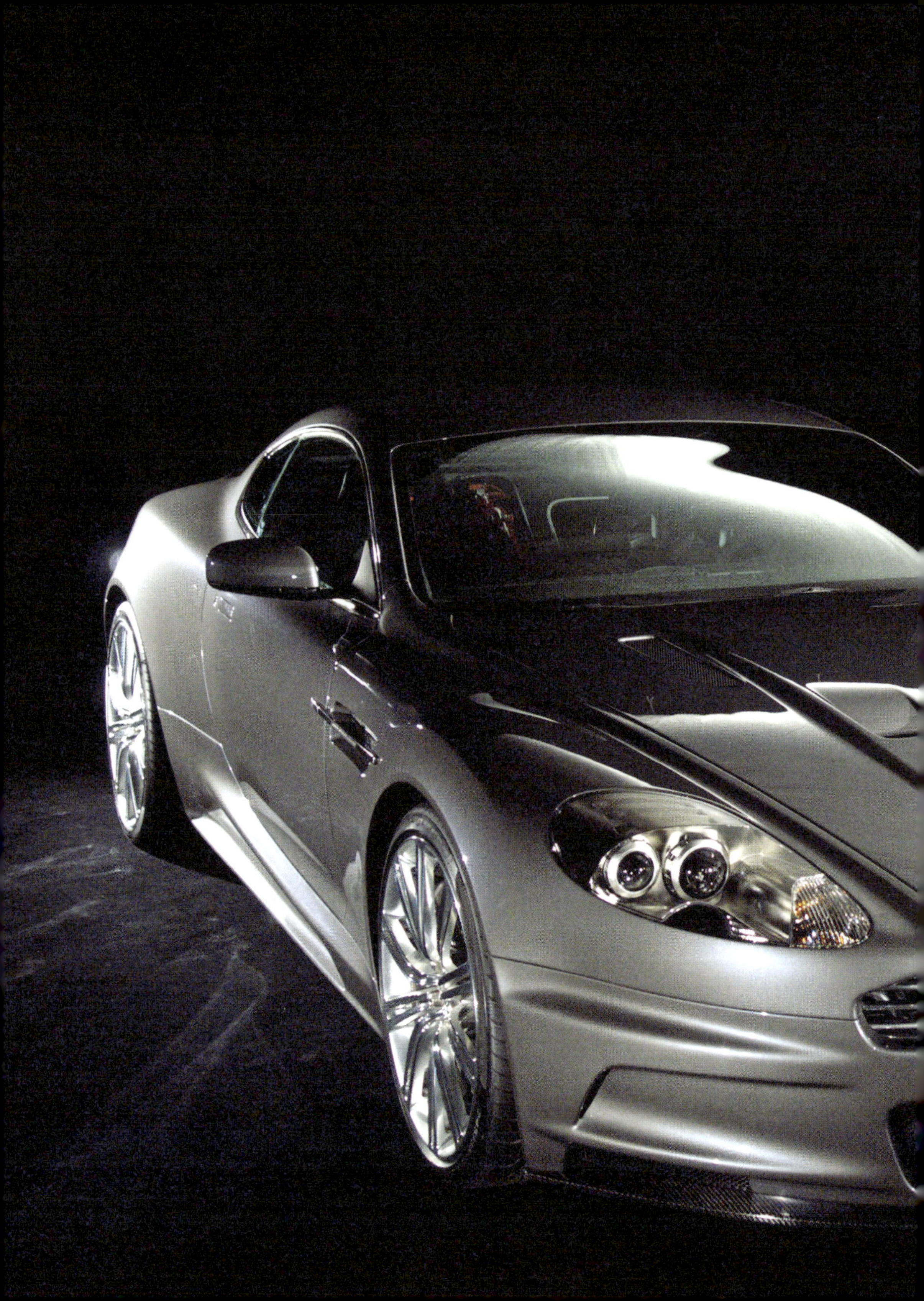

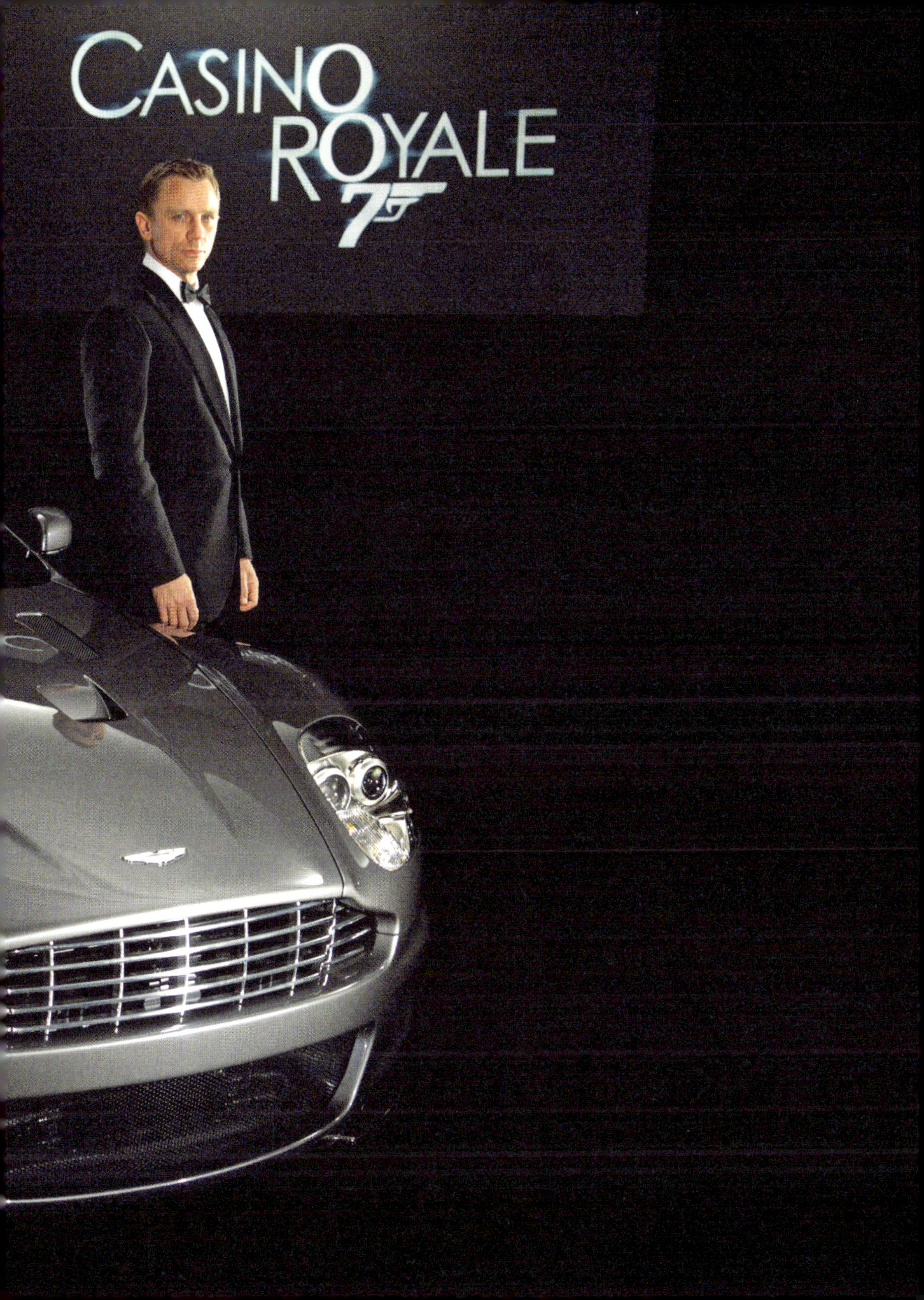
CASINO
ROYALE
007

DIE ASTON MARTIN DBS AUS *CASINO ROYALE* (2006) UND *EIN QUANTUM TROST* (2008)

Nach dem (unfreiwilligen) Abgang von Pierce Brosnan als James Bond, wurde Daniel Craig am 14. Oktober 2005 in London als dessen Nachfolger vorgestellt. Fast genau drei Monate danach, am 13. Januar 2006, besichtigte der Brite das Aston-Martin-Werk in Gaydon, Warwickshire, drehte mit Testfahrer Les Goble ein paar Runden, und am 16. Januar gab die Firma bekannt, dass Craig im neuen Bond-Film einen Aston Martin DBS fahren wird. »Ich kann es kaum abwarten, zur Teststrecke zurück zu kommen und noch ein paar Runden zu fahren«, schilderte Craig britischen Journalisten in der ersten Maiwoche seine Eindrücke. Sie hatten die Gelegenheit, ihn speziell zu dem Fahrzeug in den Prager Filmstudios zu befragen. »Dann will ich auch nicht so viel Rücksicht nehmen, sondern richtig die Reifen abfahren«, so der neue 007 weiter. Dass die Bond-Macher und Ford als (damaliger) Eigentümer von Aston Martin aufgrund des schon früher geschlossenen Vertrages weiter kooperieren würden, war bereits klar, doch lange Zeit war darüber spekuliert worden, mit welchem Fahrzeug. Zunächst sah es so aus, als wäre es das Modell DB 9, doch als sich der Produktionsbeginn des Films mehr und mehr verzögerte, überdachte der Autohersteller sein Engagement und schlug die exklusive Rennversion des DBR 9 mit der Bezeichnung DBS vor. Im September 2005 begann man mit der Zeichnung des Wagens. Ein Monat später stand ein Entwurf aus Ton bereit und das Bond-Team auf der Matte. Das nickte gnädig, sodass man mit dem Bau von Vorserienfahrzeugen begann. Damals hieß es, dass der Wagen über rund 530 PS verfügt, etwa 150 bis 200 Kilo leichter ist als die Standardvariante und nur in einer Auflage von 300 Stück auf den Markt kommen soll. Auf rund 25 bis 30 Komponenten aus den sonstigen Wagen wurde dafür verzichtet. Im April 2006 lieferte Aston Martin

»DANN WILL ICH AUCH NICHT SO VIEL RÜCKSICHT NEHMEN, SONDERN RICHTIG DIE REIFEN ABFAHREN« —DANIEL CRAIG IN VORFREUDE AUF WEITERE TEST-FAHRTEN IM DBS

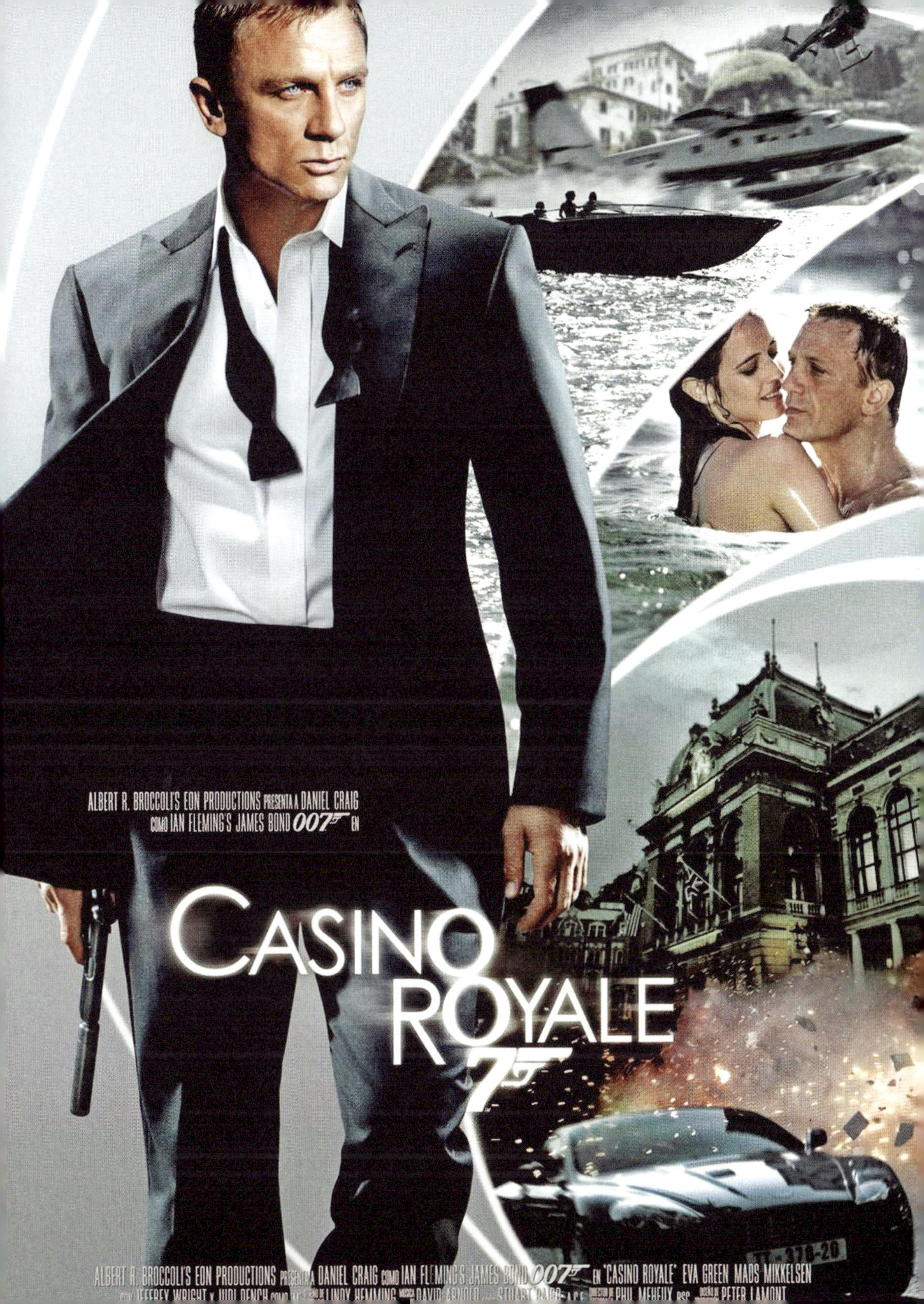
ALBERT R. BROCCOLI'S EON PRODUCTIONS PRESENTA A DANIEL CRAIG
COMO IAN FLEMING'S JAMES BOND 007 EN
CASINO
ROYALE
ALBERT R. BROCCOLI'S EON PRODUCTIONS PRESENTA A DANIEL CRAIG COMO IAN FLEMING'S JAMES BOND 007 EN 'CASINO ROYALE' EVA GREEN MADS MIKKELSEN

fünf Fahrzeuge an die Filmproduktion, von denen zwei als so genannte »Hero Cars« für die Nahaufnahmen der Darsteller fungierten. Die Innenausstattung war aus grauem Alcantara und verfügte über einen Feuerlöscher, der sich hinter den beiden Vordersitzen befand, einen Helm sowie eine Halterung für eine Waffe. Nichts davon war für die Serie gedacht und auch nicht bestellbar. Drei weitere Wagen waren modifizierte DB 9 Modelle. Alle Wagen verwendeten das Sechsganggetriebe von Graziano, das sich auch im V8 Vantage befindet.

Bonds Wagen hat übrigens die Farbe »Casino Ice« – ein dunkles Graumetallic mit einem Tröpfchen Blau. Autodesigner Marek Reichman besprach sich zuvor mit den Filmemachern über die Features des Wagen und dessen Farbe. Dabei kam man überein, dass diese eine »Synergie zwischen Auto und Akteur« bilden sollte. Zu Craig passte ein dunkler und härterer Auftritt. »Es ist wohl eine Kombination aus Brutalität und Macht, die zu dieser Präsenz des Autos führt«, beschreibt Dr. Ulrich Bez, Vorstand von Aston Martin, das Gefährt. »Aber es ist eine elegante und verfeinerte Brutalität.«

Am 4. Mai 2006 enthüllte Aston Martin das neue Modell DBS, stellte es der Presse aber nur anhand von Skizzen vor und gab fast keine technischen Details bekannt. Vom 12. bis zum 27. Mai wurde in Loket und Karlsbad gedreht. Regisseur Martin Campbell, der nach seiner Arbeit an *GoldenEye* erneut verpflichtet worden war, wollte auf keinen Fall ein stark modifiziertes Gefährt, wie es in dem Film *Stirb an einem anderen Tag* auftauchte. »Ehrlich gesagt habe ich den unsichtbaren Wagen nicht gemocht«, so der Neuseeländer. »Ich denke, da wurde die Story zu sehr übertrieben.« Das war den Produzenten auch klar, also zurück zu den Anfängen mit minimalster Ausstattung. Der DBS

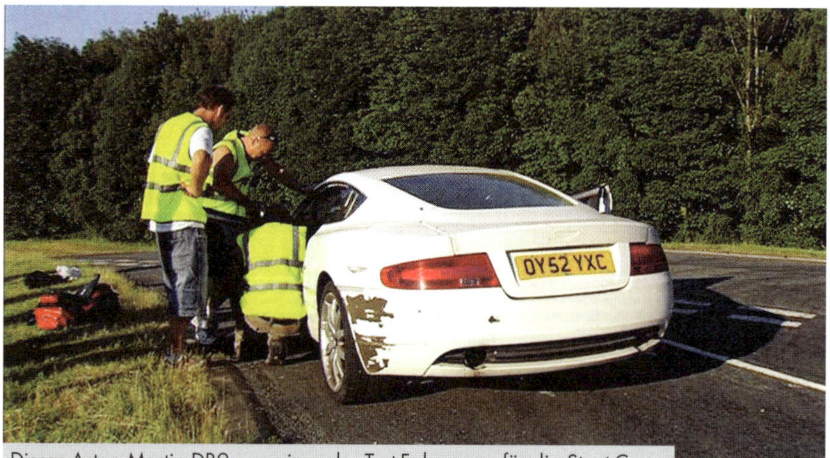

Dieser Aston Martin DB9 war eines der Test-Fahrzeuge für die Stunt-Crew.

verfügte über ein per Fingerscan verschließbares Handschuhfach, worin sich eine Waffe vom Typ Walther P 99 befindet, sowie einen Defibrillator, der im Verlaufe der Geschichte auch gebraucht wird. Das war es auch schon.

Im Verlauf der Handlung bekommt Bond im Hotel Splendide in Montenegro zunächst nur einen Briefumschlag von seiner Chefin M mit dem Autoschlüssel darin. Der schnittige Helfer steht auf dem Parkplatz vor dem Hotel parat und wird von 007 mit den Worten »Ich liebe Sie auch, M!«, goutiert. Kein Wunder bei dem Präsent.

Gedreht wurde allerdings im tschechischen Karlsbad vor dem Grandhotel Pupp. Bond fährt mit dem DBS und Vesper Lynd nach Loket und parkt am dortigen Marktplatz. Als Lynd nach dem großen Pokerspiel entführt wird, rast 007 zu Fuß zum Parkplatz, schwingt sich in den Wagen, verfolgt die Kidnapper, weicht der gefesselt auf der Straße liegenden Vesper aus und überschlägt sich mehrfach mit dem 517 PS starken Geschoss. Das bleibt danach stark zerstört am Rande einer Straße liegen.

Regisseur Martin Campbell wollte den Zuschauern zunächst das Gefühl vermitteln, dass nun eine längere Verfolgungsjagd ansteht und diese Erwartungshaltung abrupt stoppen, indem sich Bond ganz plötzlich einer neuen Gefahr ausgesetzt sieht. Er wollte den Unfall auch in einer einzigen Einstellung sehen. Daher kamen Schnitte und Aufnahmen mit mehreren Fahrzeugen nicht in Betracht.

Der englische Stuntman Adam Kirley, der schon in *Stirb an einem anderen Tag* tätig war, aber nicht als Double für Brosnan, weil er zu klein ist, saß hier erstmals für Daniel Craig im Wagen. Er doubelte Craig schon in den Filmen *Lara Croft: Tomb Raider* (2001) und *München* (2005). Zunächst übte er mit Craig in BMW Fahrzeugen, bevor man sich in den Aston Martin setzte: »Daniel und ich verbrachten einen Tag mit den Leuten von Aston Martin, um ein Gefühl für den Wagen und die Kupplung zu bekommen.«

Als besonders problematisch erwies sich für ihn und das gesamte Stuntteam der erwähnte Überschlag. Die Szene ist an Ian Flemings Romanvorlage *Casino Royale* aus dem Jahr 1953 angelehnt, auch wenn 007 darin Bentley fährt. Dort heißt es:

»Mit kaum noch hundert Stundenkilometern näherte er sich dem dunklen Fleck auf der rechten Fahrbahn, den er für den Schatten eines Straßenbaumes hielt. Aber selbst dann hatte er keine Zeit mehr, ihm auszuweichen. Plötzlich sah er unmittelbar vor dem linken Vorderrad einen Teppich glitzernder Stahlnägel, und fast im gleichen Augenblick war er schon darüber hinweg.

Automatisch trat Bond mit aller Kraft auf die Bremse und spannte alle Muskeln an, um den unvermeidlich nach links schleudernden Wagen auf der Straße zu halten; es gelang ihm jedoch nur für den Bruchteil einer Sekunde. Als die Decke des linken Vorderrads in Fetzen davonflog und die Felge für einen winzigen Augenblick über

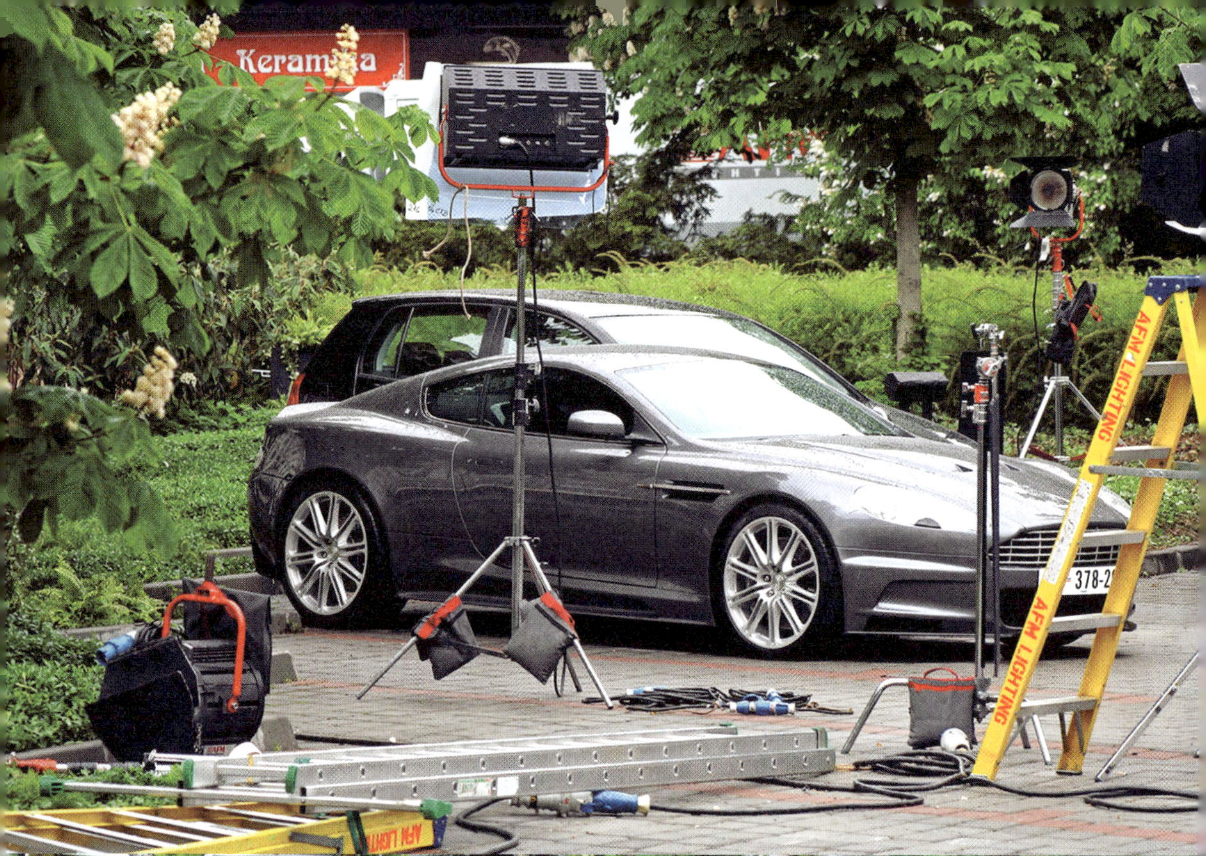

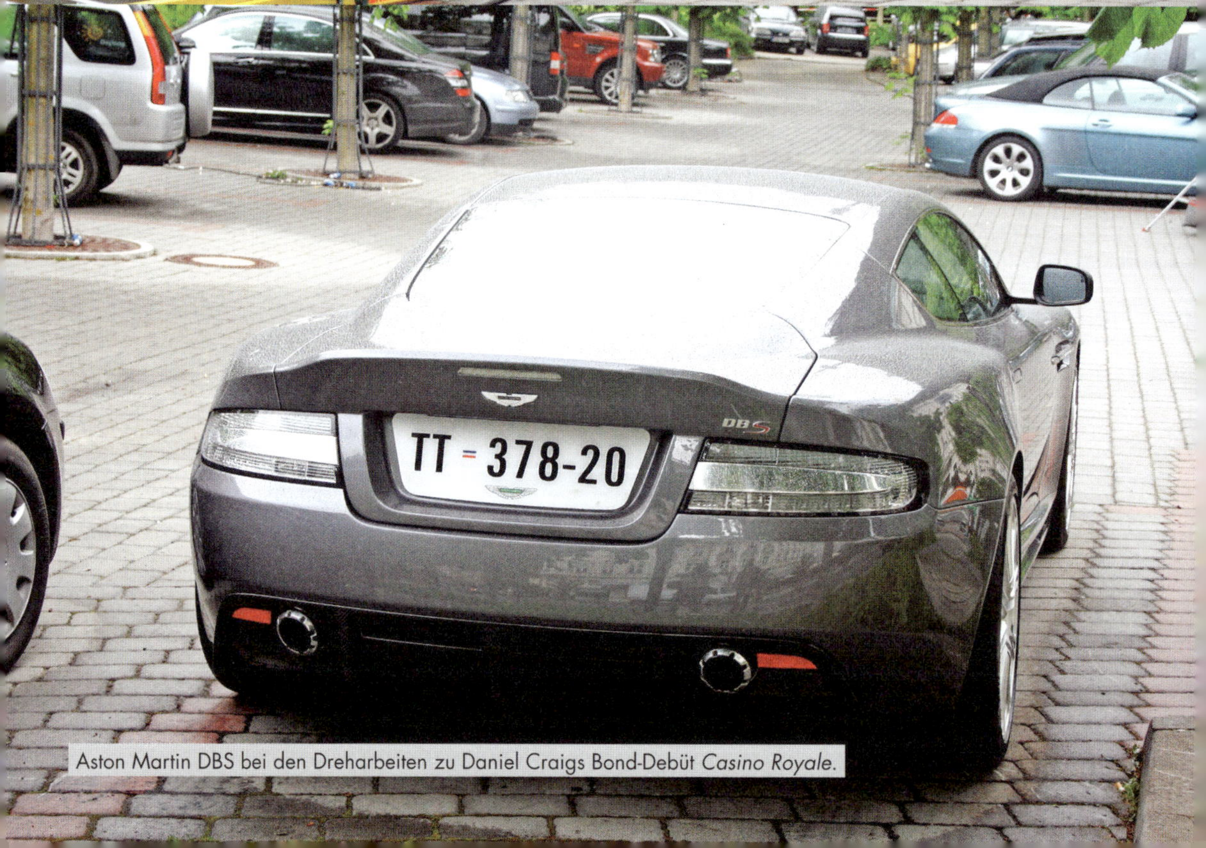

Aston Martin DBS bei den Dreharbeiten zu Daniel Craigs Bond-Debüt *Casino Royale*.

den Straßenbelag knirschte, schleuderte der schwere Wagen quer über die Straße, rammte die linke Straßenbegrenzung mit einem Anprall, der Bond vom Fahrersitz hinunter auf den Boden warf, und rutschte rückwärts über die Böschung, sodass die Vorderräder sich in der Luft drehten und die großen Scheinwerfer in den Himmel leuchteten. Für den Bruchteil einer Sekunde blieb der Wagen mit dem Tank hängen, dann aber überschlug er sich ganz langsam hintenüber, und man hörte nur noch das Splittern und Krachen von Blech und Glas.«

Zunächst übte das Team mit zwei nicht mehr ganz neuen 5er BMW Fahrzeugen (Typ E34) und einer kleinen Rampe auf einem Teil des Dunsfold Aerodrome südöstlich von London, der im selben Film auch den Flughafen von Miami doubelte. Da es zu Drehbeginn gerade mal einige wenige Vorserienmodelle des DBS gab, wollte man die verständlicherweise nicht gleich zu Schrott fahren. Die BMW wurden verwendet, weil sie in etwa den Abmessungen und dem Gewicht des DBS entsprechen, auch wenn der BMW etwas leichter ist. Die Tests funktionierten mehr oder weniger gut. Kirley beschleunigte auf 65 Meilen (etwa 104 km/h), aber anfangs überschlugen sich die BMW nur einmal. Nachdem die Rampe höher und länger als die anfänglichen 15 Zentimeter war, überschlugen sie sich immerhin drei oder vier Mal. Damit war man zufrieden, denn das hatte man sich auch so gewünscht.

Um absolute Ruhe zu haben, verließ das Team den Flughafenbereich und drehte auch nicht in Tschechien, sondern auf der abgesperrten Teststrecke, dem so genannten »Proving Ground«, von Millbrook in der Grafschaft Bedfordshire. Die liegt etwa 100 km südwestlich vom Aston Martin Werk in Gaydon entfernt. Hilfe und vor allem Nachschub kann man bei solchen Aufnahmen ja immer gebrauchen.

Nach den Tests mit den BMW kamen am Drehort drei Aston Martin Fahrzeuge vom Typ DB 9 zum Einsatz. Sie waren optisch nicht weit weg vom DBS, verfügten allerdings nicht über die veränderte Front mit Karbon, den hinteren Spoiler und Diffusor, tiefere Seitenschweller und mehr Lufteinlässe auf der Haube. Allerdings waren die Testwagen weiß, trugen das Kennzeichen OY 52 YXC und waren linksgelenkt. Auch jetzt wurde mit Rampen in verschiedenen Längen experimentiert. Das Ganze war jedoch nicht von Erfolg gekrönt. Die erste, gerade mal 20 cm lange Rampe, brachte nicht den gewünschten Effekt. Auch bei einer größeren Rampe funktionierte der Stunt nicht. Der Wagen hob zwar ab, kam aber wieder auf alle vier Räder und rutschte über den Asphalt. Er hat einen tieferen Schwerpunkt, verfügt über eine starre Radaufhängung und ist besser ausbalanciert als der 5er BMW. Auch ein weiterer Versuch schlug fehl. Er führte sogar dazu, dass der Wagen in Richtung eines der Kamerateams schleuderte. Augenzeugen berichten von panischen Rufen

»Run, Run, Run!« Hinzu kam, dass sich links und rechts der Straße Bäume befanden, die dem Stuntfahrer trotz Überrollkäfig sehr gefährlich werden konnten. Der DB 9 überschlug sich nicht. Ein Test mit dem ersten Stunt DBS brachte ähnlich enttäuschende Ergebnisse. Zwar fuhr Kirley jetzt schon 70 Meilen (112 km/h), und die Rampe wuchs auf 45 Zentimeter, doch der Wagen landete auf allen vier Rädern.

»ICH WAR ERST DER ZWEITE ODER DRITTE MENSCH, DER DIESES AUTO ÜBERHAUPT FAHREN DURFTE« —STUNT-FAHRER ADAM KIRLEY NACH SEINEM ÜBERSCHLAG IM DBS

Alexander Witt, der Regisseur der 2nd Unit, war für die Stuntaufnahmen zuständig. Sein Stunt-Koordinator Gary Powell und er waren verzweifelt. Was nun? So ein leichter Hüpfer war nun wirklich nicht Bond-like. Special Ef-

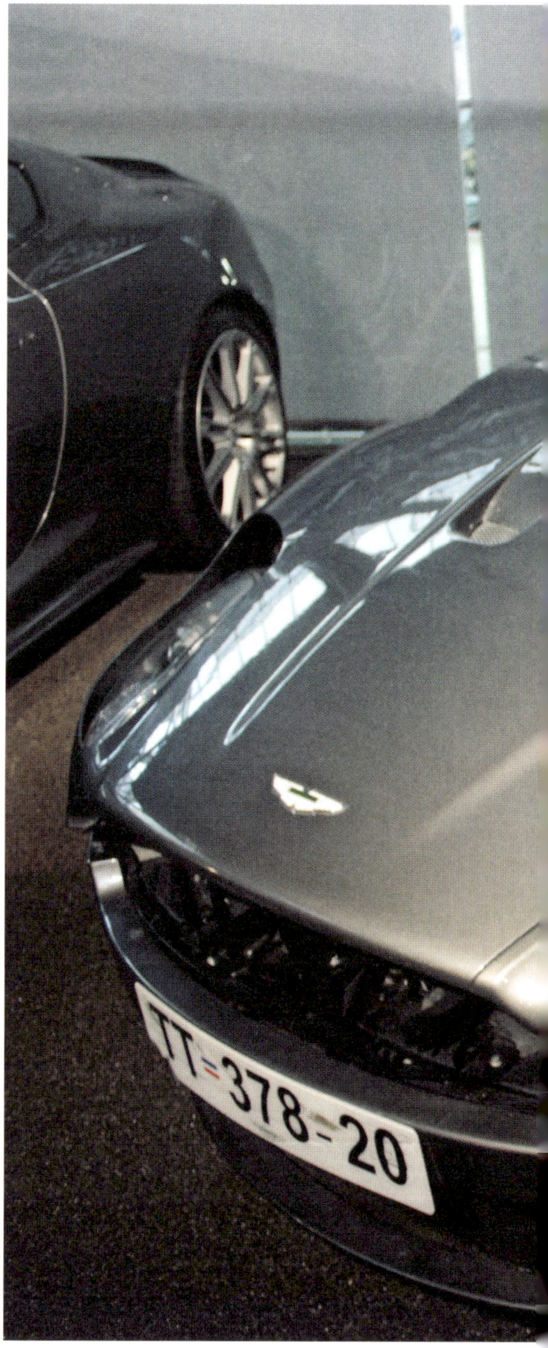

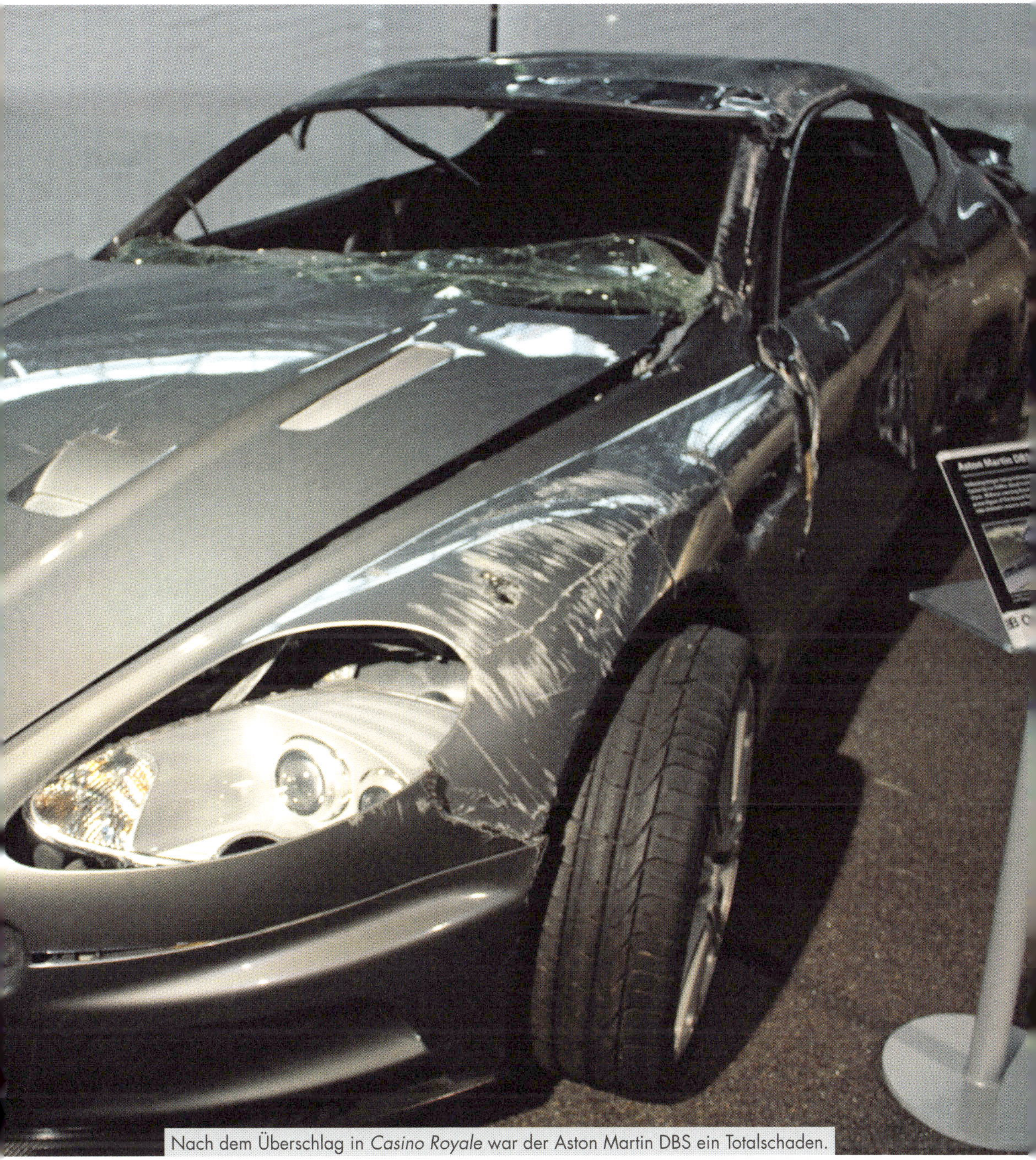

Nach dem Überschlag in *Casino Royale* war der Aston Martin DBS ein Totalschaden.

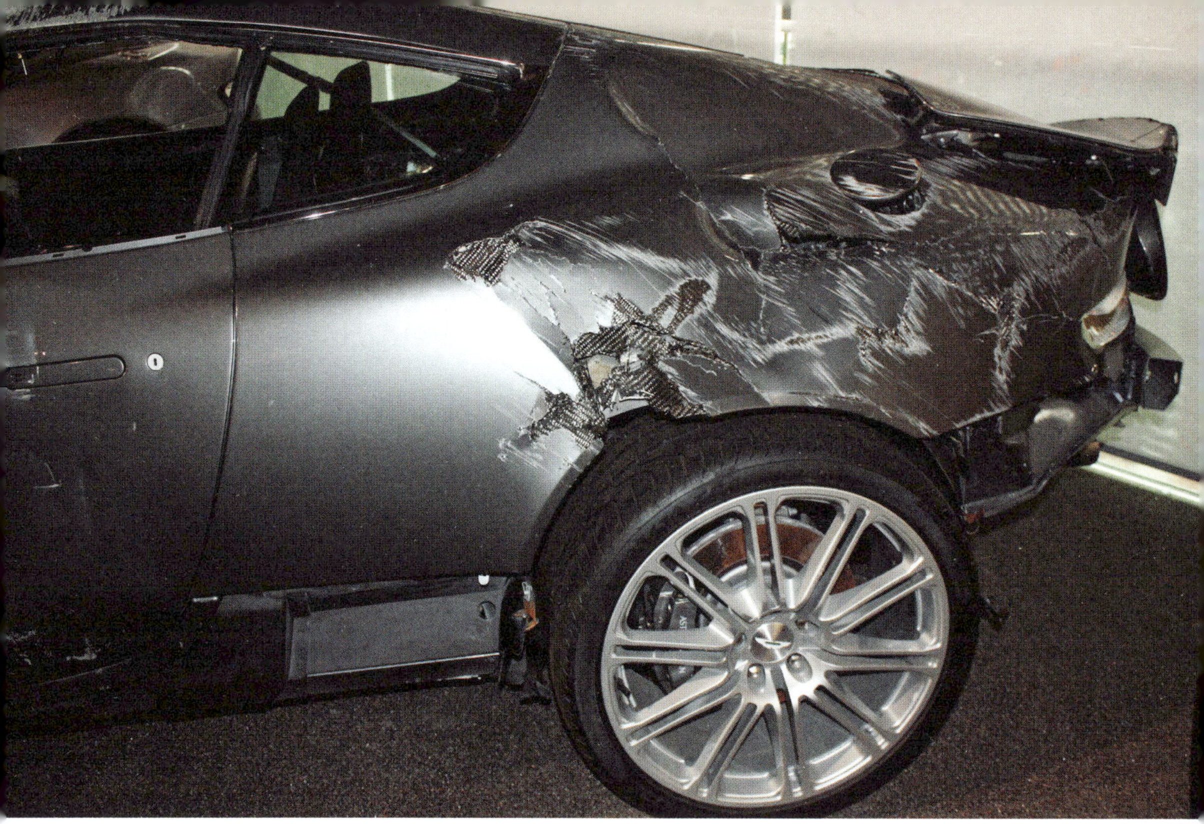

fects Mann Chris Corbould wurde hinzugezogen und schlug vor, mit einer Druckluftkanone und Stickstoff zu arbeiten. Die wurde daraufhin unter dem Wagen angebracht und direkt hinter dem Fahrersitz installiert. Stuntfahrer Adam Kirley sollte sie während der Fahrt zünden. Eine rund 45 cm lange Rampe sollte ihm bei dem Stunt helfen. Kirley beschleunigte kräftig, nach verschiedenen Quellen auf 75 bis 80 Meilen pro Stunde, also etwa 120 bis 128 km/h, und es klappte. In der fünften Nacht der Aufnahmen, überschlug sich der DBS tatsächlich und rollte und rollte und rollte. Dass es am Ende sieben Überschläge wurden, damit hatte niemand gerechnet, und die Angst war den rund 150 Team-Mitgliedern auch anzusehen, denn schließlich saß Kirley ja im Wagen. »Ich war erst der zweite oder dritte Mensch, der dieses Auto überhaupt fahren durfte«, so der damals gerade mal 27-jährige Fahrer. Er nannte das Ganze einen »ziemlich gewalttätigen Ritt« und verursachte einen Totalschaden, der für ihn aber glimpflich ablief.

Da der nun total zerstörte DBS nicht mehr zu gebrauchen war, kam für die Aufnahme, in der der Wagen über die Bergkuppe rast und einen Schlenker fährt, der dritte vom Werk zur Verfügung gestellte Wagen zum Einsatz. Da die Teststrecke nur für fünf Nächte gemietet war, entstanden diese Aufnahmen zu einem späteren Zeitpunkt.

KOMISCHES UND WISSENSWERTES

Als Bond an der Rezeption des Hotels Splendide einen Umschlag übergeben bekommt, steht darauf »RM 378«, also seine Zimmernummer. Interessanterweise tauchen dieselben drei Ziffern auch auf dem Kennzeichen des Aston Martin auf, den er sich kurz danach auf dem Parkplatz vor dem Hotel anschaut. Das Kennzeichen TT 378 20 hat übrigens rein gar nichts mit Montenegro zu tun, wo die Szenen spielen. Die Buchstaben TT gibt es dort nicht. Sie gehören zu der serbischen Kleinstadt Tutin, rund 160 Kilometer östlich von Montenegro. Trotz aller Einweisungen, stand der Wagen, wenn Craig am Steuer saß, auf einem speziellen Trailer, dem sogenannten »Tracking Vehicle«. Craig tat nur so, als ob er den Wagen fährt. Hinzu kam ein eigens erschaffener Klang. Tontechniker Chris Munro platzierte Mikros im Auto, um einen speziellen Sound zu erstellen. Der siebenfache Überschlag des Aston Martin DBS wurde am 5. November 2006 als der Stunt mit den meisten Überschlägen eines Pkw in das *Guinness Book of World Records* aufgenommen. Das verunfallte Auto, und einer der so genannten »Hero Cars«, wurden von Aston Martin behalten und immer mal wieder ausgestellt.

Der damalige Aston Martin Chef Dr. Ulrich Bez garantierte Co-Produzentin Barbara Broccoli den DBS mit der Chassis Nummer 007. Sie behielt ihn mehr als vier Jahre, bevor er an das Aston-Martin-Werk zurückging. Dort gelangte er an den Öl-Manager David Roberts, dessen Zwillingsbruder Steve bereits zuvor einen DBS in Islay Blue Metallic erworben hatte. Da Aston Martin im Januar 2006 lediglich Designskizzen des DBS veröffentlichte, war die Autofachpresse entsprechend enttäuscht und spekulierte, wie der Wagen denn nun genau aussieht. Plötzlich kam Hilfe von unerwarteter Seite, denn der englische Spielzeughersteller Corgi Toys, der seit dem DB 5 aus Goldfinger sehr viele Modelle in die Kinderzimmer dieser Welt gebracht hatte, zeigte auf der British Toy Fair im Januar 2006 eine Kleinstausgabe des DBS im Karton. Da die Bilder davon schnell die Runde machten, war der Autohersteller »not amused«. Das echte Fahrzeug wurde im Januar 2007 auf der Detroit Motor Show erstmals der Öffentlichkeit vorgestellt.

DATEN UND FAKTEN

Casino Royale
Modell: Aston Martin DBS, links gelenkt
Farbe: »Casino Ice«/Casino Royale Grey – ein silbergrau-metallic mit etwas blau
Bauzeit: Herbst 2007 – Ende 2012
Stückzahl: 3385
Motor: 5935 ccm, V 12 Ottomotor
Leistung: 517 PS
Kennzeichen: TT – 378 – 20
Höchstgeschwindigkeit: 307 km/h
Preis: 242.400 €
Screen Time des Wagens:
3 Minuten 9 Sekunden

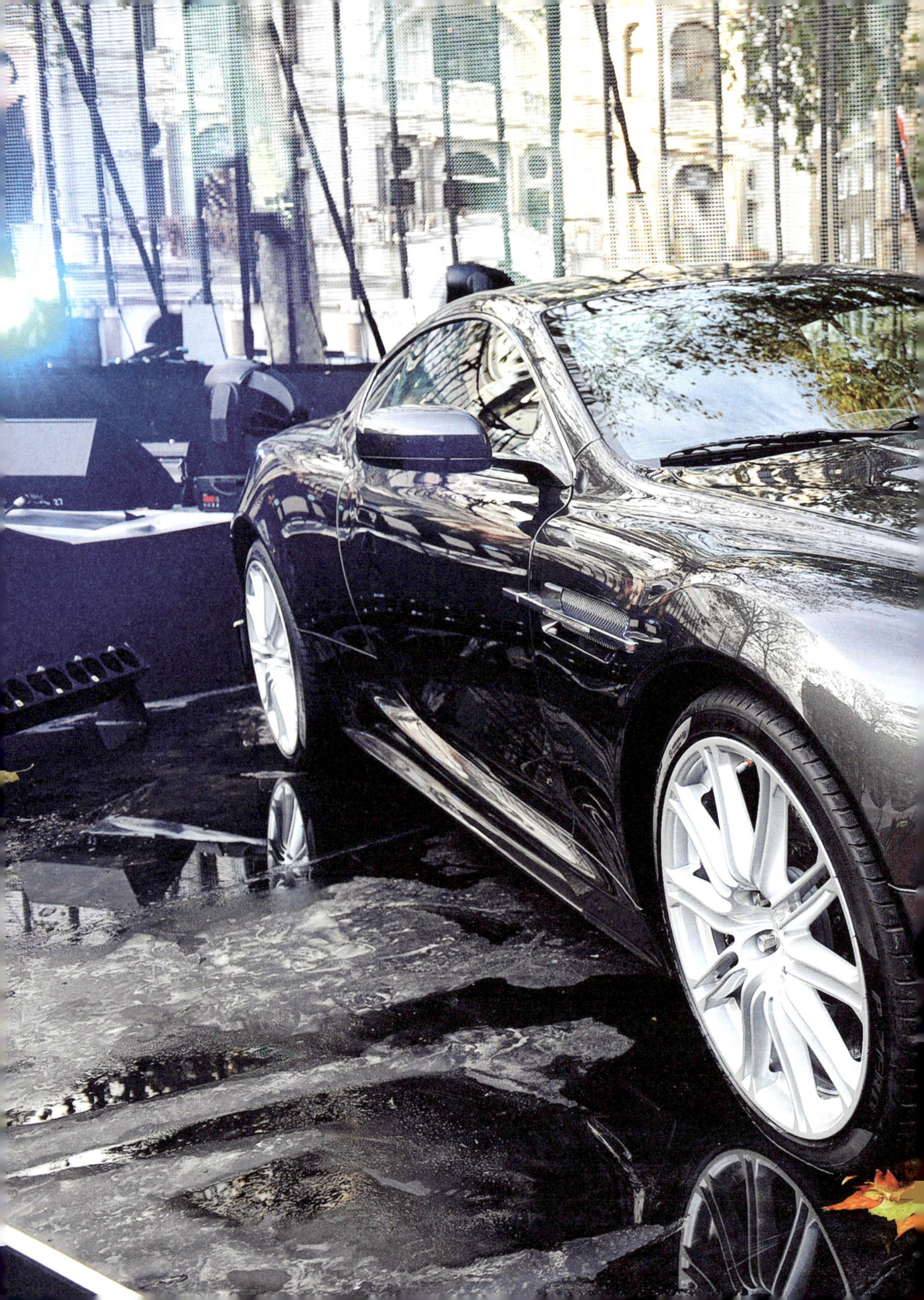

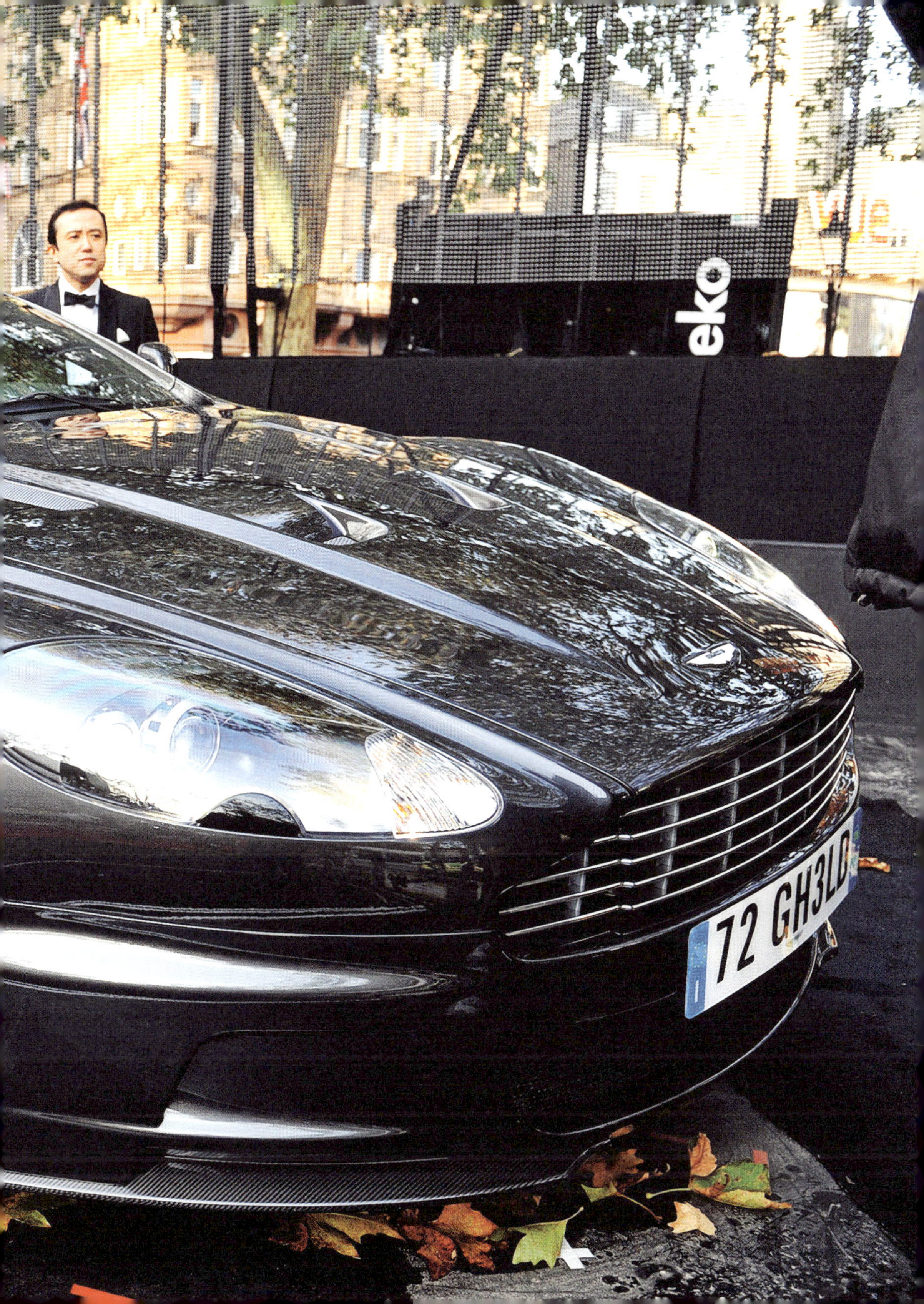
eko
72 GH3LD

EIN QUANTUM TROST (2008)

Er wurde nicht lange gefordert, der Aston Martin DBS in *Casino Royale*. Zu einer wirklich nervenaufreibenden Verfolgungsjagd kommt es nicht. Stattdessen überschlägt er sich. Kein Wunder also, dass Hersteller und Filmemacher im Nachfolgefilm eine solche Verfolgung nachholen wollten und dafür den Amerikaner Dan Bradley als Second-Unit-Regisseur engagierten. Es ist der Mann, der zuvor für die Action-Szenen von zwei Jason-Bourne-Abenteuern und *Indiana Jones und das Königreich des Kristallschädels* verantwortlich war.

Als Drehort wurden der italienische Gardasee und das Marmorabbaugebiet in Carrara auserkoren, wobei der erste gar nicht erwähnt wird und die beiden Orte rund drei Stunden und 300 Kilometer auseinander liegen. Die Autojagd bildet den Auftakt des Films, in dem Bond auf der Straße am See von zwei schwarzen Alfa Romeo 159 verfolgt wird und sich zum einen durch den dichten Ausflugsverkehr schlängeln, zum anderen aber auch einen Land Rover Defender der Carabinieri abschütteln muss. Er schafft es bis nach Siena, das ja

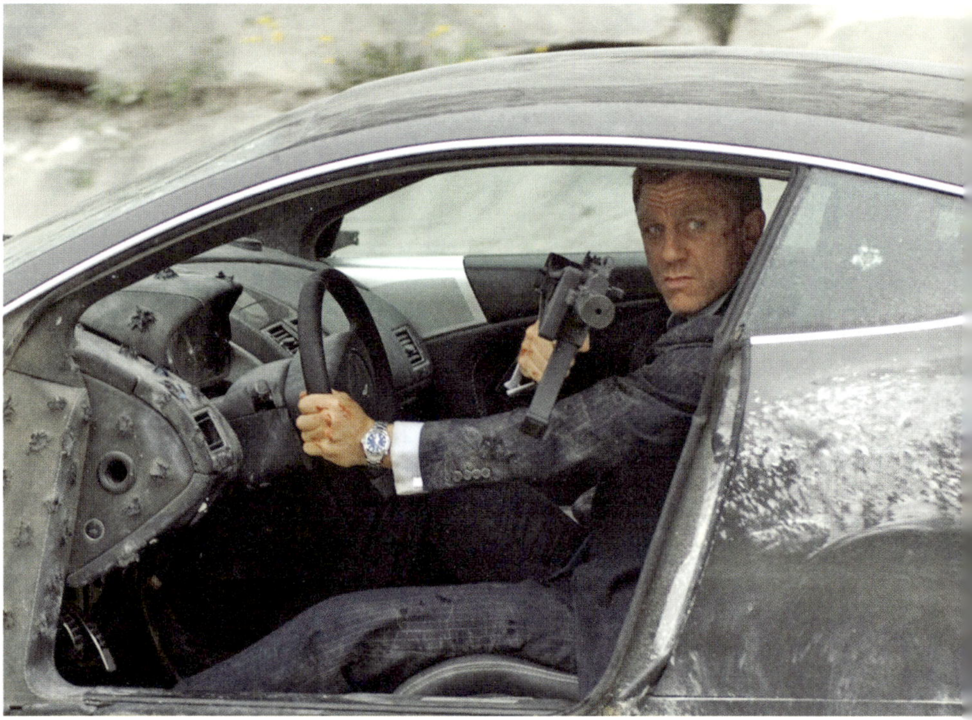

auch nur zweieinhalb bis drei Stunden von Carrara entfernt liegt. Die Aufnahmen seiner Ankunft entstanden an der Kirche Chiesa di San Giuseppe an der Kreuzung Via di Fontanella, Via Giovanni Dupre und Via Sant'Agata. 007 fährt auf der Via di Fontanella den Berg hoch, die Via Giovanni Dupre und in Richtung der Piazza del Campo wieder herunter. Das ist üblicherweise eine Einbahnstraße, aber solche Nebensächlichkeiten stören Agenten natürlich nicht. Danach geht es in einen Tunnel, an der Piazzetta Della Paglietta und der Via Salicotto. Der Tunnel wird übrigens üblicherweise von einem örtlichen Händler als Lager benutzt. Am Ende bittet Bond mit den Worten »Sie dürfen aussteigen« den darin liegenden Mr. White aus dem Kofferraum, was im Gegensatz zum Original »Time to get out« allerdings merkwürdig höflich und nicht gerade passend übersetzt klingt.

Bevor das Team am Drehort am Gardasee eintraf, wurde die Autojagd zwei Wochen lang auf einer englischen Teststrecke geprobt. Für die Aufnahmen, die am 14. April begannen, hatte die Produktion sieben Aston Martins und acht Alfa Romeo 159 zur Verfügung. Die Aston Martins verfügten über eine Farbe die 2007 auf der Frankfurter Automobilausstellung als »Lightning Silver«, später, in Anlehnung an den Film, als »Quantum Silver« bekanntgegeben wurde. Innen befindet sich ein Obsidian schwarzes Leder mit einem Anilin Farbstoff und silbernen Nähten. Regisseur Marc Forster wollte gerne schwarze Alfa Romeos als Verfolger haben. Die bekam er auch.

Action Vehicle Supervisor Graham Kelly war für die Flotte zuständig. Der Amerikaner Dan Bradley inszenierte die Sequenz. Gary Powell war der Stunt-Coordinator, der im Interview mit dem Autor dieses Buches zugab, dass es ihm Spaß machte »diese Autos zu zerstören. Ich liebe es, speziell diese teuren Autos kaputt zu fahren«, so Powell. »Üblicherweise sieht man solche Autos in einem Stück und irgendein altes Wrack wird zerstört. Ich denke, es fügt dem Film eine neue Qualität hinzu, wenn so ein teures Auto am Ende zerlegt wird, weil man so etwas nicht erwartet.« Obwohl Bradley durch die Jason-Bourne-Filme bekannt wurde, wollte er dessen Stil nicht für den Bond Film übernehmen. »Bond ist anders als Bourne, viel traditioneller. Wir benutzen größere Bildausschnitte, Weitwinkel und keine Handkamera. Dennoch wird Bond sehr nahe an der Action sein,

»ICH LIEBE ES, SPEZIELL DIESE TEUREN AUTOS KAPUTT ZU FAHREN« —STUNT-COORDINATOR GARY POWELL

denn mein Stil ist eine Art von Kaskade des Chaos. Ein Drama löst ein anderes aus, die Probleme werden immer größer, und ich möchte für meine Hauptfigur viele Probleme aufbauen.«
Da die beiden Gegenden ganz unterschiedliche Bedingungen boten, waren einige der Fahrzeuge auf die Straße und einige auf das Steinbruchgelände abgestimmt. Doch zunächst zum Gardasee: Vom 14. bis zum 25. April 2008 wurde zehn Tage lang auf der westlichen Seite des Gardasees zwischen Gargnano, Tremosine und Riva del Garda und auf der östlichen Seite zwischen Torbole und Malcesine gedreht. Um das zu realisieren, hatten die Produzenten einen kostenlosen Fährverkehr eingerichtet. Örtliche Restaurants boten »James Bond Dinner« und spezielle Cocktails an, um die Gäste bei Laune zu halten. »Wir bedanken uns für die wundervolle Kooperation und Hilfe von jeder Seite, und es ist wirklich schade, dass wir hier so viele Autos zerstören.«
Mit diesen Worten eröffnete Dan Bradley ein Pressegespräch am 19. April auf der Terrasse des Brivido/ Hotel Paradiso im Örtchen Tremosine am Gardasee. Kurz danach fügte er hinzu: »Diese Straßen sind ein Geschenk und eine Herausforderung.«
Um ihner Herr zu werden, hatte sich die Crew am Rande der Strecke mehrere sogenannte Stunt Areas eingerichtet, in denen Schleuderszenen und Crashs mit den schwarzen Alfa Romeo 159 getestet wurden. »Ich habe selbst als Stuntman begonnen und weiß, wie es sich anfühlt, wenn man mit hoher Geschwindigkeit

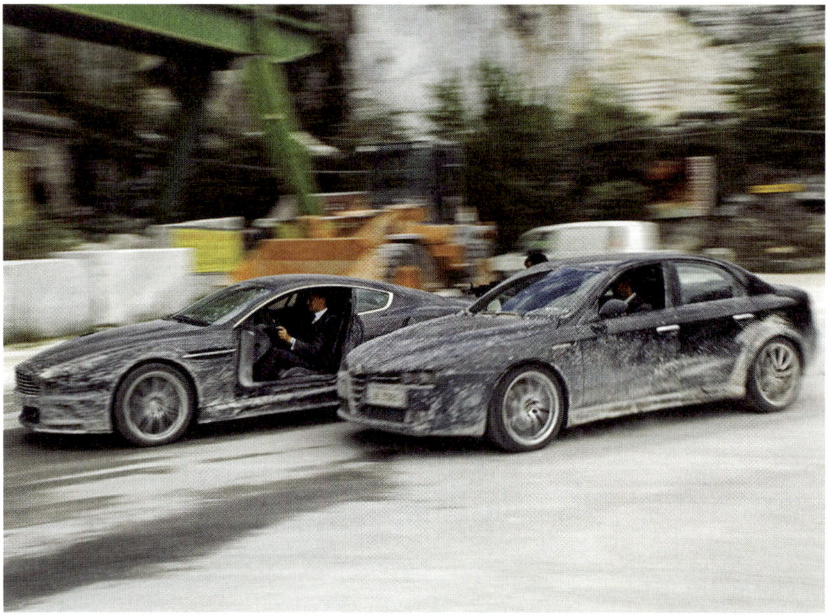

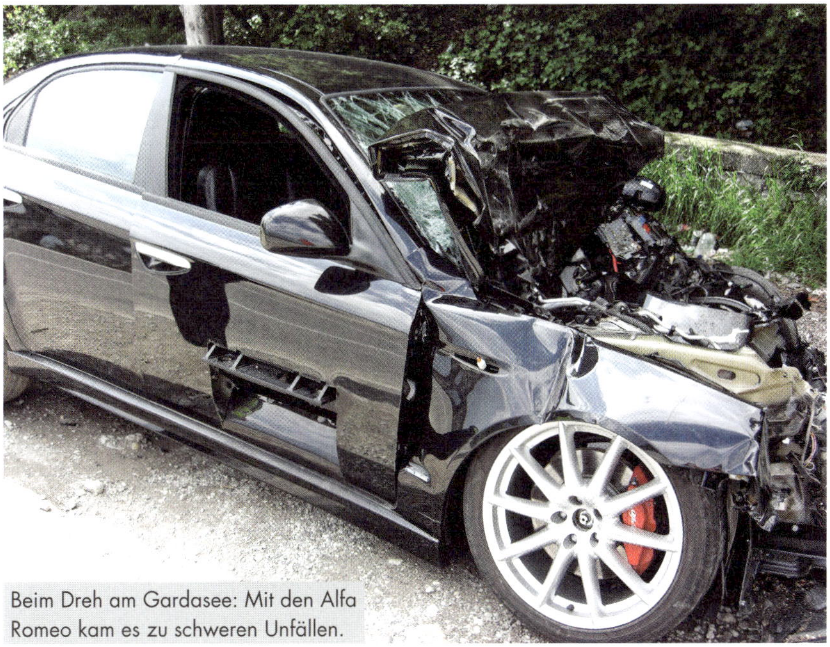

Beim Dreh am Gardasee: Mit den Alfa Romeo kam es zu schweren Unfällen.

in einem Auto sitzt und rast«, so 2nd Unit Regisseur Dan Bradley. »Ich versuche, CGI-Effekte zu vermeiden, wo es geht.«

Doch die Prämisse brachte natürlich auch Risiken mit sich. Während der Aufnahmen kam es zu drei schweren Unfällen. In der ersten Woche raste ein Stuntman gegen eine Mauer. Seine Hand musste mit 15 Stichen genäht werden. Am Mittwoch, dem 23. April, geschah an derselben Stelle zwischen Limone und Gargnano ein noch schwererer Unfall. Laut Drehbuch sollte ein Alfa gegen einen Laster krachen. Um Personenschäden zu vermeiden, wurde der Pkw auf ein Gestell montiert und gegen den Lkw gezogen, doch der Alfa scherte aus, prallte zurück und traf zwei Stuntmen in dem dahinter fahrenden Alfa. Der griechische Stuntman Aris Comninos, der den Alfa fuhr, und dessen italienischer Beifahrer Bruno Verdirosi wurden getroffen, prallten gegen die Tunnelmauer, hingen anschließend an einer Uferböschung über dem Gardasee und drohten abzustürzen. Das konnte gerade noch verhindert werden, aber beide wurden per Hubschrauber in das Krankenhaus Borgo Trento nach Verona gebracht. Der Zustand von Comninos war aufgrund von schweren Kopfverletzungen lange Zeit kritisch. Es war sein letzter Film als Stuntman.

Am Samstag, dem 19. April, also einen Tag bevor Bradley das Pressegespräch eröffnete, geschah der dritte Unfall, wenn auch außerhalb der Dreharbeiten.

Gegen 6.30 Uhr morgens verunglückte der 29-jährige britische Aston-Martin-Ingenieur Fraser Dunn mit einem der DBS. Er verlor in einer Kurve nahe Torbole die Kontrolle über den Wagen und stürzte in den See. Ein Teil der Leitplanke hatte sich in den Wagen gebohrt. Er selbst entkam nur, weil die vordere Scheibe herausbrach und er so an die Oberfläche schwimmen konnte. Das Autowrack sank 50 Meter tief bis zum Grunde des Sees, ehe es dank eines Krans wieder herausgezogen werden konnte. Die Hubschrauber brauchten fünf bis zehn Minuten, um den Mann zu retten. »Dem Mann geht es gut«, sagte der italienische Co-Produzent Guido Cerasuolo lapidar, der bereits an *Casino Royale* mitgearbeitet hatte. »Er konnte schnell gerettet werden, das Auto nicht.« Dunn bekam nur ein paar Kratzer ab, wurde aber dennoch in das Krankenhaus von Arco nahe Trento geflogen. Nach Angaben der Produktionsfirma sollte er den Wagen zu einer Presseveranstaltung bringen, doch das ist Unsinn, denn die fand ja am nächsten Tag, am Sonntagvormittag ab 11.00 Uhr in Tremosine statt. Der zerstörte Wagen wurde später zur italienischen Vertretung von Aston Martin in Padua gebracht.

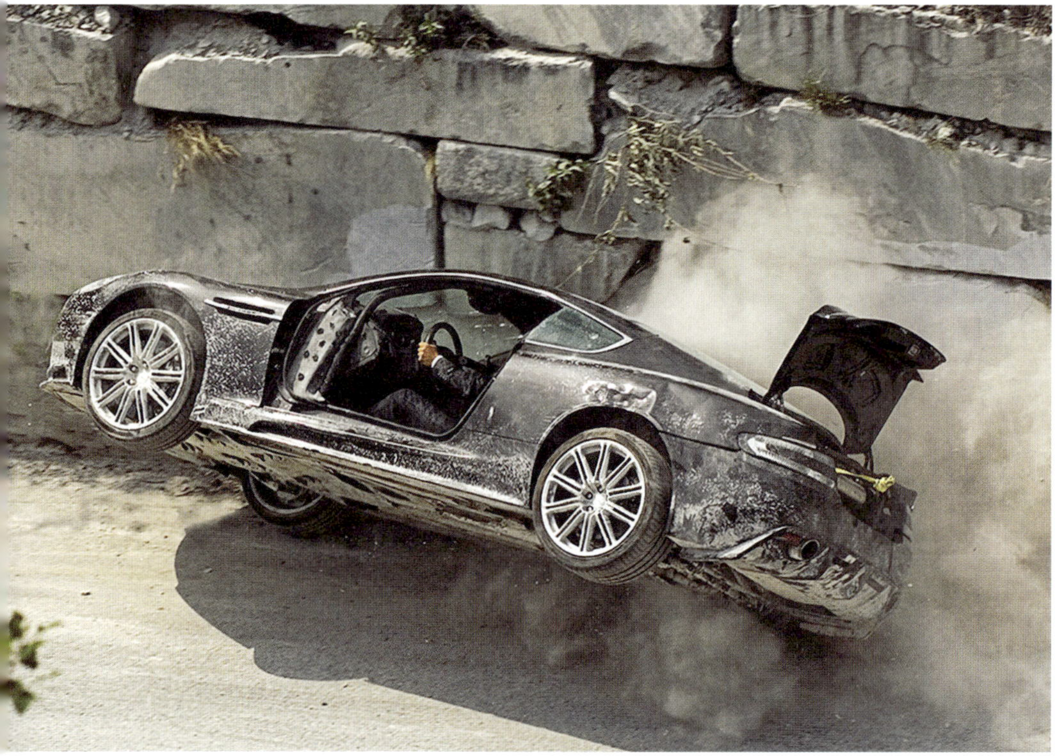

Marco Girardi von der Region Riviera dei Limoni beschrieb vor Drehbeginn einen Teil der Sequenz mit den Worten: »James Bond fährt ganz ruhig am Gardasee entlang. Ganz plötzlich sind Verfolger in Alfa Romeo hinter ihm her. Er wird beschossen. Es kommt zu Explosionen und sowohl beladene Lastwagen als auch ganz normale Touristen werden in die Sache hineingezogen. Einige fallen die Klippen herunter.« Aber wegen der Rückschläge wurde ein Teil der Verfolgungsjagd gestrichen. Auf die Abstürze von den Klippen verzichtete man bis auf einen ebenso wie auf einen explodierenden Lkw und einen in den Gardasee stürzenden Wagen. Da war dem Team die Realität zuvor gekommen. Auch Szenen auf der sogenannten »Forra«, der »Höllenschlucht«, wurden gestrichen. Da zusätzlich das Wetter nicht so gut war wie erwartet und die Unfälle zu Unterbrechungen führten, reiste die 275 Personen umfassende Truppe weiter. Sie drehte ab dem 26. April in Carrara. Vom 21. bis zum 23. Mai reiste ein Team dann nochmals zum Gardasee, um Nachdrehs durchzuführen.

Nach Aussagen von Dan Bradley waren speziell die Straßenverhältnisse in den Steinbrüchen schwierig, da sie sich im-

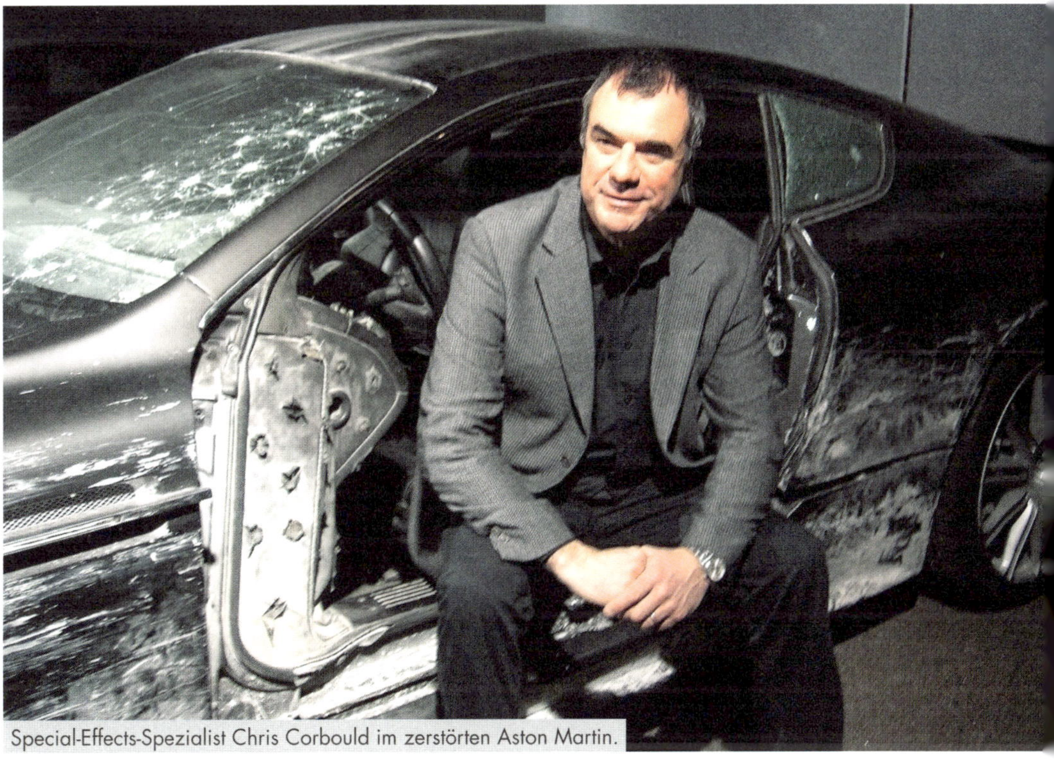
Special-Effects-Spezialist Chris Corbould im zerstörten Aston Martin.

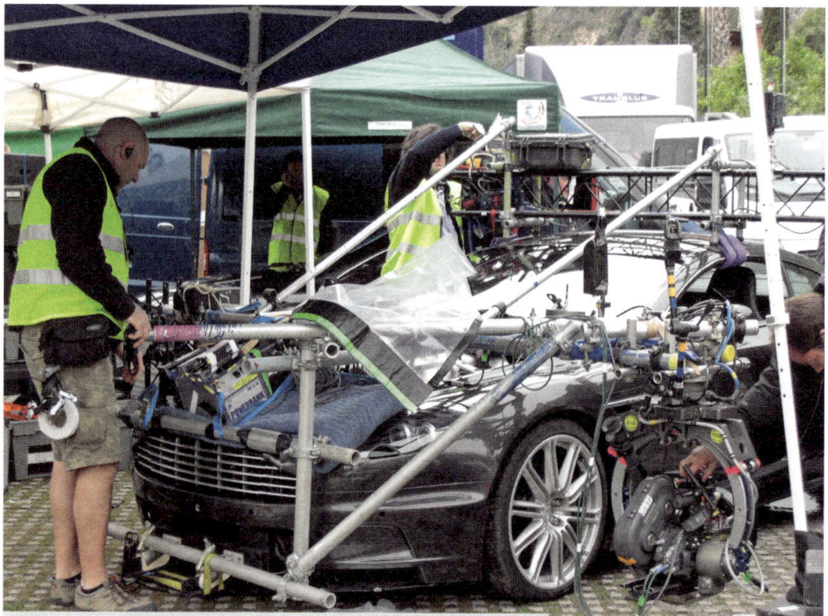
Beim Filmdreh ist mehr Technik im Spiel als in Qs Werkstatt.

mer mal wieder änderten. Weiße Schilder mit den Bezeichnungen »B 22« und »Action Vehicles« sowie eine Reihe von provisorischen weißen Zelten säumten den Drehort. Um für Kontinuität zu sorgen, wurden die Fahrzeuge mit hellen Farben besprüht, die den Schmutz der staubigen Pisten doubelten. Gary Powell sagte später dazu, »dass der Steinbruch 900 Meter über dem Meeresspiegel lag, und Autos herunterfuhren, die mit der Handbremse in Kurven schlitterten, während sich neben ihnen ein 200 Meter tiefer Abgrund befand.« Der von der Straße abstürzende Jeep überschlug sich übrigens nicht wie gewollt, sondern blieb nach ein paar Saltos im Geröll liegen. Um für Dramatik in der Verfolgungsjagd zu sorgen, wurde ein weiteres Fahrzeug ins Rollen gebracht, das dann drehbuchgemäß vor Bonds Aston Martin auf die Straße purzelt.

Daniel Craig war weder am Gardasee noch in Carrara am Drehort. Auf dem Drehplan war an seiner Stelle von »OW« zu lesen. OW war zu der Zeit in London. OW (sprich »oh«, wie in »double-oh-seven«) drehte mit Regisseur Marc Forster seine Szenen im Studio. Da die Autojagd die Spezialität von Bradley ist, diskutierten die beiden Männer vorab detailliert Szenen und Ideen. »Ich habe Bradley engagiert und vertraute ihm komplett«, so Forster. Für den nach eigener Aussage »Kontrollfreak« war es die erste Zusammenarbeit mit einem 2nd Unit Regisseur.

Daher hieß es in den Call Sheets, den Tagesdispos, zum Teil auch »Bonds POV«. Das sind die »points of view«, die Perspektiven der »Bond driving doubles« Martin Ivanov und Ben Collins. Craig spielte in den Londoner Pinewood Studios Angst und Gefahr.

Regisseur Marc Forster, obwohl selbst weder am Gardasee noch in Carrara präsent, war mit der Sequenz sehr zufrieden, auch wenn ihm hinterher aufgrund der vielen Schnitte mangelnde Sensibilität vorgeworfen wurde. Immerhin besteht die ganze Sequenz zusätzlich noch aus 154 Sound Effekten, die das Bilderfeuer noch potenzieren. Er wollte, dass Bond fast schon hilflos dem Angriff entkommt: »Wenn man eine Actionsequenz hat, dann muss man dazu auch eine Geschichte erzählen, denn Drama und Action gehen Hand in Hand, und das eine inspiriert das Andere. Wenn man zu der Action keine Story hat, dann wäre diese leblos!«

»WENN MAN ZU DER ACTION KEINE STORY HAT, DANN WÄRE DIESE LEBLOS!« — REGISSEUR MARC FORSTER

Von den sieben Aston Martin wurden vier zerstört. Einer wurde bei der Auk-

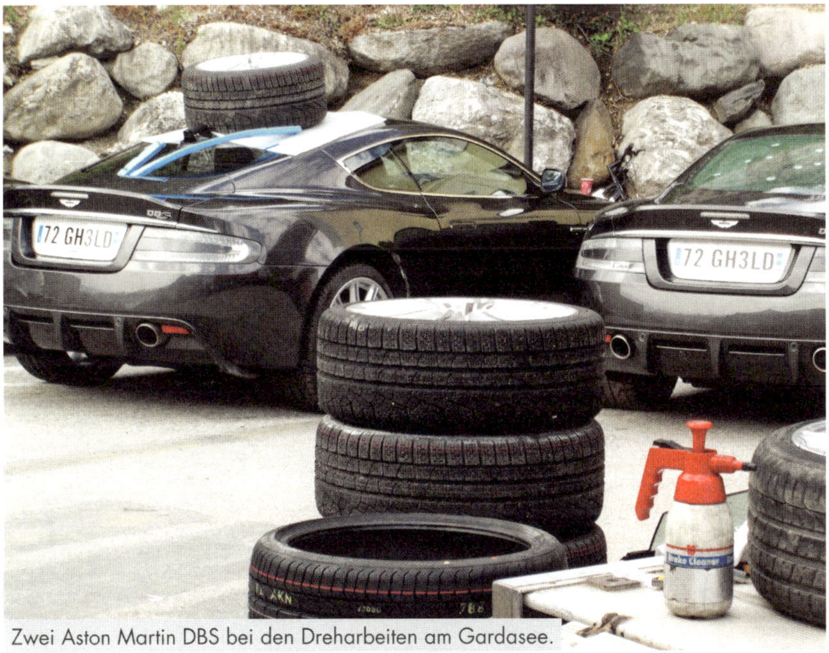

Zwei Aston Martin DBS bei den Dreharbeiten am Gardasee.

tion von Christie's in South Kensington am 5. Oktober 2012 für wohltätige Zwecke versteigert. Das Auktionshaus rechnete mit 100.000 bis 150.000 Pfund. Der anonyme Bieter bezahlte 241.250 Pfund (299.633 Euro). Ein Wagen blieb bei Aston Martin und einer bei der Filmproduktionsgesellschaft. Das Kennzeichen 72 GH3LD trug der Wagen übrigens nur für den Film und Promotionszwecke. Das echte Kennzeichen war KX 08 VLE.

KOMISCHES UND WISSENSWERTES

Der dunkelblaue Land Rover Defender 90 mit dem weißen Dach verändert sich in der Verfolgungsjagd in Carrara merkwürdigerweise und mutiert, kurz bevor er in das Haus am Fahrbahnrand kracht, zu dem längeren Modell 110. Es kamen also zwei Fahrzeuge zum Einsatz. Die Front des Wagens, der den Abhang herunterstürzt, ist zu Anfang auch völlig intakt, obwohl der doch in der Szene davor fast frontal in ein Haus gerast ist. Nach Aussagen von Regisseur Marc Forster existierte eine Zeitlang eine Szene in der Verfolgungsjagd mit einem Fahrzeug, das am Straßenrand stand und repariert wurde. Er wollte, dass der Wagen angerempelt wird und von der Straße fliegt. Die Produzenten lehnten das aber ab, denn es waren ja unschuldige Zuschauer betroffen. Forster akzeptierte den guten Grund.

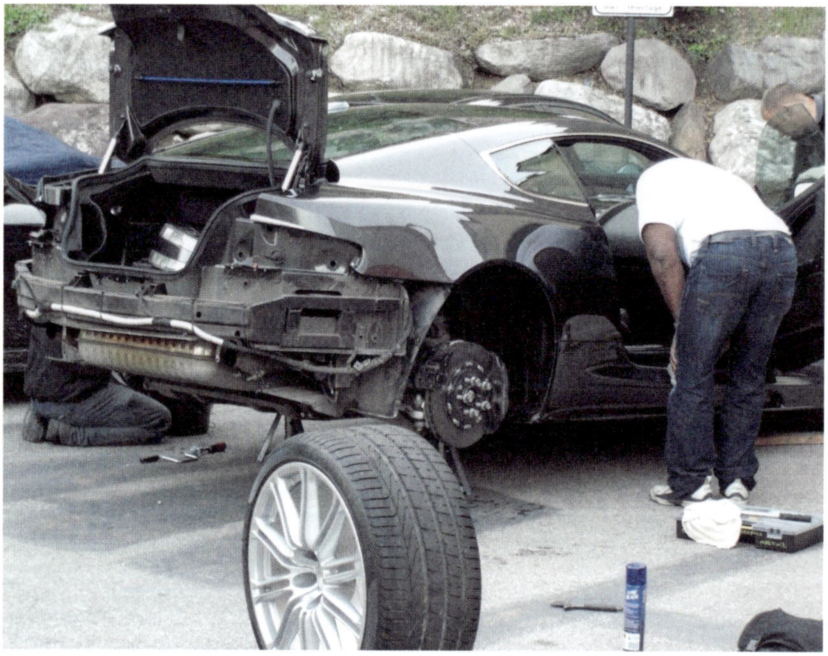

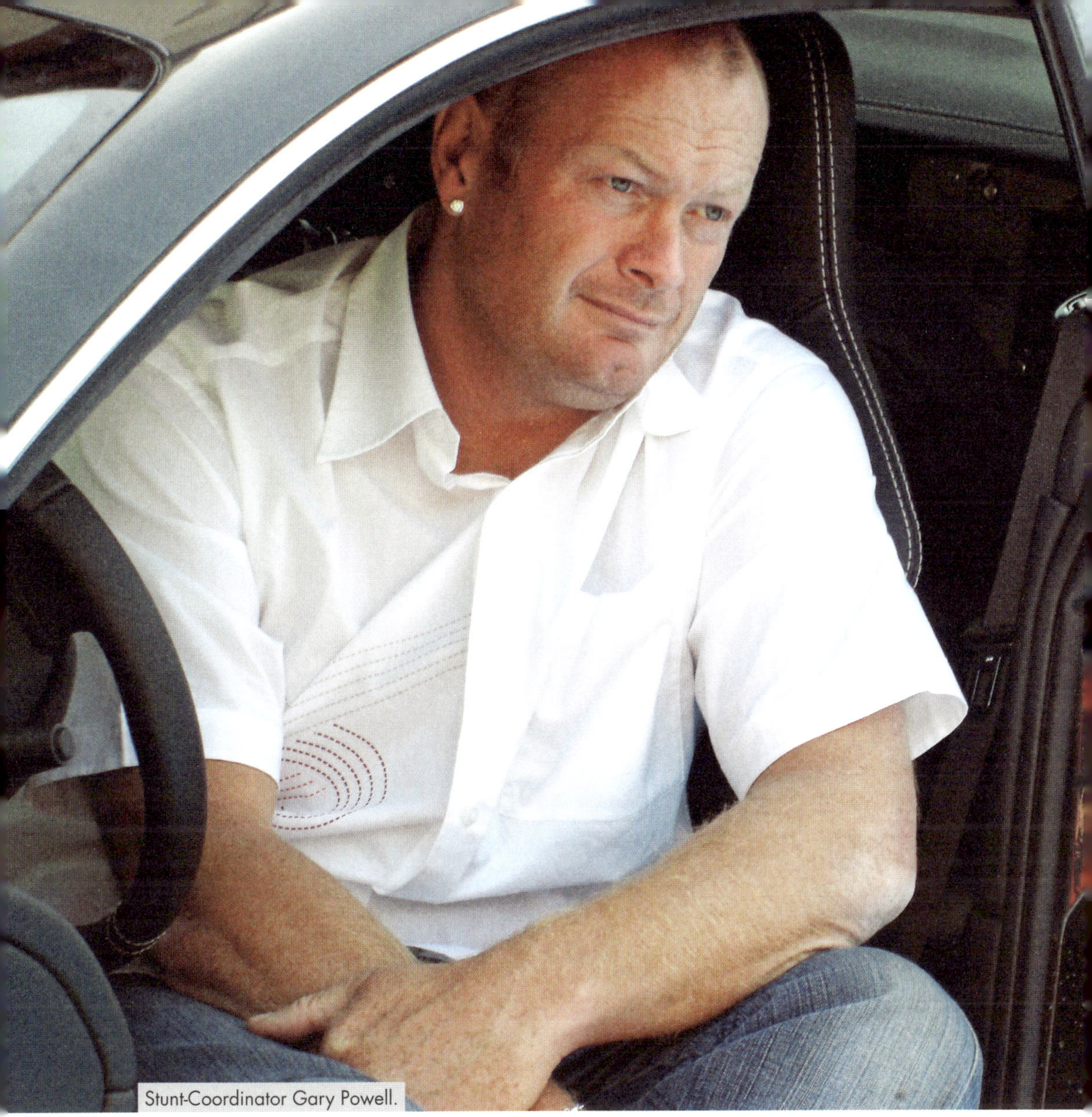

Stunt-Coordinator Gary Powell.

Der Aston Martin DBS, mit dem der Ingenieur Fraser Dunn am 19. April 2008 verunfallte und im Gardasee landete, wurde übrigens von einem Enthusiasten erworben, der das Häufchen Elend als immer noch begehrenswert empfand. Er bot 200.000 Pfund, obwohl der Wagen nur noch Schrottwert hatte und nicht einmal im Film auftauchte. Er durfte ihn kaufen.

Fraser Dunn selbst geht wieder seiner Tätigkeit nach und das an einem ganz besonderen Arbeitsplatz. Außerhalb des kleinen englischen Örtchens Wel-

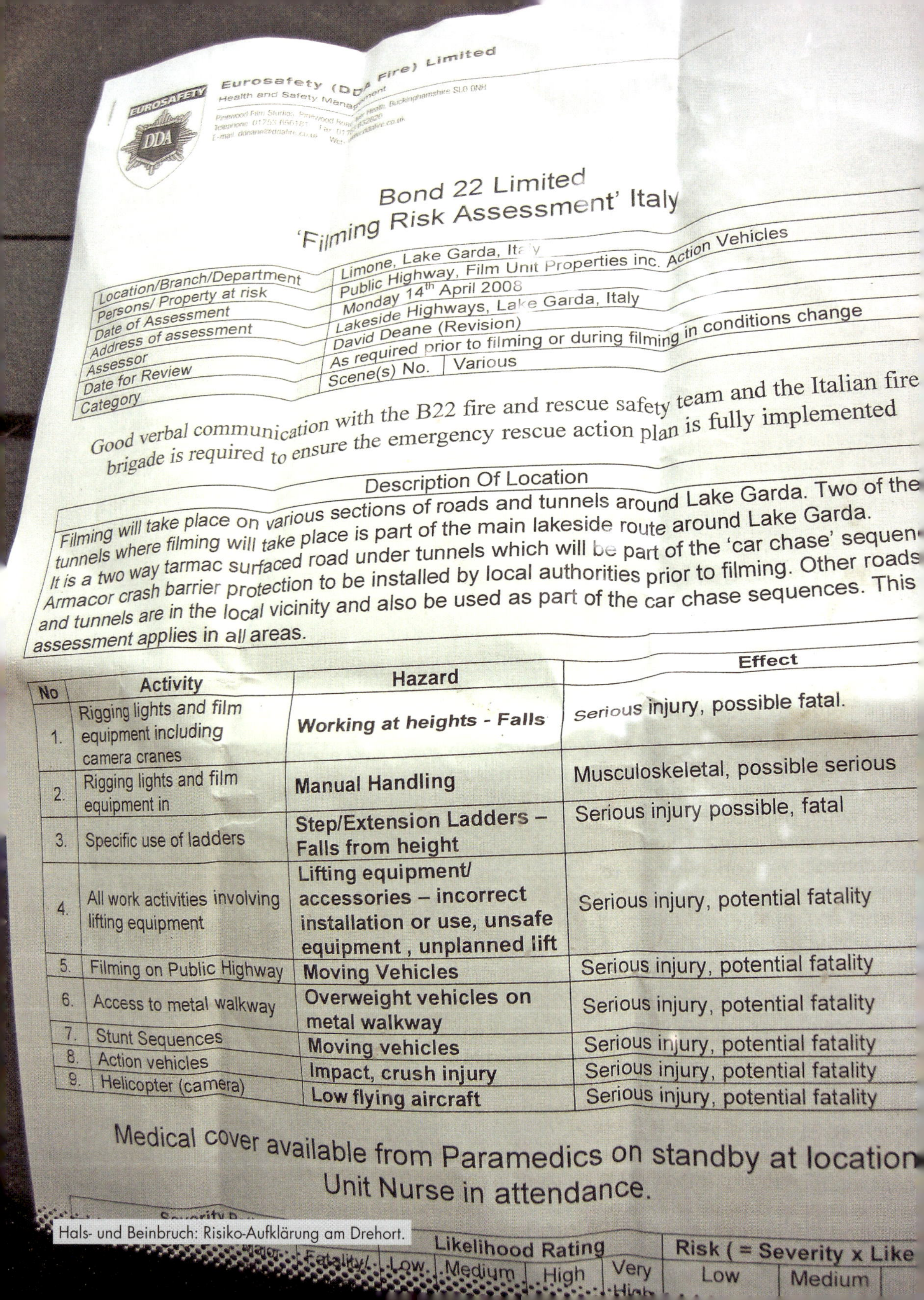

EUROSAFETY DDA

Eurosafety (DDA Fire) Limited
Health and Safety Management

Pinewood Film Studios, Pinewood Road, Iver Heath, Buckinghamshire SL0 0NH

Bond 22 Limited
'Filming Risk Assessment' Italy

Location/Branch/Department	Limone, Lake Garda, Italy
Persons/ Property at risk	Public Highway, Film Unit Properties inc. Action Vehicles
Date of Assessment	Monday 14th April 2008
Address of assessment	Lakeside Highways, Lake Garda, Italy
Assessor	David Deane (Revision)
Date for Review	As required prior to filming or during filming in conditions change
Category	Scene(s) No. | Various

Good verbal communication with the B22 fire and rescue safety team and the Italian fire brigade is required to ensure the emergency rescue action plan is fully implemented

Description Of Location

Filming will take place on various sections of roads and tunnels around Lake Garda. Two of the tunnels where filming will take place is part of the main lakeside route around Lake Garda. It is a two way tarmac surfaced road under tunnels which will be part of the 'car chase' sequen[ce] Armacor crash barrier protection to be installed by local authorities prior to filming. Other roads and tunnels are in the local vicinity and also be used as part of the car chase sequences. This assessment applies in all areas.

No	Activity	Hazard	Effect
1.	Rigging lights and film equipment including camera cranes	**Working at heights - Falls**	Serious injury, possible fatal.
2.	Rigging lights and film equipment in	**Manual Handling**	Musculoskeletal, possible serious
3.	Specific use of ladders	**Step/Extension Ladders – Falls from height**	Serious injury possible, fatal
4.	All work activities involving lifting equipment	**Lifting equipment/ accessories – incorrect installation or use, unsafe equipment , unplanned lift**	Serious injury, potential fatality
5.	Filming on Public Highway	**Moving Vehicles**	Serious injury, potential fatality
6.	Access to metal walkway	**Overweight vehicles on metal walkway**	Serious injury, potential fatality
7.	Stunt Sequences	**Moving vehicles**	Serious injury, potential fatality
8.	Action vehicles	**Impact, crush injury**	Serious injury, potential fatality
9.	Helicopter (camera)	**Low flying aircraft**	Serious injury, potential fatality

Medical cover available from Paramedics on standby at location
Unit Nurse in attendance.

Severity R…
Major | Fatality/ | **Likelihood Rating**: Low | Medium | High | Very High | **Risk (= Severity x Like…**: Low | Medium

Hals- und Beinbruch: Risiko-Aufklärung am Drehort.

lesbourne, östlich des Shakespeare-Mekkas Stratford-upon-Avon und nicht weit weg vom Aston Martin Stammwerk in Gaydon, steht ein schlichtes Gebäude in einem Industriepark, an dem ein Gemälde eines Aston Martin GT4 Rennwagens zu sehen ist. Dunn leitet die darin verborgene Abteilung mit einem rund 40 Personen umfassenden Team und der schönen Bezeichnung »Q Advanced Operations«. Dort entstanden nicht nur Prototypen, individuelle Kundenexemplare und exakt 24 Aston Martin Vulcan zum Preis von 2,4 Millionen Euro. »Alle Bond Autos werden hier gebaut«, so Dunn.

DATEN UND FAKTEN

Ein Quantum Trost
Modell: Aston Martin DBS, links gelenkt
Farbe: Quantum Silver (dunkelgraumetallic)
Bauzeit: Herbst 2007 – Ende 2012
Stückzahl: 3385
Motor: 5,9 Liter Ottomotor
Leistung: 517 PS
Kennzeichen: 72 GH3LD
Höchstgeschwindigkeit: 307 km/h
Preis: 240.000 €
Screen Time des Wagens:
3 Minuten 10 Sekunden

KAPITEL 2

BONDS BESTE MOTORRÄDER

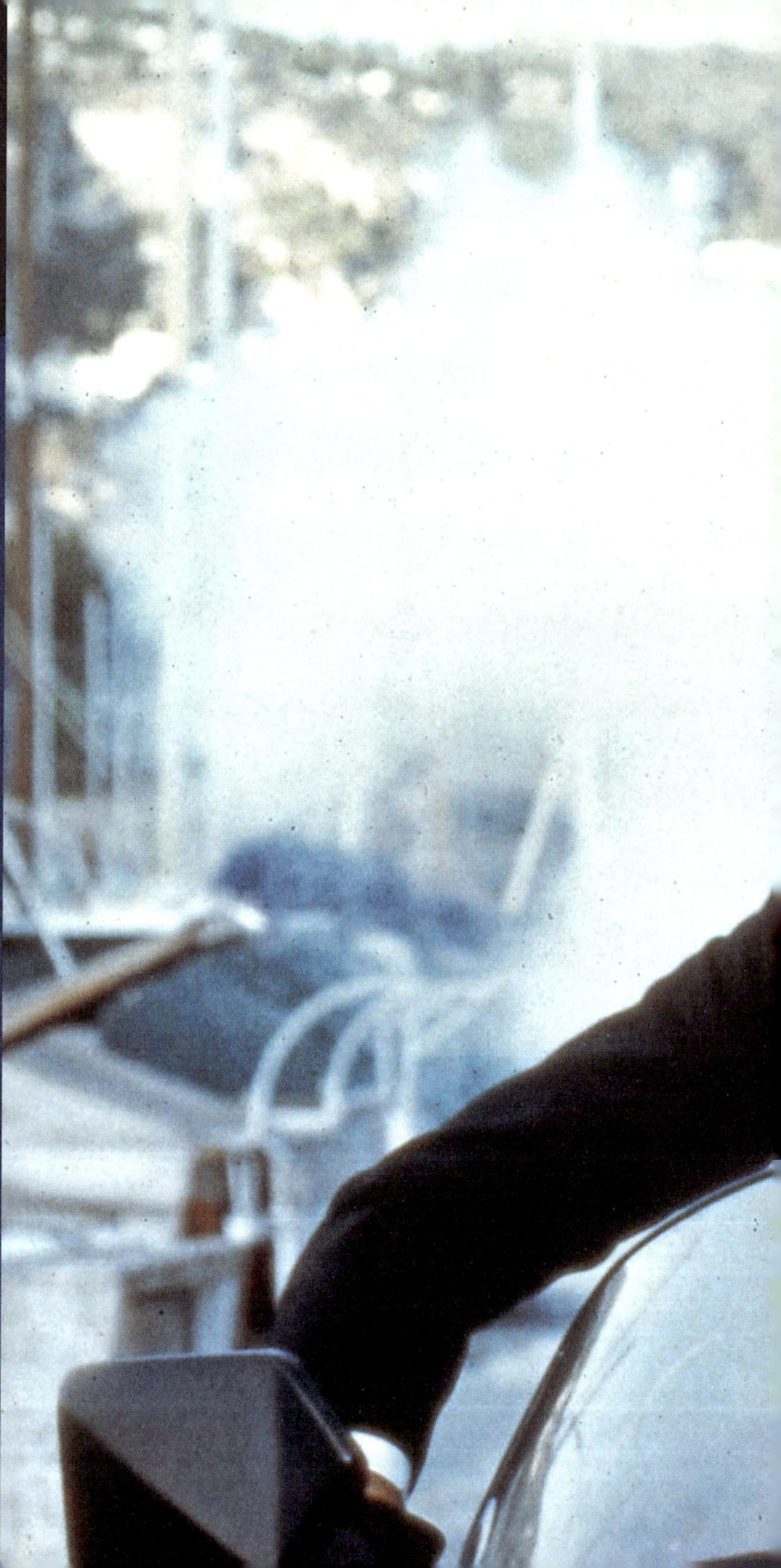

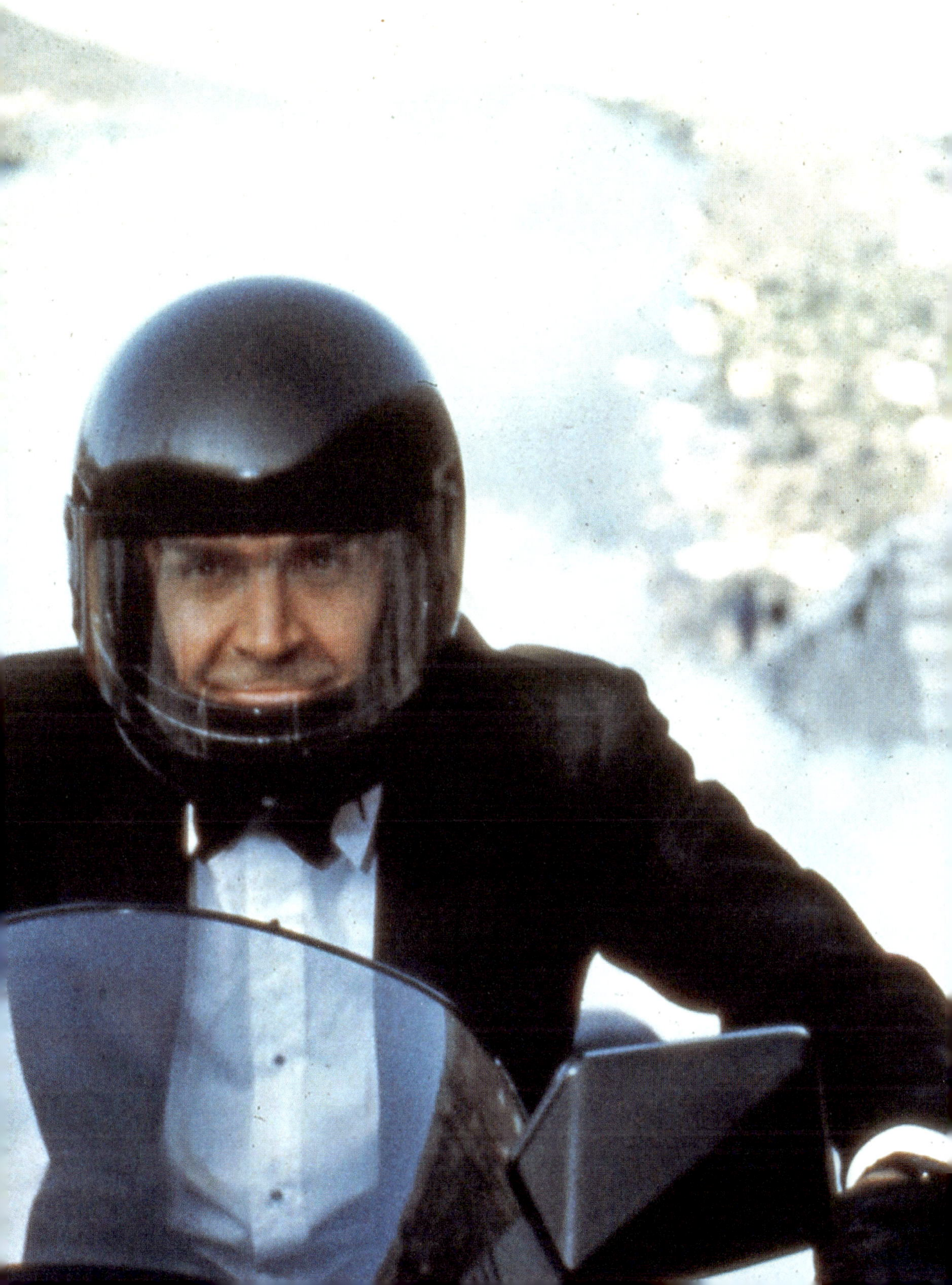

JAMES BOND AUF ZWEI RÄDERN

Romanautor Ian Fleming hatte zwar ein großes Interesse an Autos, aber Motorräder waren ihm eher nicht so wichtig. Daher tauchen sie nur am Rande in seinen Büchern auf. Es gibt jedoch eine Kurzgeschichte in der ein Motorrad eine große Rolle spielt.

Flemings einzige Kurzgeschichtensammlung, die zu seinen Lebzeiten erschienen ist, kam am 11. April 1960 in gebundener Form in London auf den Markt und im Herbst in New York heraus. Das Buch trug den Titel »For Your Eyes Only« und enthielt die Storys »From A View To A Kill«, »For Your Eyes Only«, »Quantum Of Solace«, »Risico« und »The Hildebrand Rarity«.

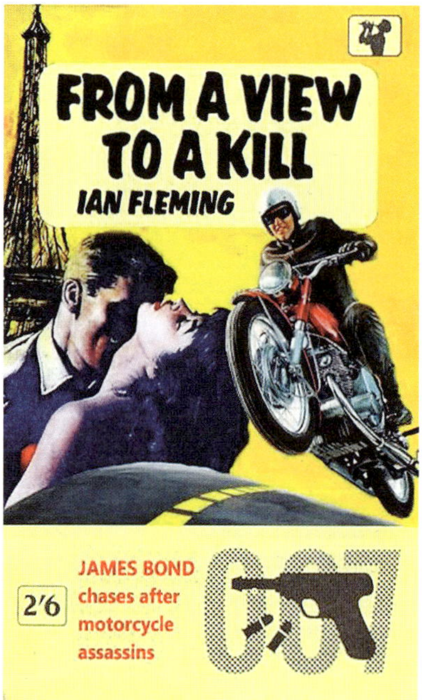

Die Geschichte »From A View To A Kill«, die in Deutschland unter dem Titel »Tod im Rückspiegel« erschien, handelt von dem britischen Meldefahrer Bates, der auf einem Motorrad vom Typ BSA M 120 nahe Versailles und St. Germain in Frankreich im Auftrag des königlichen Marinekorps geheime Dokumente transportiert. Plötzlich taucht ein anderer, identisch gekleideter Fahrer auf, der ihn während der Fahrt erschießt. James Bond, der sich auf der Durchreise nach einem missglückten Auftrag in Ungarn befindet und gerade in Paris weilt, wird von einer jungen Frau aufgesucht und zum Hauptquartier des Geheimdienstes gebracht. Mary Ann Russell versorgt Bond mit ersten Informationen. Alle Details des Anschlags erfährt er von Oberst-Leutnant Rattray. Er erzählt ihm, dass Bates auf dem Weg zu SHAPE war, dem Oberkommando der alliierten Streitkräfte. Bond legt sich an der Strecke auf die Lauer und entdeckt im Wald eine ausfahrbare Rose mit einer Glaslinse. Danach steigen drei Männer aus einem Erdbunker. Einer davon ist so gekleidet wie der tote Fahrer und besitzt auch ein Motorrad. 007 informiert Mary Ann Russell. Sie instruieren vier Kollegen darüber, was bisher vorgefallen ist, woraufhin sich das Quartett im Wald versteckt. Danach tarnt sich 007

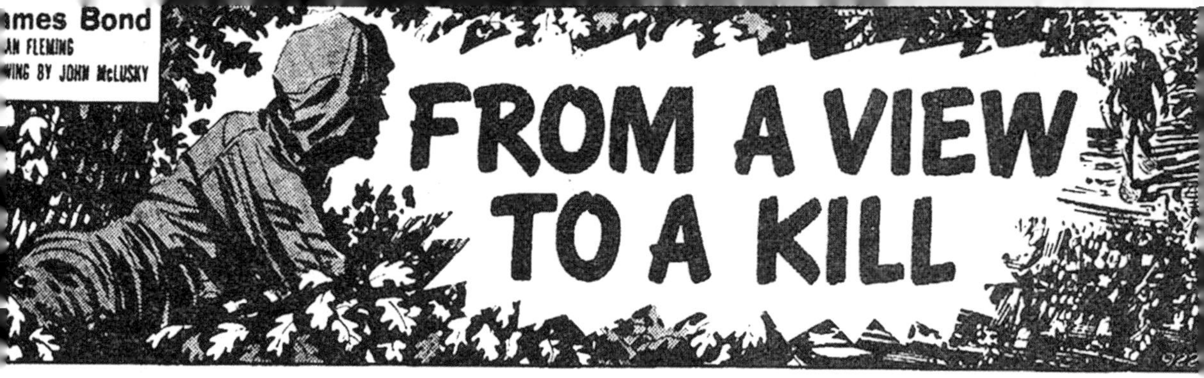

ames Bond
AN FLEMING
WING BY JOHN McLUSKY
FROM A VIEW TO A KILL
922

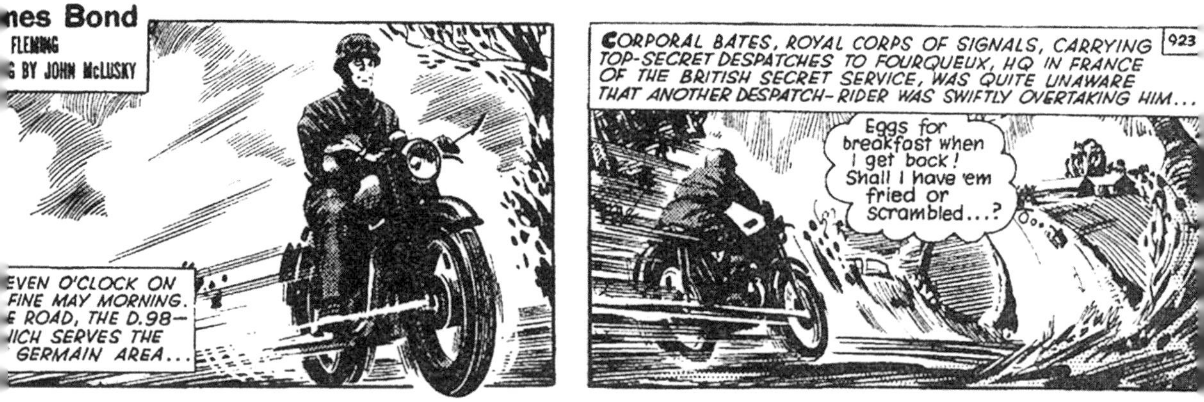

nes Bond
FLEMING
G BY JOHN McLUSKY
EVEN O'CLOCK ON
FINE MAY MORNING.
E ROAD, THE D.98—
ICH SERVES THE
GERMAIN AREA...
CORPORAL BATES, ROYAL CORPS OF SIGNALS, CARRYING TOP-SECRET DESPATCHES TO FOURQUEUX, HQ IN FRANCE OF THE BRITISH SECRET SERVICE, WAS QUITE UNAWARE THAT ANOTHER DESPATCH-RIDER WAS SWIFTLY OVERTAKING HIM...
923
Eggs for breakfast when I get back! Shall I have 'em fried or scrambled...?

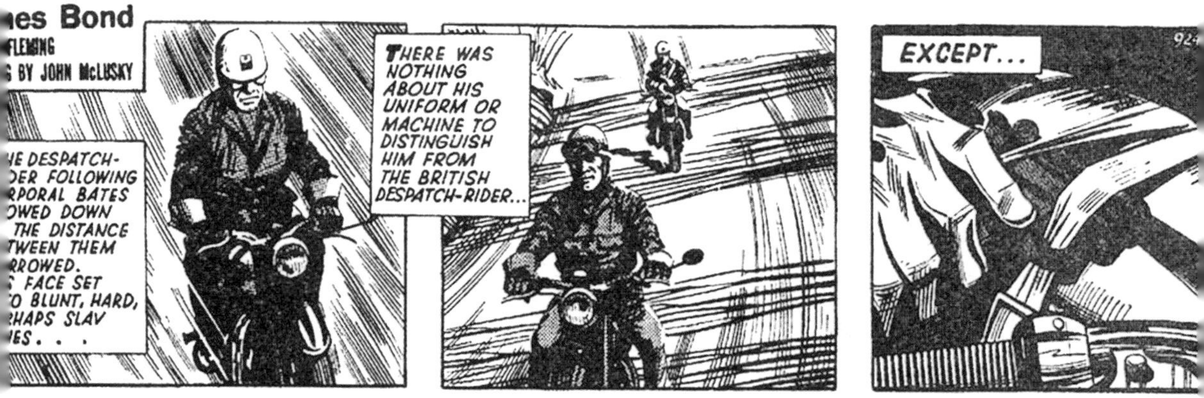

nes Bond
FLEMING
BY JOHN McLUSKY
HE DESPATCH-
DER FOLLOWING
RPORAL BATES
OWED DOWN
THE DISTANCE
TWEEN THEM
RROWED.
FACE SET
O BLUNT, HARD,
RHAPS SLAV
ES . . .
THERE WAS NOTHING ABOUT HIS UNIFORM OR MACHINE TO DISTINGUISH HIM FROM THE BRITISH DESPATCH-RIDER...
EXCEPT...

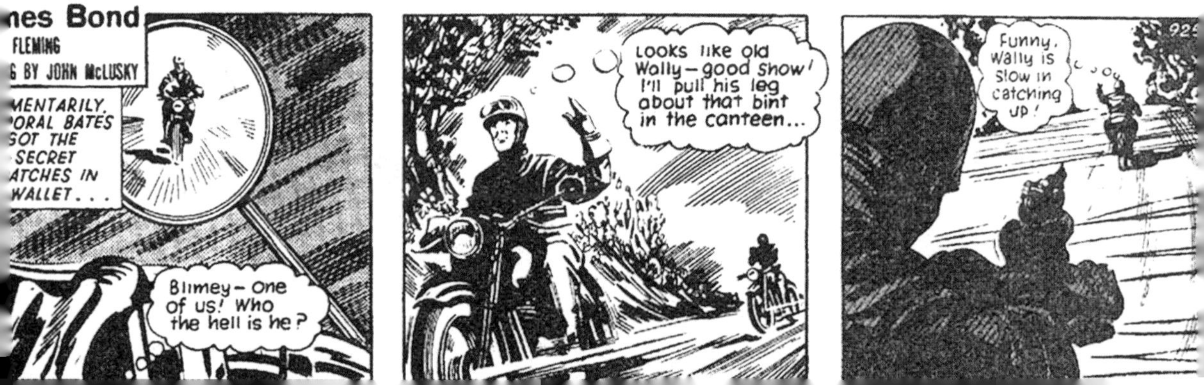

nes Bond
FLEMING
G BY JOHN McLUSKY
MENTARILY,
ORAL BATES
GOT THE
SECRET
ATCHES IN
WALLET...
Blimey – one of us! Who the hell is he?
Looks like old Wally – good show! I'll pull his leg about that bint in the canteen...
Funny, Wally is slow in catching up!

als Meldefahrer, überlebt einen Anschlag und tötet den Attentäter. Er nimmt dessen Stelle ein, verschafft sich mittels eines Tricks Zugang zu der unterirdischen Höhle und dank der versteckten Helfer verhaften oder erschießen sie die Gegner.

Schon 1959 veröffentlichte die »London Daily News« diese Geschichte unter dem Titel »Murder Before Breakfast«. Später entschied Fleming, sie zusammen mit anderen in Buchform nochmals herauszubringen, war aber mit dem Titel unzufrieden. Bei Recherchen stieß er auf ein Jagd-Lied aus Cumberland mit dem Titel »D'Ye Ken John Peel«, das John Woodcock Graves 1820 geschrieben hatte. Darin hieß es:

»From the drag to the chase,
from the chase to the view
from the view to the death
in the morning ...«

Daraus schuf Fleming den Titel »From A View To A Kill«. Der 23 Seiten lange Originaltext blieb unverändert. Die Filmproduzenten verwendeten 1983 den größten Teil des Titels und machten daraus *A View To A Kill (Im Angesicht des Todes)*. Eine Motorradsequenz gab es darin jedoch nicht. Interessanterweise erschien die Kurzgeschichte aber noch unter einem weiteren Titel: In einer von Eric Ambler herausgegebenen Sammlung von Kurzgeschichten unter dem Oberbegriff »Spione Spione« ist diese Story

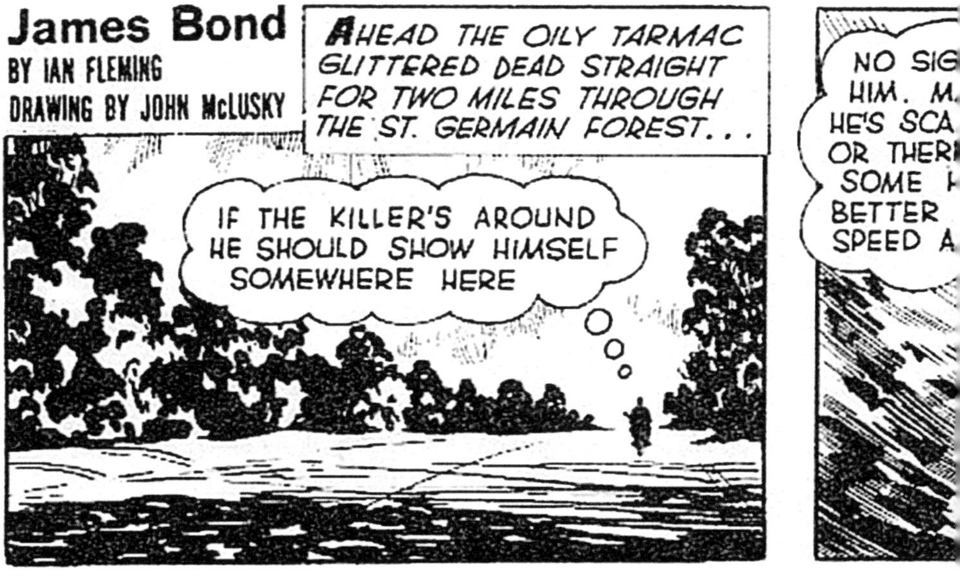

unter dem Titel »Der Meldefahrer« vertreten.

Ursprünglich hatte Fleming noch eine weitere Idee für seine Kurzgeschichte »From A View To A Kill«. In dem Roman »Moonraker«, der 1955 erschien, hatte er den Widersacher Hugo Drax eingeführt. Jetzt plante er eine Backstory für den Mann, der während des 2. Weltkriegs als Motorradattentäter agiert. Nach einem Unfall wird er in ein Krankenhaus eingeliefert, doch als das bombardiert wird, erleidet er eine Amnesie und sein Gesicht ist entstellt. Auch der Titel war zunächst ein anderer. Er lautete »The Rough with the Smooth«.

Teile von Flemings Idee sollten 1983 in den Film *Octopussy* einfließen. Der schottische Autor George MacDonald Fraser erhielt ein Jahr zuvor den Auftrag, ein Drehbuch zu verfassen. In der Pre-Title-Sequenz vor dem Hauptfilm, sollte 007 in ein Motorradrennen auf der britischen Isle of Man verwickelt werden. Auf der Insel, wo seit 1907 das berühmte Rennen Tourist Trophy stattfindet, sollte sich Bond mit einem Gangster auf einem Motorrad mit Beiwagen während des Rennens ein Duell auf Leben und Tod liefern. Leider kam es nicht dazu. Die Idee wurde gestrichen, liegt aber sozusagen »im Speicher« der Filmproduzenten. Es kann also sein, dass sie eines Tages wieder reaktiviert wird. Das ist mit anderen Sequenzen auch schon passiert.

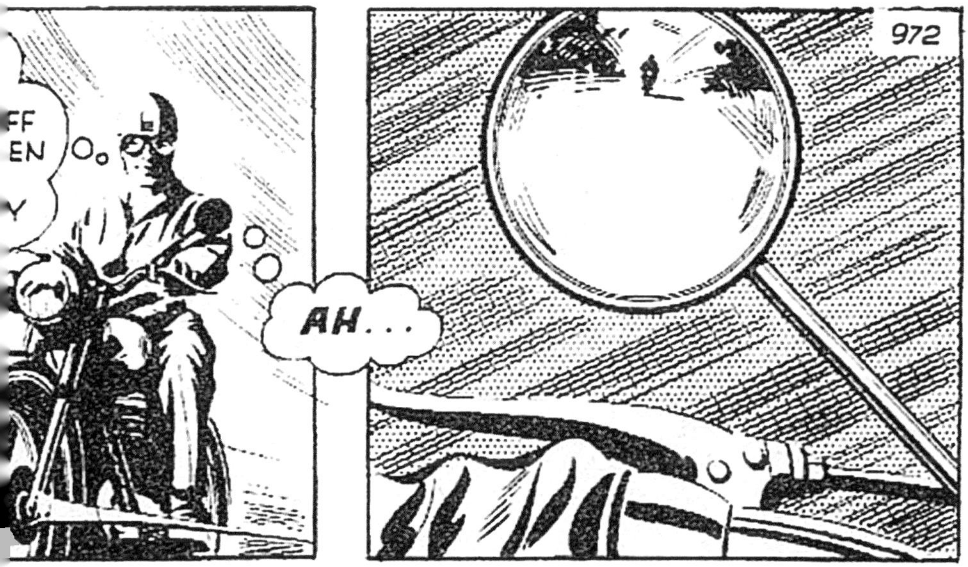

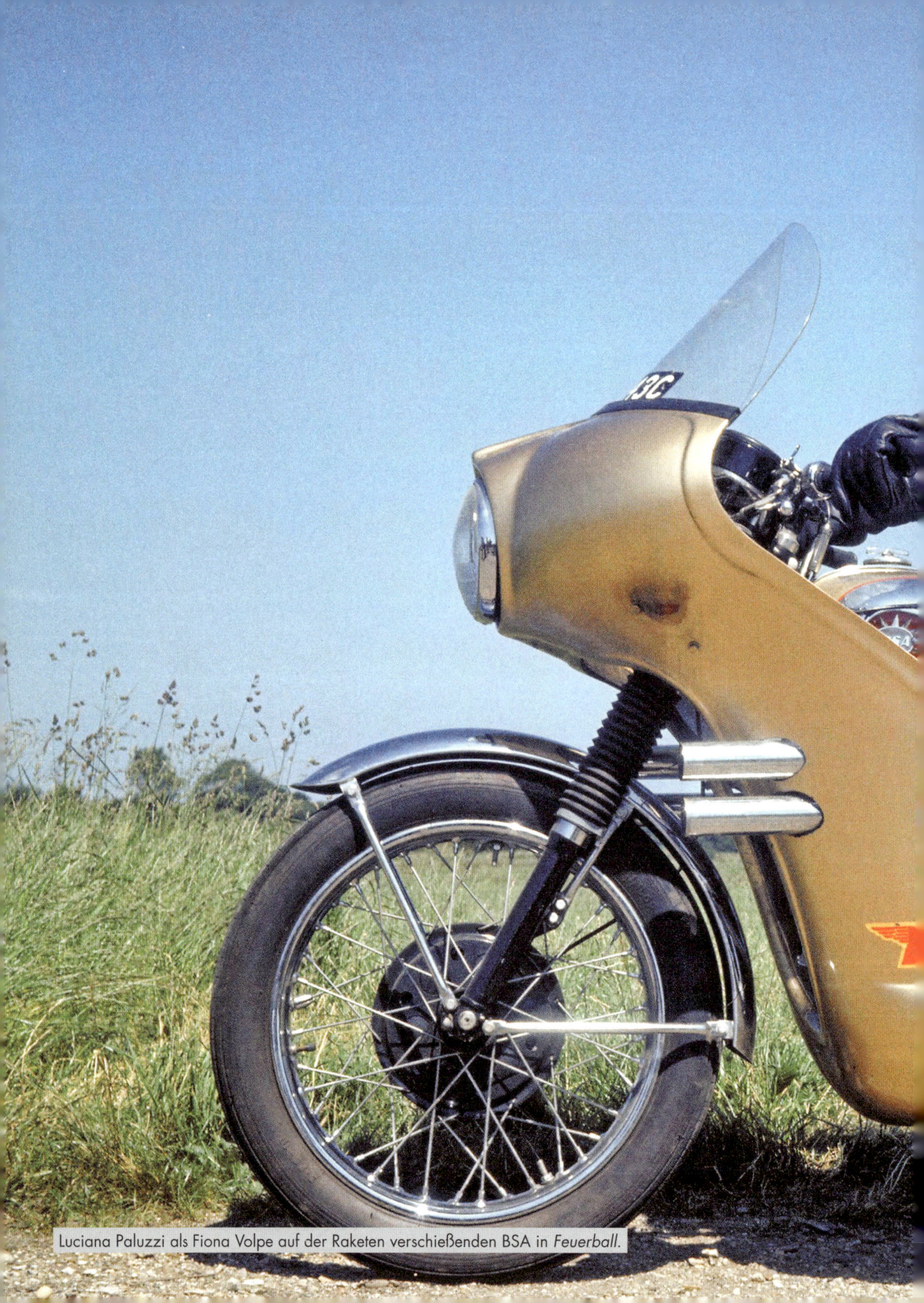

Luciana Paluzzi als Fiona Volpe auf der Raketen verschießenden BSA in *Feuerball*.

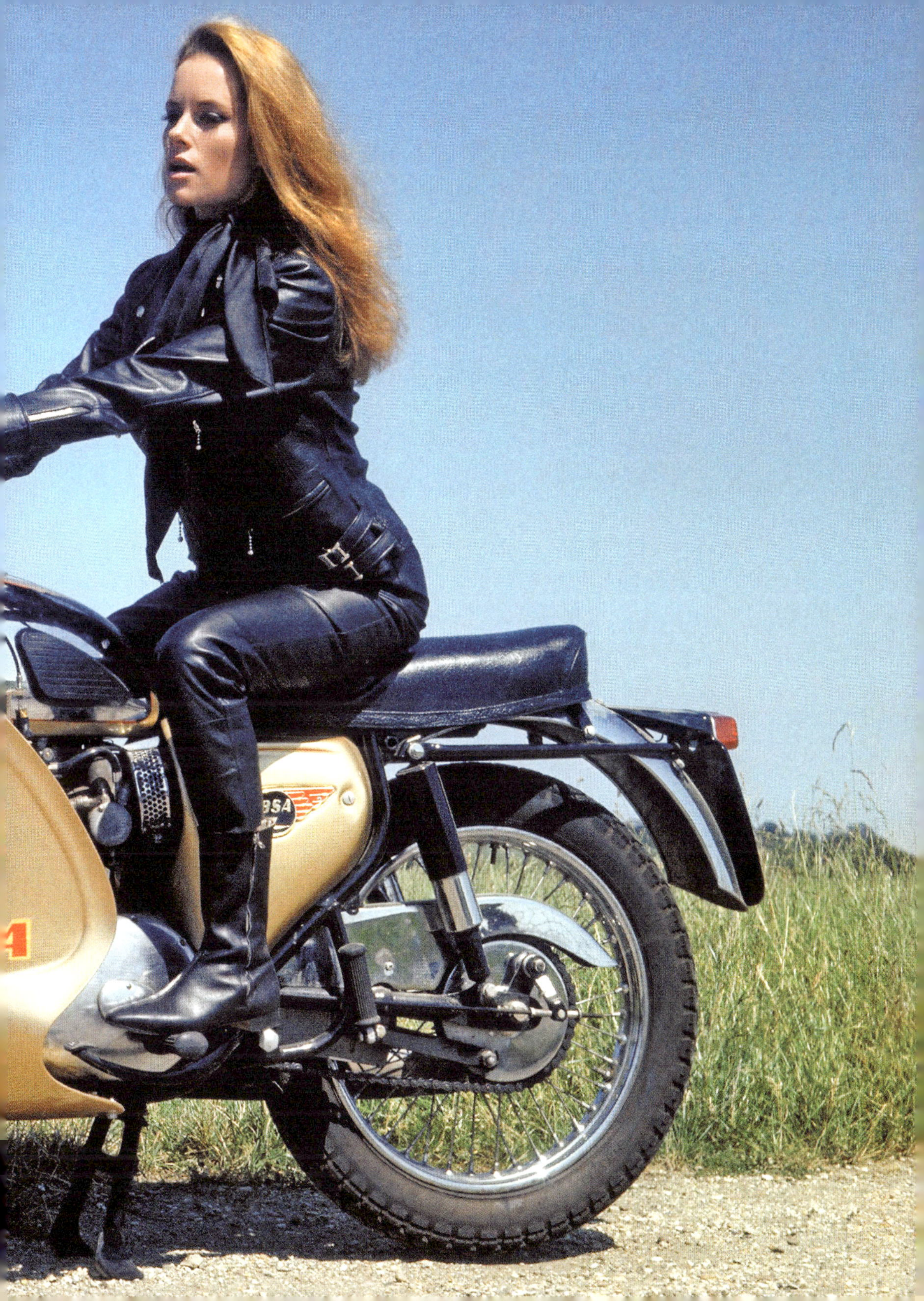
BSA

DIE BSA 650 LIGHTNING AUS *FEUERBALL* (1965)

Motorräder spielten in James-Bond-Filmen mehrfach wichtige Rollen. Eine erste spektakuläre Szene gab es bereits 1965 in dem Film *Feuerball*. Ihre Umsetzung hat unter anderem dazu beigetragen, dass der Special-Effects-Experte John Stears für seine Leistung bei diesem Film einen Oscar gewann. Er entwarf ein mit Raketen bestücktes Motorrad.

Der gefährliche Einsatz geschah bei den Dreharbeiten im Frühjahr 1965 auf der englischen Rennstrecke von Silverstone. Ursprünglich sollte auf einem noch nicht fertiggestellten Teilstück der Autobahn A 2 gedreht werden, doch schlechtes Wetter verhinderte dies. Die Filmcrew disponierte um und ging auf die Rennstrecke. Am 21. und 22. Februar 1965 inszenierte Regisseur Terence Young die Action-Sequenz. Laut Drehbuch wird Bond (Sean Connery) im Aston Martin DB 5 von dem Spectre-Agenten Graf Lippe (Guy Doleman) in einem schwarzen Ford Fairlane 500 Skyliner verfolgt. Als der Fahrer anfängt, zu schießen, und Bond sich auf seine Verteidigung vorbereitet, rast plötzlich von hinten ein goldfarbenes Motorrad heran, eine BSA 650 Lightning, feuert zwei Raketen ab und trifft zielsicher das Heck des Ford, so dass der ins Schleudern kommt und am Rande der Fahrbahn explodiert. Danach wird die schnelle BSA in einem Teich versenkt. Kein Wunder, dass Bond später in Moneypennys Büro den Satz von sich gibt: »Unglaublich was einem auf der Landstraße alles passieren kann!«

Für den Stunt lieferte BSA eine brandneue 650 ccm Lightning, die aufgerüstet wurde. John Stears las im Drehbuch, dass das Motorrad schießen kann, und arbeitete mit Albert J. (Bert) Luxford an der Umsetzung. Auf beiden Seiten der Vollverkleidung installierten sie vier sogenannte »Ikarus-Raketen«, die durch einen elektrischen Impuls ausgelöst wurden. Sie hatten eine Reichweite von etwa 800 Metern. Special-Effects-Techniker Luxford schrieb in seiner Autobiographie lakonisch: »Die üblichen alten Sachen. Raketen und so etwas.« Da er der Einzige in der Abteilung war, der sich mit Motorrädern auskannte, wurde er gebeten, die Maschine »langsam einzufah-

»DIE ÜBLICHEN ALTEN SACHEN. RAKETEN UND SO ETWAS.« —SPECIAL-EFFECTS-TECHNIKER BERT LUXFORD ÜBER DIE AUSSTATTUNG DER BSA

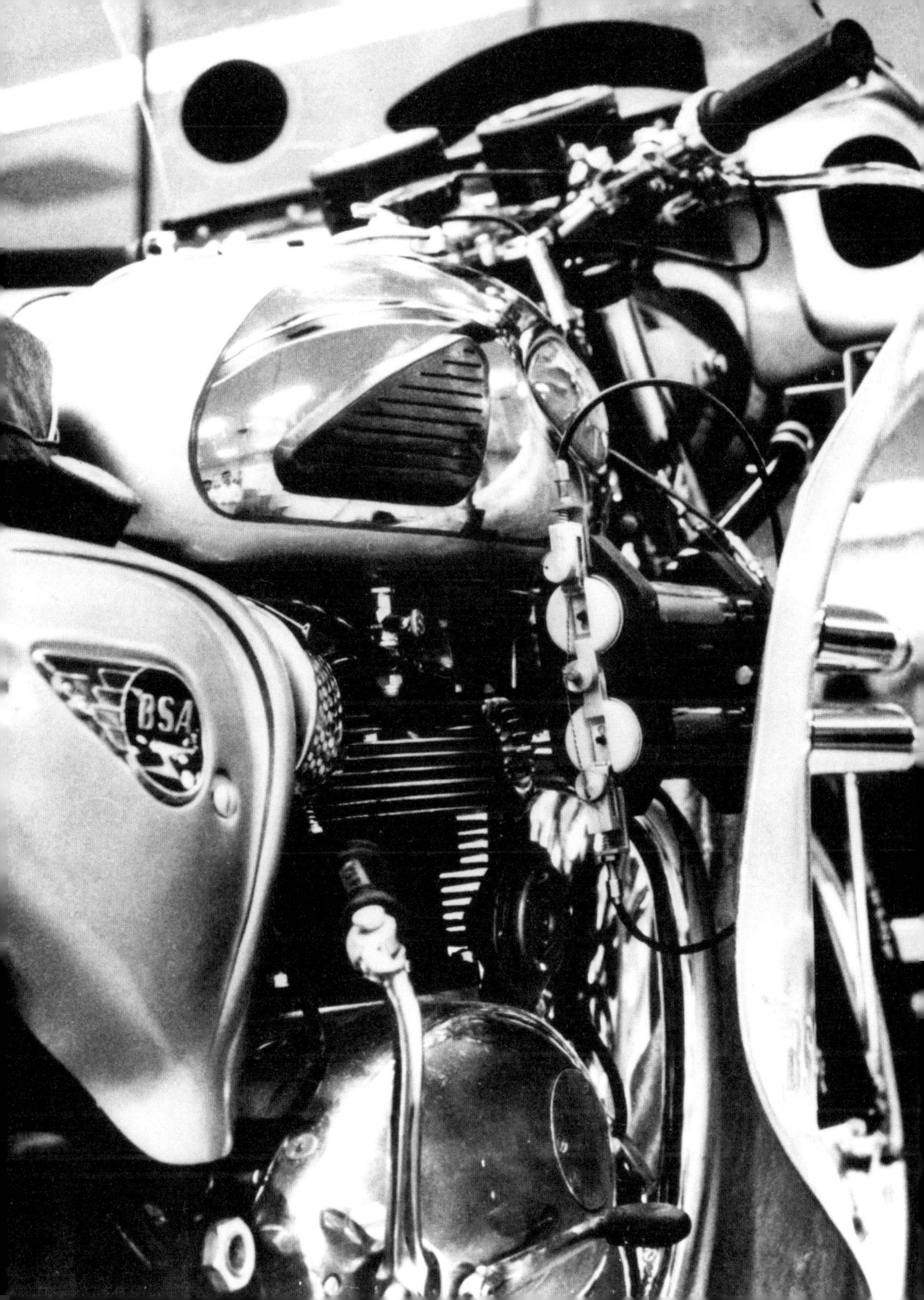

Werbe-Aufnahme mit der BSA und Luciana Paluzzi.
Warum nur steht sie auf den Fußrasten?

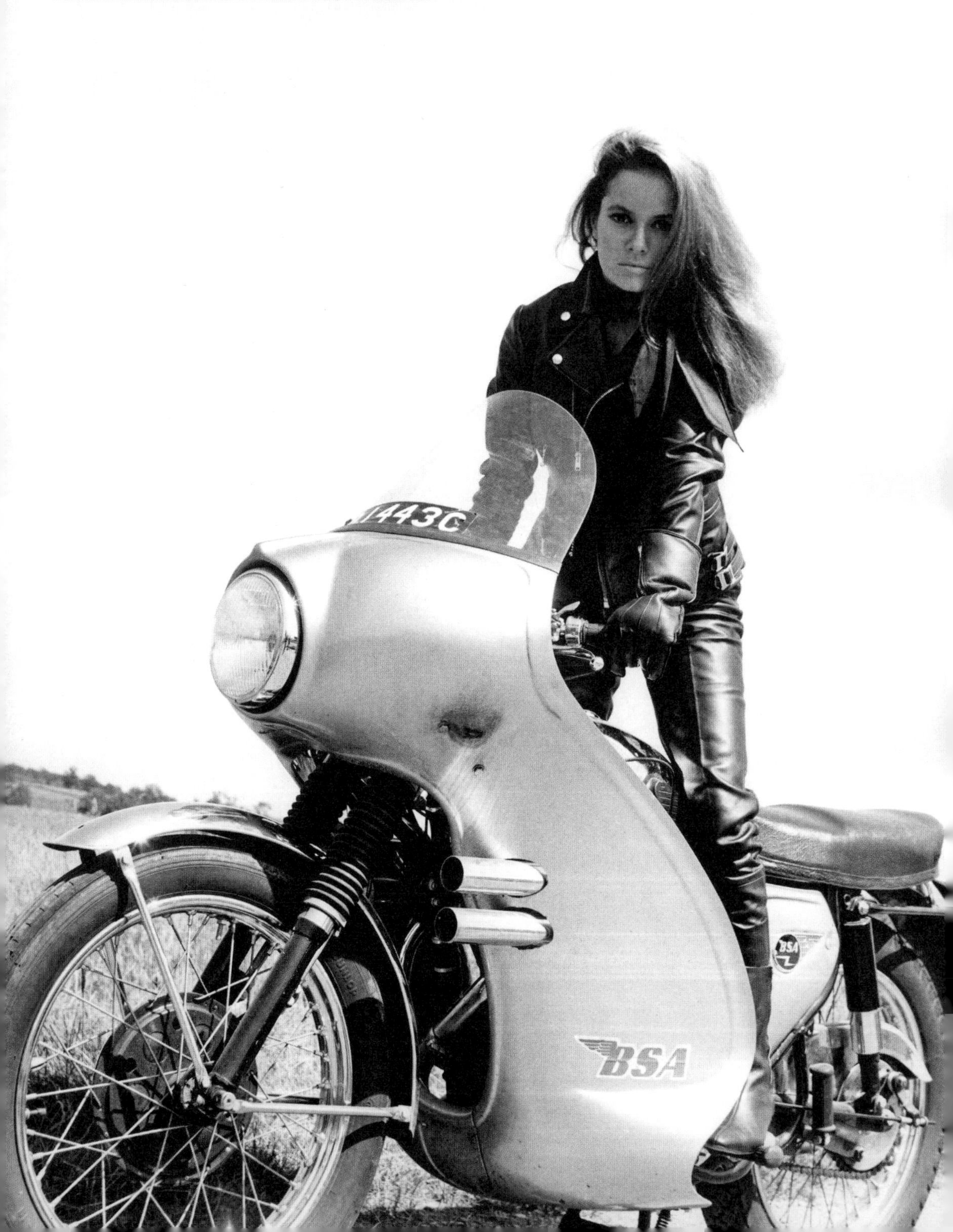

ren«. Also fuhr er damit täglich von Zuhause zum Studio und wieder zurück. »Ich habe das Motorrad damals immer abends vor meinem Haus geparkt. Das wäre heute nicht mehr möglich.«

Die sehr effektiven vier Raketen kosteten in der Herstellung jeweils nur zehn Dollar. Die Spezialeffekte-Künstler verwendeten eine aus der Artillerie erprobte Technik. Die Zündung erfolgte durch eine Patrone Kaliber 38. Die Raketen detonierten erst beim Aufschlag auf das Blech. Zwei enthielten Napalm, zwei Schwarzpulver.

Da die Rennstrecke von Silverstone überhaupt nicht der »Landstraße« aus dem Dialog zwischen Bond und Moneypenny entsprach, wurde zunächst ein bisschen improvisiert. Die Set Dekorateure sorgten für Zäune und Bäume, Straßenmarkierungen und sogar eine »AA« Box, ein Telefonhäuschen der »Automobile Association«. Da die Strecke über viele Kurven verfügt und nur wenige Geraden, fuhren das Motorrad, der DB 5 und der Ford zum Teil im Kreis, ehe sie wieder an derselben Geraden ansetzten. Aus Sicherheitsgründen, und falls mal etwas

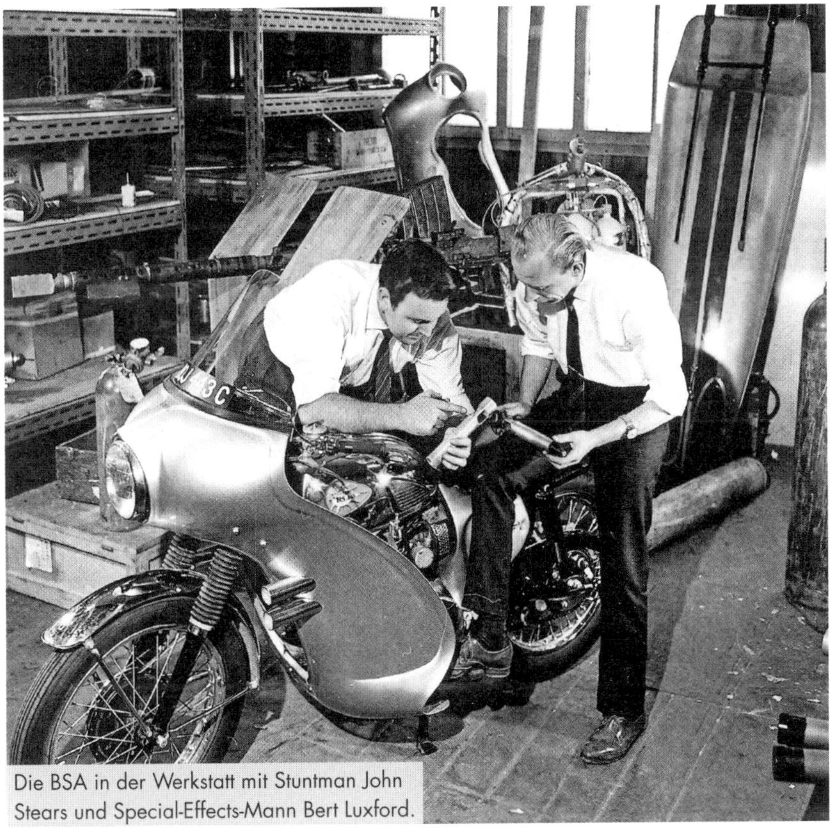

Die BSA in der Werkstatt mit Stuntman John Stears und Special-Effects-Mann Bert Luxford.

schief gehen sollte, besorgte man sich auch gleich ein zweites Motorrad, wenn auch eine BSA A10. Die wurde restauriert, goldfarben lackiert und erhielt auch die explosiven Raketen. Da beide aber optisch nicht ganz identisch waren, kam es bei den Aufnahmen zu Anschlussfehlern. Doch der Reihe nach.

BSA hatte sich den Motorradchampion und Tourist Trophy Gewinner Chris Vincent als Pilot der BSA gewünscht, denn schließlich sollte der zum Filmstart das Motorrad auch noch bewerben. Doch da der an dem anberaumten Drehtag zu einem Renntreffen musste, sprang Johnny Walker ein. Stuntman George Leech saß für Connery hinter dem Steuer des Aston Martin. Bob Simmons, der den Schotten sonst in allen gefährlichen Szenen doubelte, übernahm den Part des Ford-Fahrers. Da man Guy Doleman, dem Darsteller des Graf Lippe, nicht zumuten wollte, selbst zu fahren, installierte man einen Dummy auf dem Fahrersitz und baute für Simmons eine Plattform auf der Beifahrerseite. Die Tür wurde entfernt. So war er nicht zu sehen, konnte aber dennoch steuern. Genügend Abstand zum Fahrersitz war auf jeden Fall wichtig, denn hinter diesem hatte John Stears zwei fünf Gallonen (etwa 38 Liter) schwere Tanks mit Benzin deponiert, die in den Explosivstoff Kordit eingewickelt waren und von Simmons nur durch eine extra breite Scheibe Sicherheitsglas getrennt waren. Die Raketen waren zwar echt, aber es war nicht si-

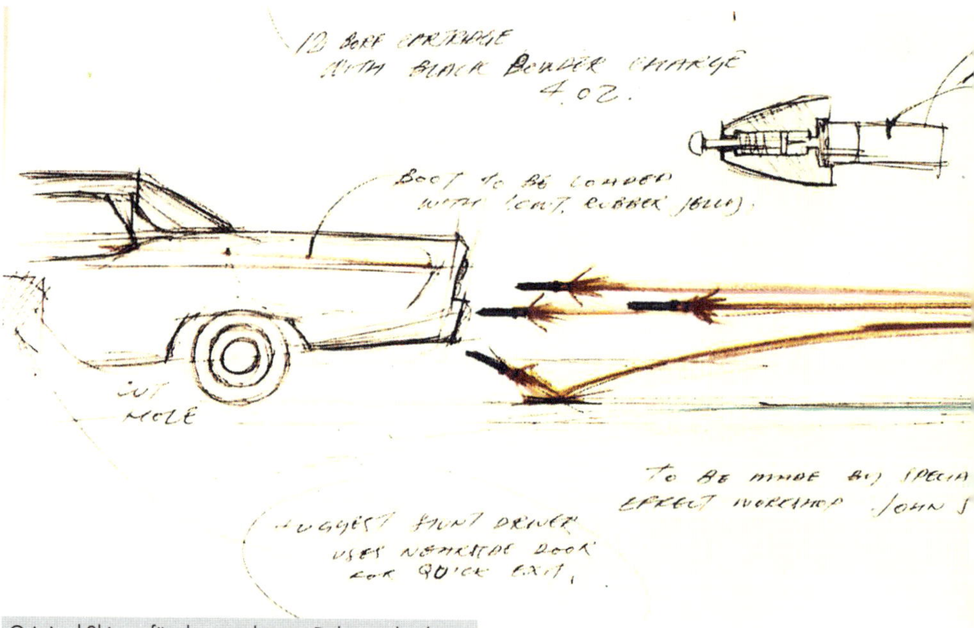

Original-Skizze für den geplanten Raketenabschuss.

cher, dass Simmons Auto auch im richtigen Moment explodierte. Es war abgemacht, dass er die feurige Fracht hinter sich mit einem verdeckten Schalter zündete. Von einem vorneweg fahrenden Kamerawagen, übrigens einem Rolls Royce, wurde alles aufgenommen. Die geplante Explosion erfolgte im richtigen Moment. Simmons entstieg wohlbehalten dem Seitenbrett, doch Regisseur Terence Young war nicht zufrieden, da das Licht gewechselt hatte. Daher wurde einen Tag später nochmals gedreht. Da Johnny Walker an dem Tag nicht konnte, doubelte der englische Motorradchampion Bill Ivy für die rothaarige italienische Schauspielerin Luciana Paluzzi und trug trotz heller Haare eine passende Perücke.

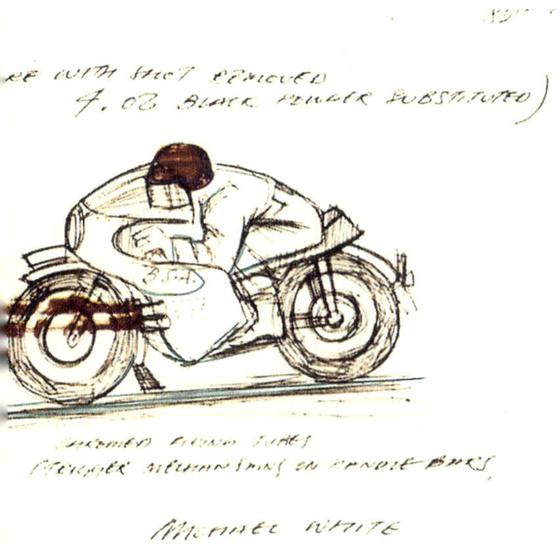

> **»DU BASTARD, ICH HABE GEDACHT, DU BIST TOT!« —REGISSEUR TERENCE YOUNG ZU STUNTMAN BOB SIMMONS**

Am 22. Februar 1965 drehte man das Ganze also nochmals. Der Start verlief wie geplant. Stears: »Das Auto fuhr etwa 60 bis 70 Meilen, und das Motorrad etwa 100 Meilen (160 km/h), um rechtzeitig von den Trümmern wegzukommen.« Als das Motorrad einen bestimmten Punkt überquerte, löste Bill Ivy auf der BSA den Auslöser aus, und zeitgleich brachte Simmons im Ford sein Benzin zur Explosion. Da man alles in einem Take drehen wollte, musste die Abstimmung perfekt funktionieren. Das gelang auch, doch dann kam es zu Komplikationen, denn erstens flogen die Raketen »überall durch die Gegend«, wie sich John Stears später erinnerte. »Die Rohre waren ja sehr kurz, so konnte man nicht erwarten, dass sie auch in eine bestimmte Richtung flogen.« Dadurch, dass die Kameraeinstellung aber sehr eng gewählt war, waren die durch die Gegend fliegenden Raketen nicht zu sehen.

Nach der großen Detonation des wiederhergestellten Wagens, hüllte ein Flammenmeer den Auto fahrenden Stuntman Bob Simmons ein. Sein Rücken begann zu brennen. Er fuhr schneller, aber es half nichts. Ohne zu wissen, ob es etwas nützt, sprang Simmons vom Auto, das immerhin fast 70 km/h fuhr, überschlug sich ein paar Mal und landete am Rande der Strecke in den Büschen. Entsetzt raste die Crew hinter dem brennenden Wagen her, sah, dass aus dem Wagen die Flammen loderten und vermutete Simmons noch im Auto. »Ich lag für einen Moment im Gras, sammelte mich und dachte über das nach, was gerade geschehen war. Ich fühlte mich aber sicher und empfand keine Panik«, so der Stuntman später. »Ich war etwas angesengt, schwarzer Ruß war überall, aber die Knochen waren intakt und nichts war gebrochen. Dann stand ich langsam auf und fragte mit ruhiger Stimme Terence Young: Wie war das? Er drehte sich um und sagte: Du Bastard, ich habe gedacht, du bist tot!«
Jetzt fehlte nur noch die Szene, in der das Motorrad in einem Teich versenkt wurde. Man wählte dafür die Seenlandschaft in Harefield, in West London. Dafür war dann tatsächlich Schauspielerin Luciana Paluzzi im Einsatz. Sie lauschte den Anweisungen von Regisseur Terence Young, nahm den Helm ab, ließ ihr schönes, wallendes, rotes Haar zum Vorschein kommen und schubste nicht die Lightning, sondern die BSA A 10 den Abhang herunter. Ein Take, und die Szene war im Kasten.

KOMISCHES UND WISSENSWERTES

Während der Dreharbeiten wurde Bert Luxford gebeten, die BSA 650 Lightning zu einem Fototermin in die Londoner Wardour Street zu bringen. Als

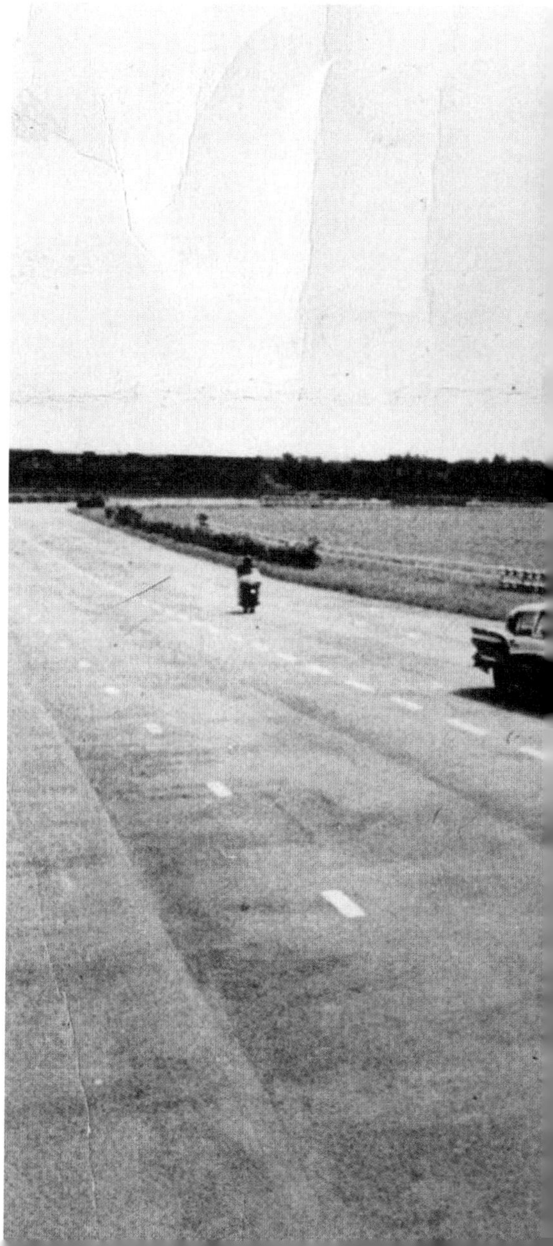

er die Cromwell Road entlang fuhr und an einer roten Ampel anhalten musste, stoppte zufällig ein Polizeiwagen neben ihm. »Das Fenster ging runter, und der Polizist signalisierte mir an den Straßenrand zu fahren«, so Luxford. »Was ist das genau, fragte er, und deutete auf die Rohre in der Verkleidung. Rohre für Raketen, antwortete ich sogleich, und nach ein paar Minuten der Erklärung, dass das für einen Film sei, waren sie sehr nett und eskortierten mich sogar zur Wardour Street! Heute hätte man mich vermutlich einge-

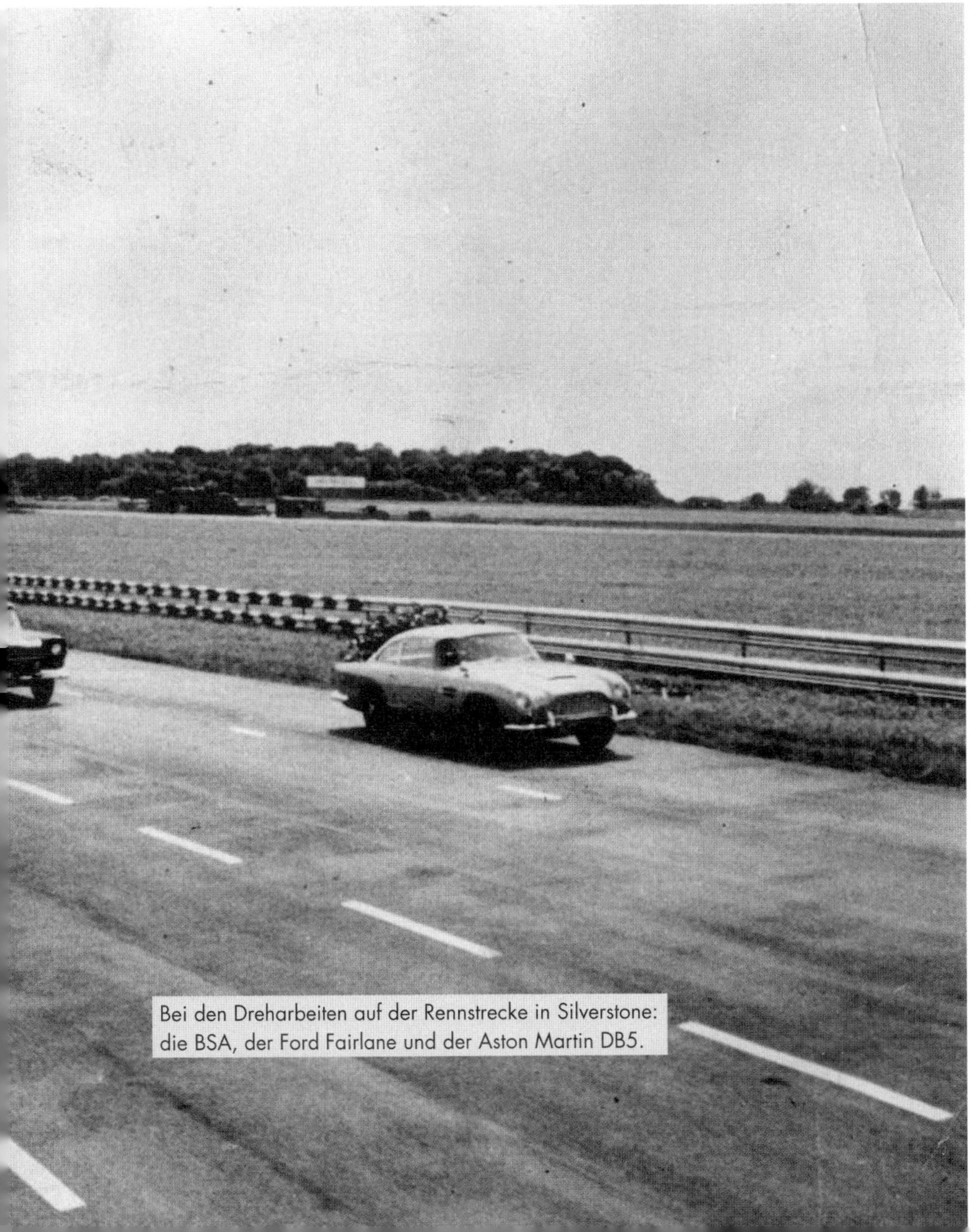

Bei den Dreharbeiten auf der Rennstrecke in Silverstone: die BSA, der Ford Fairlane und der Aston Martin DB5.

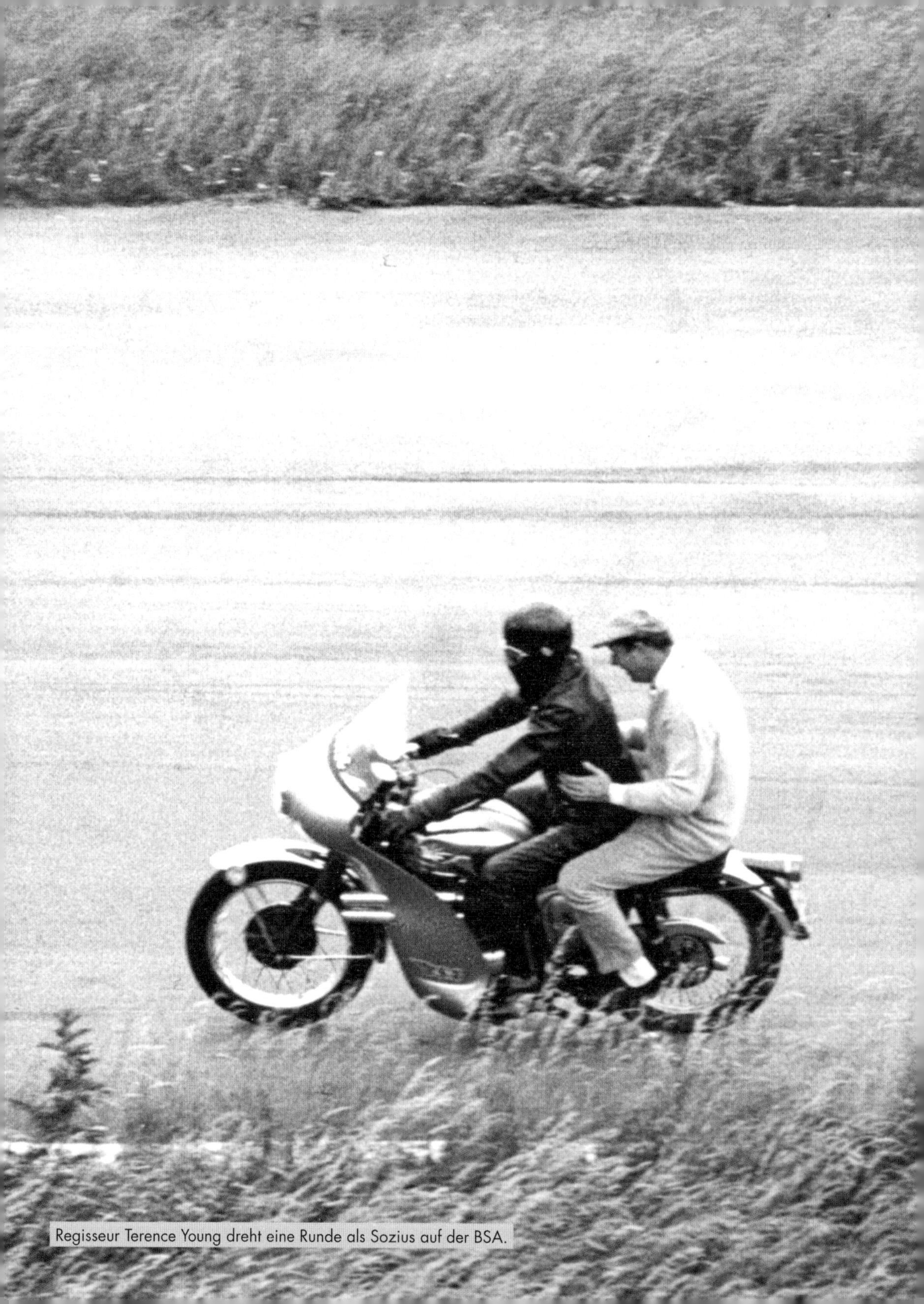

Regisseur Terence Young dreht eine Runde als Sozius auf der BSA.

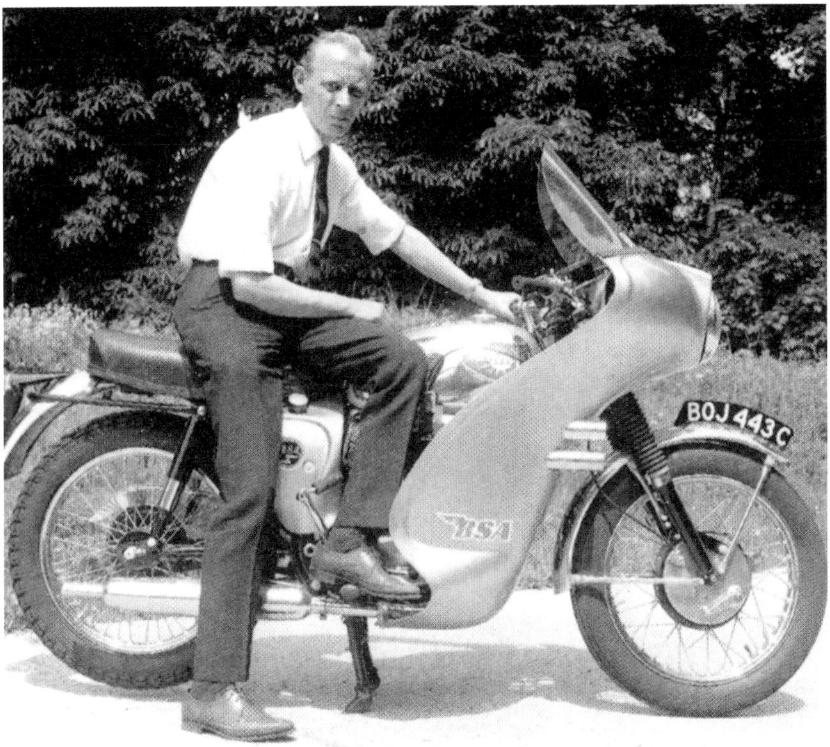

Bert Luxford mit dem »Motorrad-Double«, einer BSA A10.

sperrt, bevor sie meine Erklärung gehört hatten.«

Die BSA sollte ursprünglich, ähnlich wie ein Tintenfisch, am Ende der tödlichen Attacke Nebelwolken ausstoßen, wenn auch grüne, um schneller zu verschwinden und nicht verfolgt werden zu können, doch man verzichtete auf die Umsetzung dieser Idee.

Während der Actionsequenz sind verschiedene Motorräder zu sehen, denn mal erscheint das rote BSA Logo am unteren Ende der Vollverkleidung und mal nicht. Das Motorrad, das am Ende in den Teich geschubst wurde, verfügte über das rote BSA Logo an der Vollverkleidung. Es war die BSA A10.

Nach Ende der Dreharbeiten wurde das im Teich versenkte Motorrad wieder herausgeholt, restauriert und zurückgebaut. Techniker Bert Luxford erwarb es. Später wurde es im Cars of the Stars Museum im nordenglischen Keswick ausgestellt und dann nach Miami verkauft. Das andere Motorrad wurde an verschiedenen Orten ausgestellt. So stand es etwa auf der Brighton Motorrad Show, die im September 1965 im Metropole Hotel Ausstellungszentrum stattfand. Tommy

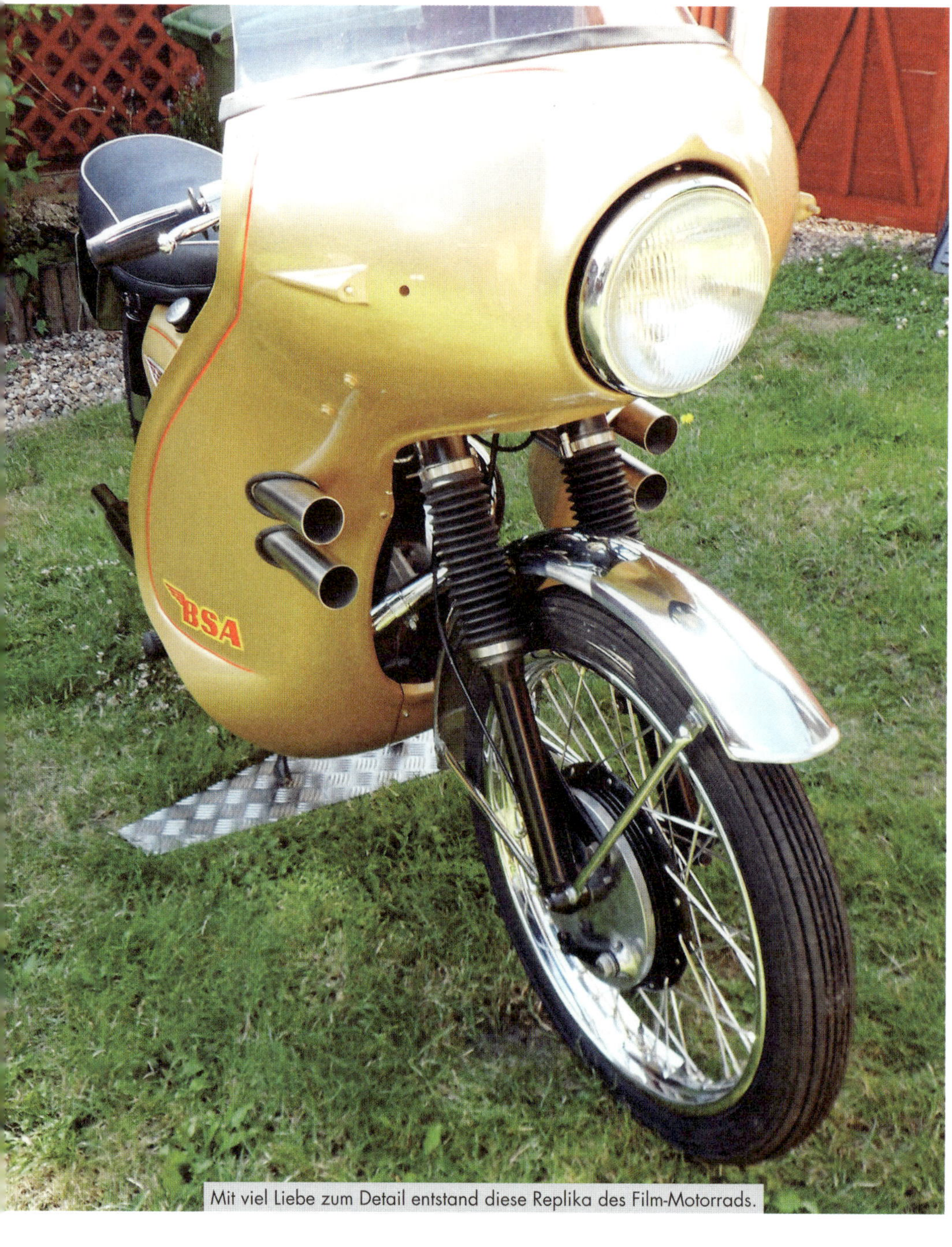

Mit viel Liebe zum Detail entstand diese Replika des Film-Motorrads.

Green, der in den Pinewood Studios arbeitete, bekam es im Anschluss.
BSA warb nach Ende der Dreharbeiten mit auf James Bond bezogenen Plakaten für ihre Fahrzeuge. So sieht man z. B. ein Motorrad am Strand, dahinter einen Mann im Taucheranzug und eine Frau im Badeanzug, die auch noch eine Harpune in der Hand halten. Darunter steht der Text: »Move ... into the Bold World of BSA.« Die Italienerin Luciana Paluzzi posierte im schwarzen Lederanzug auf der BSA, obwohl sie das Motorrad ja nie gefahren ist, sondern nur in den Teich befördert hat. Ein weiteres Motiv ist noch komischer: Sie steht im schwarzen Lederoutfit neben einer hellblauen Vespa.
In den Jahren 2000 bis 2002 baute eine Gruppe von Italienern eine exakte Replika der BSA und bot sie später in England für rund 7.500 Pfund (knapp 10.000 Euro) an. Kennzeichen GE II 5482. Das Motorrad wurde 2014 nach Kanada verkauft, immer mal wieder ausgestellt und lange Zeit wieder angeboten. Der Preis betrug später 13.800 US Dollar (etwa 12.700 Euro).
Zu den besonderen Besitzern einer BSA zählte übrigens auch eine Zeitlang George Lazenby. Noch während der Dreharbeiten von *Im Geheimdienst*

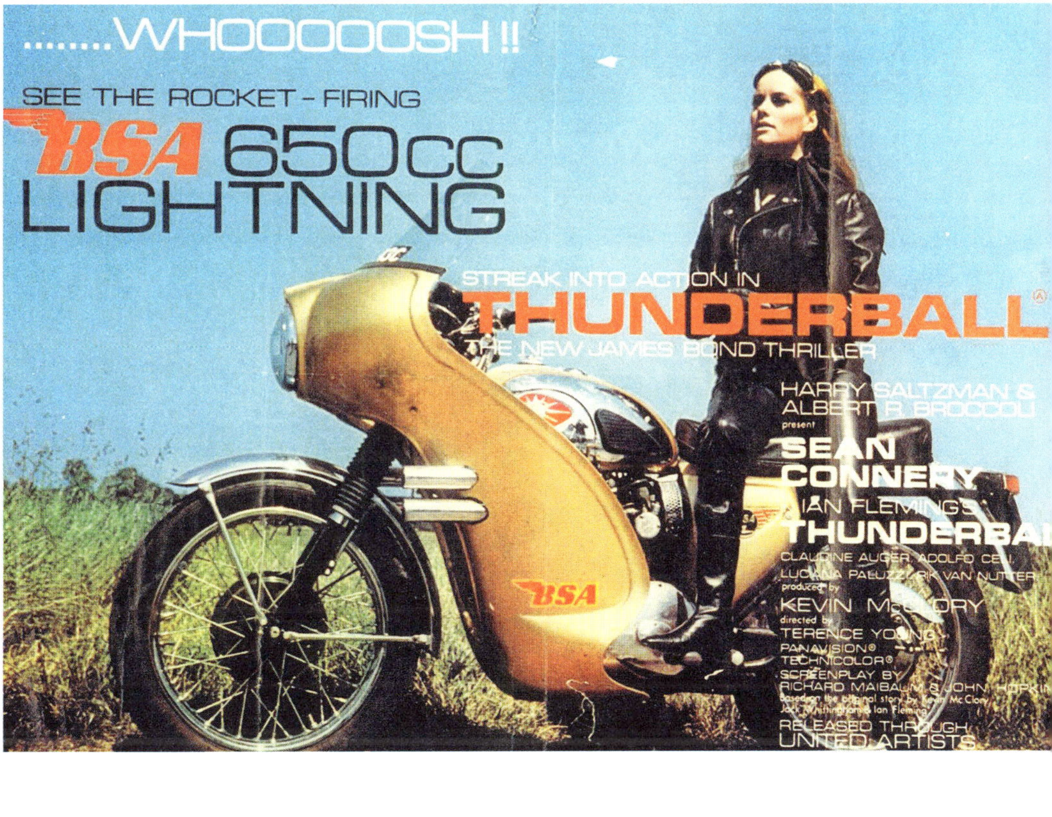

Ihrer Majestät im April 1969, besuchte der Australier, der seit seiner Teenagerzeit Mopeds und Motorräder besaß, das Werk in Birmingham und kaufte das erste Dreizylinder-Modell, das es damals in Großbritannien gab. Es war eine 750cc BSA Rocket 3, die die Fachpresse damals als »Super Bike« bezeichnete und die mehr als 150 Meilen schnell fahren konnte. Damit raste der damals 29jährige gerne mal auf der M 4 zu den Pinewood Studios. Er nahm auch mehr-

Ein großer Zweirad-Fan war Bond-Darsteller George Lazenby, hier auf seiner BSA Rocket 3.

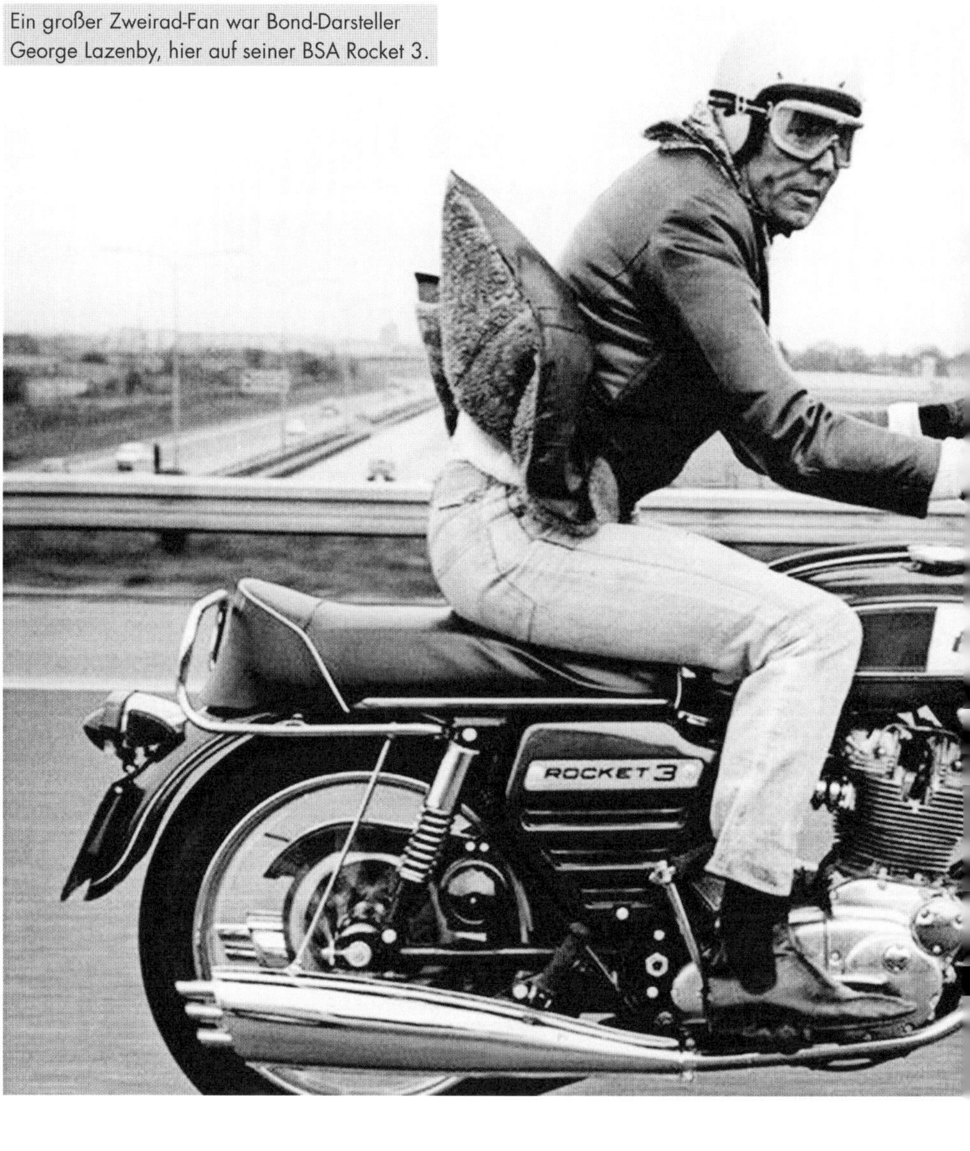

fach Barbra Streisand auf dem Rücksitz mit, mit der er damals eine Affäre hatte. Als die Produzenten Saltzman und Broccoli davon Wind bekamen, konfiszierten sie sein Spielzeug, weil sie Angst hatten, dass ihm was zustößt.

DATEN UND FAKTEN

Modell: BSA 650 Lightning / BSA A10
Farbe: Gold
Bauzeit: 1965 – 1972/1950 – 1962
Stückzahl: unbekannt, von dem 1964/65 gebauten Modell BSA 650 Lightning Clubman, einer Rennversion, entstanden nur rund 200 Stück
Motor: Zweizylinder-Viertakt-Reihenmotor mit 650 ccm / 647 ccm
Leistung: 52 PS/35 PS
Kennzeichen: BOJ 443 C
Höchstgeschwindigkeit: 174 – 180 km/h/160 km/h
Screen Time des Motorrads: 25 Sekunden

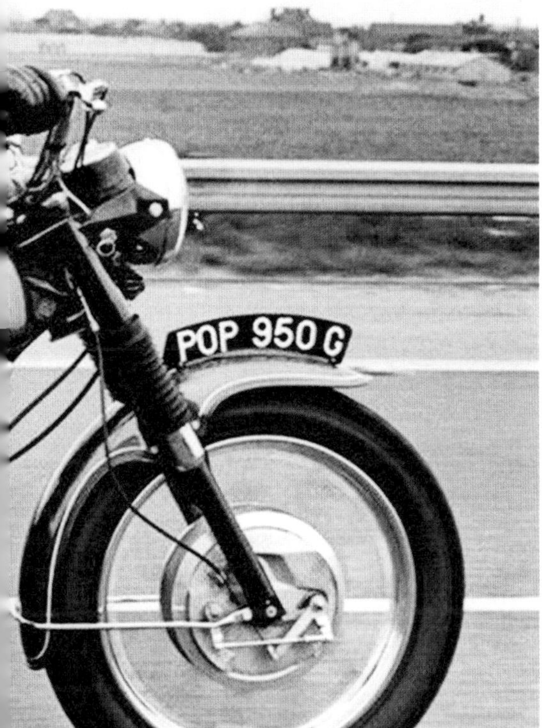

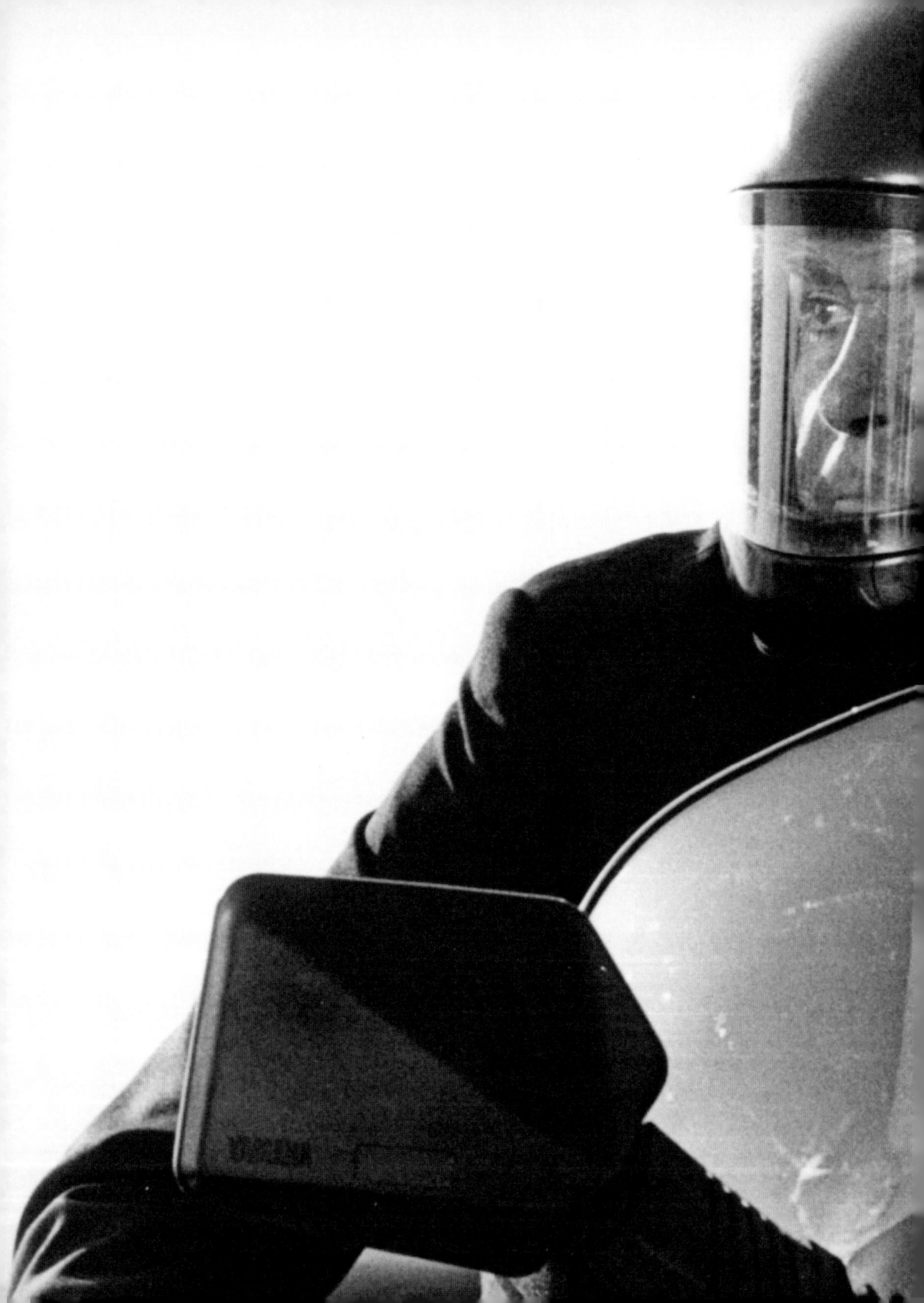

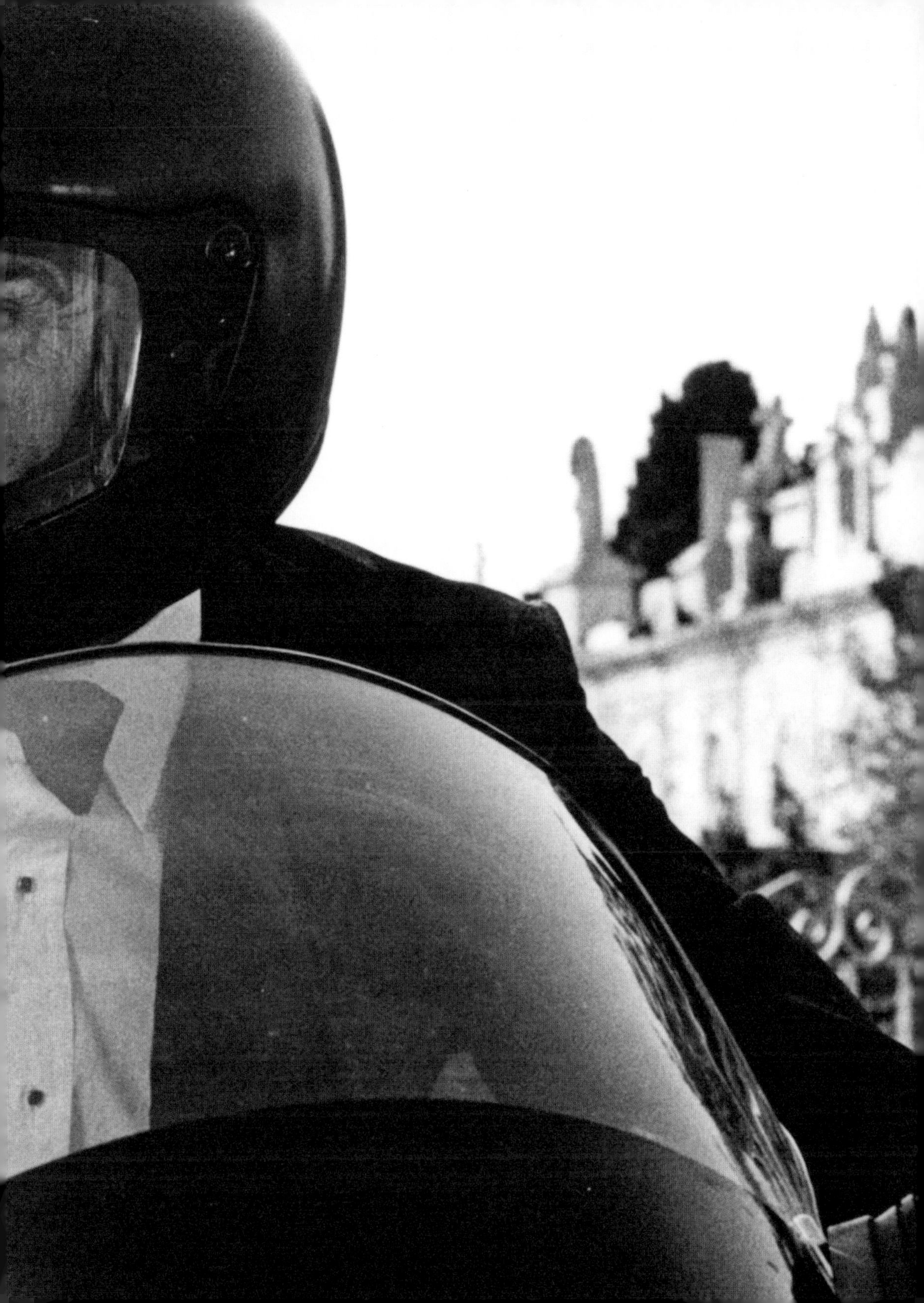

DIE YAMAHA XJ 650 TURBO AUS *SAG NIEMALS NIE* (1983)

Für das Remake des James Bond Films *Feuerball* (1965), in dem damals eine mit Raketen bestückte BSA 650 ccm Lightning eine Rolle gespielt hatte, konzipierten die Macher von *Sag niemals nie* eine variantenreiche Motorradverfolgungsjagd. Dafür wurde der amerikanische Stuntman und frühere Moto-Cross-Champion Michael Runyard engagiert, der Sean Connery im Motorradfahren unterrichtete und in den gefährlichsten Szenen selbst fuhr.

Die gesamte Sequenz spielt an der französischen Cote d'Azur, wurde dort und auf den Bahamas gedreht. Sie entstand im Oktober und November 1982 in Menton, Antibes und Villefranche-sur-Mer sowie im Februar 1983 in Nassau. In der Sequenz verfolgt Bond auf einer schwarzen Yamaha XJ 650 Turbo die von Barbara Carrera gespielte Killerin Fatima Blush, die nach einem Mord an Bonds Kollegin in einem roten Renault 5 Turbo 2 davonfährt.

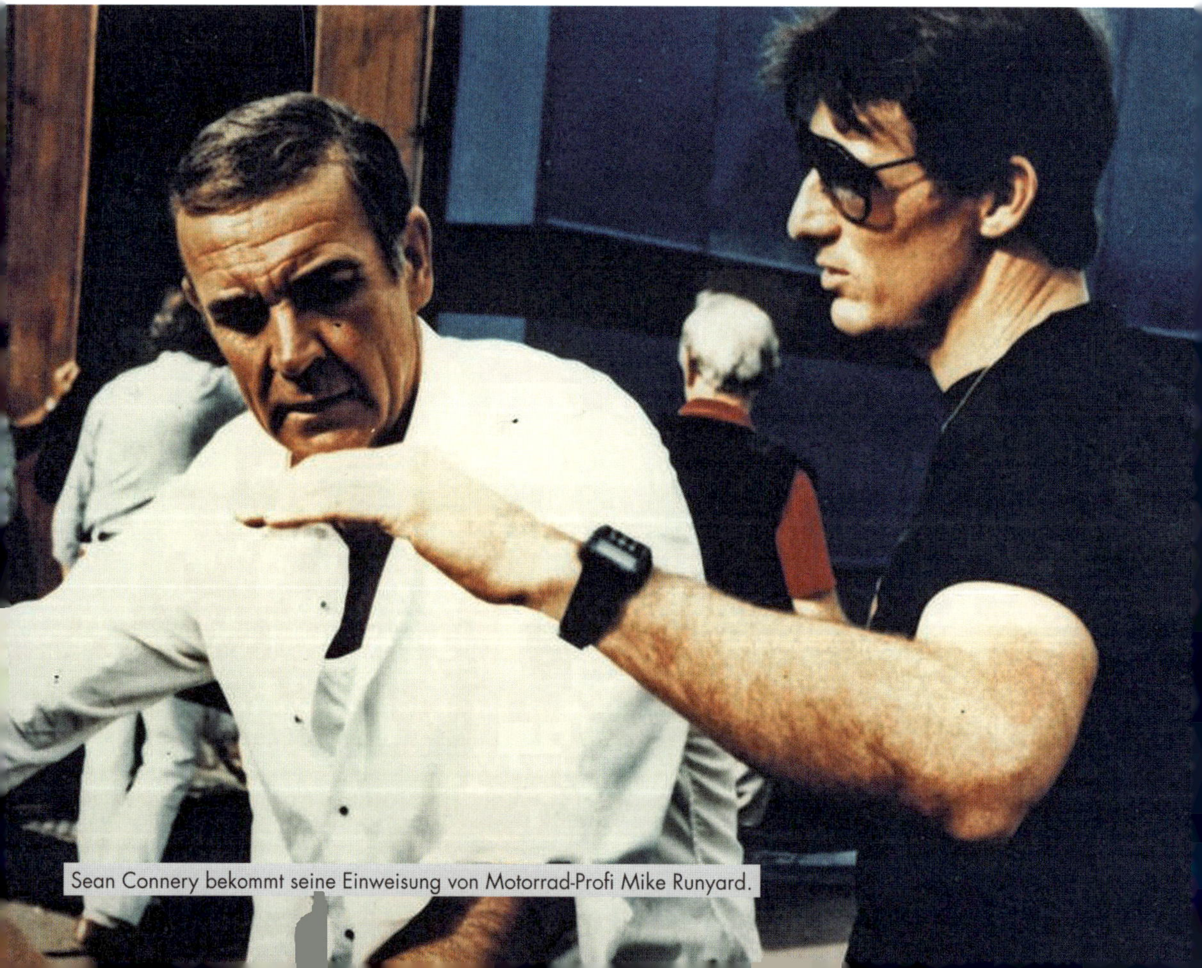

Sean Connery bekommt seine Einweisung von Motorrad-Profi Mike Runyard.

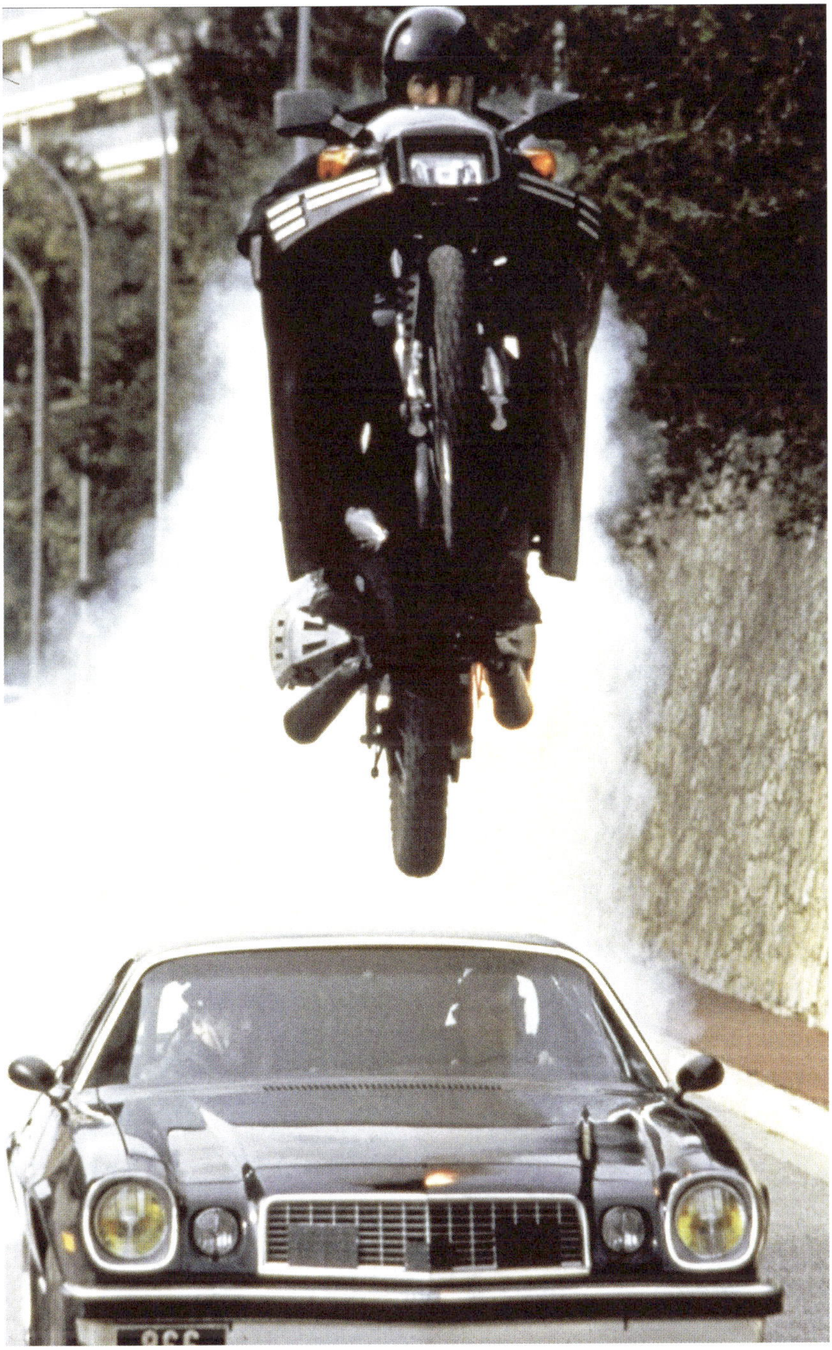

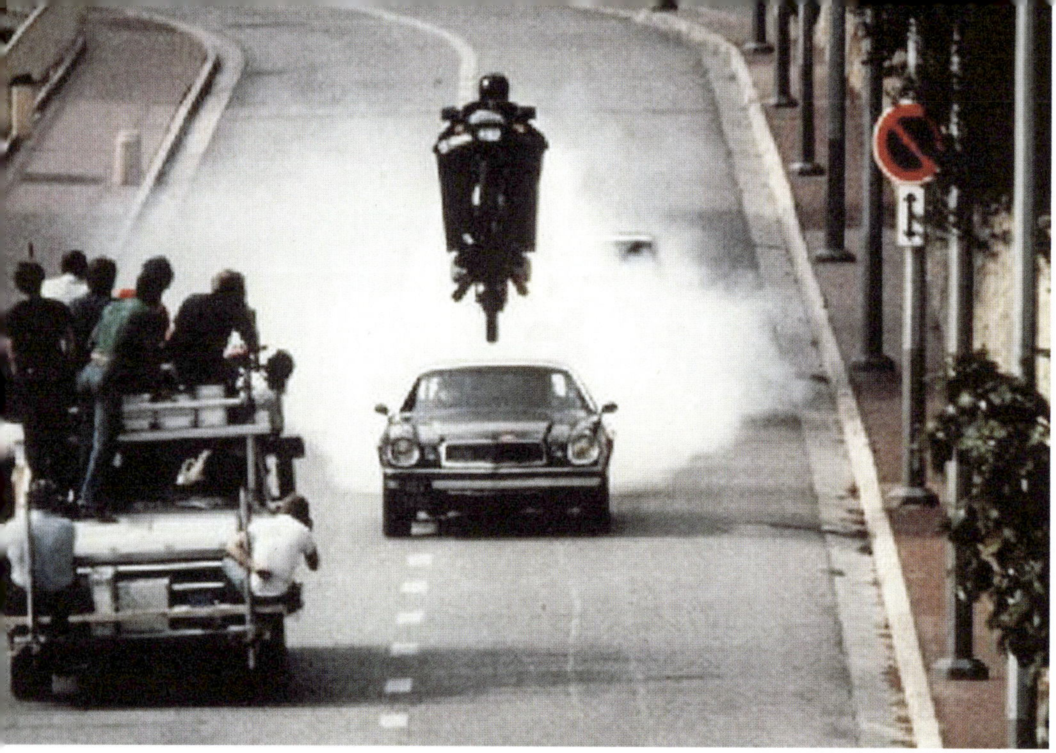

Zunächst rast Bond aus der Garage der Villa La Castelet, die oberhalb von Villefranche-Sur-Mer liegt, bringt das Vorderrad hoch, schlittert unter einem Lkw hindurch, fährt nur auf dem Hinterrad Treppen hinauf und auf beiden wieder hinunter. Mit Hilfe von Verfolgern wird er in einem Tunnel beinahe in einen Lkw eingesperrt. Doch kurz bevor die Laderampe schließt, springt er vom Lkw wieder herunter. Später gibt es zwei weitere spektakuläre Sprünge. Runyard rast in voller Fahrt über einen Chevrolet Camaro und springt dank angedeutetem Turbo Antrieb über eine Landzunge. Fatima Blush versucht ihn unterwegs einzufangen und weist ihre Helfer mit den deutlichen Worten »Er gehört mir!« an, doch das erweist sich, wie gerade beschrieben, als schwieriger als gedacht.

Letztendlich wird Bond in einem Bootslagerhaus mit Hilfe eines unerwartet hervor schwingenden Segelmastes von der Maschine geholt und sitzt plötzlich auf seinem Hintern der Killerin gegenüber. Nicht überraschend für 007 entkommt er aber auch dieser Situation natürlich unbeschadet.

Mit einer herkömmlichen Yamaha Turbo war das nicht zu machen, also kamen für die Szenen neben mindestens sechs Motorrädern vom Typ Yamaha XJ 650 Turbo, so Mike Runyard, auch mehrere Yamaha vom Typ TT 500 für die Sprünge zum Einsatz. Nach Aussagen des amerikanischen Stuntfahrers waren es insgesamt etwa zehn bis zwölf Motorräder, die bei den Dreharbeiten im Oktober und November 1982 in Frankreich eingesetzt wurden. »Ich wollte ein Motorrad mit einer besseren Federung, das anzugskräftig, leicht genug und verlässlicher war als die Turbo«, so der Stuntman. Das wurde dann mit einer falschen Vollverkleidung versehen, deren Aussehen an die der Yamaha Turbo angelehnt war. Zusätzlich waren an der Seite silberne Verkleidungen angebracht, die für den Raketenantrieb stehen sollten. Gut zu sehen sind im Film auch noch die Speichenfelgen der TT 500 sowie Reifen mit Geländeprofilen, die die XJ 650 Turbo nie hatte. Sie wog auch nur 123 Kilogramm, im Gegensatz zu der 262 Kilo schweren Turbo.

Für die Szenen ohne die Sprünge kamen – abgesehen von den gehärteten Felgen – Serienmodelle zum Einsatz. Bei dem Rutscher unter dem Lkw wurde eine Vorrichtung installiert, mit der die Special-Effects-Techniker das Motorrad darunter hervorziehen. Bei dem Sprung von der Laderampe eines Lkw herunter, baute man für den Stuntman im Laster eine zusätzliche kleine Rampe.

Die Idee war, dass Bond dank Turbo-Antrieb einen ihn verfolgenden goldgelben Peugeot 604, der ihn von hinten rammt, narrt, in dem er über den vor ihm fahrenden schwarzen Camaro springt. Dafür setzte man an das Heck des Camaro eine Schanze an. Runyard fuhr in voller Fahrt auf das verlängerte Heck des Camaro und sprang darüber hinweg. Kurz bevor er abhob, aktivierte er auf Knopfdruck Rauchkanister, die für den Raketeneffekt sorgten. Bei der Landung flog ein Teil der vorderen Verkleidung weg. Ihm zerplatzte das Vorderrad, aber der erfahrene Stuntman konnte das Fahrzeug aufrecht halten, fuhr rechts ran und verschnaufte erst einmal.

In einem Gespräch mit dem britischen Autor Ajay Chowdhury erzählte Regisseur Irvin Kershner von einem weiteren geplanten Effekt: »Zuvor war abgesprochen, dass die Yamaha über kleine Schwingen oder Flügel verfügen und diese ausklappen sollte, um durch den Raketenantrieb noch weiter zu fliegen. In der Nacht vor dem Drehbeginn rollten sie das Motorrad aus dem Lkw. Ich sagte: Zeigt mit die Flügel. Dann wurde mir gesagt, dass die gestrichen wurden. Auf Nachfrage hieß es dann, sie wären zu teuer geworden.«

Der letzte aufwändige Stunt wurde im Februar 1983 auf den Bahamas auf der Insel Nassau gedreht. Dort flog Runyard mit Hilfe einer von Booten verdeckten

»WIR HATTEN WETTERPROBLEME, AUTOKOLLISIONEN, DIE NICHT KLAPPTEN, UND BOOTSSZENEN, DIE NICHT GLATT LIEFEN.« —PRODUZENT JACK SCHWARTZMAN

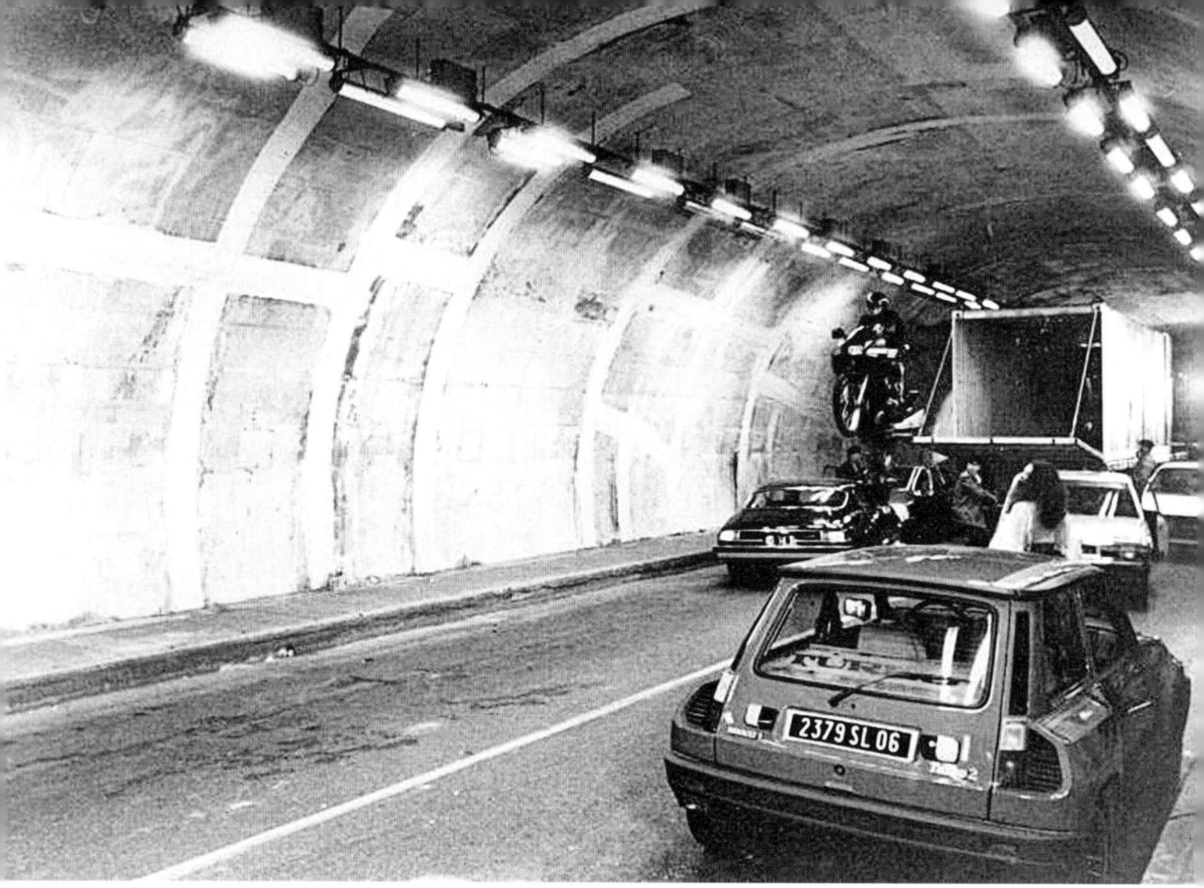
2379 SL 06

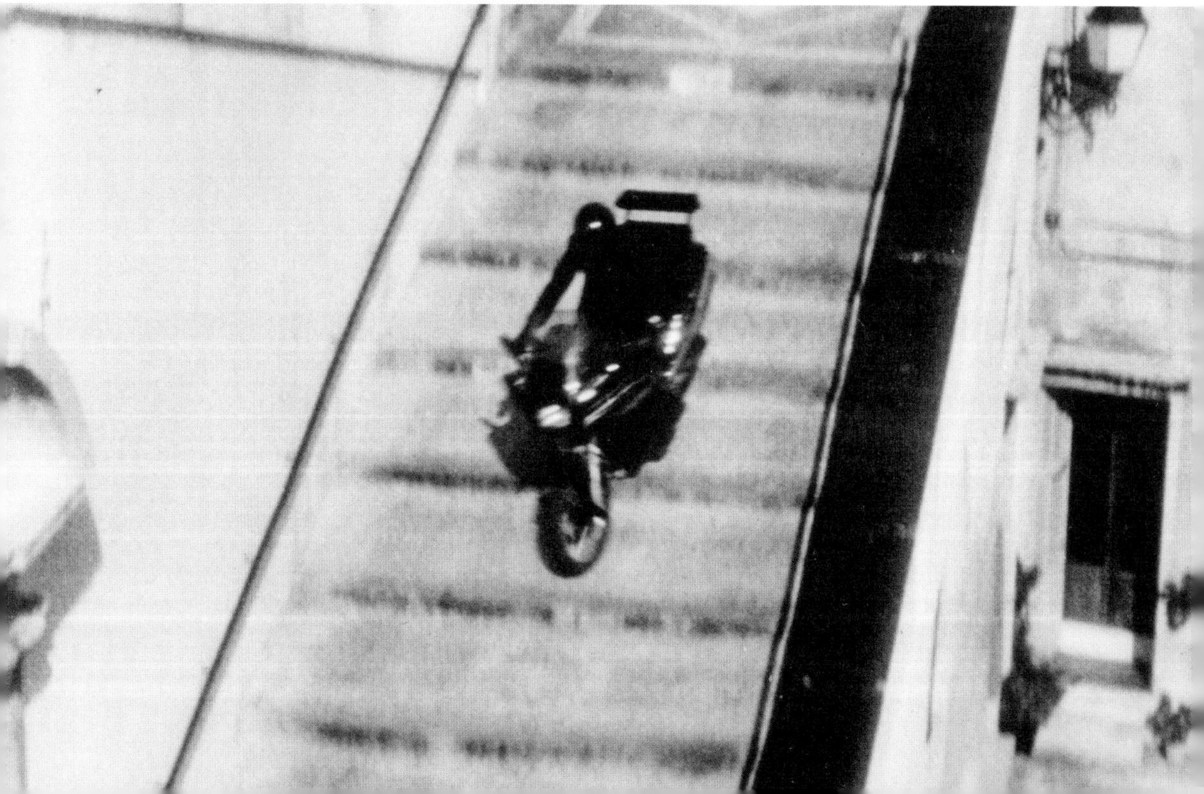

Rampe über einen Wasserkanal auf die andere Seite der Straße.

»Ich mochte das Design des Motorrads nie«, sagte Stunt-Coordinator Vic Armstrong später. »Es sollte futuristisch sein, irgendwie superelegant und schnittig wirken, aber richtig schön war es nicht.« Runyard, ein echter Fan der Connery-Bond-Filme, war auch nicht ganz zufrieden mit der etwa dreieinhalbminütigen Sequenz. »Es war mehr geplant. Die ganze Verfolgungsjagd sollte länger und aufwändiger sein, aber aufgrund von zeitlichen und Budgetproblemen mussten wir kürzen. Alles was wir gedreht haben, ist auch im Film«, so der Stuntman. Produzent Jack Schwartzman sagte später dazu: »Wir hatten Wetterprobleme, Autokollisionen, die nicht klappten, und Bootsszenen, die nicht glatt liefen. Ich wünschte, es hätte nicht so viel gekostet, aber ich denke, am Ende hatten wir einen sehr schönen Film.«

KOMISCHES UND WISSENSWERTES

Die Villa Le Roc Fleuri nahe Nizza gehörte zu dem Zeitpunkt der Dreharbeiten Sean Connery. Er hatte das sechsstöckige und 5000 qm große Anwesen mit 1000 qm Wohnfläche bereits 1970 erworben. Für die Filmproduktion stellte er das luxuriöse Objekt mit Blick auf den alten Hafen von Nizza zur Verfügung. Dort entstanden Szenen auf einer Terrasse, Innenaufnahmen eines Schlafzimmers mit Wasserbett, auf den Marmor-Treppen und der Start der Verfolgungsjagd mit der Yamaha XJ 650 Turbo. Deren Fahrer Mike Runyard rast auf dem Hinterrad aus einem Teil des Gebäudes los. Die Villa wurde im Jahr 2020 für 30 Millionen Euro zum Verkauf angeboten.

Barbara Carrera, die in dem rasanten roten Renault 5 Turbo 2 sitzt, musste für die Aufnahmen erst lernen, ein Auto

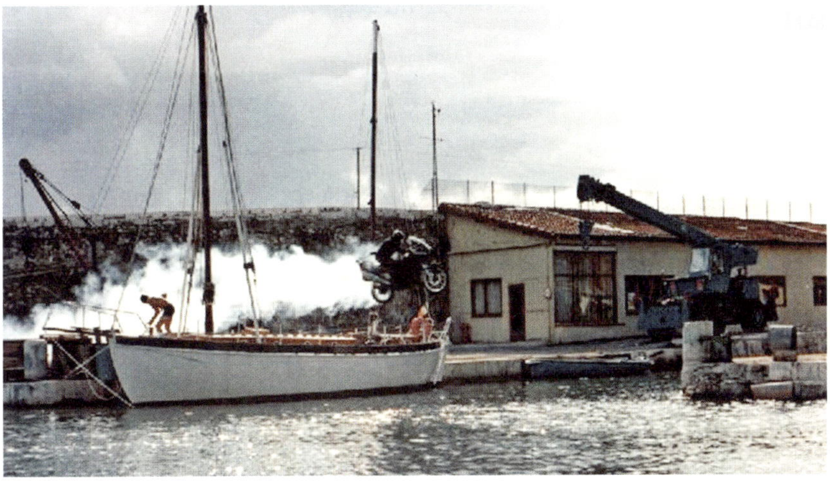

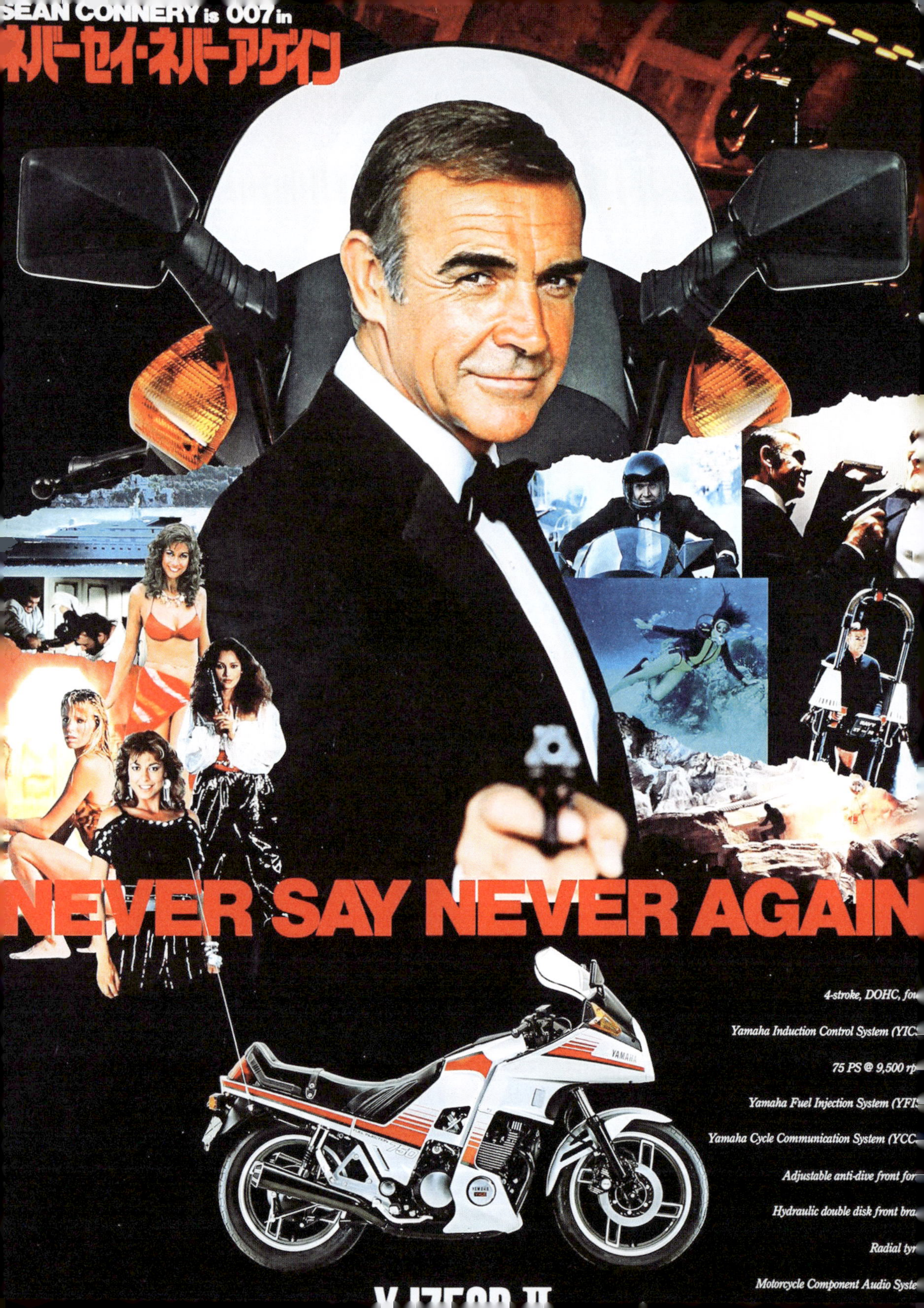
SEAN CONNERY is 007 in
ネバーセイ・ネバーアゲイン
NEVER SAY NEVER AGAIN
4-stroke, DOHC, fou
Yamaha Induction Control System (YIC
75 PS @ 9,500 rp
Yamaha Fuel Injection System (YFI
Yamaha Cycle Communication System (YCC
Adjustable anti-dive front for
Hydraulic double disk front bra
Radial tyr
Motorcycle Component Audio Syste

mit Gangschaltung zu steuern. Ein Fahrlehrer übte mit ihr in Monaco, als plötzlich ein mit Bananen beladener Lkw überholte, sich davor setzte und Kisten verlor. Sie wurde nervös, raste durch die Bananen, überholte gewagt und gab Gas. Jetzt verfolgte sie der Lkw Fahrer und fuhr dicht auf. Der schockierte Fahrlehrer griff ins Lenkrad und drehte schnell in eine Seitenstraße ab, bis der Lkw verschwunden war.

Es kamen nur 315 Exemplare der XJ 650 Turbo nach Deutschland. Im Jahr 2002 gab es noch 122 Stück davon in Deutschland. Im Jahr 2012 nur noch 35. Die Originalmaschinen sind während der Dreharbeiten kaputt gegangen oder gelten als verschollen.

DATEN UND FAKTEN

Modell: Yamaha XJ 650 Turbo
Farbe: schwarz
Bauzeit: 1982 – 1986
Stückzahl: ca. 8000
Motor: Luftgekühlter Vierzylinder-Viertakt-Reihenmotor
Leistung: 90 PS
Kennzeichen: keins
Höchstgeschwindigkeit: 194 – 203 km/h
Gewicht: 262 Kilogramm
Damaliger Neupreis: 12.158 bis 13.500 Deutsche Mark
Screen Time des Motorrads: 3 Minuten 1 Sekunde

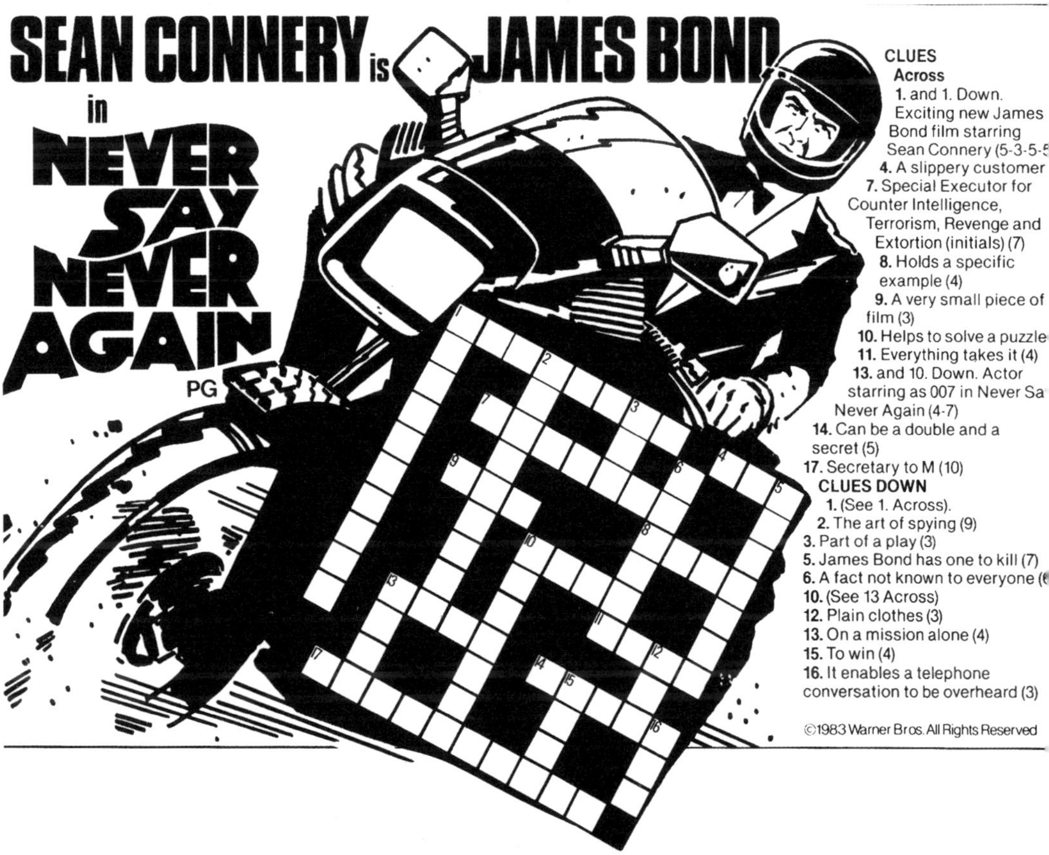

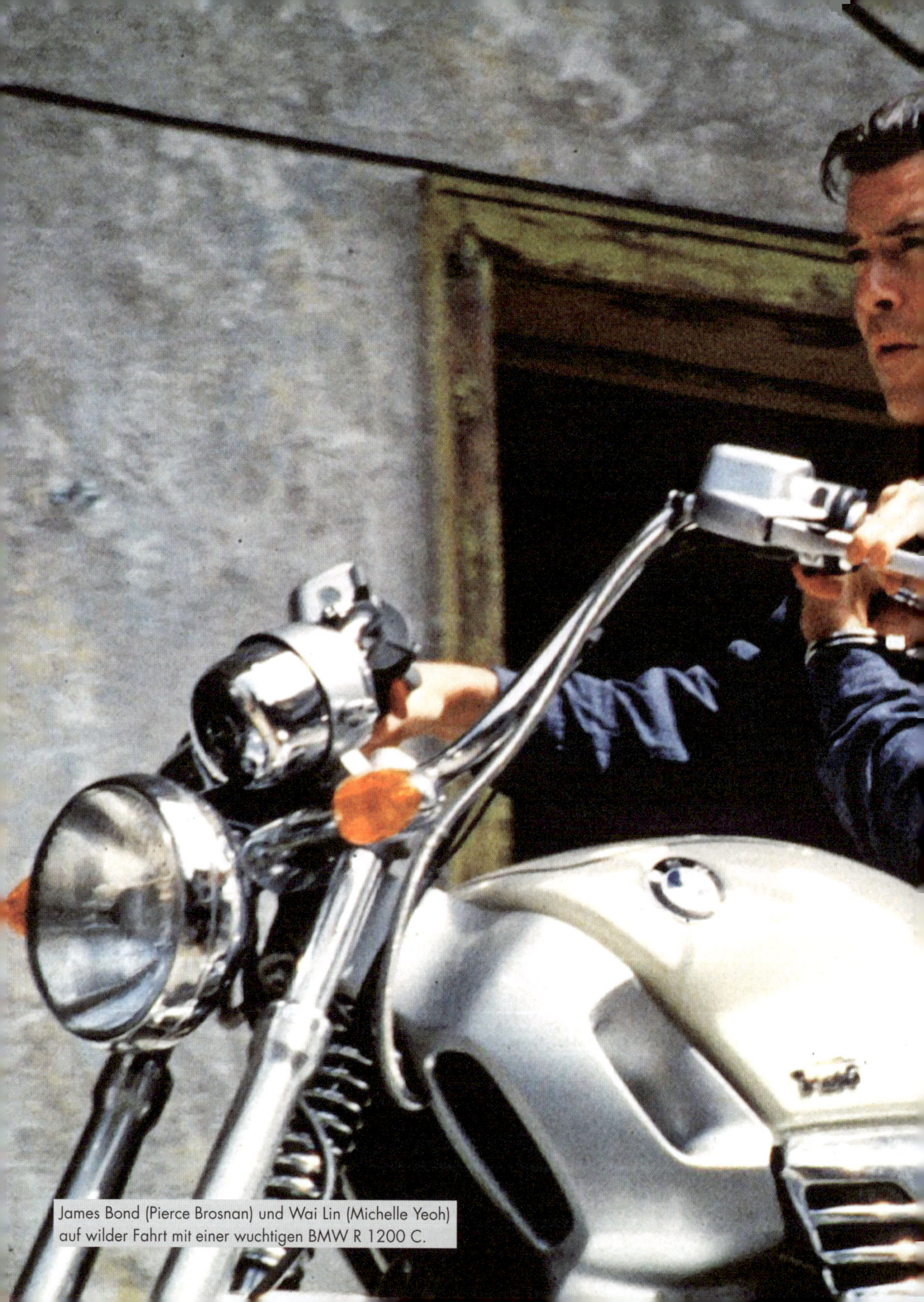

James Bond (Pierce Brosnan) und Wai Lin (Michelle Yeoh) auf wilder Fahrt mit einer wuchtigen BMW R 1200 C.

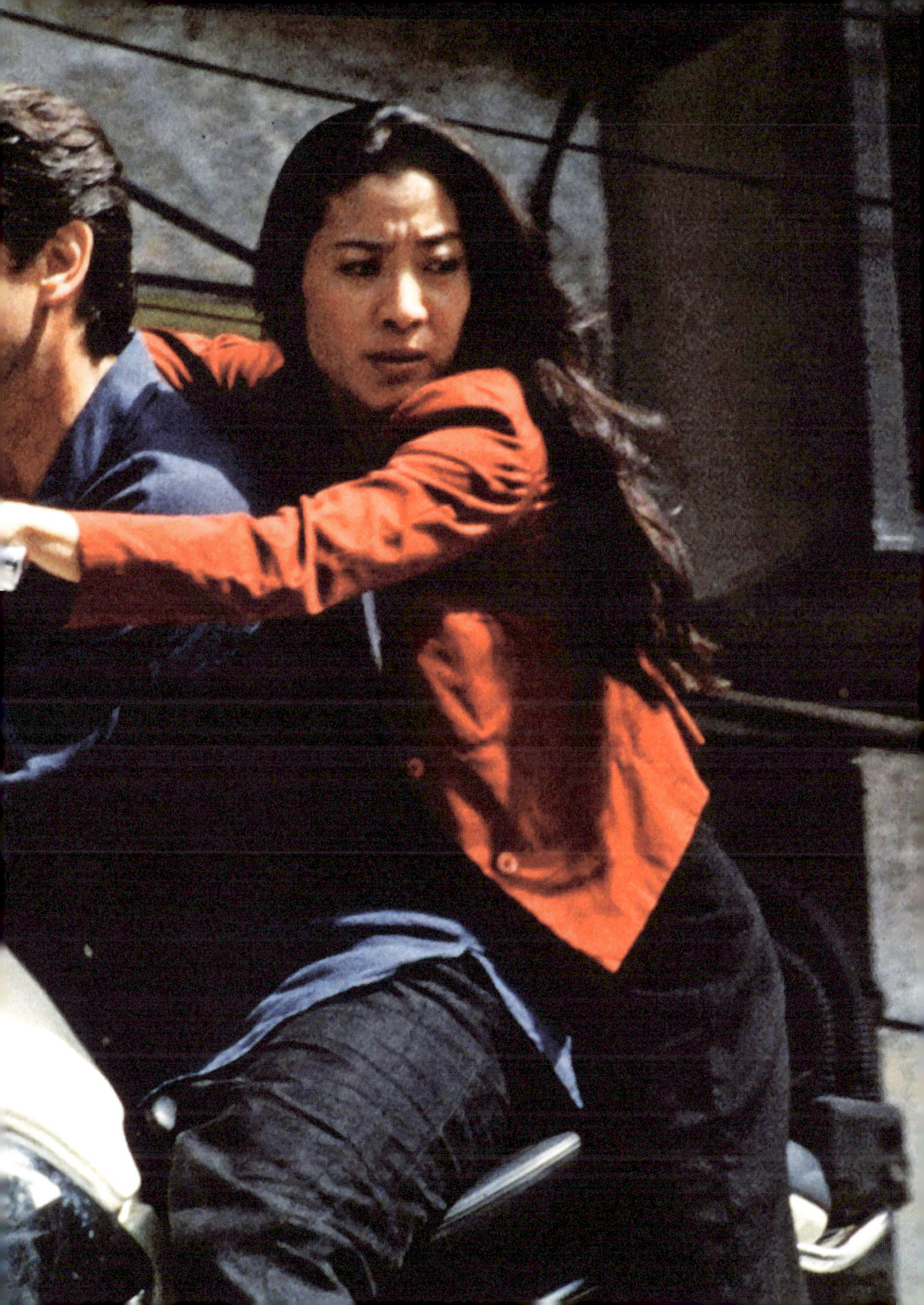

DIE BMW R 1200 C AUS *DER MORGEN STIRBT NIE* (1997)

Nach einem erfolgreichen Einstand der Bayerischen Motoren Werke mit dem Z3 Roadster in *GoldenEye* kamen zwei Jahre später gleich zwei verschiedene Fahrzeuge der Firma zum Einsatz. Neben der Limousine 750iL, die für eine aufwändige Verfolgungsjagd durch ein Parkhaus genutzt wurde, war ein Motorrad vom Typ »Cruiser« mit 1200ccm Hubraum am Start – der erste »Chopper«, den die Münchner je gebaut haben.

Mit diesem elfenbeinfarbenen Zweirad fliehen Bond (Pierce Brosnan) und seine Verbündete Wai Lin (gespielt von der malaysischen Schauspielerin Michelle Yeoh), aus dem Pressehaus des Medienzaren Elliot Carver (Jonathan Pryce) in Ho Chi Minh Stadt (dem früheren Saigon). Sie rasen durch die Straßen und über Hausdächer der asiatischen Großstadt – und tragen, verfolgt von dunklen Range Rover und einem Hubschrauber, nicht mal einen Helm. Ja, Gottvertrauen ist in Action-Filmen immer wichtig.

Ursprünglich war geplant, das Ganze tatsächlich in Ho Chi Minh Stadt zu drehen. Es waren auch bereits Drehorte gesucht und Kulissen gebaut worden, doch Anfang März 1997 zog die vietnamesische Regierung die Drehgenehmigung zurück. Man warf der Produktion »Antikommunismus« vor. Offiziell hieß es zwar, dass die Stadtverwaltung nicht die passende Infrastruktur für eine 200-köpfige Filmcrew hatte, doch man munkelt, dass die chinesische Regierung Druck auf Vietnam ausgeübt hat. Das Team erfuhr davon, als man gerade in der Abflughalle des Londoner Flughafens war, berichtete *Variety*. Nur zwei oder drei der Filmschaffenden reisten dann tatsächlich ins Land, um Besichtigungen in der Stadt und der Ha Long-Bucht durchzuführen. Also musste man kurzfristig umdisponieren und wich auf Thailands Hauptstadt Bangkok aus. Da es am Ende der Sequenz zu größeren Zerstörungen kommt, dienten außerdem noch Studios im britischen Frogmore als Drehort.

Da die Studios Leavesden, wo große Teile von *GoldenEye* entstanden, für *Star Wars – Die dunkle Bedrohung* gebucht waren und die Pinewood Studios für andere aufwändige Filme, nutzte Eon Productions einen ehemaligen »Kwik Save« Warenhauskomplex bei St. Albans, eine Stunde nördlich von London. Aus den sogenannten Frogmore Studios wurden bald »Eon Studios«. Rund 75 Prozent der etwas über sechs Minuten dauernden Jagd entstanden in Bangkok, der Rest in den Studios nordwestlich von London. Dort wurde ein kompletter Straßenzug gebaut. Dazu zählten Nachbauten von Häusern, speziell präparierte Hausdächer und Gebäudeelemente, die mit kleinen Explosionen gezündet werden konnten, um bei Bedarf in sich zusammen zu fallen.

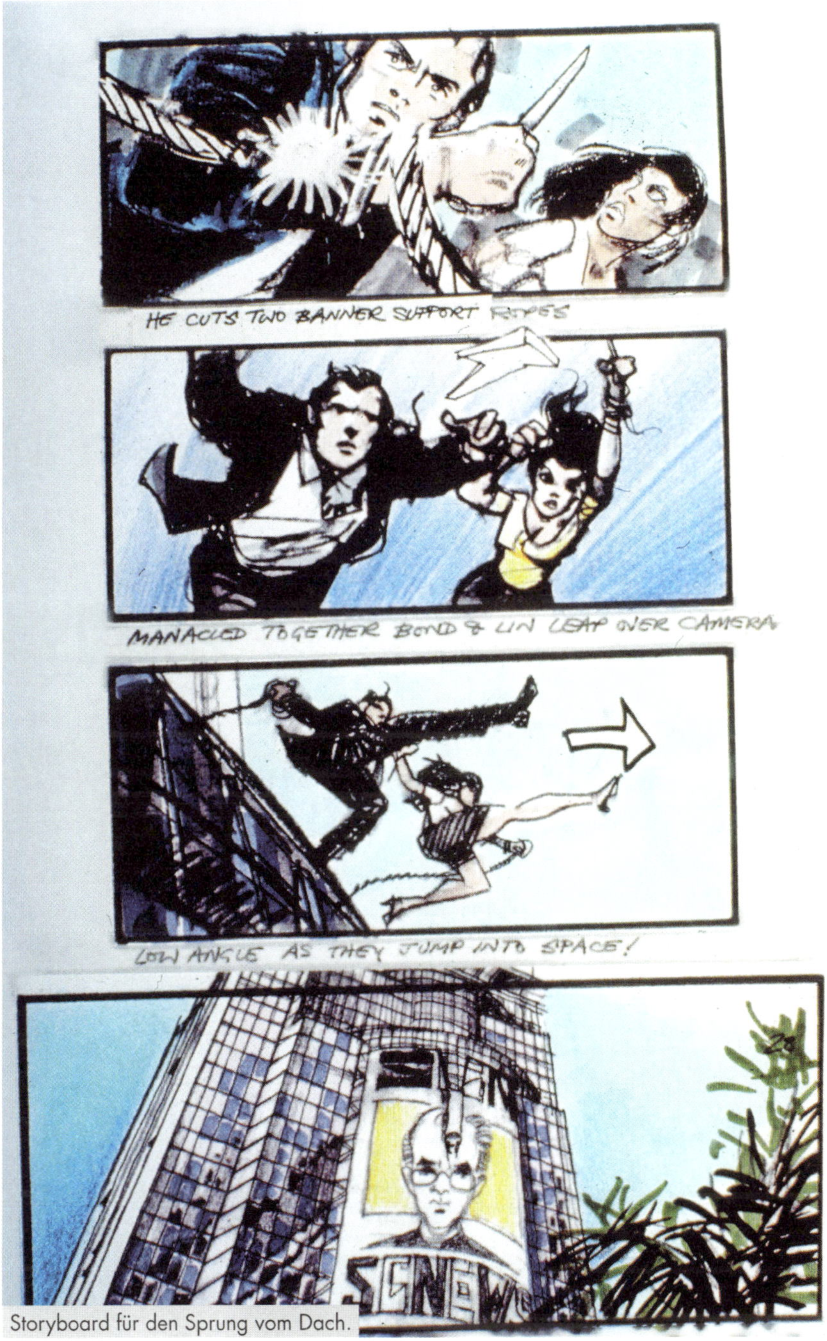

Storyboard für den Sprung vom Dach.

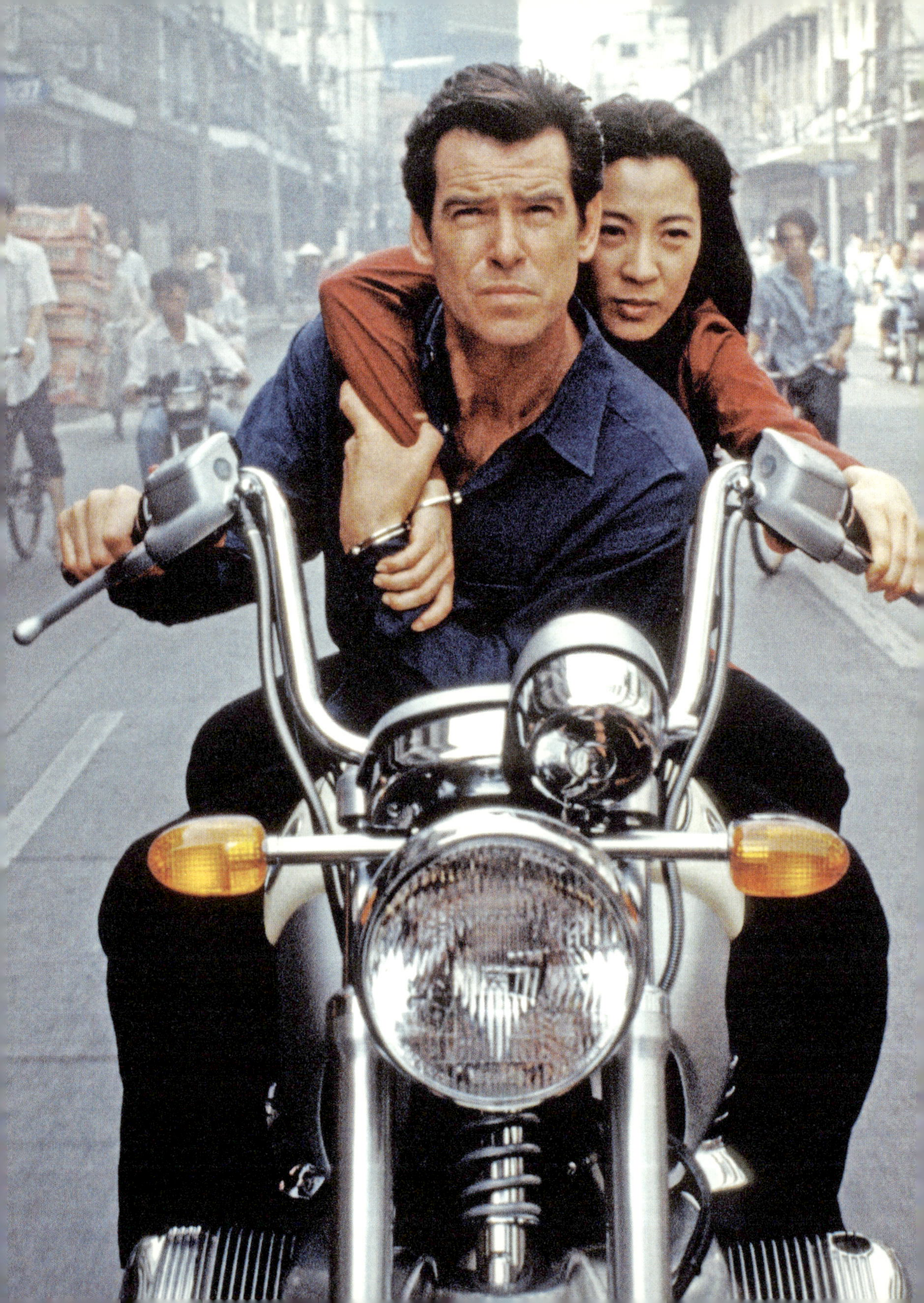

Regisseur Roger Spottiswoode wollte mit der Verfolgungsjagd bewusst einen Gegenpol zu dem Vorgängerfilm *GoldenEye* setzen, in dem es die Jagd mit dem russischen Panzer T-55 durch St. Petersburg gab. Nach seiner Aussage steckt in der Sequenz sogar ein bisschen aus dem Alten Testament, nämlich der sprichwörtliche Kampf David gegen Goliath. Roger Spottiswoode: »Das Ganze war eine Metapher dafür, dass eine kleine Person eine große Person niederringt und sich gegen eine große Macht durchsetzt. Eine Motorradjagd, in der die Verfolger in einem Helikopter sind, war eine wundervolle Idee dafür. Und am Ende holt ihn Bond mit einer Schlinge vom Himmel. Das entspricht dem gleichen Ende wie bei David und Goliath.«

Ausgangspunkt der Jagd ist der 195 Meter hohe Sinn Sathorn Wolkenkratzer an der Thon Buri Road. Im Norden des Stadtteils Thonburi in Tha Dien Daeng wurden viele der flachen Hausdächer Schauplatz der Action. Das mit einer Durchfahrt versehene Haus, durch das 007 hindurchrast, befindet sich am oberen Ende der Chang Nak Alley in der Nähe des Chao Praya Flusses. Die Brücke, die er auf dem Motorrad überquert, ist die Phitaya Sathian Bridge südlich der Charoenkrung Road. Außerdem entstanden Szenen auf der Borommabanphot Alley nahe dem berühmten Wahrzeichen Wat Saket, dem Tempel des Goldenen Berges.

Der Wechsel während der Fahrt ist dem Regisseur der 2nd Unit Vic Armstrong zu verdanken, der das Ganze mit seiner Frau Wendy Leech ersann. Kurz vor Beginn der Sequenz sprach der Regisseur separat mit seinen beiden Hauptdarstellern, die auf der Flucht durch Handschellen miteinander verbunden sind, und sagte ihnen, dass sie sich darum bemühen sollten, den anderen nicht auf den Fahrersitz zu lassen. So entstand der kleine Wettlauf um diese Position. Anstatt Motocross-Maschinen einzusetzen, verwendete man bewusst die schweren Chopper, da sie so auch für

»ALS ICH DAS MOTORRAD ZUM ERSTEN MAL SAH, RUTSCHTE MIR DAS HERZ IN DIE HOSE. ES WAR RIESIG. ES WAR NICHT GEEIGNET …« —SECOND-UNIT-REGISSEUR VIC ARMSTRONG BEFALLEN SPÄTE ZWEIFEL AN DER WAHL DES MOTORRADS

eine Reihe von ungewöhnlichen Momenten sorgten. »Bei der Motorradverfolgungsjagd wollte ich nicht die üblichen Motocross-Maschinen nehmen, die sehr praktisch für Sprünge und Tricks sind«, so Vic Armstrong. »Stattdessen entschieden wir uns für das größte, schwerste und unhandlichste Motorrad, die BMW R 1200 C, und bauten die Verfolgungsjagd um dieses Modell herum auf«, so der Regisseur des zweiten Aufnahmeteams. »Das ist, was wir wollten: seine Kraft und Masse zeigen.« Als die Maschinen dann geliefert wurden, wurde Armstrong doch nervös: »Als ich das Motorrad zum ersten Mal sah, rutschte mir das Herz in die Hose. Es war riesig. Es war nicht geeignet, weil es nicht der Maschine entsprach, die man üblicherweise mit einer Jagd und Stunts assoziierte.«

Nach Auskunft von Vic Armstrong und Stunt-Coordinator Dickey Beer, übrigens dasselbe Team, das schon 1983 die Motorradjagd in *Sag niemals nie* inszenierte, lieferte BMW acht Motorräder von damals nur zwölf existierenden Vorserienmaschinen an die Produktion. »Wir fuhren zum Teil an den äußersten Rändern der Dächer und brachen mit den Maschinen in die Häuserdächer ein«, erzählte Armstrong. »Ein sensationeller Stunt ist ein Sprung vom Dach über einen verfolgenden Hubschrauber

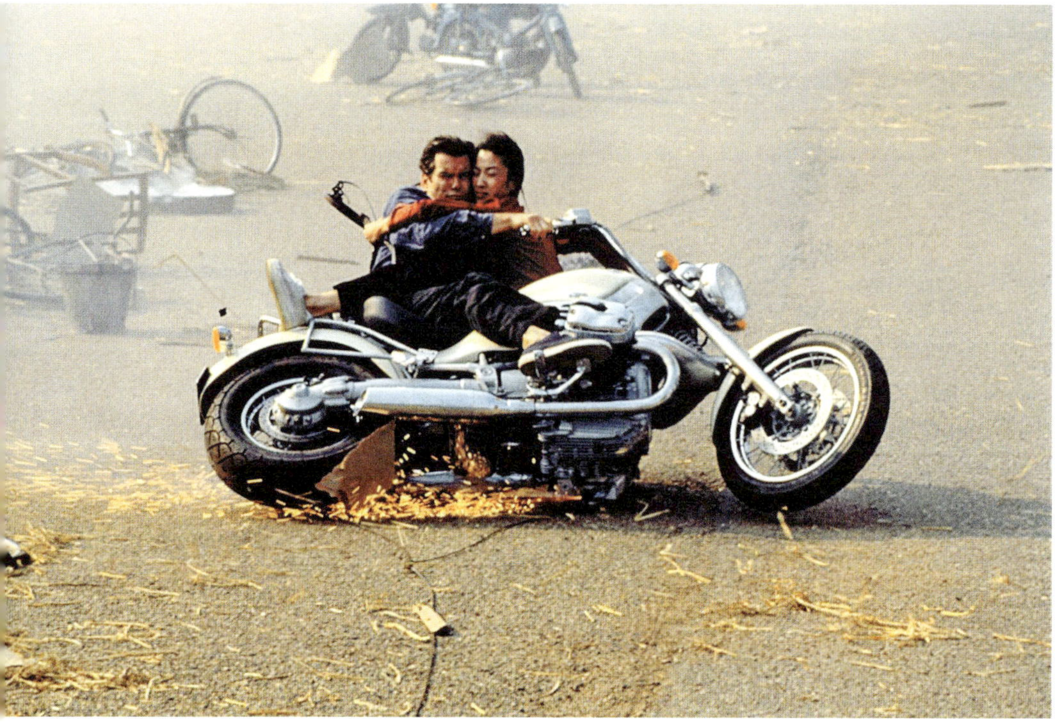

auf das Nachbardach. Meine Frau ist selbst Stuntwoman und doubelte für Michelle Yeoh. Es gab auch Szenen, in denen wir auf engstem Raum die Maschinen drehen oder unter anderen drunter durch rutschen.« Nach Aussagen des Niederländers Dickey Beer ist »ein Bond-Film der Traum eines jeden Stunt-Coordinators. Wenn man das Drehbuch zum ersten Mal liest, dann hat man gleich eine Vorstellung davon, wie man bestimmte Dinge machen wird.«

Andy Armstrong, Vic Armstrongs Bruder, empfahl den französischen Motorradfahrer Jean-Pierre Goy als Double für Brosnan. Der war nach eigener Aussage »schon von Kindesbeinen an mit allem unterwegs, was zwei Räder hat, erst mit dem Fahrrad, dann mit dem Motorrad. Mit 16 habe ich angefangen, Trial zu fahren. Dabei muss ich mich wohl so clever angestellt haben, dass ich schon zwei Jahre später einen Werksvertrag bei Fantic hatte. Ich wurde französischer Indoor-Meister und gewann ein paar WM-Läufe«.

Da ihm das Trial-Fahren auf die Dauer zu langweilig wurde, fing er mit selbst kreierten Shows an. »Ich habe angefangen den Zuschauern nach den Wettbewerben eine kleine Action-Show zu bieten. So verschob sich mein Schwerpunkt im Lauf der Zeit immer mehr weg vom Sport und hin zum Stunt-Piloten.

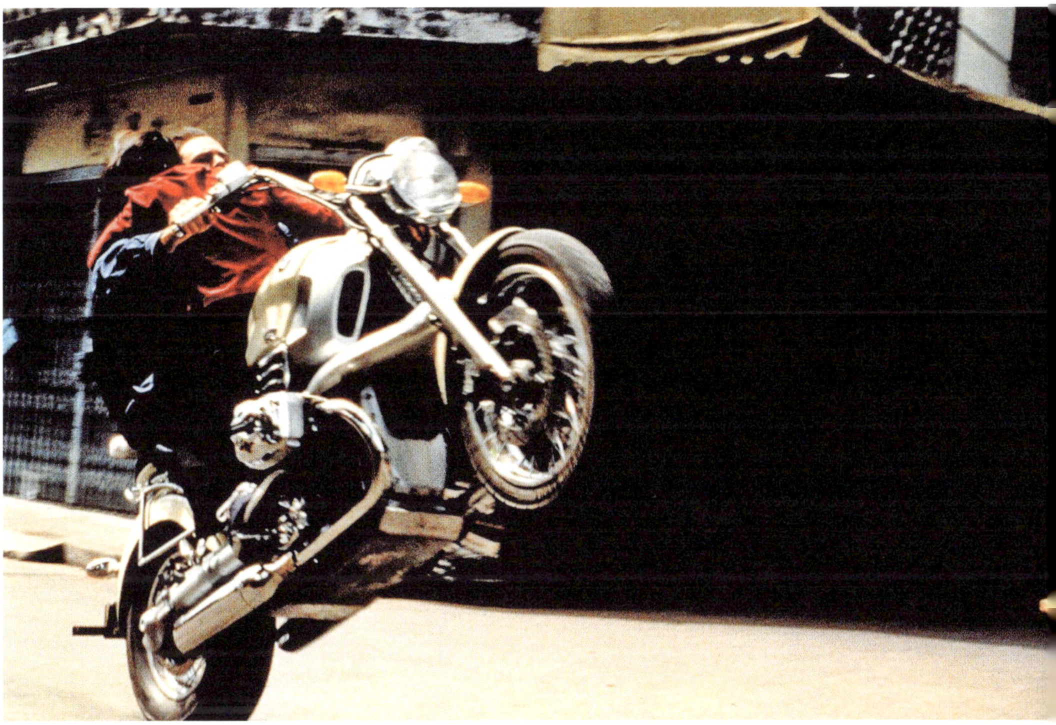

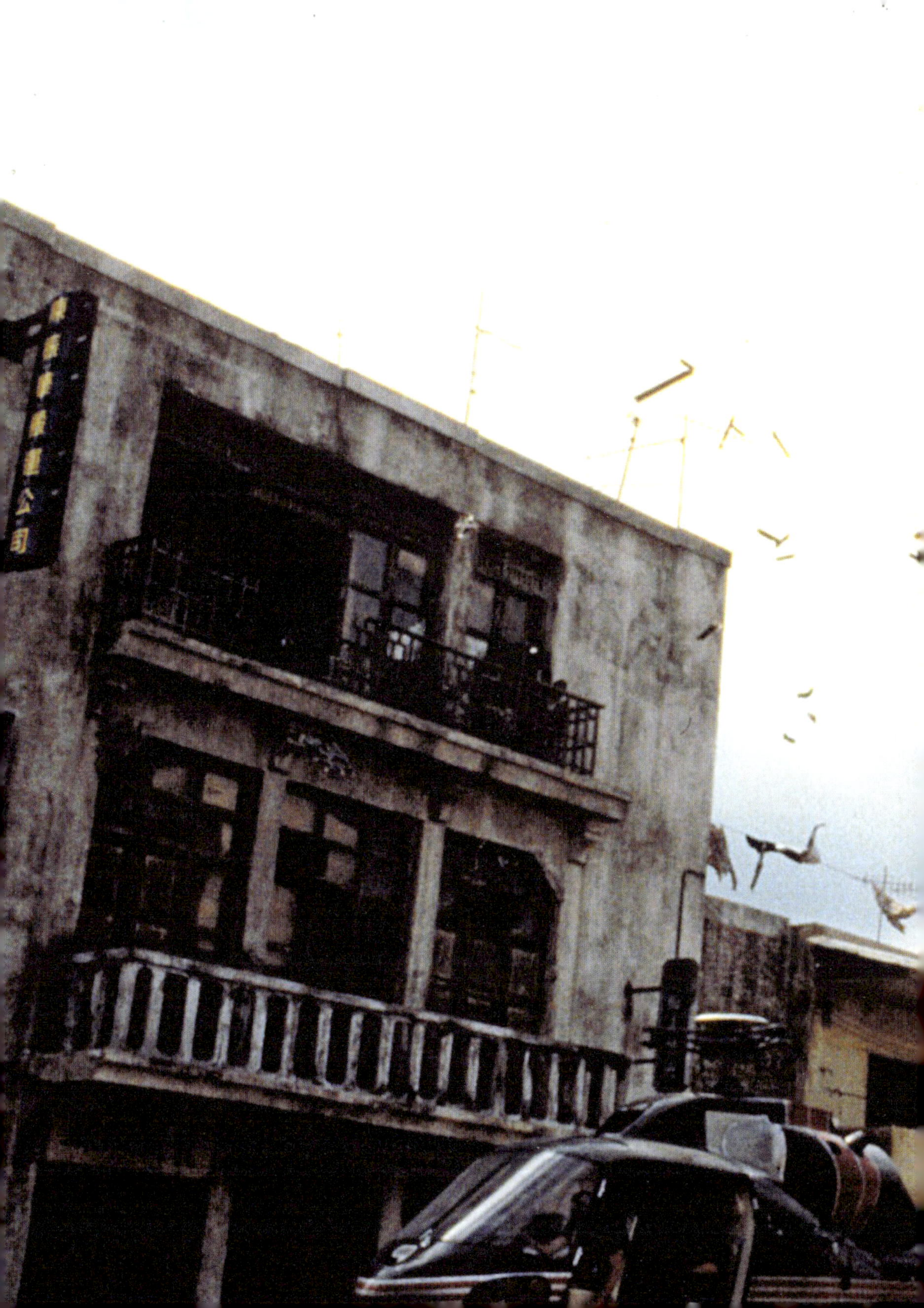
公司

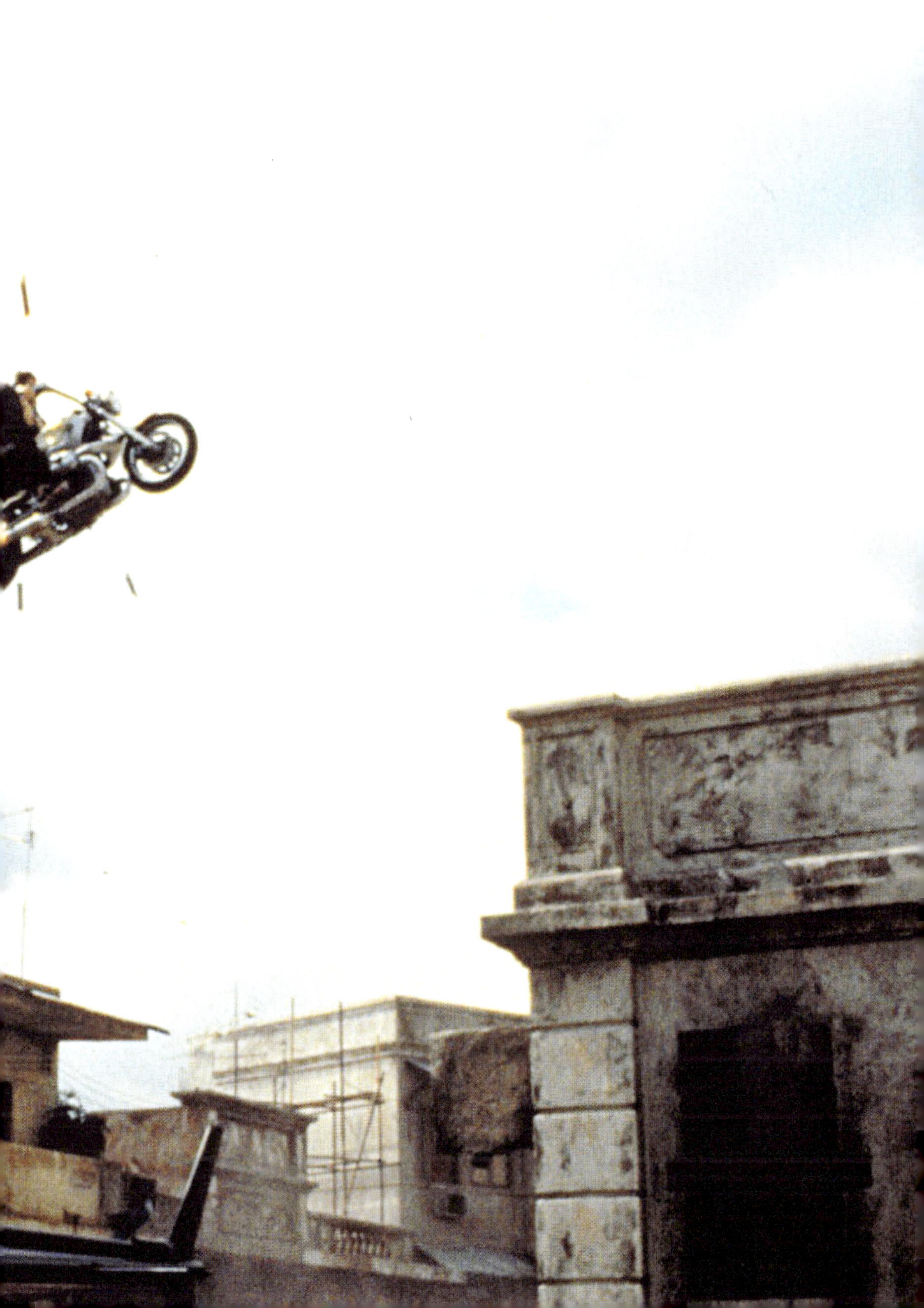

Französische TV-Produzenten wurden auf mich aufmerksam.« Seit Anfang der 90er übt der Franzose seine Stunts hauptberuflich aus. Seit 1993 fährt Goy fast ausschließlich BMW-Motorräder, zeigte seine Kunststücke auch schon in der Münchner Olympiahalle und veranstaltete, speziell nach dem Erfolg des 007-Films und dem von *The Dark Knight*, in dem er das mächtige BadPod steuerte, bis zu 40 Action Shows pro Jahr. Es gab sogar Plakate, auf denen einer seiner Stunts aus Der Morgen stirbt nie zu sehen war. Bei *Skyfall* war er übrigens auch wieder mit dabei, raste über die Dächer des Istanbuler Marktes und flog von einer Straße in Adana auf einen fahrenden Zug.

»WILLKOMMEN AM ARSCH DER WELT« —PIERCE BROSNAN BEIM DREH IN BANGKOK

Nachdem vom 2. bis 4. Mai Dreharbeiten für den Film im IBM Hauptquartier in East Bedford stattgefunden hatten, flog das Filmteam nach Bangkok. Am 16. Mai feierte die Crew Pierce Brosnans 44. Geburtstag in der Stadt, am 18. Mai gab es eine Pressekonferenz im berühmten Bangkok Oriental Hotel, und zwei Tage später begannen die sieben Wochen dauernden Aufnahmen. Die wurden von sehr großer Hitze bestimmt, die dazu führte, dass Schuhe schmolzen und der Asphalt sich zum Teil auflöste. Das Thermometer stieg bis auf 110 Grad Fahrenheit – also über 43 Grad Celsius. Hinzu kam noch, dass sich Regisseur Roger Spottiswoode und Autor Bruce Feirstein nicht vertrugen, der dazu angehalten war, im Shangri La Hotel in Bangkok neue oder veränderte Szenen zu schreiben. So kam es dazu, dass die Crew aufgrund der schlechten Arbeitsbedingungen zwischenzeitig streikte, was Brosnan später zu der Bemerkung veranlasste, die Umstände seien gewesen, als ob man »Zähne gezogen« bekomme. Einen Journalisten begrüßte er sogar mit der deftigen Formulierung: »Willkommen am Arsch der Welt«.

Goy reiste aus Frankreich nach Bangkok und machte sich schnell mit der schweren BMW R 1200 C vertraut. »Er kam vorbei und innerhalb von zehn Minuten machte er Wheelies«, so Armstrong. »Also wusste ich, dass wir den Richtigen hatten.« Doch das ist PR. Tatsächlich benötigte er zwei Wochen, um sich mit der Maschine vertraut und »Wheelies« zu machen – also auf dem Hinterrad zu fahren. Michelle Yeoh animierte ihn sogar dazu, schnell zu fahren, da dann ihr langes schwarzes Haar im Wind nach hinten flog und so mehr Geschwindigkeit vermittelte. Später gestand sie, dass sie mit ihrem zarten Hinterteil mehrfach den Tank der BMW eingedrückt hat. Armstrongs

Frau Wendy Leech, die sowieso lange schwarze Haare trug, doubelte allerdings auch für Yeoh. Ob die auch für ein paar Beulen im Tank verantwortlich war, ist bislang ungeklärt.

Der zweite Teil der Actionsequenzen wurde ab dem 3. Juli 1997 in den Frogmore-Studios gedreht. Über vier Wochen arbeitete man nur dort – immer noch wenig im Vergleich zu den sechswöchigen Aufnahmen zwischen Menton, Antibes und Nizza sowie einigen Szenen auf den Bahamas, die für *Sag niemals nie* entstanden. In der asiatischen Dekoration der Studios entstand am 24. Juli schließlich auch das Highlight der Jagd: ein extrem waghalsiger Sprung von einem Gebäude zu einem anderen über einen Helikopter hinweg. Vic Armstrong hatte ihn erdacht. Jean-Pierre Goy übte den »Hüpfer« rund 200 mal, bevor er ihn vollführte, doch bis es soweit war, musste erst die Versicherung davon überzeugt werden, dass das ganze Unterfangen auch wirklich ohne größere

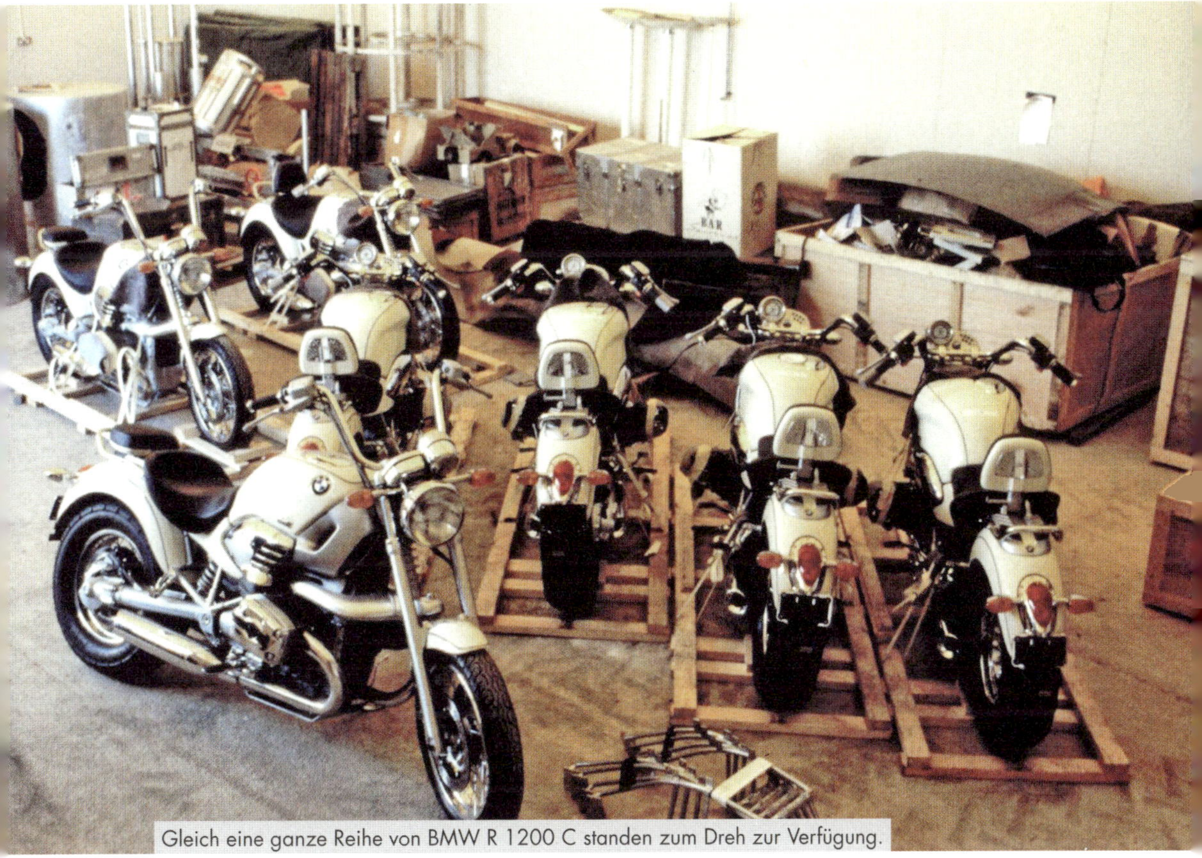

Gleich eine ganze Reihe von BMW R 1200 C standen zum Dreh zur Verfügung.

Verletzungen machbar war – und zwar ohne Helm.

Jean-Pierre Goy brachte die BMW in 5,8 Sekunden von Null auf Hundert und fuhr sie auf eine 14 Meter lange Rampe. Um den Sprung zu schaffen, musste er die Maschine auf 62 Meilen (also beinahe 100 km/h) bekommen, denn der Sprung war schließlich 45 Fuß (13,71 Meter) über dem Boden und rund 20 Meter weit. Goy landet in einem hohen Stapel von Kartons. Nach mehr als einer Schrecksekunde reckten Stunt-Coordinator Dickey Beer und kurz danach auch Goy die Daumen hoch. Das Motorrad und er waren sicher in dem Auffangmaterial gelandet. Lediglich das Nummernschild war kaputt und das Glas des Tachos zerbrochen. Der Sprung gelang ohne Probleme gleich beim ersten Versuch. Mehr als 200 Personen sahen zu und hielten den Atem an. Nach dem gelungenen Satz applaudierte das gesamte Team spontan, und Brosnan persönlich schenkte ihm eine der Bond-Uhren von Omega. »Es war einer der schönste Tage meines Lebens«, sagte der damals 36jährige Franzose. Bei diesem Sprung saß er übrigens alleine auf dem Motorrad. Stuntfrau Wendy Leech wurde durch einen Dummy ersetzt. Die Motorradjagd verschlang vier Millionen Dollar des Budgets. Dafür hat man in den 60er Jahren die beiden 007 Filme *Liebesgrüße aus Moskau* und *Goldfinger* gedreht.

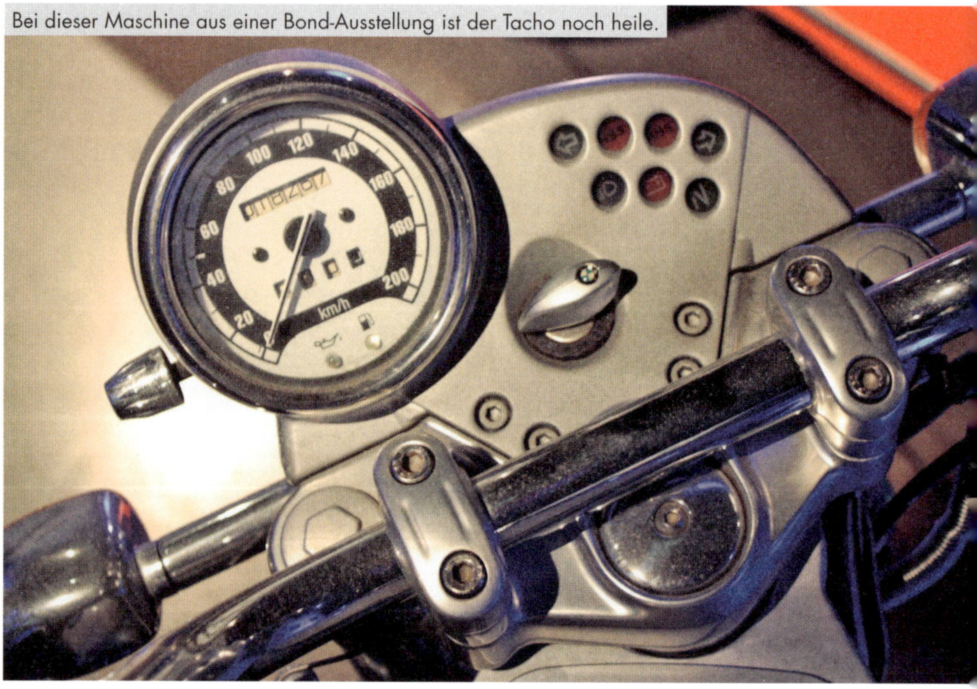

Bei dieser Maschine aus einer Bond-Ausstellung ist der Tacho noch heile.

KOMISCHES UND WISSENSWERTES

Stuntman Jean-Pierre Goy hatte zu der Zeit nicht nur eine Ehefrau, sondern auch eine gerade mal 21 Monate junge Tochter in Frankreich. Er verbot ihnen, die Filmdreharbeiten zu besuchen – falls einer der Stunts schief geht. Interessanterweise fährt er selbst nie Motorrad auf öffentlichen Straßen. Er empfindet es als unsicher.

Das Storyboard der Verfolgungsjagd zeigt eine zusätzliche Szene, die im fertigen Film nicht zu sehen ist. So landet das Duo nach dem Sprung über den Helikopter in einem Schlafzimmer neben einem Bett, in dem eine junge asiatische Frau gerade nackt auf einem Mann sitzt. Um religiöse Zuschauer nicht zu verprellen, fiel dieser Moment weg. Laut Zeichnung stößt Bond mit der BMW gegen den Bettpfosten. Der flotte Schubser sorgt dafür, dass sie in dem Moment zum Orgasmus kommt.

Bei der Veröffentlichung der Pressefotos des Films unterlief den Machern ein schwerer Fehler. Darauf ist zu sehen, wie das Motorrad über den Hubschrauber springt, dessen Rotorblätter sich allerdings nicht bewegen. Als Goy darüber sprang, war der Helikopter fest montiert. Die sich drehenden Rotorblätter wurden erst nachträglich digital hinzugefügt. Genau das ist allerdings für das Foto unterblieben.

Nach Informationen der US-Filmdatenbank www.imdb.com ist in einer kurzen Szene der Verfolgungsjagd, als das Pärchen von den Balkonen herunterfährt, zu sehen, dass ihr Arm doch etwas länger ist, als die Handschellen das zulassen. Daher handele es sich wohl um einen falschen Arm. Später bestätigte einer der Mitwirkenden des Films, dass es für Yeoh eine spezielle rote Bluse mit einem sehr weiten Ärmel gab, damit Goy dort hindurchgreifen und das Motorrad so steuern und schalten konnte.

Wie bei *GoldenEye* geriet die BMW-Werbung etwas überheblich. Dieses Mal erschienen Motive, auf denen zwei Pkw und das Motorrad zu sehen waren mit dem Spruch: »How could Bond possibly be faithful to just one? BMW – The Ultimate Driving Machine« (Wie könnte Bond bloß einer treu sein? BMW – Die ultimative Fahrmaschine).

DATEN UND FAKTEN

Modell: BMW R 1200 C
Farbe: elfenbein
Bauzeit: 1997 – 2004
Stückzahl: 29.788
Motor: 1170 ccm, Zweizylinder Motor
Leistung: 61 PS
Kennzeichen: 2-0354
Höchstgeschwindigkeit: 168 km/h
Screen Time des Motorrads: 6 Minuten 9 Sekunden

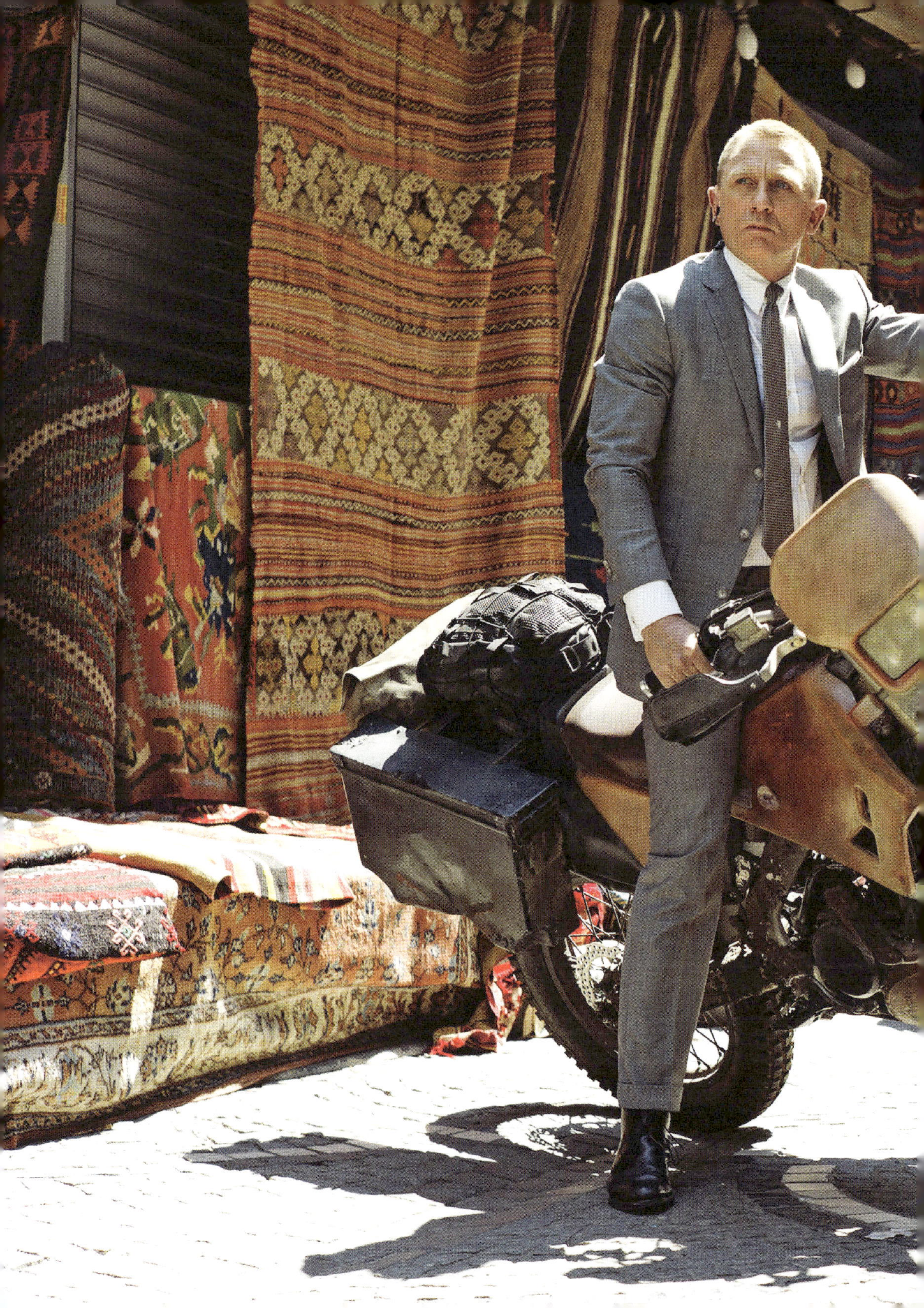

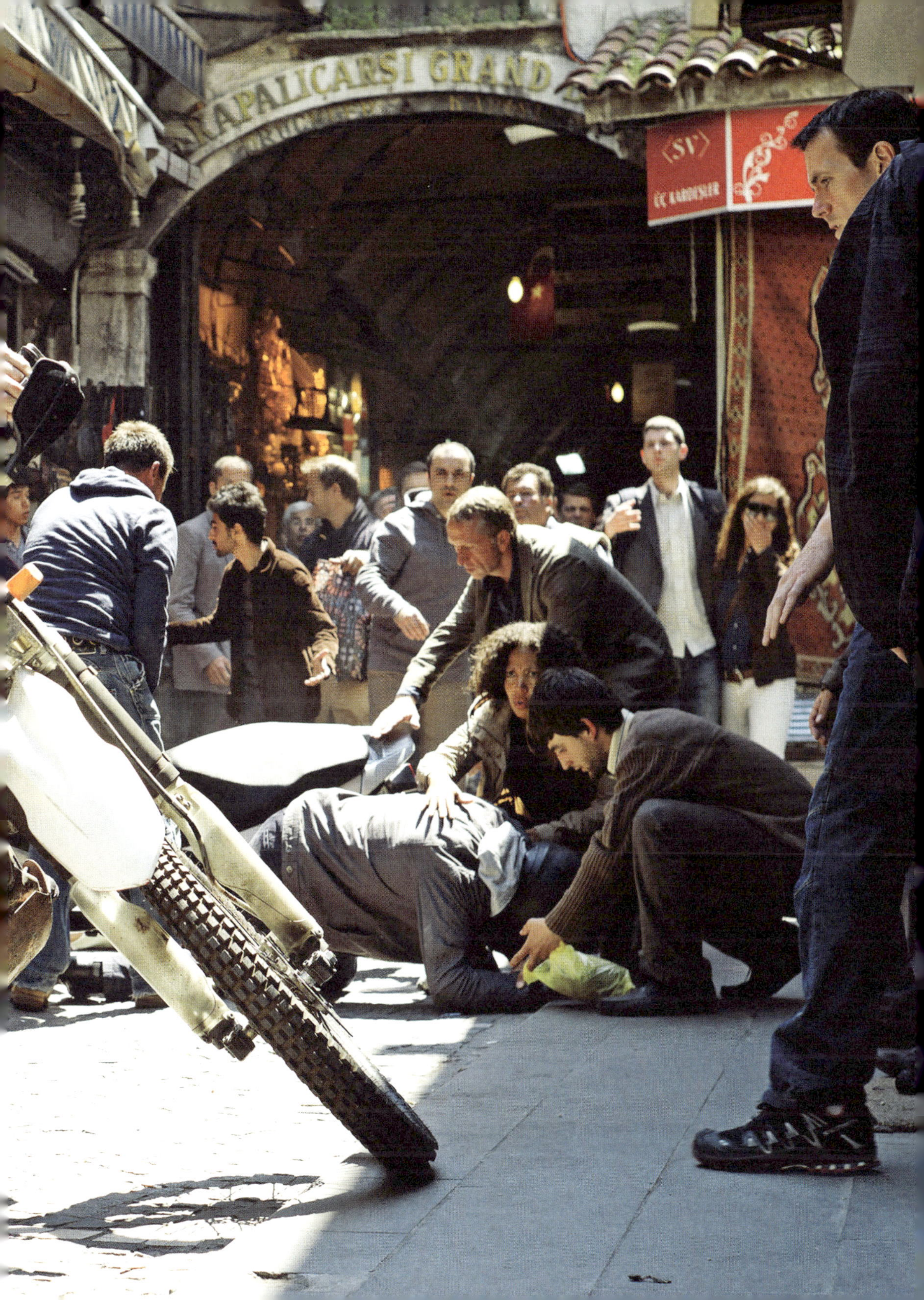
KAPALIÇARSI GRAND
SV

DIE HONDA CRF 250R MOTORRÄDER AUS *SKYFALL* (2012)

Als der Einstieg für Daniel Craigs dritten Film-Einsatz geplant wurde, war dafür zwar auch eine kombinierte Motorrad-, Auto- und Zugsequenz vorgesehen, aber die sollte zum Teil im indischen Mumbai und in anderen Regionen des Landes spielen. Als die bürokratischen Hürden immer größer wurden, und ein Teil der Übereinkunft darin bestehen sollte, dass Daniel Craig für das Zugreisen in Indien werben sollte, brachen die Filmemacher die Verhandlungen ab und disponierten um.

Nachdem als nächstes Kapstadt in Betracht gezogen wurde und ebenfalls ausfiel, entschied man sich für Istanbul. Im August 2011 waren Location Manager, Regisseur, Kameramann und Produzenten erstmals in der türkischen Metropole, um sich mit dem Kultus- und Tourismusministerium zu besprechen. Als das kleine Filmteam die schmalen geteerten Wege auf dem Dach des Basars sah, integrierten sie die spektakuläre Kulisse in die Verfolgungsjagd. Kultur- und Tourismusminister Ertugrul Günay hoffte auf den Werbeeffekt: »Viele Drehorte, die in der Vergangenheit von den Bond-Machern ausgewählt worden sind, haben dafür gesorgt, dass Bond-Fans sie auch Jahre danach noch besucht haben. Die Tatsache, dass die Eröffnungssequenz in Istanbul spielt, wird dem türkischen Tourismus helfen.« Nach Aussagen von Produktionsmanagerin Nevra Koçoğlu von der türkischen Firma ANKA Films, dauerte es acht Monate, um alle Drehorte in der Türkei zu finden, die entsprechenden Genehmigungen einzuholen und die logistischen Details zu klären.

»SIE SIND AUF DEM DACH DES GRAND BAZAAR«
—BILL TANNER (RORY KINNEAR) AM BILDSCHIRM BEIM MI6

Die Verfolgungsjagd sollte zuerst damit beginnen, dass sich die Hauptwidersacher auf Geländemaschinen durch den engen Verkehr schlängeln und dabei auch über Autos fahren. Storyboards davon existieren, aber auch das wurde wieder geändert. So beginnt die Action damit, dass Bond und Kollegin Eve (Naomie Harris) in einen Land Rover Defender steigen und den Attentäter Patrice (Ola Rapace) in einem schwarzen Audi A5 S verfolgen. Zwölf Land Rover Defender und 16 Audi A5 S wurden dafür geliefert und zum großen Teil umgebaut. Als das Duell auf dem Markt vor dem Großen Basar kulminiert, flüchtet Patrice auf einem Polizeimotorrad. Bond folgt ihm ebenfalls auf zwei Rädern.

Dafür nutzte die Filmproduktion Honda CRF 250R Motocross-Motorräder, die optisch unterschiedlich verkleidet wurden. Von der Basis-Ausstattung in rot ist fast nichts mehr zu sehen. Die Maschine, die Patrice nutzt, ist weiß und verfügt (bevor er sie besteigt) über eine blaue Rundumleuchte am Heck. Die von Bond ist dunkelbraun und hat vorne ein weißes Schutzblech. Sie verfügt außerdem über Packtaschen. Die Jagd geht auf den Dächern des Basars weiter, bevor beide von dort aus in das Innere des Marktes springen, wieder auf die Straße kommen und schließlich von einer Brücke auf einen fahrenden Zug springen. Dieser letzte Teil entstand allerdings nicht in Istanbul, sondern in Adana.

Bevor jedoch im April 2012 die Dreharbeiten im Stadtteil Eminönü in Istanbul mit einem rund 700 Personen umfassenden Team beginnen konnten, übte Stunt-Coordinator Gary Powell mit Motorradfahrern auf einem früheren Militärareal im englischen Longcross südwestlich von London. Dort entstanden mit Hilfe von Erdaufschüttungen Nachbildungen der Dächerlandschaft auf dem Großen Basar. Der australische Weltrekord-Motorrad-Sprungmeister Robbie Maddison doubelte für Craig. Der frühere Motocross-Champion Rob Herring fuhr das Kamera-Motorrad. Er hatte schon für die Aufnahmen des Motorradstunts in dem Vorgängerfilm *Ein Quantum Trost* ge-

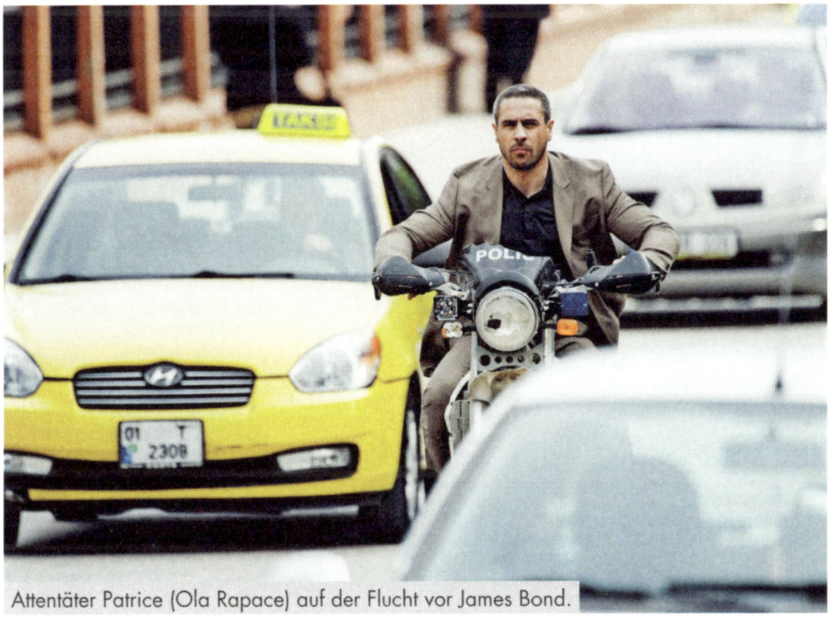

Attentäter Patrice (Ola Rapace) auf der Flucht vor James Bond.

sorgt. Wie bereits vier Jahre zuvor, bestand hier erneut die Herausforderung darin, bewegte Bilder parallel zu den fahrenden Maschinen zu machen.

Während der Dreharbeiten gab es Probleme mit den örtlichen Behörden, weil diese Angst hatten, dass die historische Dachsubstanz darunter litt, dass Fahrzeuge auf ihnen fuhren. Das führte dazu, dass die Produktion auf den Dächern extra angefertigte Schindeln und Wege verlegte. Zusätzlich wurde vor dem Sprung in das Innere des Marktes eine (speziell präparierte) Scheibe aus Zucker montiert, durch die die Stuntmen fuhren. Sie zerplatzte sofort und sorgte für keinerlei Verletzungen. Auf dem Boden des Marktes gab es eine kleine Rampe, die die Sprünge abfederte.

Im Innenbereich kam es allerdings zu Unfällen. Hakan, der Verkäufer des Boybeyi Juwelier Shop direkt an einer Kreuzung, war auf Bond nicht gut zu sprechen. Einer der Motorradfahrer, der vom Dach gesprungen kam und auf seinen Shop zuraste, bekam die Kurve nicht rechtzeitig und krachte mit dem rechten Hinterrad in die Glasscheiben des Ladens, die das nicht überstanden. Die Verantwortlichen versprachen Schadenersatz, doch der ließ auf sich warten, bis der Eigentümer klagte. Im Film ist zu sehen, wie der Stand, auf den er zurast, komplett mit zwei großen Teppichen abgedeckt ist. Die Produzenten mussten sich mit den Händlern im Großen Basar und auch denen des Gewürzmarktes arrangieren – insgesamt waren es 1650. Das erwies sich als schwierig. Mit den Verkäufern auf dem

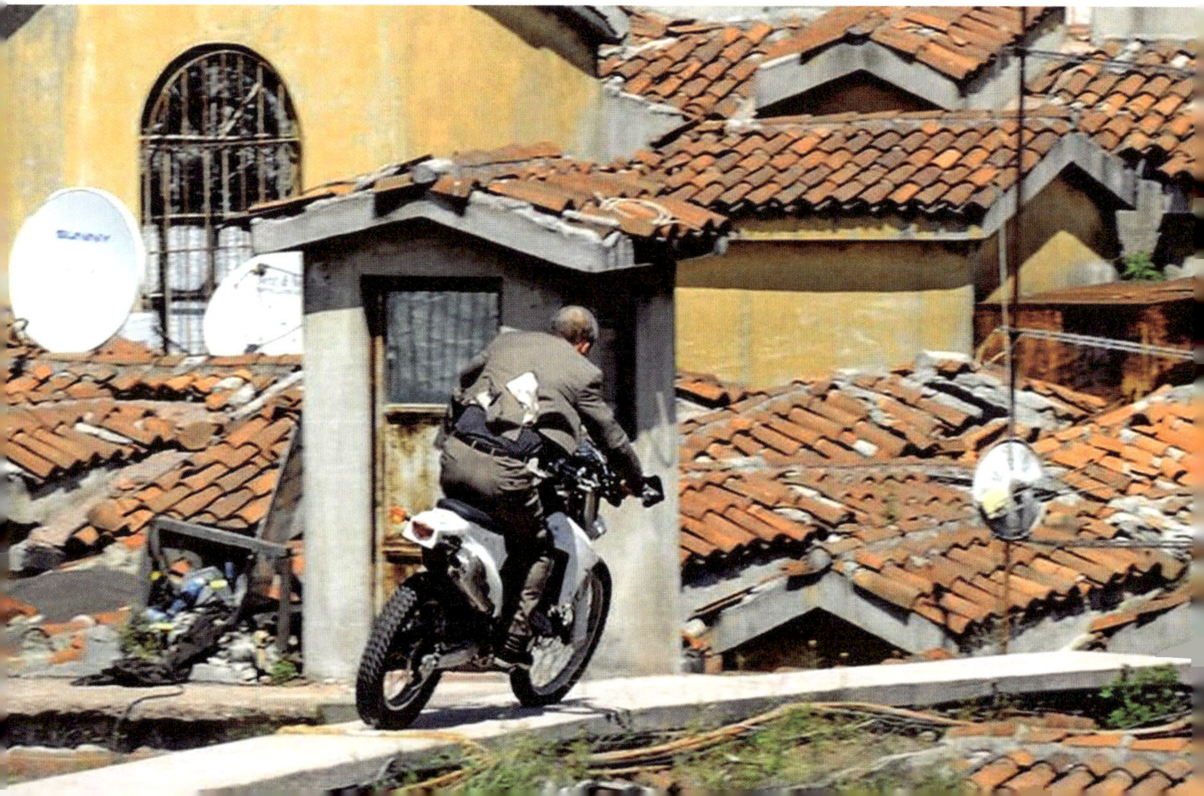

extra errichteten Basar vor dem ägyptischen Markt gab es die meisten Querelen. Letztlich schickten die Produzenten die Händler weg und engagierten Statisten. 200 Türkische Lira, knapp 100 Euro, bekam jeder Händler für jeden der neun Drehtage. Üblicherweise sind ihre Tageseinnahmen höher.

KOMISCHES UND WISSENSWERTES

Insgesamt kamen 20 Motorräder zum Einsatz. Zwei davon fungierten als Kamera-Motorräder, da nur Motorradcrews und Drohnen die Aufnahmen auf den Dächern realisieren konnten. Nach den Dreharbeiten wurden zwei Maschinen von Honda behalten, zwei von der Produktionsfirma. Viele der anderen wurden zerstört, aber zwei wurden im Laufe der Jahre angeboten. Eines der braun-weißen Motorräder (Rahmen Nr.: JH2ME10A8BK702437) wurde von Christie's bei der »Pop Culture Rock'n'Roll and Film« Auktion am 26. Juni 2013 versteigert. Lot Nr. 61 erzielte einen Preis von 25.000 Pfund. Nach Angaben des Auktionshauses wurde sie von »Chris Corbould's ausgezeichnetem Special-Effects-Team modifiziert, um einer Maschine eines türkischen Straßenhändlers« zu entsprechen. In Istanbul gibt es allerdings keine Händler mit Motorrädern dieser Art.

Eines der Polizei-Motorräder (Rahmen Nr. JH2ME10A7BK702767) wurde von Bonhams im Rahmen der Beaulieu Auktion angeboten. Lot Nr. 324 wurde für 11.500 Pfund (13.423 €) verkauft. Der Anbieter hatte es bei einer Charity-Auktion erworben und dann bei Bonhams abgeliefert. Honda selbst hatte die

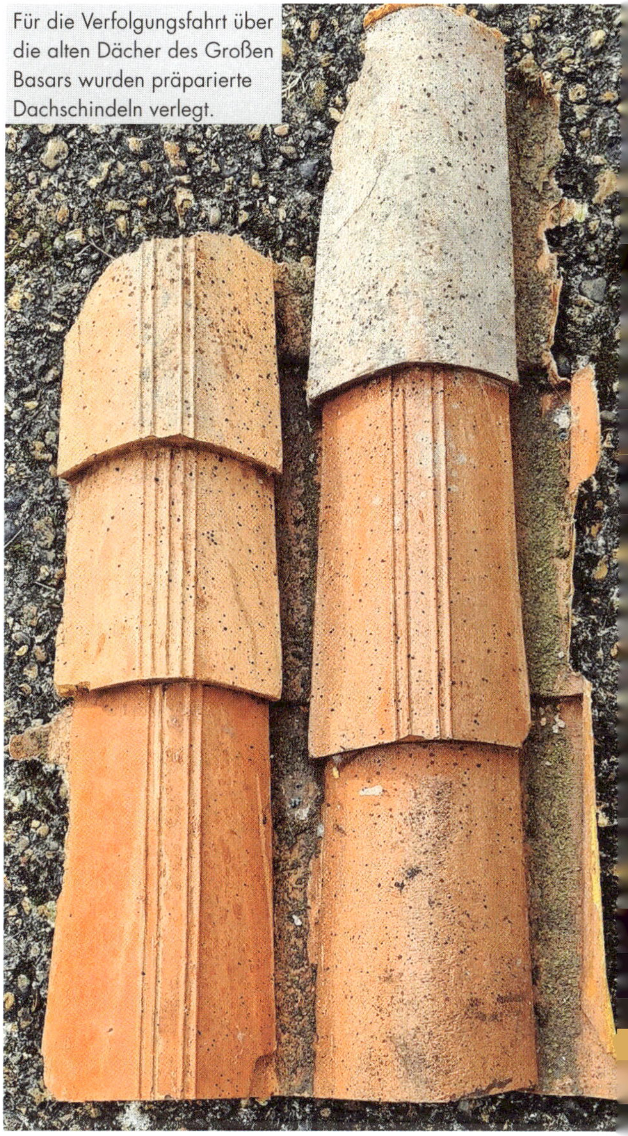

Für die Verfolgungsfahrt über die alten Dächer des Großen Basars wurden präparierte Dachschindeln verlegt.

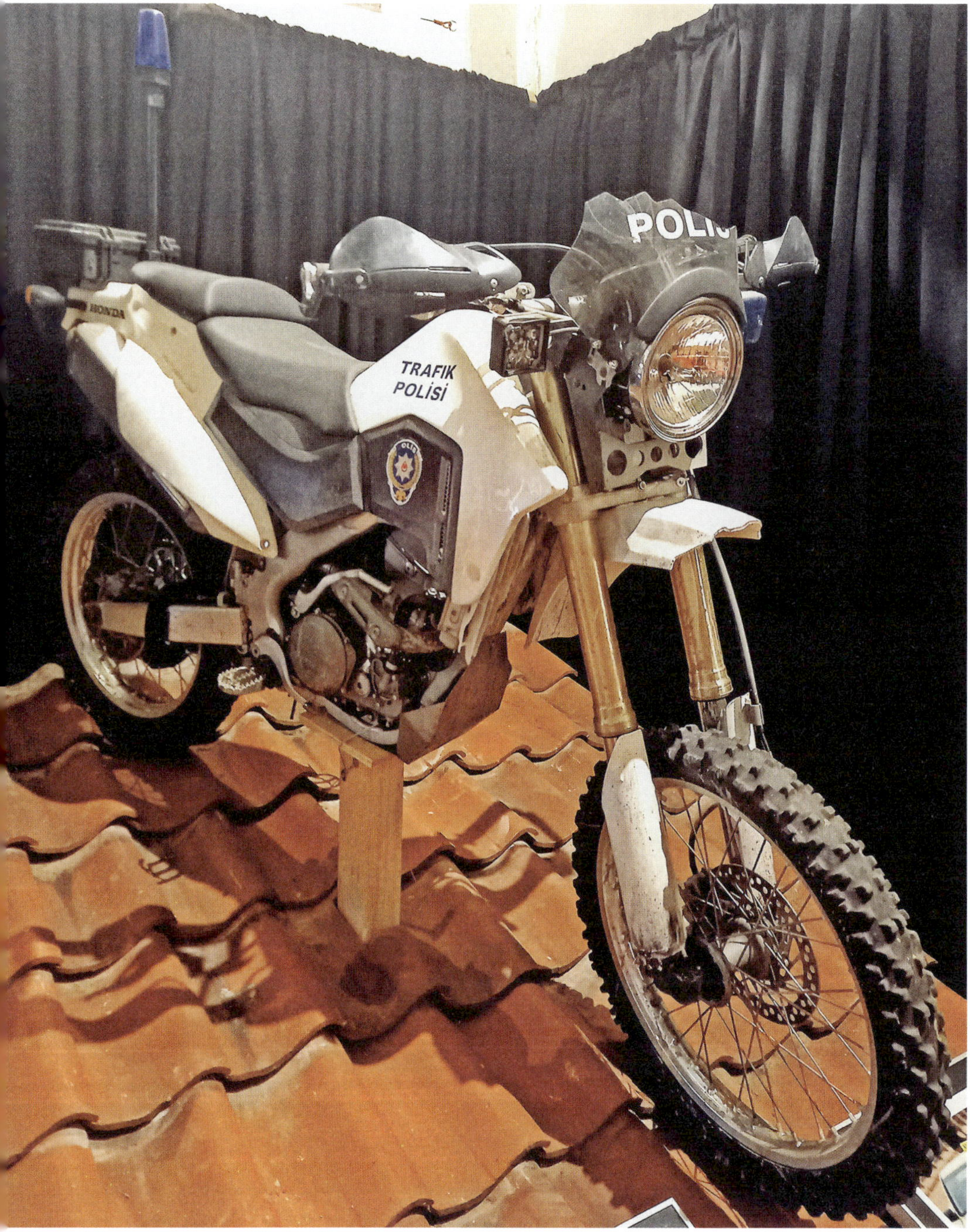
TRAFIK
POLİSİ

Maschine für wohltätige Zwecke versteigern lassen. Das Motorrad verfügt über ein zusätzliches Geschirr, keine funktionierenden Instrumente und auch die Rundumleuchte ist wieder montiert. Sie darf nur für Ausstellungszwecke genutzt werden. Bei dem angebotenen Motorrad ist eine kleine Frontscheibe montiert; der im Film zum Teil lädierte Schriftzug »Polis« fehlt und sie ist so gut wie kratzerfrei. Daher wurde sie also nicht von Patrice oder einem Stuntman gefahren.

DATEN UND FAKTEN

Modell: Honda CRF 250R
Farbe: braun weiß/schwarzweiß
Motor: Viertakt-Einzylinder,
249 ccm mit fünf Gängen
Leistung: 38 PS
Kennzeichen: keine
Höchstgeschwindigkeit: 124 km/h
Preis: 7.890 €
Screen Time der Motorräder:
1.48 Minuten

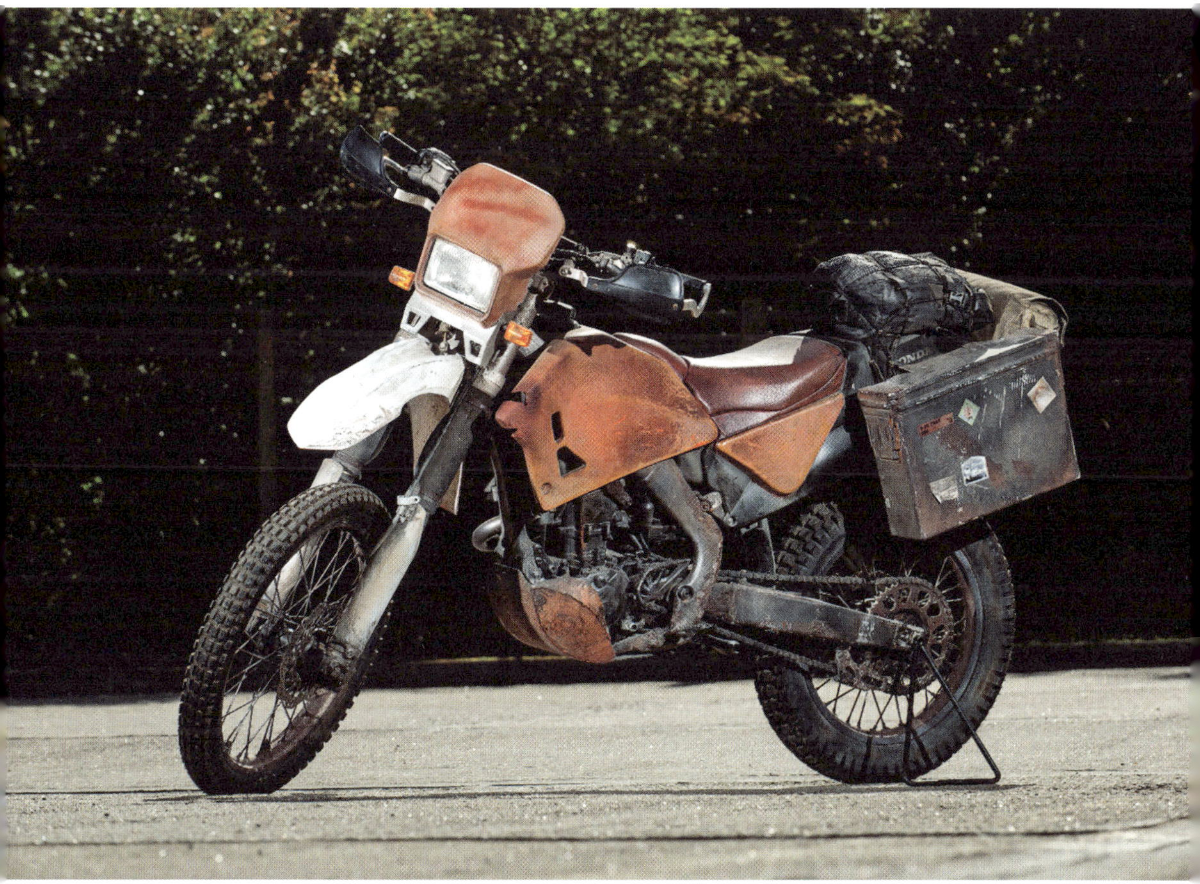

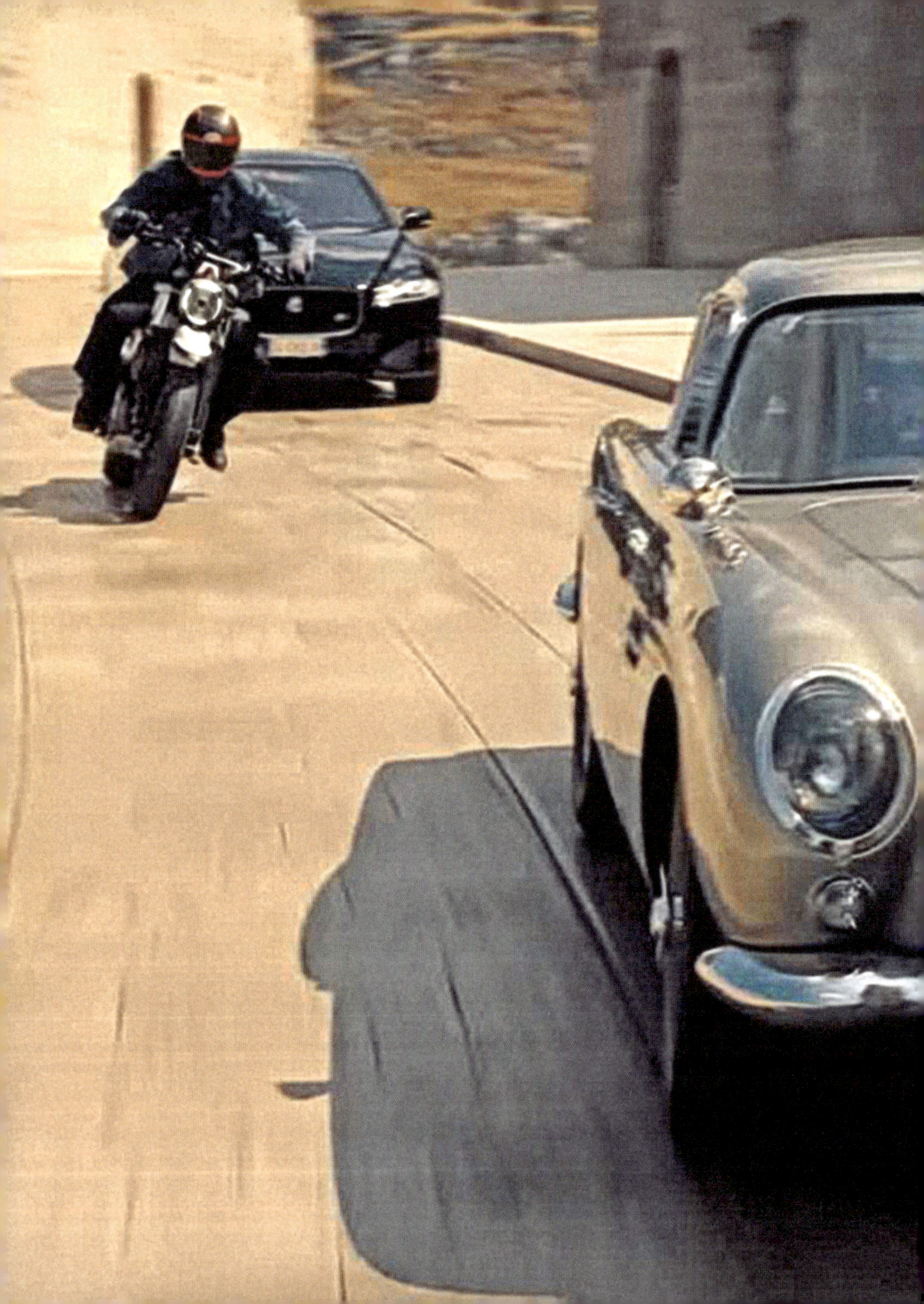

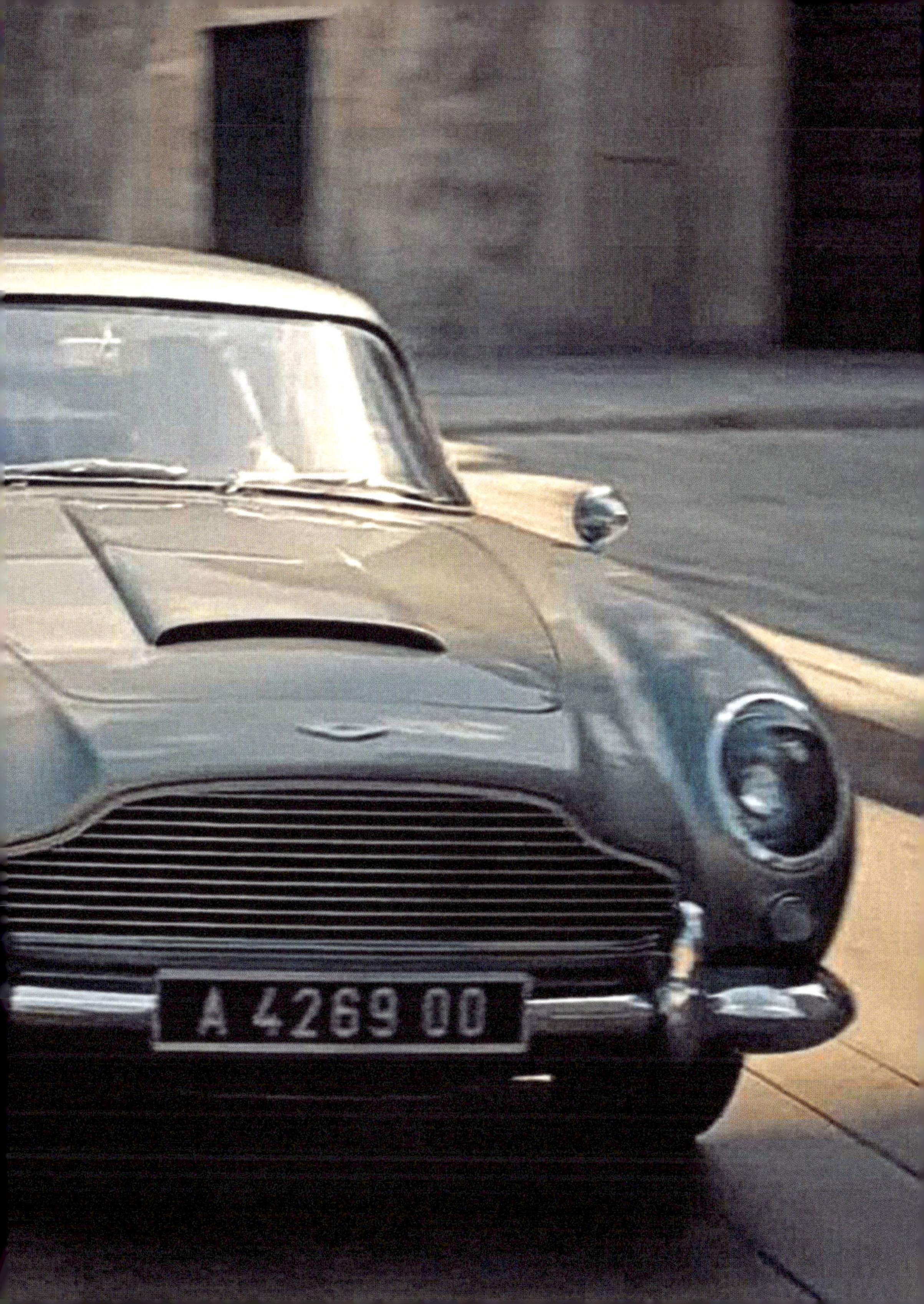
A 4269 00

DIE TRIUMPH SCRAMBLER 1200 XE UND TIGER 900 AUS *KEINE ZEIT ZU STERBEN* (2021)

Ende März 2019 begannen im norwegischen Nittedal, nordöstlich von Oslo, die Dreharbeiten für den jüngsten Bond-Film. Allerdings gab es im dortigen Schnee keine Motorradverfolgungsjagd wie 40 Jahre zuvor *In tödlicher Mission*. Die Aufnahmen für Daniel Craigs letzten Einsatz entstanden mit mehreren verschiedenen Maschinen im Juli, August und Oktober – und zwar in zwei Ländern.

Am 2. Juli begann man im süditalienischen Matera und in Gravina mit Vorbesprechungen in Bezug auf die geplanten Dreharbeiten, die einen Monat später beginnen sollten. Der italienische Produktionsmanager Enzo Sisti, der schon dafür gesorgt hatte, dass man für *Spectre* nachts durch Rom rasen durfte, hatte bereits für den Film *Ein Quantum Trost* eine Verfolgungsjagd durch Matera vorgeschlagen. Das wurde seinerzeit jedoch aufgrund der aufwändigen Logistik und Bürokratie wieder verworfen. Jetzt waren die Verhandlungen mit der Stadtverwaltung erfolgreich verlaufen, sodass er, gemeinsam mit dem Bürgermeister, zehn Tage später in Matera eine Pressekonferenz geben konnte. Darin informierten die beiden Männer über die zu erwartenden Einschränkungen während der Dreharbeiten.

Die Geschichte von *Keine Zeit zu sterben* schließt direkt an das Ende von *Spectre* an. Dort ist zu sehen, wie Bond und Madeleine London im Aston Martin DB 5 verlassen. Ihr Ziel ist die süditalienische Stadt Matera, in der sie ein paar romantische Tage zu zweit verbringen möchten. Doch 007 fühlt sich von Madeleine verraten. Nachdem er dort nur knapp einem Anschlag entgeht, geraten beide in eine Verfolgungsjagd durch die historischen Gemäuer. In die sind sowohl Autos als auch ein Motorrad involviert.

Ab dem 12. August 2019 reiste das mehr als 400 Personen umfassende Drehteam nach Matera. Eine Woche später begannen die Arbeiten an verschiedenen Orten der Stadt. Dazu zählte ein Hügel gegenüber den »Sassi« genannten Höhlensiedlungen, wo ein eigens angefertigter Teil eines Friedhofs nahe der

> »... ALLE SIND GANZ VERRÜCKT, DENN ES GEHT UM BOND. DIE SERIE UND DIE FIGUR SIND JA SCHLIESSLICH EIN MASSENPHÄNOMEN.«
> —PRODUKTIONSMANAGER ENZO SISTI

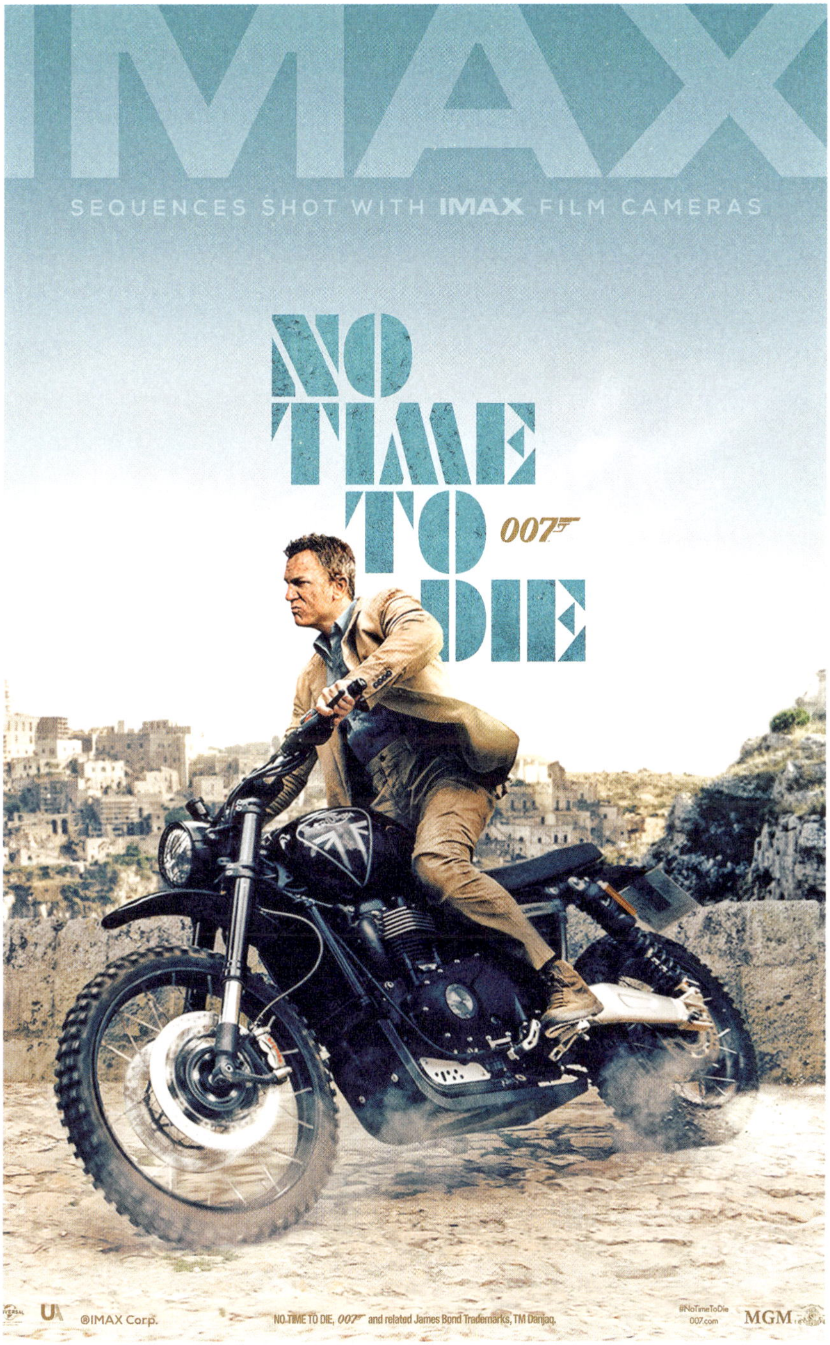
IMAX
SEQUENCES SHOT WITH IMAX FILM CAMERAS
NO TIME TO DIE
007
®IMAX Corp.
NO TIME TO DIE, 007 and related James Bond Trademarks, TM Danjaq.
MGM

Kirche Madonna delle Virgini entstand. Im knapp 30 km nordwestlich gelegenen Gravina wurde mehrere Tage lang ein römisches Viadukt gesperrt, weil Stuntman Mark Higgins für Craig dort heruntersprang. Bis dorthin wird Bond auch von den Verfolgern in einem schwarzen Maserati Quattroporte IV und auf einer Triumph Scrambler 1200 XE gejagt. Der französisch-algerische Schauspieler Dali Benssallah agiert als Primo auf dem Zweirad.

Einen ganz besonderen Stunt realisierte Paul Edwards am 6. Oktober in Matera. In der Nähe einer Kirche wurde für ihn eine rund 7,60 Meter hohe Rampe installiert. Auf sie raste er mit einer Geschwindigkeit von 96,5 km/h zu, um dann von dort aus mitten in eine Gruppe von Menschen zu springen, die an einer Prozession teilnehmen. Der Motocross-Spezialist übte den Stunt den ganzen Tag, ehe er am späten Nachmittag kurz vor Sonnenuntergang gedreht wurde – übrigens ohne Probleme. Enzo Sisti empfand die ganzen Dreharbeiten als »sehr, sehr kompliziert, und schwierig. Tag für Tag tauchen neue Probleme auf«, so der Mann damals. »Man muss mit den Behörden Absprachen treffen, Straßen absperren, den Verkehr umleiten und neue Sets errichten. Es gibt ständig Besprechungen mit dem Regisseur, dem Kameramann und den Stuntfahrern, und alle sind ganz verrückt, denn es geht um Bond. Die Serie und die Figur sind ja schließlich ein Massenphänomen.«

Gefilmt wurde die Verfolgungsjagd mit Bonds Aston Martin DB 5 und seinen Verfolgern, die unter anderem in einem schwarzen Jaguar XF sitzen, mit Hilfe von zwei Kamerafahrzeugen, aus einem Helikopter und mit Hilfe von Drohnen. Das war ein mattschwarzer Mercedes ML 63 mit einem sogenannten Scorpio-Arm, einem langen Ausleger über dem Dach des Wagens, an dem die Kamera hängt. Der zeichnet jede Bewegung der Fahrzeuge auf. Hinzu kam ein Motorrad vom Typ KTM 530 mit Kameraaufbau, von dem aus das Geschehen von der Seite gefilmt wurde. Der vielfach ausgezeichnete, frühere Motocross Rennfahrer Rob Herring fuhr die KTM 530. Er war auch schon

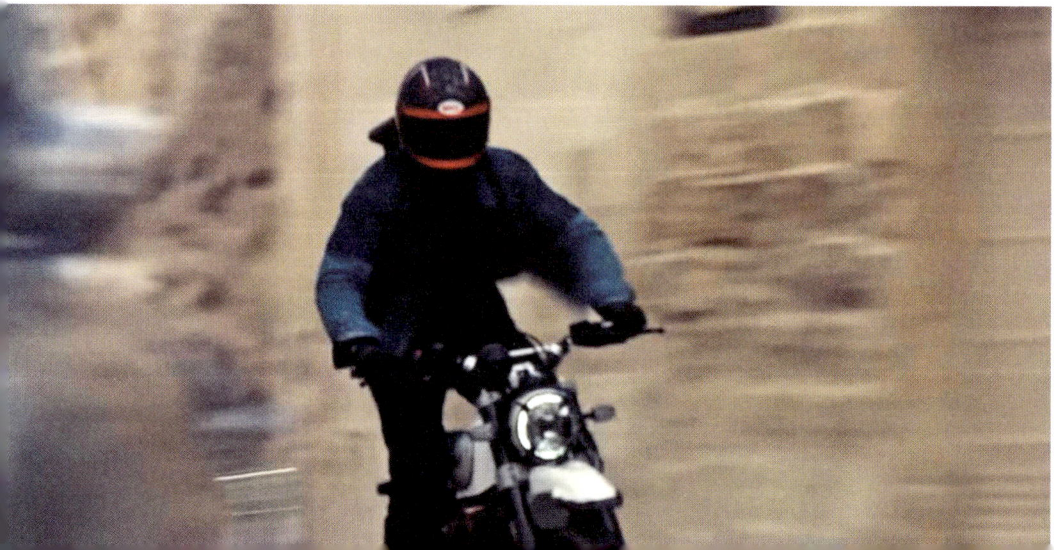

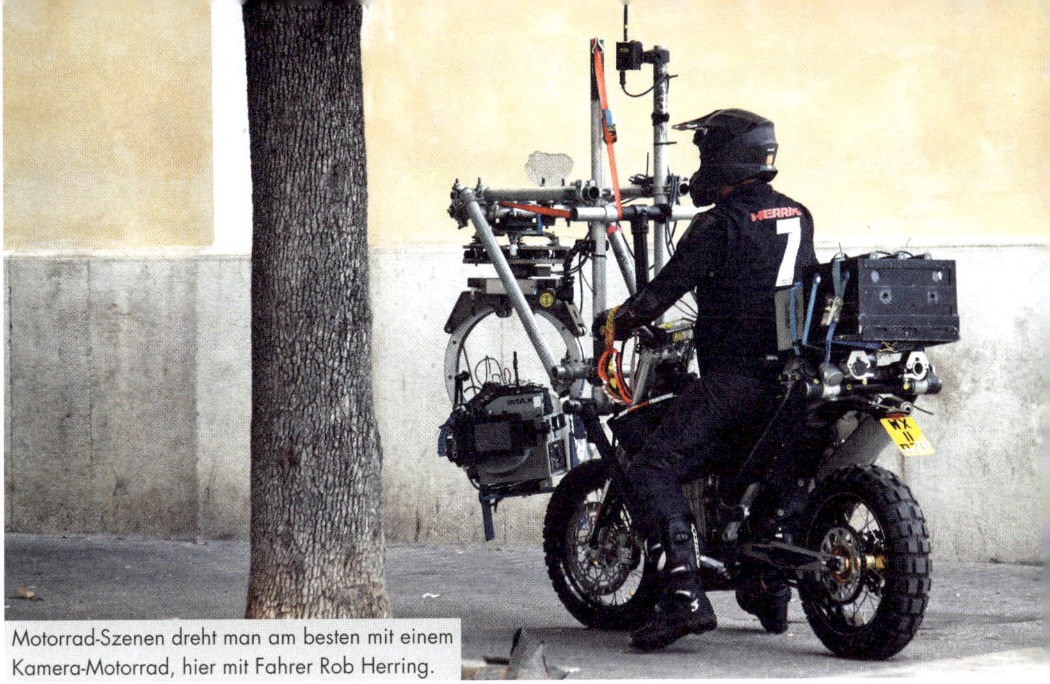

Motorrad-Szenen dreht man am besten mit einem Kamera-Motorrad, hier mit Fahrer Rob Herring.

bei *Ein Quantum Trost* dabei und drehte den Motorradstunt, in dem Stuntman Lee Morrison mit einer Montesa Cota RT 4 auf zwei Boote springt.

Doch Matera war nicht der einzige Einsatzort für die Triumph-Motorräder. Im Juli und ab Anfang Oktober 2019 drehte die 2nd Unit im englischen Salisbury Plain in der Grafschaft Wiltshire Teile eine weitere Verfolgungsjagd, aber dieses Mal mit zehn Land Rover Defender und Triumph-Motorrädern vom Typ Tiger 900. Das Areal gehört dem Verteidigungsministerium und liegt nahe Porton Down, dem britischen Zentrum für Chemie- und Biowaffenforschung. Aufgrund des holprigen Geländes kamen hier die Tiger 900 Geländemotorräder zum Einsatz. Am 16. Dezember 2019 gaben die Filmproduzenten und Triumph dann gleichzeitig ihre Zusammenarbeit bekannt – etwas, was man da schon längst wusste. Stunt-Coordinator Lee Morrison gestand später, dass die Tiger 900 erst gar nicht zur Disposition stand, da Anfang des Jahres lediglich Prototypen davon existierten. Er wurde dann zu einem Presse-Event nach Marokko eingeladen, um das Motorrad ausführlich zu testen und stellte fest, dass die Maschine über sechs verschiedene Fahrmodi verfügt. Einer davon ist der sogenannte »Off Road Pro Mode«, in den per Knopfdruck umgeschaltet werden kann. In der Sequenz, die übrigens in Norwegen spielt, wird Bond in einem beigen Toyota Land Rover Prado von Motorradfahrern und mehreren Land Rover Defender bedrängt. Einer der Motorradfahrer fährt sehr dicht neben 007, springt auch mal über seinen Wagen und unter einem Helikopter hindurch. In beiden Sequenzen kamen mindestens drei Scrambler 1200 XE und mehrere Tiger 900 zum Einsatz.

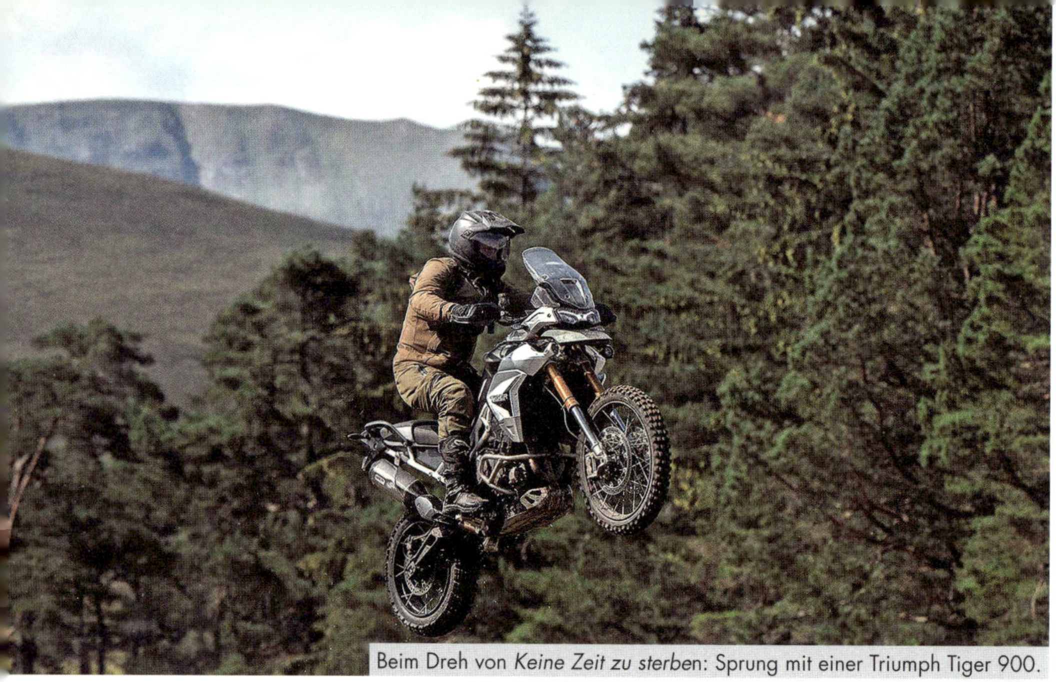

Beim Dreh von *Keine Zeit zu sterben*: Sprung mit einer Triumph Tiger 900.

KOMISCHES UND WISSENSWERTES

Um auf den Straßen in Matera für den richtigen Halt zu sorgen, verwendete das Team, wie bei anderen Filmen zuvor auch, Coca Cola. Die Kosten sollen rund 60.000 Euro betragen haben. Nach Aussagen von Stunt-Coordinator Lee Morrison wurden »8.400 Gallonen« versprüht, also fast 32.000 Liter. Um den Abrieb der Reifen wieder zu beseitigen, wurde von der Produktion eine Reihe von Reinigungshelfern engagiert, die die Gummireste mühsam wieder von den Straßen schrubbten. Die Cola natürlich auch.

Nicht zum zunächst geplanten Filmstart im November 2019, aber im Mai 2020, bot Triumph eine sogenannte »Bond Edition« der Scrambler 1200 XE an. Die auf 250 Stück limitierte Sonderserie in Sapphire Black mit 007 Schriftzügen, Knieschutz, vom Triumph Boss signiertem Nummernzertifikat und Rucksack, war trotz der Kosten von 18.550 Euro (zzgl. 450 Euro Liefernebenkosten) umgehend ausverkauft.

DATEN UND FAKTEN

Modell: Triumph Scrambler 1200 XE/ Triumph Tiger 900
Farbe: schwarz
Bauzeit: ab 2019
Motor: Zweizylinder-Viertakt-Reihen-Motor mit 1200 ccm/Dreizylinder-Reihenmotor mit 888 ccm
Leistung: 90 PS/95 PS
Kennzeichen: NB G7852
Höchstgeschwindigkeit: 177 km/h/193 km/h
Preis: 13.250 €/11.350 €/ Bond Edition: $ 18.500/18.550 € zzgl. Liefernebenkosten

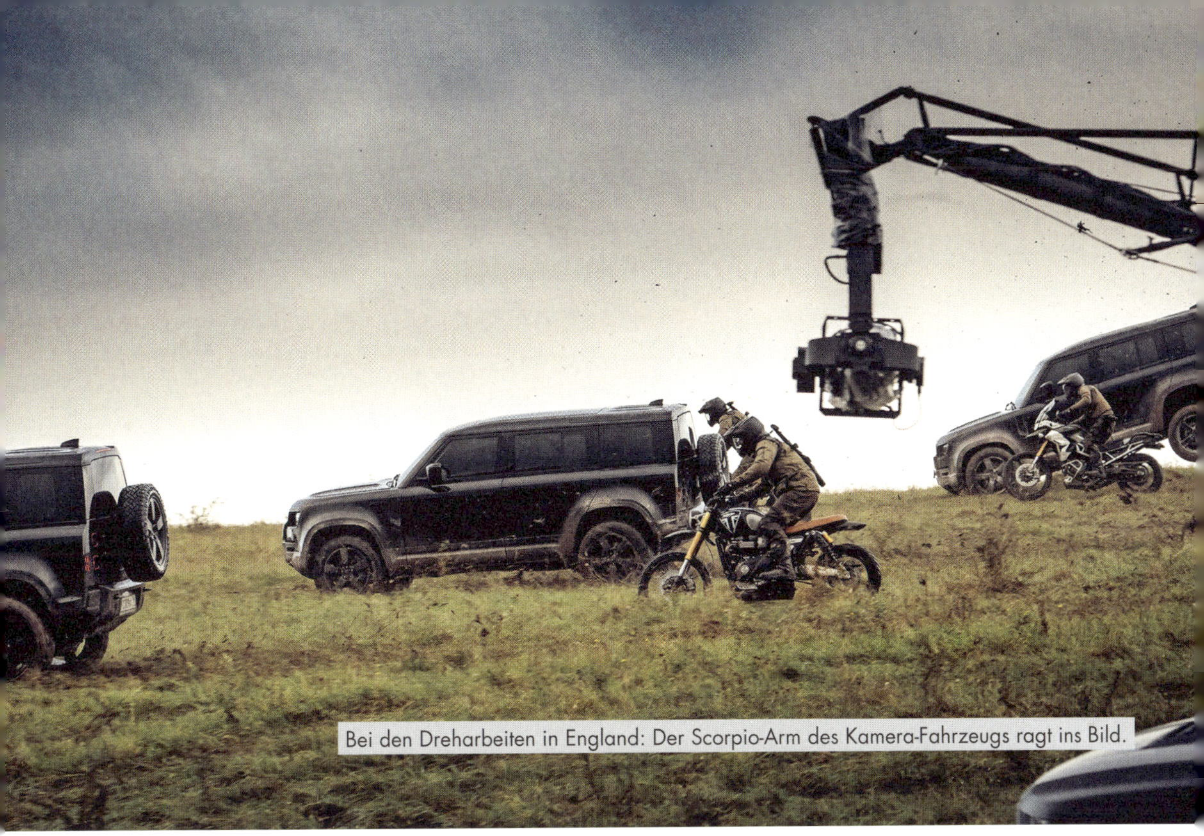

Bei den Dreharbeiten in England: Der Scorpio-Arm des Kamera-Fahrzeugs ragt ins Bild.

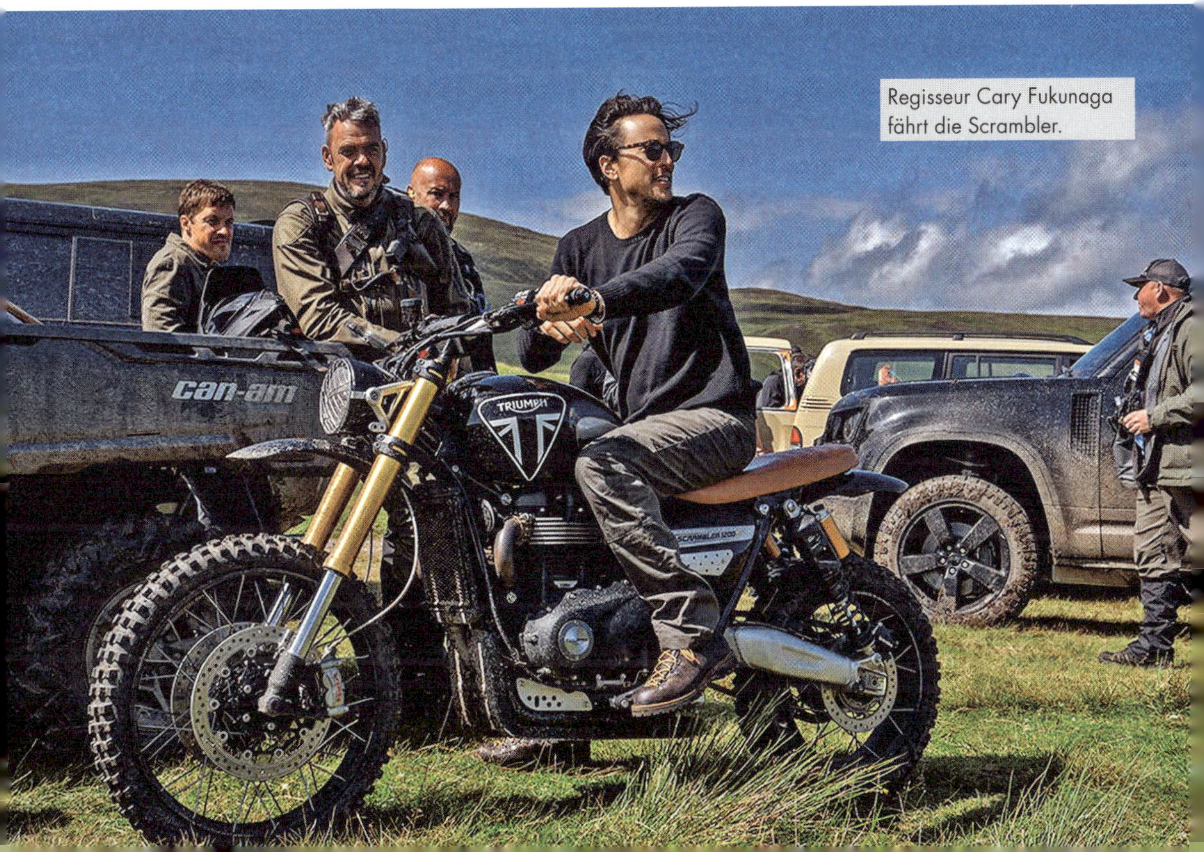

Regisseur Cary Fukunaga fährt die Scrambler.

KAPITEL 3

AUF DEN SPUREN HEISSER REIFEN

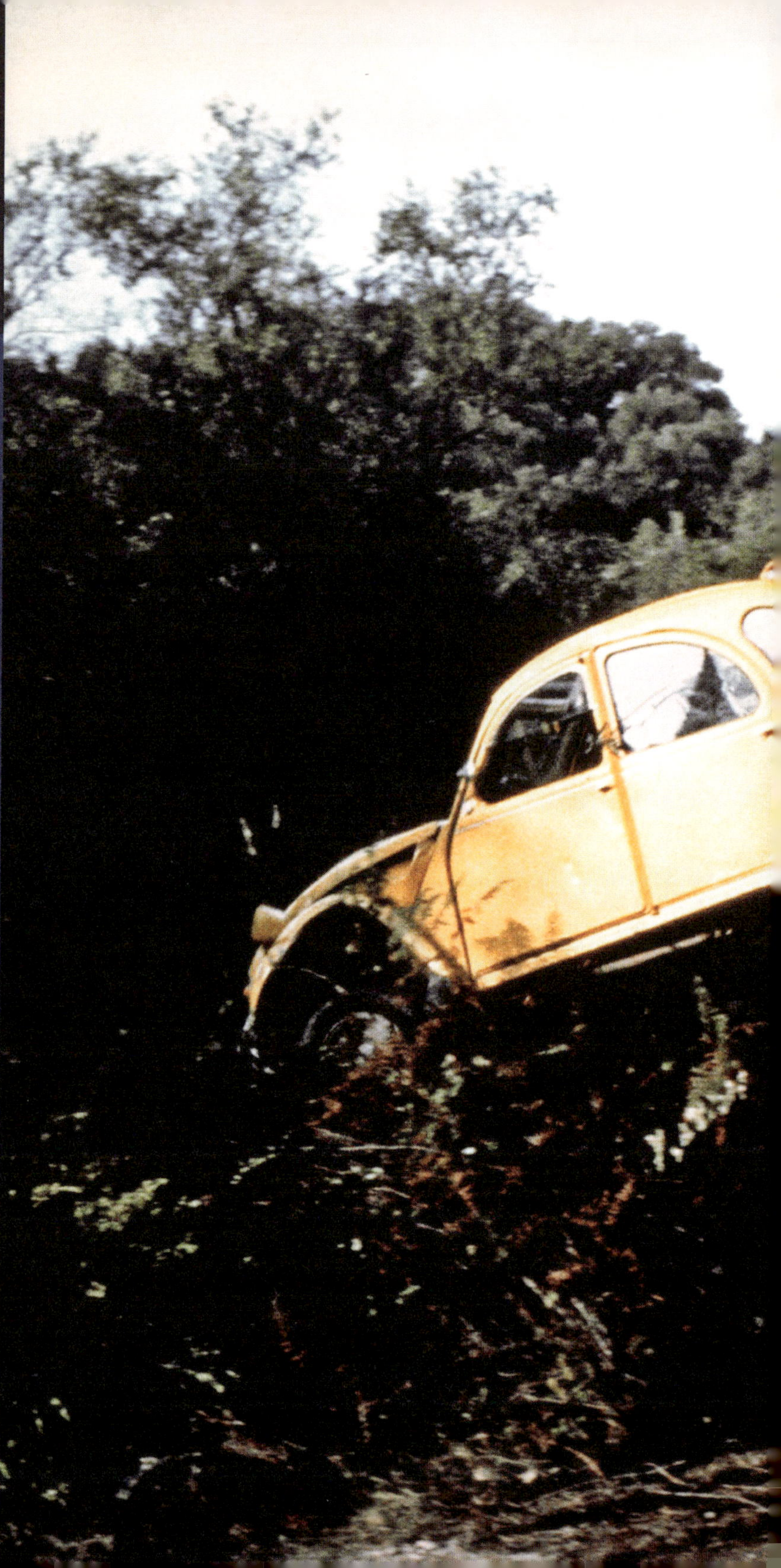

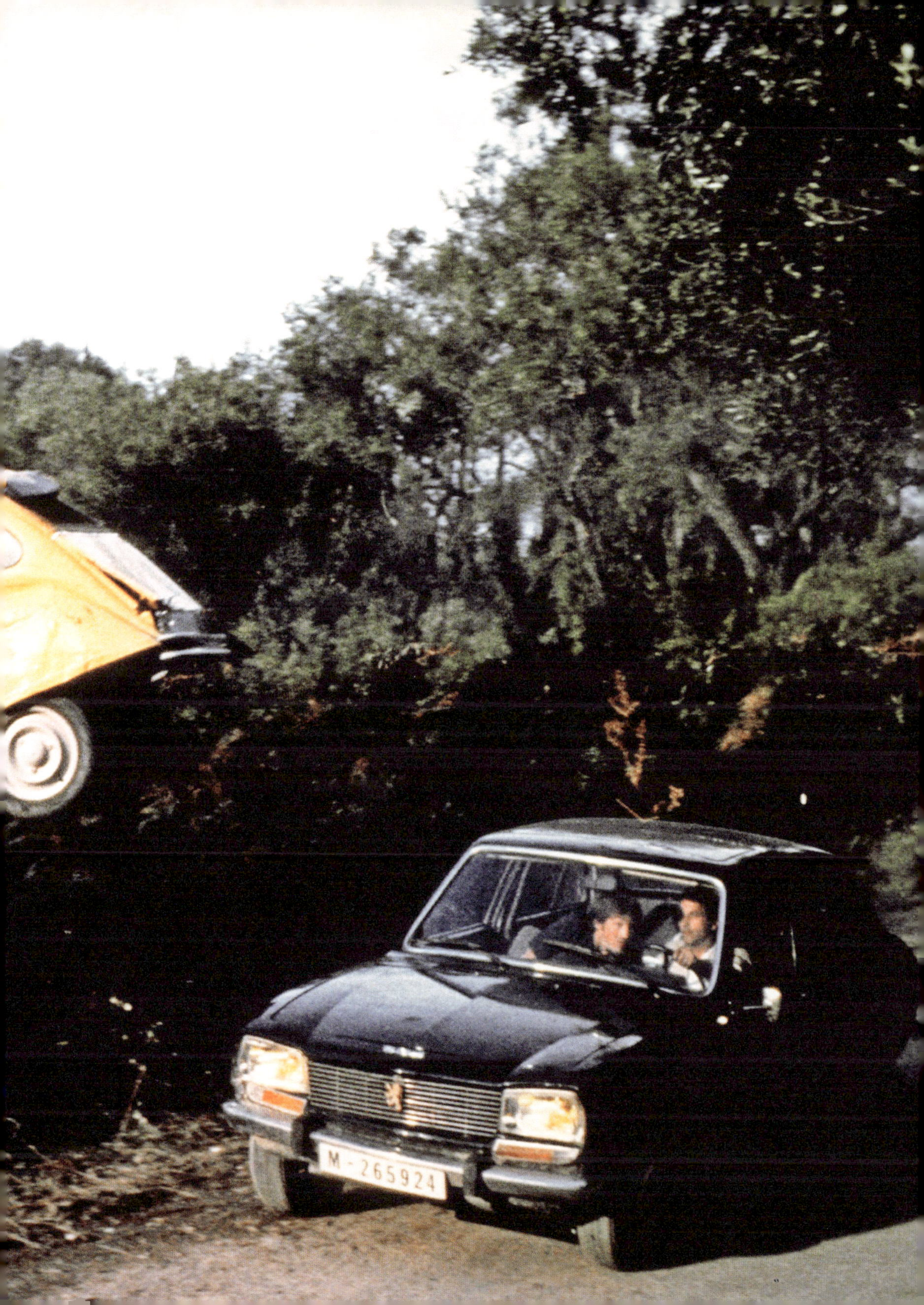
M - 265924

IN TÖDLICHER MISSION (1981) – AUF DER GRIECHISCHEN INSEL KORFU

Es ist nicht einfach für den armen James. Der schöne weiße Lotus Esprit Turbo, mit dem Q ihn ausgestattet hat, ist in die Luft geflogen. Jetzt sitzt er in einer quietschgelben Ente – und eine Frau fährt. Gibt es Schlimmeres für testosterongesteuerte Agenten? Immerhin ist Melina attraktiv und tatkräftig, aber was kann man mit so einem Vehikel schon erreichen, wenn einem zwei schwarze Peugeot 504 mit mehr Leistung im Nacken sitzen? Satte 94 PS gegenüber 29 PS, auch wenn die Ente auf 54 PS frisiert war, sind wirklich nicht fair. Erschwerend kommt hinzu, dass in den schwarzen Limousinen Männer im

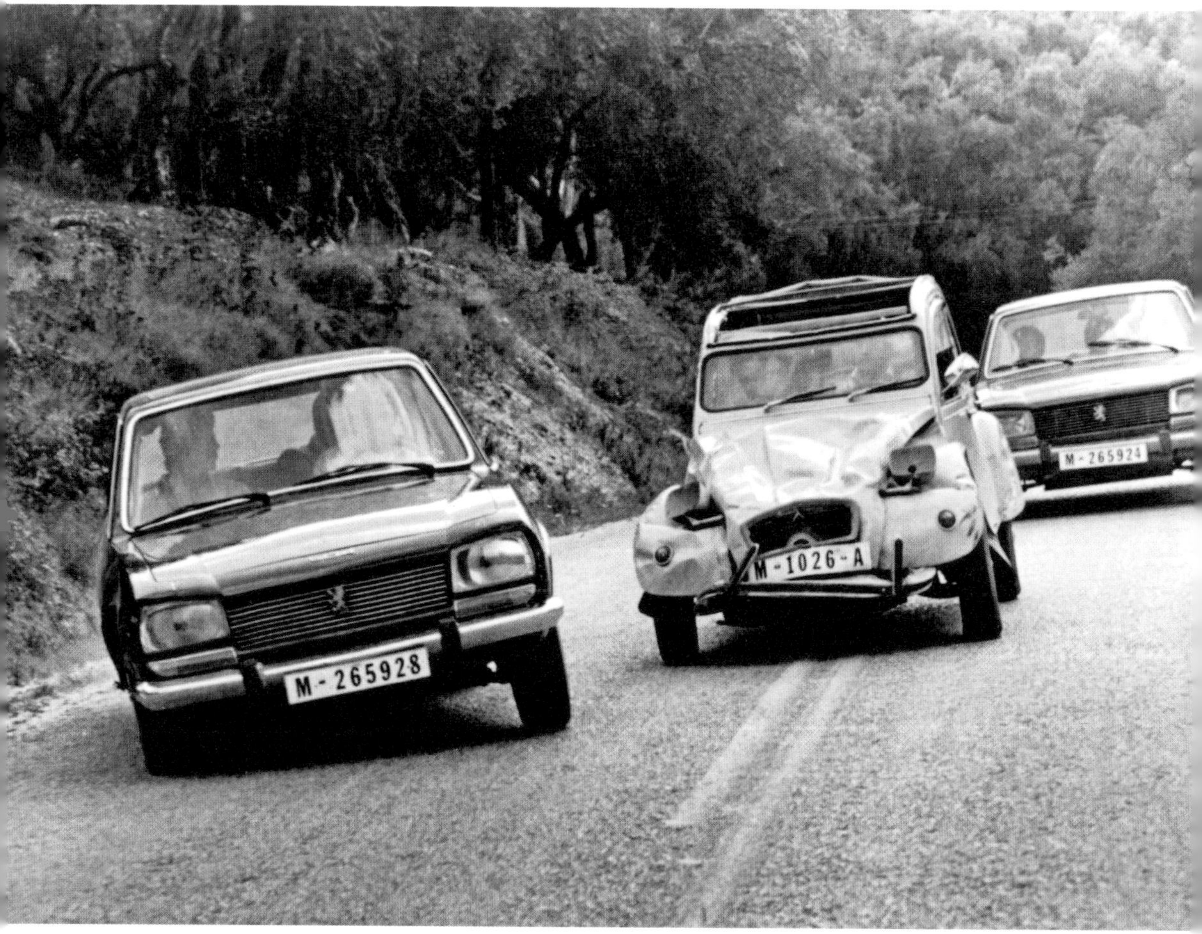

Rückspiegel auftauchen, die von ihren Schusswaffen Gebrauch machen. Da helfen nur Cleverness und Ideenreichtum – und wenn nötig, ein beherzter Griff ins Lenkrad. Leider kommt der nicht rechtzeitig. Als Melina sich mit dem Wagen überschlägt, bietet das aber die Gelegenheit, mal schnell die Plätze zu tauschen. Fortan steuert 007 die wenigen Pferdchen durch die Olivenhaine auf Korfu, zunächst aber auch nicht erfolgreicher. Wann fährt die Frau, wenn man sie braucht? Als dann ein aggressiver Verfolger dafür sorgt, dass sich die Ente erneut zweimal überschlägt, wirkt 007 schon fast hilflos. Zwar übersteht die verbeulte gelbe Karre auch diesen Bums fast schadlos, aber wie geht es weiter, so wacklig und rückwärts gerichtet auf der Straße? Lass doch mal die Frau ran, denkt man unweigerlich, und tatsächlich: Sie schaltet, er lenkt, was die Entencrew sofort unschlagbar macht. Sie entfleucht den bösen Verfolgern einfach rückwärts. Als das Frau-Mann-Gespann dann nochmals trickst, fliegt der erste Peugeot von der Straße. Kurz danach kann auch der zweite nur noch den Abflug machen. Die Spitzen eines Baums sorgen für eine unsanfte Landung. Tja, armer James, geh' doch mal zu ihr in die Fahrschule.

Für Selbstfahrer:

Im Film spielt das Ganze zwar in Spanien, aber gedreht wurde auf der griechischen Insel Korfu. Die Entenjagd entstand u. a. in dem Örtchen Pagi an der Nordwestseite der Insel. Wer von

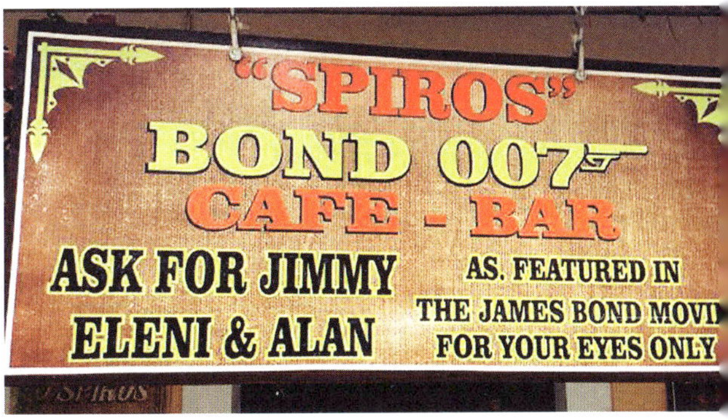

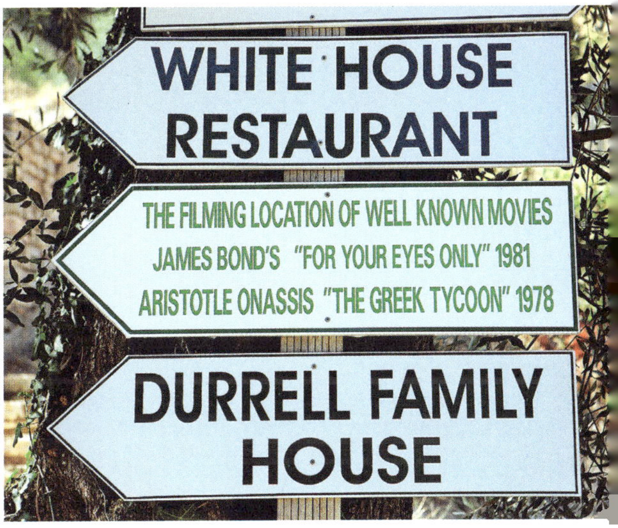

Korfu Stadt, oder auf Griechisch Kerkyra, losfährt, braucht etwa 45 Minuten. Ein begeisterter Grieche namens Jimmy hat in Pagi sogar eine Kneipe zu Ehren des Films eingerichtet und nennt sie »Spiros Bond 007 Café - Bar«. Sie liegt direkt an der Straße, an der sich zum ersten Mal die Ente überschlägt. Die Straßen östlich des Örtchens, und die Serpentinen südlich in Richtung Paleokastritsa, wurden für die Verfolgungsjagd genutzt.

FEUERBALL (1965) – IM ENGLISCHEN SILVERSTONE

Es sollte eine gemütliche Fahrt nach einem Aufenthalt in der Klinik Shrublands zurück ins Büro sein. Aber wenn man als Geheimagent, natürlich in einem (un)auffälligen Auto, unterwegs ist, kann unterwegs schon so einiges passieren. Zum Beispiel, wenn man sporadisch mal in den Rückspiegel schaut. Ist es etwa ein Schock, wenn hinter einem plötzlich eine große, schnelle, schwarze Limousine auftaucht, und darin ein Mann sitzt, der auch noch eine Waffe zückt? Mit 190 bis 300 PS war der Ford Fairlane 500 Skyliner, der auch noch über ein versenkbares Dach verfügte, nicht schlecht motorisiert. Da kann man schon mal ins Grübeln kommen, wenn auf einen geschossen wird. Allerdings nicht 007. Der öffnet ganz lässig den kleinen Kasten zwischen den Vordersitzen, um seine Verteidigungsapparatur zu begutachten. Was ist denn wohl der richtige Bösewicht-Stopper? Ölsprüher, herausfahrbare Rückwand? Nichts davon ist nötig, denn ganz plötzlich rast ein goldfarbenes Motorrad vom Typ BSA 650 Lightning heran und macht dem 50er-Jahre-Ford dank zweier Raketen in der Vollverkleidung den Garaus. Der rast brennend in den Straßengraben. Bond ist geschüttelt und verwirrt. Den Verfolger ist er los, und das Motorrad rast an ihm vorbei. Irgendwie doch ganz gemütlich, wenn andere die Drecksarbeit machen.

Für Selbstfahrer:
Im Film spielt das ganze »auf der Landstraße«, aber tatsächlich wurde ein ehemaliger Militärflugplatz der britischen Streitkräfte zum Schauplatz. Seit

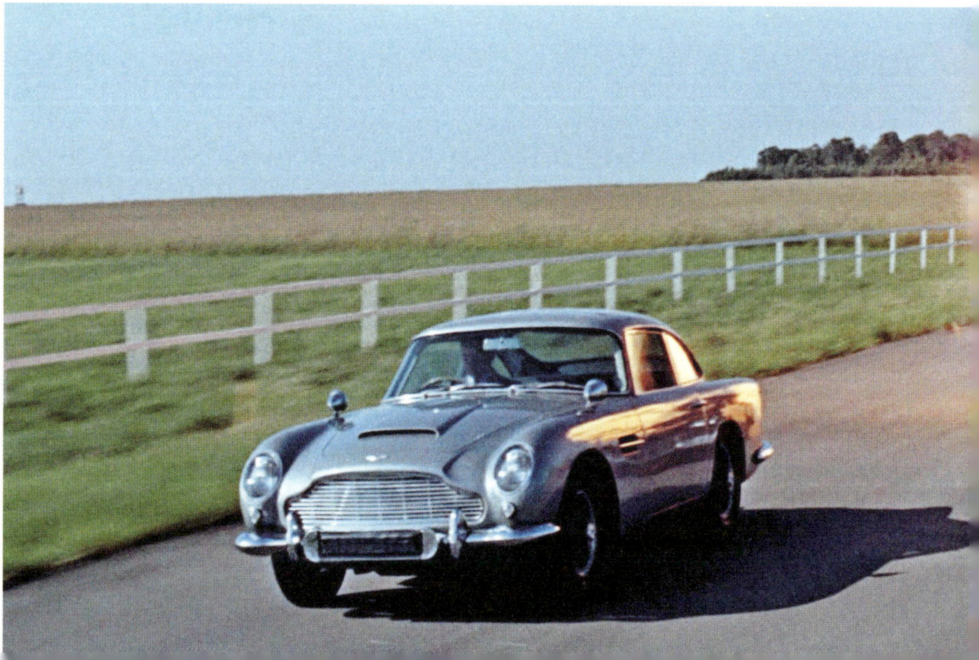

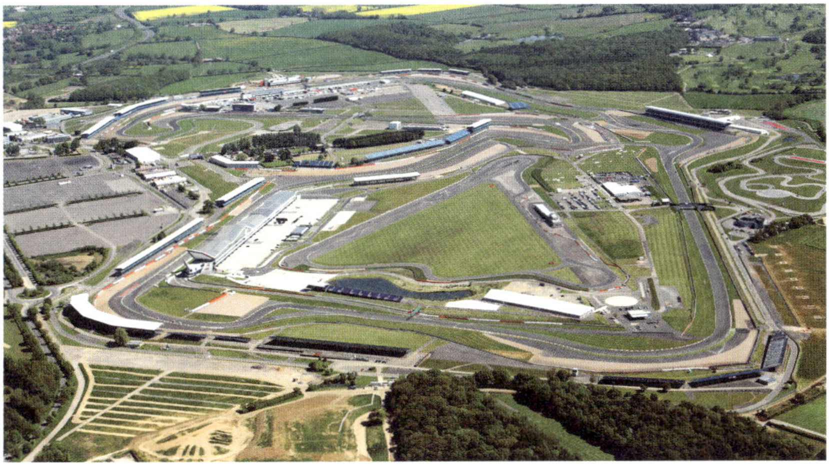

dem Jahr 1950 findet auf dem »Silverstone Circuit« in Towcester, rund 120 Kilometer nordwestlich von London, auch ein Formel-1-Rennen statt – der Britische Grand Prix. Mehr als fünf Monate bevor am 10. Juli 1965 der Grand Prix in Silverstone ausgetragen wurde, wurde die Rennstrecke für die Dreharbeiten von *Feuerball* gesperrt. Selbstfahrer können mit Straßensportwagen, Renn-Versionen von Aston Martin, Ferrari oder BMW, aber auch mit kleineren Formel-Fahrzeugen über die Rennstrecke rasen. Außerdem gibt es auch noch Fahrsicherheitstrainings, ein spezielles Stuntfahrer-Training oder eine Drift-Schule in einem Caterham.

Ach, übrigens: der Aston-Martin-Rennstall, bei dem seit März 2021 Sebastian Vettel seinen Dienst tut, will im August 2022 seinen Sitz nach Silverstone verlegen. Dort kann man aber jetzt schon eine »Aston Martin Vantage Driving Experience« buchen. Die dauert zwei Stunden und beinhaltet acht Runden um den Kurs. Zwischen 189 und 209 Pfund muss man allerdings mitbringen, je nachdem, ob man ab 8.30 Uhr oder ab 11.00 Uhr fährt. Wer also früh ausgeschlafen ist, hat später mehr im Portemonnaie.

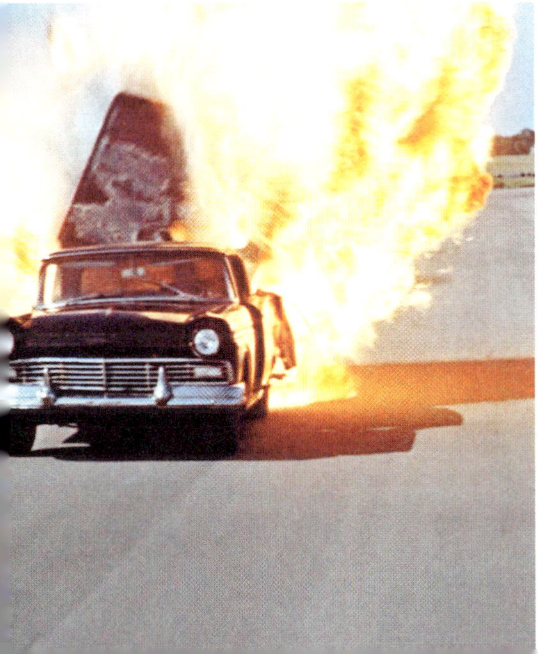

Adresse: Silverstone Circuit, Towcester Northamptonshire NN12 8TN

EIN QUANTUM TROST (2008) – AM ITALIENISCHEN GARDASEE

Eine Kurve nach links, eine nach rechts, abbiegen im Tunnel, und ab und zu mal den Motor aufheulen lassen. Was kann schöner sein, als eine gemütliche Spazierfahrt entlang des Gardasees, egal ob Orientale oder Occidentale? Wer nicht weiß, was sich dahinter verbirgt, dem sei gesagt, dass erstere die Strada Statale 249 auf der Ostseite des Sees ist, letztere die Strada Statale 45 auf der Westseite. Doch für solche geographischen Feinheiten hat man vermutlich keine Zeit, wenn man erstens James Bond heißt, zweitens in einem 517 PS starken Aston Martin DBS sitzt und drittens zwei schwarze Alfa Romeo 159 hinter einem her rasen, in denen Männer sitzen, die bewaffnet sind und schießen. Nun, die 517 PS sollten reichen, um den Verfolgern ausschließlich die Kehrseite

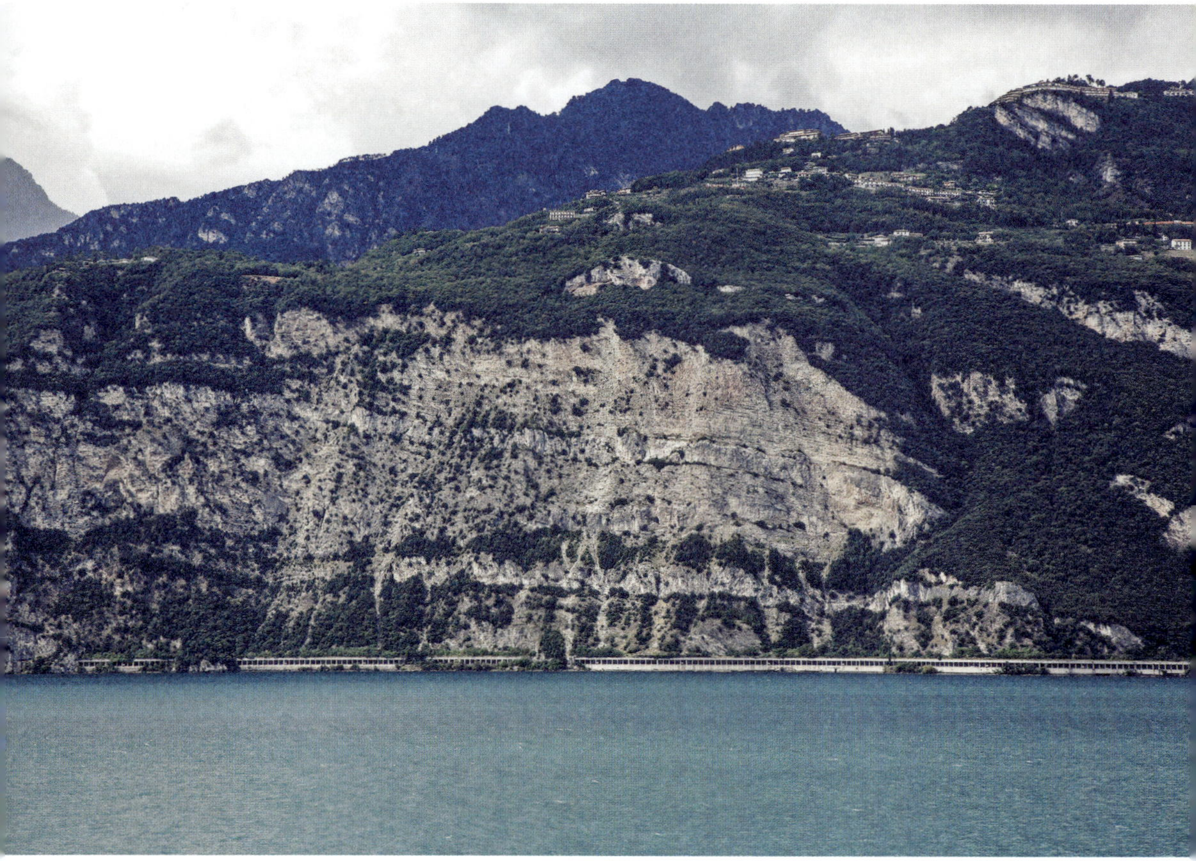

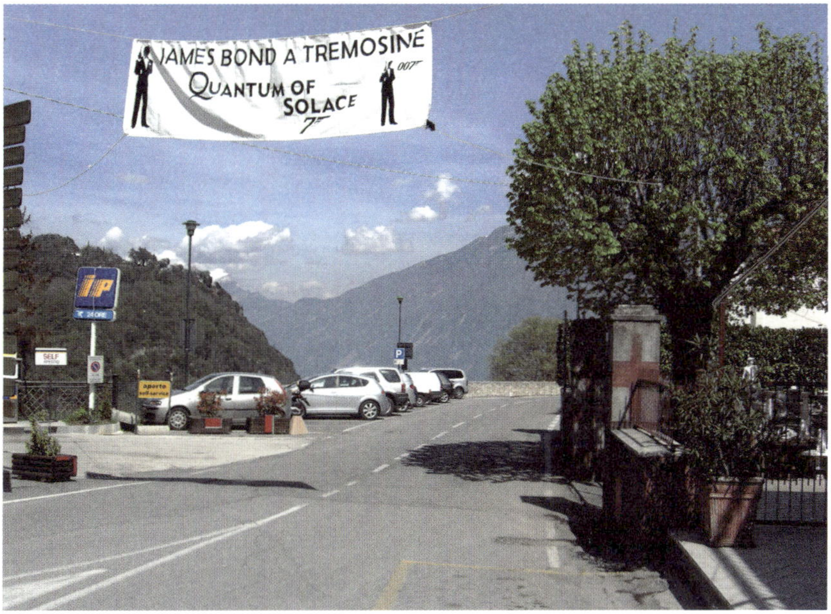

zu zeigen, denkt man, denn wenn die Alfa schwach motorisiert sind, haben sie 140 PS, und falls sie etwas aufgerüstet sind, dann 260 PS. Das ist nicht einmal die Hälfte der Leistung des Aston. Aber auch andere schätzen Orientale und Occidentale. Die genießen die Tunnelstrecke wirklich und bummeln dort entlang: Touristen zum Beispiel, Ausflügler und Lkw. Was also tun? Gas geben hilft nur bedingt, es gibt ja auch noch Gegenverkehr, und die ganze Strecke ist zumeist nur einspurig – pro Richtung. Also geschickt durchdrängeln, Verfolger narren, Lkw an die Tunnelwand drücken, einen Alfa von der Straße einen Abhang runterschubsen und der Polizei entkommen. Für den normalen Verkehrsteilnehmer gilt das Ganze vermutlich als Chaos. Für 007 ist es eine Spazierfahrt. Q bügelt die Kratzer sicher wieder aus und hat sicher schon eine neue Fahrertür bestellt. Ein bisschen Schwund ist ja immer.

Für Selbstfahrer:
Der Gardasee ist der größte italienische See. Es empfiehlt sich, das Westufer auf der SS 45 von Salo bis nach Riva del Garda und das Ostufer auf der SS 249 von Peschiera del Garda bis nach Riva del Garda abzufahren, denn beide Strecken sind wirklich schön, und gedreht wurde auch auf beiden Seiten. Wer den ganzen See umrunden will, fährt über 158 Kilometer. Da muss man schon ein bisschen Zeit mitbringen. Nach einem verunfallten Aston Martin DBS zu suchen, hat übrigens keinen Sinn. Der versunkene Sportwagen wurde wieder herausgefischt.

KAPITEL 4

BOND UND DIE FRAUEN

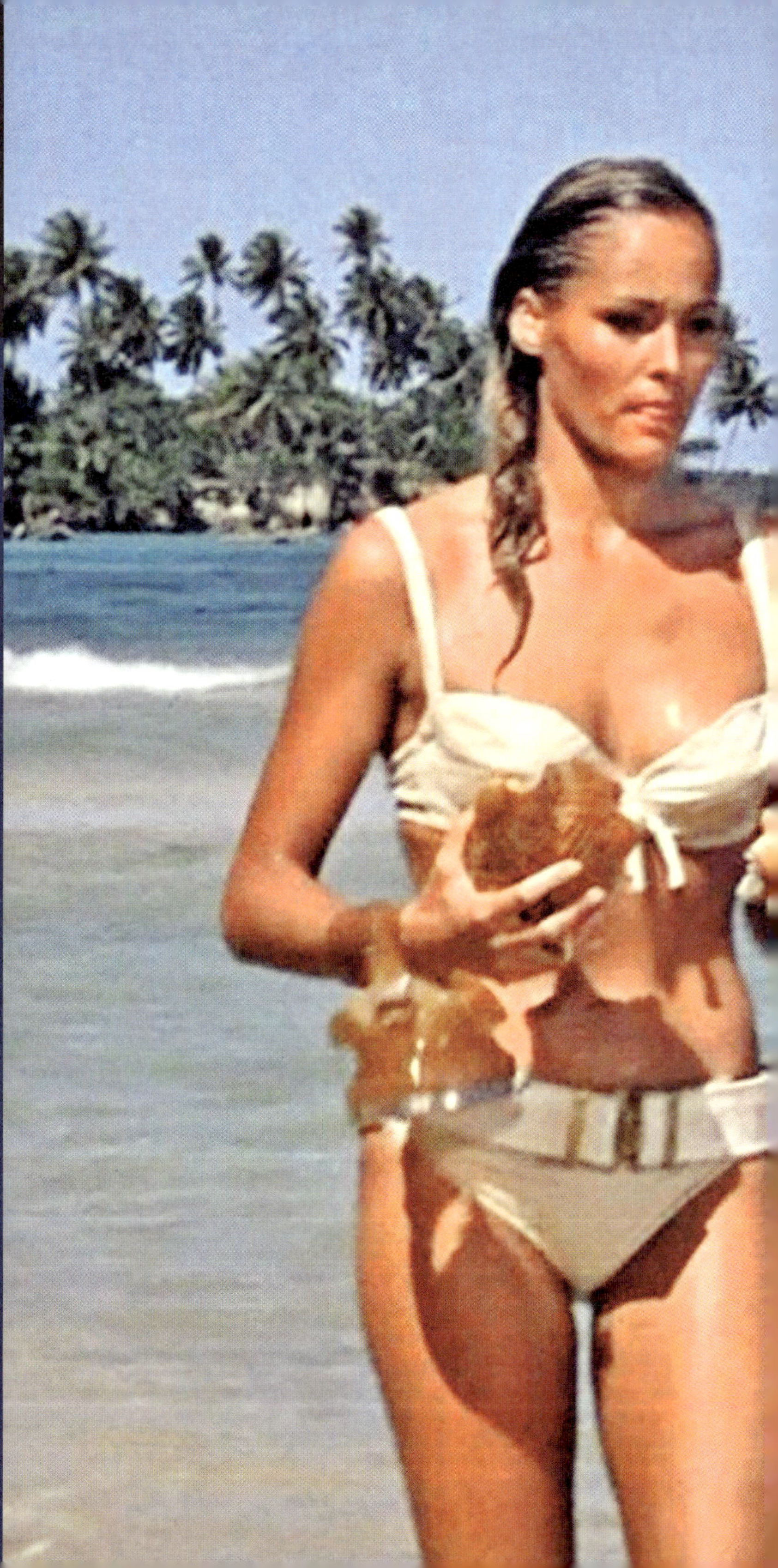

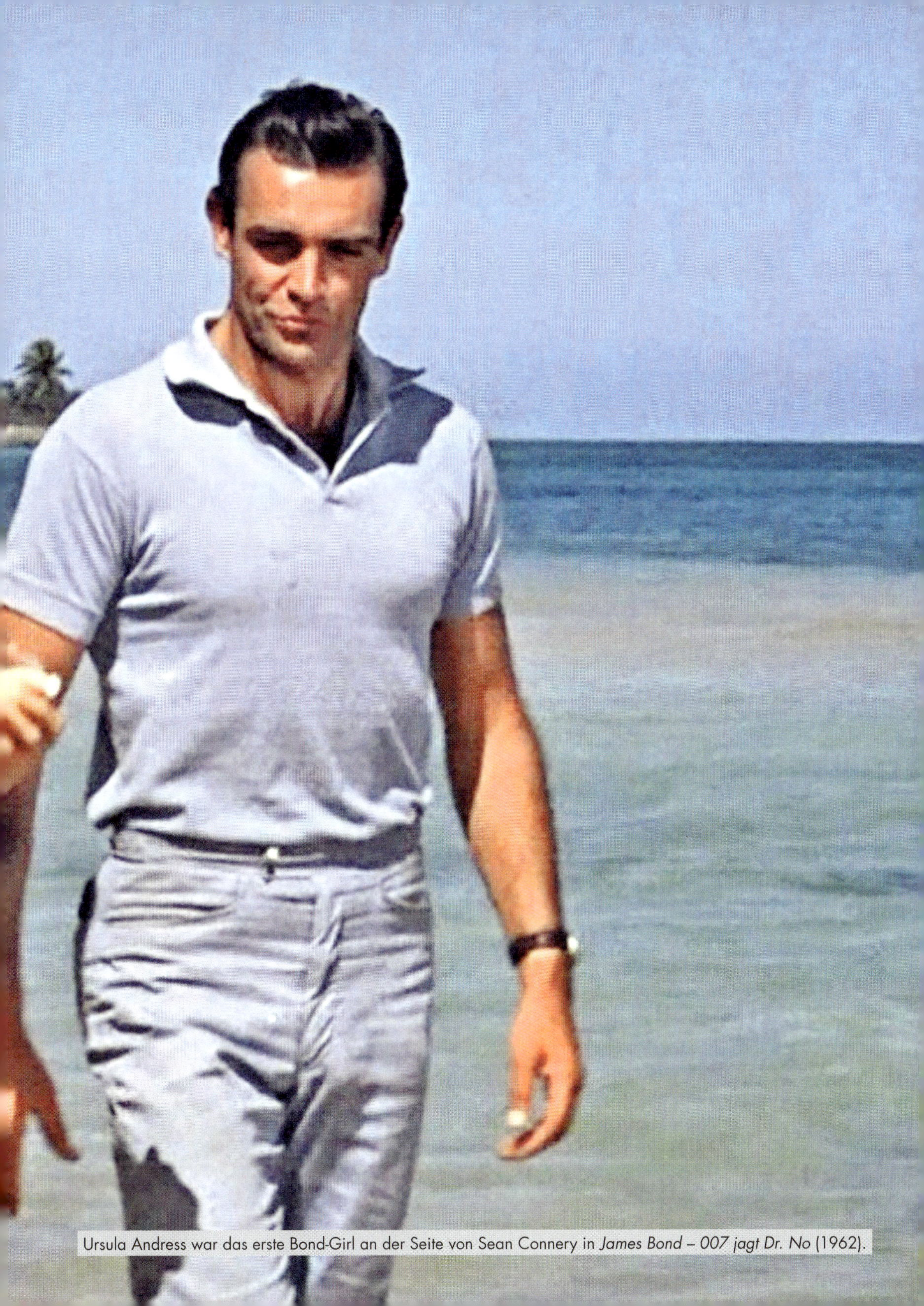

Ursula Andress war das erste Bond-Girl an der Seite von Sean Connery in *James Bond – 007 jagt Dr. No* (1962).

VON BOND-GIRLS, STUNT-FRAUEN UND DREHBUCH-AUTORINNEN

Im April 2021 wurde der Zeichner Aaron Lopresti gebeten, das von ihm erschaffene Cover für die geplante James Bond Ausgabe »Agent of Spectre« von Dynamite Comics zu ändern. Er hatte ein Bond Girl in Unterwäsche gezeichnet, aber das stieß bei den Lizenzinhabern auf keinerlei Gegenliebe. »Sie wollten keine Frauen in Unterwäsche oder Bikini auf dem Cover«, so der Künstler. »Sie wollten nicht mehr zeigen, dass James Bond ein sexistischer Typ ist.« Das ist neu, man könnte sogar sagen, eine Revolution in Bonds Frauenwelt – vor allem bei seiner Sicht auf die Frauen. Das war nicht nur zu Anfang der Roman- und Filmgeschichte noch ganz anders, sondern auch in den letzten mehr als 50 Jahren.

»Nimm mich«

Als Buchautor Ian Fleming ab dem Jahr 1953 seine Bond Romane veröffentlichte, waren zwar keine nackten oder wenig bekleideten Frauen auf den Titeln der Hardcover Ausgaben zu sehen, aber zwischen den Buchdeckeln war Fleming immer sehr deutlich. In Bonds Lebenslauf heißt es: »Laster: Trinkt, aber nicht exzessiv, und Frauen.« Pro Buch verfallen ihm durchschnittlich zwei, drei Frauen im Alter von Mitte 20 bis Anfang 30. Sie sind makellos, haben wunderschöne Figuren, tragen sehr wenig Schmuck und verfügen über »schöne, feste, fehlerlose, blendende Brüste.« Fleming ist sehr direkt, und damit sind es auch seine weiblichen Figuren. Von Tiffany Case (»Diamantenfie-

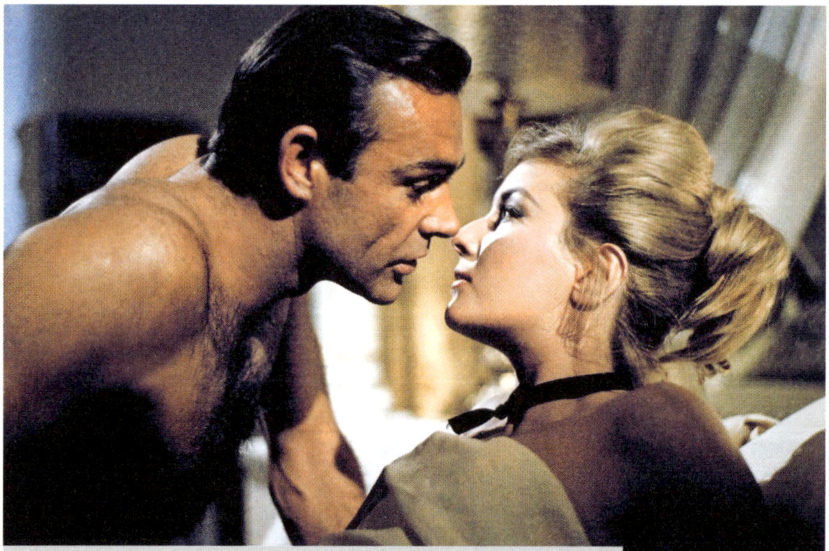

Daniela Bianchi als Tatjana Romanowa in *Liebesgrüße aus Moskau.*

ber«, 1956) heißt es: »Ich will alles, James, alles, was du je mit einem Mädchen gemacht hast. Jetzt. Schnell.« In ähnlich kurzem Stil heißt es von Tracy Vicenzo (»Im Geheimdienst Ihrer Majestät«, 1963): »Zieh dich aus. Schlaf mit mir, du bist schön und stark. Ich will wissen, wie es sein kann. Mach alles was du willst. Und sag mir, was ich tun soll. Sei rücksichtslos. Behandle mich wie die ordinärste Hure der Schöpfung. Vergiss alles andere. Frag nicht. Nimm mich.«
Die Auftritte der Frauen in den Büchern waren entsprechend verführerisch: Honey Rider kommt in »Dr. No« (1958) nur mit einem breiten Ledergürtel und einem Messer in der Hand aus den Fluten. Tatjana Romanowa (»Liebesgrüße aus Moskau«, 1957) liegt nur mit einem »schmalen, schwarzen Band um den Hals und schwarzen Seidenstrümpfen« in einem Istanbuler Bett. Jill Masterson (»Goldfinger«) trägt lediglich einen schwarzen BH und Slip. Tiffany Case (»Diamantenfieber«) sitzt halbnackt am Frisiertisch und Lisl Baum (»For Your Eyes Only«, 1960) liegt halbnackt auf einem Handtuch am Lido in Venedig.

Puritanismus und Zensur

In den Filmen ging es aufgrund des damals herrschenden Puritanismus und der Zensur zwar züchtiger zu, aber Versuche mit knapper oder gar keiner Bekleidung gab es seit dem Beginn der Serie. Ursula Andress stieg in *Dr. No* (1962) mit einem Bikini bekleidet aus dem Wasser. Ein PR-Foto, auf dem sie sich fast nackt auf einem Tigerfell räkelte, durfte aber nicht veröffentlicht werden. Die Filmszene mit Tatjana Romanowa aus *Liebesgrüße aus Moskau* ist 1963 bis auf die fehlenden Sei-

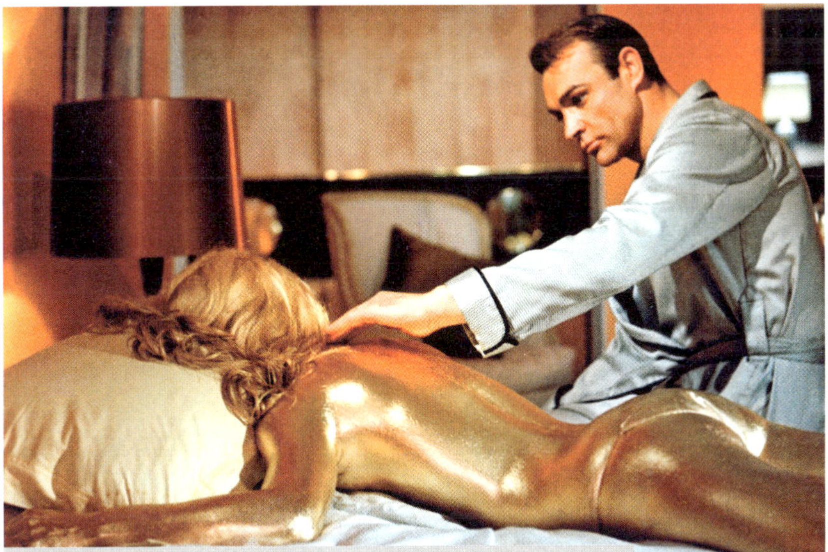

Shirley Eaton schrieb als Goldene Frau in *Goldfinger* Filmgeschichte.

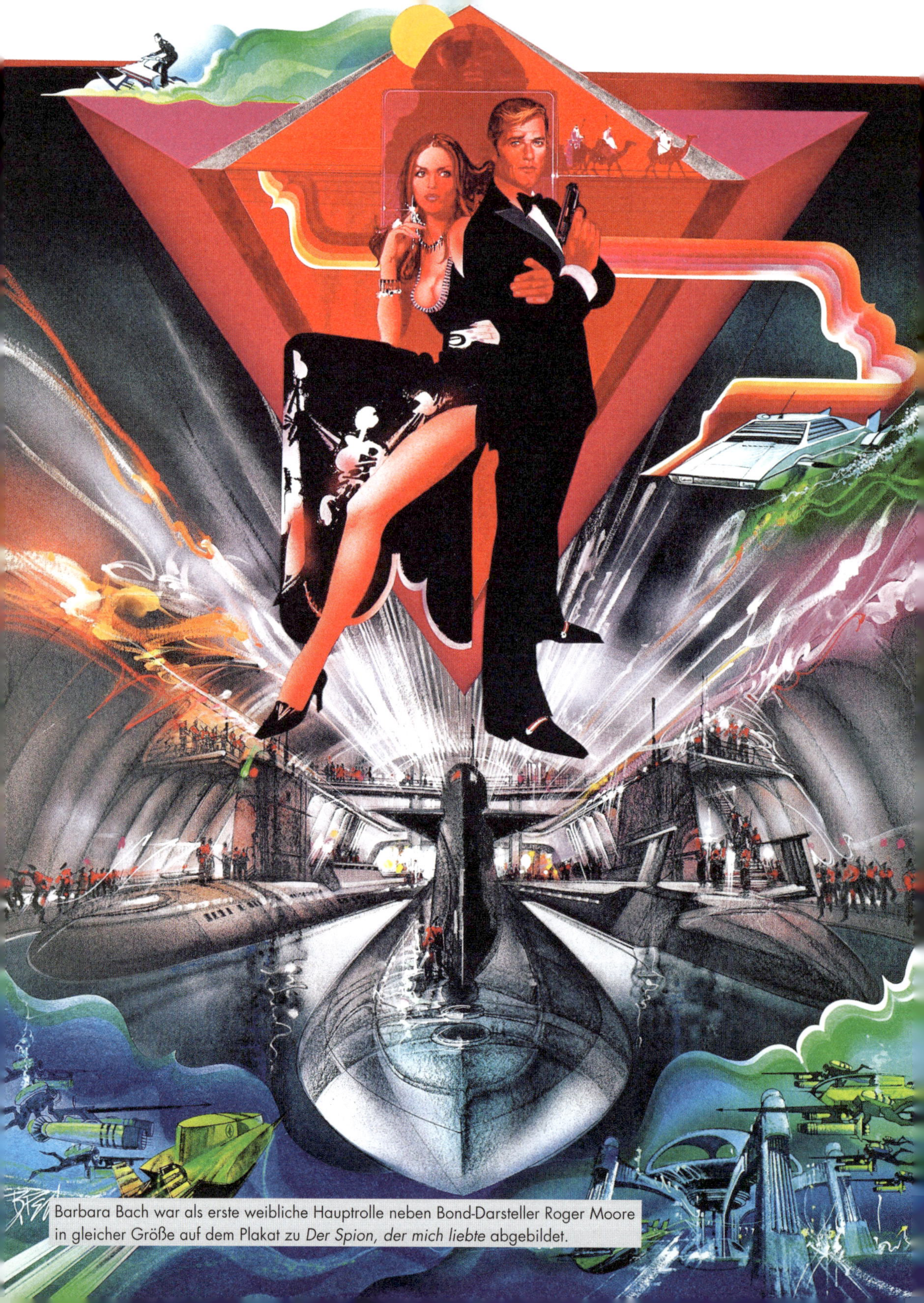

Barbara Bach war als erste weibliche Hauptrolle neben Bond-Darsteller Roger Moore in gleicher Größe auf dem Plakat zu *Der Spion, der mich liebte* abgebildet.

denstrümpfe identisch. Ihr nackter Körper ist aber selbstverständlich nicht zu sehen. Ein geplanter Plakatentwurf für den Film *Feuerball* (1965), auf dem Bond und Domino unter Wasser übereinander schwebend Zärtlichkeiten austauschen, wurde verworfen, und auch eine Filmszene musste weichen: Nach dem Abtauchen hinter einem Stein sollte ihr Oberteil an die Wasseroberfläche schwimmen. Das war den Zensoren 1965 zu eindeutig. Es blieb bei ein paar Luftblasen.

»James Bond braucht nur einer auf den Hintern zu klopfen, schon ist sie gemacht«, sagte Co-Produzent Albert R. Broccoli 1964 nach dem Erfolg von *Goldfinger* und bezieht sich auch den nur 15 Sekunden währenden Auftritt von Margret Nolan im Film. Sie massiert Bond und wird von ihm mit einem Klaps auf den Hintern verabschiedet. Den Typ Frau, den Ian Fleming in seinen Romanen kreierte, führten die Filmemacher fort. Das »Bond Girl« wurde zum Erfolg – auch finanziell. Nach den zumeist sehr kurzen Auftritten in den Bond-Filmen lockten gute Gagen. Shirley Eaton, die als goldbemalte Frau in die Kinogeschichte einging und nur zwei Minuten und 40 Sekunden lang zu sehen war, bekam anschließend 660.000 Mark Gage für den Film *Unter Wasser rund um die Welt*. Kollegin Honor Blackman, die lesbische Pilotin von Goldfinger, verdiente immerhin 500.000 Mark für nachfolgende Werke.

Kurzer Auftritt – kurzer Ruhm

Allzu lang hielten die »Erfolge« der Bond Girls in den Filmen allerdings nie an. Zumeist waren es eben Ex-Models und keine Schauspielerinnen, die nicht lange von dem Tête-à-Tête mit 007 profitieren konnten. »Claudine Augers Karriere verglühte wie ein Feuerball«, lautete nicht zufällig eine der Schlagzeilen über die frühere Miss World. Auch Ursula Andress, Martine Beswick (Miss Jamaika), Daniela Bianchi, Tania Mallett, Mollie Peters, Gloria Hendry (Miss Afro-America), Jane Seymour, Maud

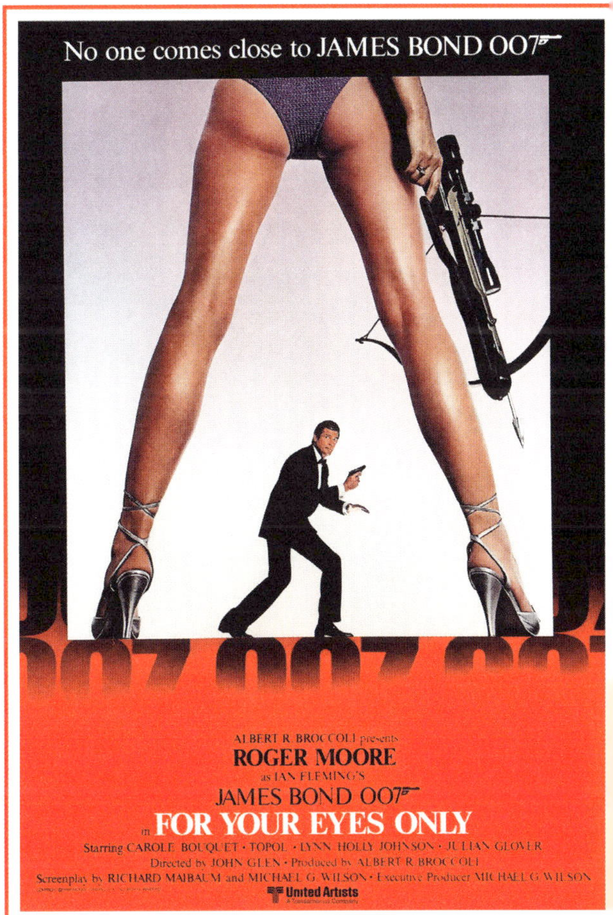

Adams, Britt Ekland, Lois Chiles, Carole Bouquet, Kim Basinger, Barbara Carrera, Kristina Wayborn, Tanya Roberts, Grace Jones, Carey Lowell, Talisa Soto, Famke Janssen, Halle Berry (ehemals Miss Teen All American, 1985, Miss Ohio 1986 und zweite der Miss USA-Wahlen) und Bérénice Marlohe modelten, bevor sie in Filmen agierten.
Maud Adams, die in zwei Filmen zu sehen war, fasste ihre Rolle prägnant zusammen: »Ich denke, viele der Mädchen sind nur Sex-Objekte. Ich habe versucht, der Rolle ein bisschen mehr Klasse und Würde zu verleihen. Aber man muss wissen, dass man nur aufgrund seiner physikalischen Attribute engagiert wird, und es ist schwer, von diesem Image wieder wegzukommen.« Auch Britt Ekland war in der Hinsicht sehr deutlich: »Einen Bond-Film zu drehen ist 30 Prozent Schauspiel und 70 Prozent Publicity.« Und das heißt vor allem mehrseitige Fotostrecken, die der PR des Films dienen und auch Nacktheit mit einbeziehen, die aber in den Filmen so gut wie nicht vorkommt – schließlich will man ja keine jüngere zahlende Kundschaft ausschließen. Ursula Andress, Kim Basinger, Barbara Carrera, Maryam d´Abo, Daphne Dekkers, Gloria Hendry, Grace Jones, die Nebendarstellerinnen aus *Casino Royale* (1967), *Moonraker – Streng geheim* und *In tödlicher Mission* zogen sich für sogenannte »Pictorials« für den Playboy aus. Maryam d'Abo lag dafür sogar nackt auf einem Aston Martin – und fiel zwischendurch auch mal herunter.

Klischees in nackter Mission

Kein Wunder, konnten die Frauen doch nach den kurzen Auftritten, die meisten betrugen nur wenige Minuten und endeten im Bett, wenigstens damit nachträglich noch Geld verdienen. Die grafische Gestaltung der Filmplakate sprechen übrigens dieselbe Sprache: Frauen im Hintergrund himmeln, zumeist im Bikini, 007 an. Eine (lange Zeit einmalige) Veränderung gab es erstmals 1977, als die von Barbara Bach gespielte Russin Anja Amasova in *Der Spion, der mich liebte* fast ebenso groß dargestellt war wie Roger Moore. Auf ein nacktes Bein und üppiges Dekolleté wollte man jedoch nicht verzichten. Das knappe weiße Outfit, das Lois Chiles in dem zwei Jahre späteren Film *Moonraker – Streng geheim* auf dem Plakat zeigte, kam übrigens ebenso in der Geschichte nicht vor, wie die fast nackten Pobacken von Carole Bouquet in dem Film *In tödlicher Mission*. Die Muster blieben also gleich. Offensichtlich genervt von den Klischees sprach Neu-Bond Timothy Dalton 1987 in der Werbekampagne für *Der Hauch des Todes* erstmals von »Bond Ladies« anstatt von Bond Girls und von »wirklich guten Schauspielerinnen«, aber die Plakate verkauften die Frauen weiterhin in durchsichtigen Kleidern oder Tops. Als zehn Jahre später *Der Morgen stirbt nie* erschien, gab es eine weibliche Hauptdarstellerin, die dem permanent erfolgreichen Verführer zumindest eine Zeitlang Paroli bot. Die malaysische Schauspielerin Michelle Yeoh schwärmte vor Drehbeginn davon »eine Frau der 90er zu spielen, die genauso stark ist wie Bond.« Das Plakat zeigte sie »nur« im schulterfreien Kleid. Zwei Jahre zuvor fand sich in Brosnans Debüt *GoldenEye* von Seiten seines Widersachers allerdings noch die Zeile: »Reizendes Mädchen, schmeckt nach Erdbeere.«

Erst als Daniel Craig 2006 die Rolle übernahm, setzte endlich ein Umdenken ein. Plötzlich trugen die Frauen lange Kleider – oder tauchten erst gar nicht auf den Plakaten und den sonstigen Werbematerialien auf. Hinzu kamen sporadisch sogenannte »Character Poster«. Auf denen waren auch mal M, die Widersacher, Q oder Miss Moneypenny zu sehen. Auf jeden Fall hatten die Bikinis ausgedient und (Abend-)Kleider dominierten, Dekolleté oder rückenfrei zum Teil aber immer noch. Es hat also 44 Jahre – von 1962 bis 2006 – gedauert, bis die Macher anfingen, an einem neuen Frauenbild zu arbeiten. Der Begriff »Bond Girl« ist allerdings immer noch so präsent, dass er sicherlich nie aus dem Sprachschatz verdrängt werden wird. 1999 hieß es im Making-Of zu dem Film *Die Welt ist nicht genug* seitens der US-Schauspielerin Denise Richards, dass es »aufregend ist, ein Bond Girl zu sein«. Wenig später sagte die von Samantha Bond gespielt Sekretärin Miss Moneypenny: »James bekommt sein Mädchen, oder zwei, aber er ist nicht von sieben Schönheiten im Bikini umgeben.«

Männerdomäne hinter den Kulissen

Der Amerikaner Albert R. Broccoli und der Kanadier Harry Saltzman erwarben 1961 einen großen Teil der Rechte an den Romanen des englischen Autors Ian Fleming. Männer dominierten also das Erscheinungsbild des Helden und der weiteren Figuren. Allerdings spielte bei der Adaption von *Dr. No*, dem ersten Stoff, der zu einem Film wurde, eine Sekretärin eine wichtige Rolle. Die Irin Johanna Harwood arbeitete in Harry Saltzmans Büro und fungierte für ihn als Leserin von Drehbüchern. Die studierte Filmwissenschaftlerin, die auch fließend Französisch sprach, erhielt schließlich von ihm die Chance, selbst Skripte zu verfassen, die jedoch nicht verfilmt wurden. Als die ersten Fassungen von *Dr. No* auf keinerlei Gegenliebe der Produzenten stießen, wurde sie als Skript-Doktorin engagiert und arbeitete gemeinsam mit Thriller-Autor Berkley Mather an einer weiteren Fassung.

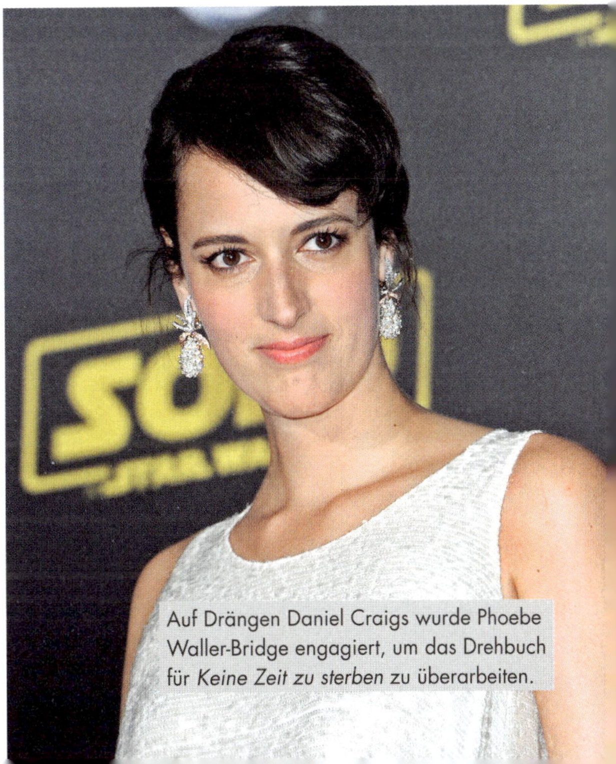

Auf Drängen Daniel Craigs wurde Phoebe Waller-Bridge engagiert, um das Drehbuch für *Keine Zeit zu sterben* zu überarbeiten.

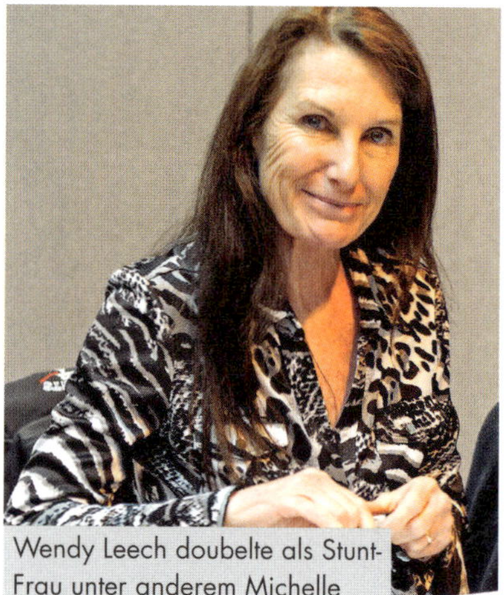

Wendy Leech doubelte als Stunt-Frau unter anderem Michelle Yeoh in *Der Morgen stirbt nie.*

Auch beim Nachfolgefilm feilte sie an einzelnen Szenen. Drehbuchautor Richard Maibaum gestand ihr »ein paar gute Vorschläge« zu, aber zu einer weiteren Zusammenarbeit kam es nicht.

Auch hinter den Kulissen war die Serie in den folgenden Jahrzehnten eine Männerdomäne. Erst Regisseur Michael Apted gelang es 1999, also 37 Jahre später, durchzusetzen, dass seine amerikanische Frau Dana Stevens am bereits bestehenden Drehbuch von Neal Purvis und Robert Wade mitwirkte. »Revised by Dana Stevens« stand denn auch auf einem der Entwürfe. Sie hatte sich speziell um die Ausgestaltung der von Sophie Marceau gespielten Bond-Widersacherin Elektra King gekümmert. Einen Screen-Credit bekam sie jedoch nicht. Nach rund 20 Entwürfen und Überarbeitungen wurde neben den schon erwähnten beiden Männern im Vorspann nur noch ein dritter Autor genannt: Bruce Feirstein – ein weiterer Mann. Es vergingen weitere 22 Jahre bis wieder eine Frau an einem Bond-Drehbuch arbeiten durfte – neben vier Männern. Die englische Autorin und Schauspielerin Phoebe Waller-Bridge wurde auf Drängen von Daniel Craig, der auch ausführender Produzent ist, engagiert, um das Script von *Keine Zeit zu sterben* zu überarbeiten – und bekam dafür angeblich eine Million Dollar Gage.

Männer mit Frauenperücken

Auch an anderen Stellen hinter den Kulissen zeigte sich jahrzehntelang dasselbe Bild. Zwar durfte Albert R. Broccolis Tochter Barbara im Laufe der Jahre von der Produktionsassistentin zur Co-Produzentin aufsteigen, aber eine Veränderung im Hinblick auf eine größere weibliche Präsenz hat es sonst nicht gegeben. Als Rémy Julienne mit seiner Stuntmen-Truppe auf Korfu die Autoverfolgungsjagd mit der gelben Ente inszenierte, waren es entweder er oder ein Mitglied seines Teams, das mit schwarzer langhaariger Perücke für Carole Bouquet doubelte. Sechs Jahre später war es wieder ein Mann, der dieses Mal mit falscher blonder Haarpracht im Aston Martin DBS V8 Vantage über den österreichischen Weissensee driftete. Frauen traute man(n) das wohl nicht zu. Schauspielerin Cary Lowell, die im Film *Lizenz zum Töten* auch als Pilotin zu sehen ist, wurde von Stuntpilot Corkey Fornof gedoubelt. Der trug nicht nur eine Perücke, so wie die Kollegen vor ihm, sondern auch das Kleid der Schauspielerin. Er muss darin gut ausgesehen haben, denn er

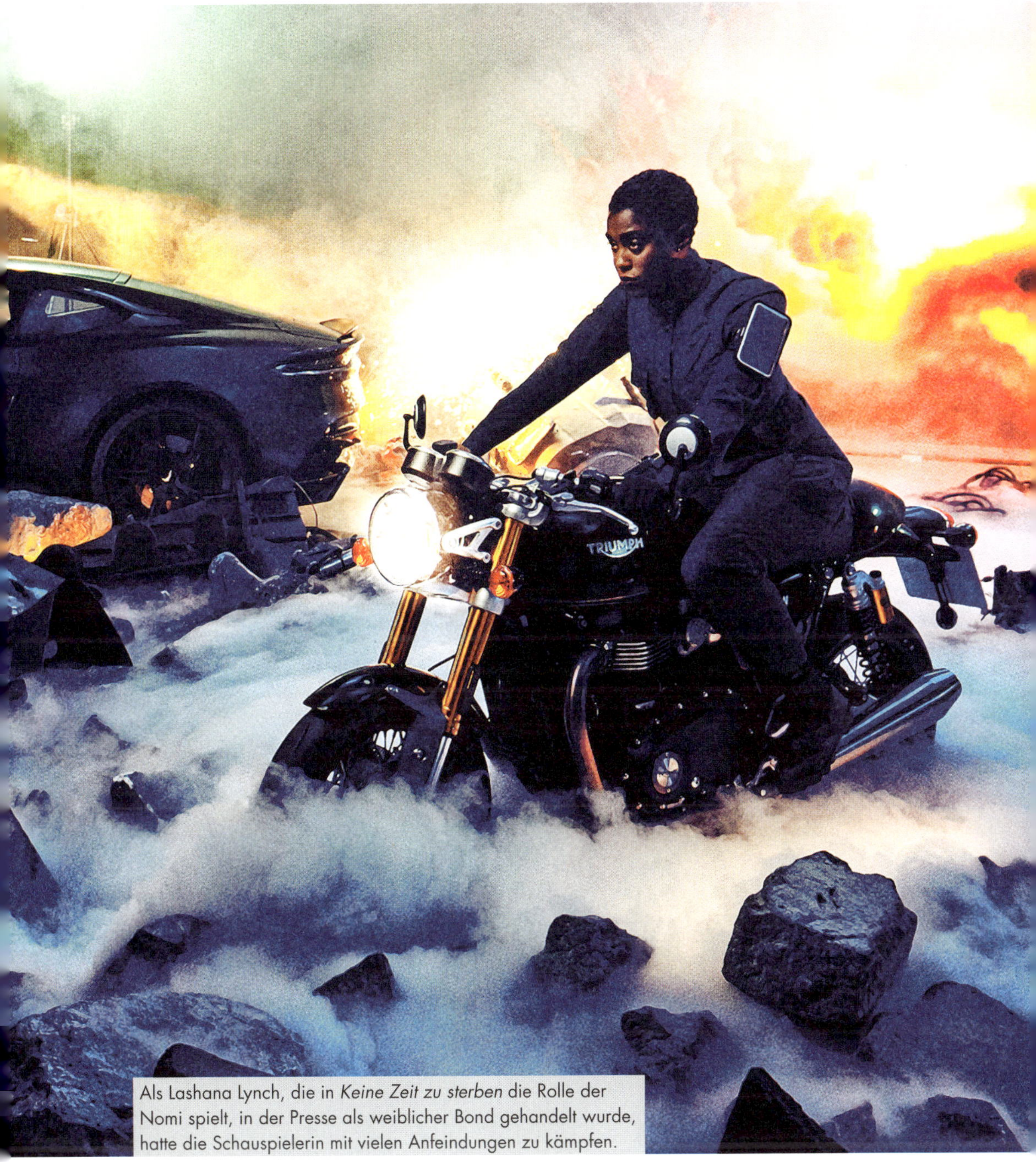

Als Lashana Lynch, die in *Keine Zeit zu sterben* die Rolle der Nomi spielt, in der Presse als weiblicher Bond gehandelt wurde, hatte die Schauspielerin mit vielen Anfeindungen zu kämpfen.

wurde später von mexikanischen Sicherheitskräften belästigt, die auch noch AK-47 Gewehre dabei hatten.

Es gelang Wendy Leech bislang nur zweimal (*Sag niemals nie* 1983 und *Der Morgen stirbt nie* 1997) für die Schauspielerinnen Kim Basinger und Michelle Yeoh zu doubeln. Allerdings ist sie die Ehefrau des Stunt-Directors dieser Action-Sequenzen: Vic Armstrong.

Als die gebürtige Iranerin Mahsa Ahmadi für Stunts in *Skyfall* engagiert wurde, tauchte ihr Name nicht mal im Nachspann auf. Vielleicht ändert sich das ja bezogen auf den Film *Keine Zeit zu sterben*. Marie Mouroum doubelte Lashana Lynch in Jamaika, Italien und England. Jessica Addison durfte mit den Land Rover Fahrzeugen zeigen was sie kann.

Nach Aussagen von Co-Produzentin Barbara Broccoli wird es eine »Jane Bond« niemals geben. Schon 2002 wurde eine Idee, aus der von Halle Berry gespielten NSA-Agentin Jinx eine eigene Reihe zu machen, wieder verworfen. Auch Regisseurinnen haben bei Broccoli keine Chance. Vielleicht liegt es daran, dass sie mit einer weiblichen Hauptfigur als Produzentin keinen Erfolg hatte: Ihr von Reed Morano inszenierter Thriller *The Rhythm Section* mit Blake Lively in der Hauptrolle war 2020 ein kapitaler Misserfolg.

Als 1997 einer der Drehbuchautoren vorschlug, Bond in Frauenkleider zu stecken, ging das den Produzenten auch zu weit. Für sie bleibt Bond eben der, wenn auch selten verletzliche, Macho, dem die Bond Girls verfallen – auch wenn diese inzwischen ein wenig seriöser und selbstbewusster daher kommen. Nach mehr als 50 Jahren war das ja auch längst überfällig.

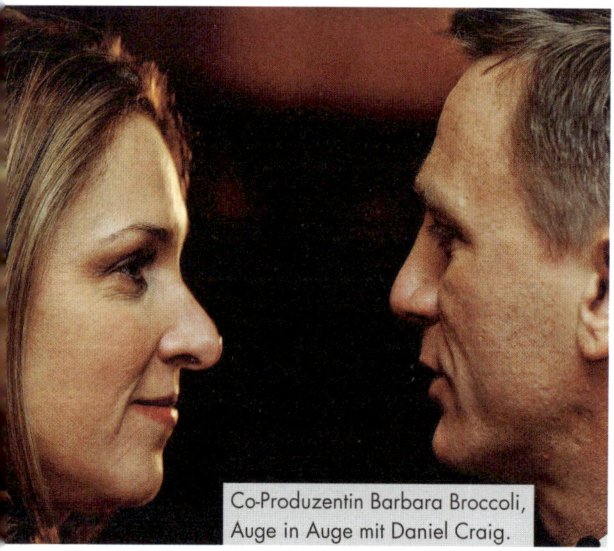

Co-Produzentin Barbara Broccoli, Auge in Auge mit Daniel Craig.

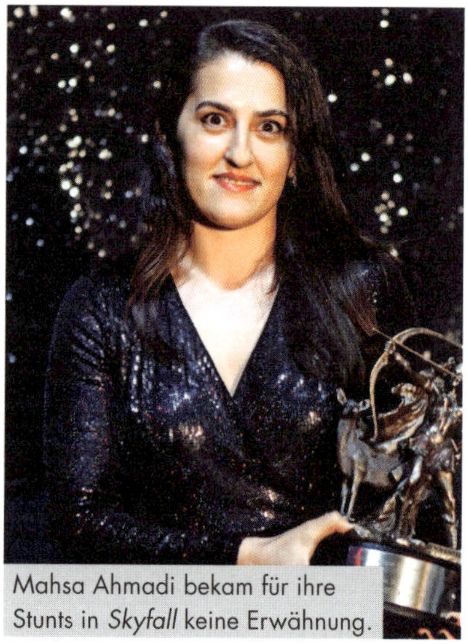

Mahsa Ahmadi bekam für ihre Stunts in *Skyfall* keine Erwähnung.

DANKSAGUNG UND BILDNACHWEISE

Bilder Titel und Rückseite: Aston Martin, Collection Christophel/ Alamy Stock Photo

weitere Bildquellen: Siegfried Tesche (Autor), Ken Adam, Sascha Braun, Ajay Chowdhury, Bernd Fischer, Rémy Julienne, Eberhard Kittler, Wolfgang Kohrn, privat, Wolfgang Thuerauf, Friedhelm von Estorff, Alamy Stock Photo, Aston Martin, BMW, Bond In Motion, Brioni, CBS, Corgi Toys, Danjaq LLC., dpa picture-alliance, dpa/dpaweb, Everett Collection, Ian Fleming Publications, Glidrose Productions, John McLusky, MGM, National Motor Museum Beaulieu, Pan Books, René Staud, RM Auctions, RM Sotheby's, Sears, Sony Pictures, Talia Films, Toyota, Universal Pictures, United Artists, Gullwing Motors, Nokia.

Der Autor dankt allen Beteiligten für ihren außergewöhnlichen Einsatz.

Filmschaffende: Sir Ken Adam, Ali Akdeniz, Vic Armstrong, Willy Bogner, Pierce Brosnan, Martin Campbell, Sir Sean Connery, Chris Corbould, Daniel Craig, Timothy Dalton, John Glen, Leonhard Gmür, Eva Green, Don Griffin, Famke Janssen, George Lazenby, Sir Roger Moore, Gary Powell, Mike Runyard, Roger Spottiswoode, Lee Tamahori, Kenneth H. Wallis, Freddie Young, Terence Young Erbengemeinschaft + Personal Assistance, Rick Yune, Mark Forster, Sam Mendes, Joe Williams.

Firmen:
Aston Martin, BMW AG, Citroën, Ford Motor Cars, Jaguar, Lotus Cars, Perry Oceanographic Ltd., Toyota, Triumph Motorcycles

Kollegen und Unterstützer:
Oliver Bayan, Frankfurt
Carsten Beischall, Wolgast
Ajay Chowdhury, London
Dr. Bernd Fischer, Hemmingen
Thomas Gottschalk, Kevelaer
Eberhard Kittler, Wolfsburg
Wolfgang Kohrn, Düsseldorf
Anette Rietz, Berlin
Sebastian Quillmann, Stuttgart
Wolfgang Thuerauf, Frankfurt
Gernot Wolf, Österreich
Patrick Zeilhofer, München

Speziell danke ich Wolfgang Kohrn für die intensiven Recherchen zum Ford Mustang Mach 1. Ein ganz besonders herzlicher Dank geht erneut an Barbara Schmidt in Hannover für die vielfältigen Anregungen, das Korrekturlesen und die daraus resultierenden Verbesserungen.

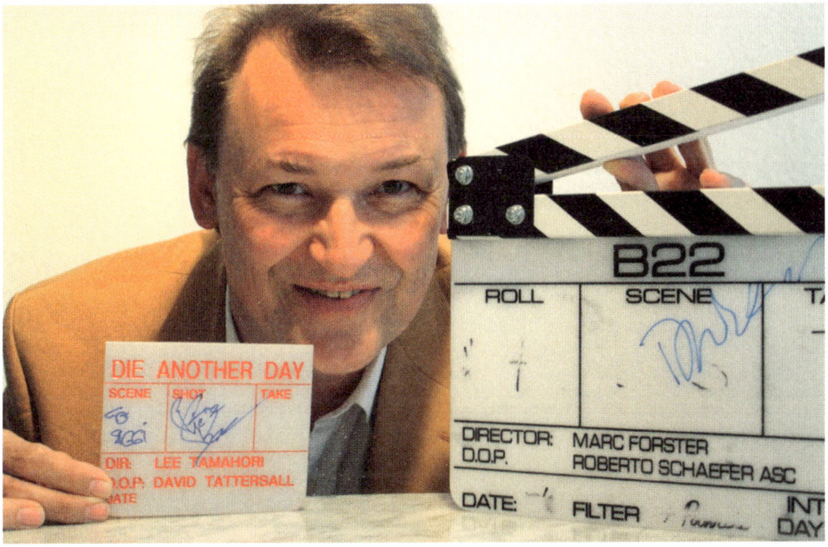

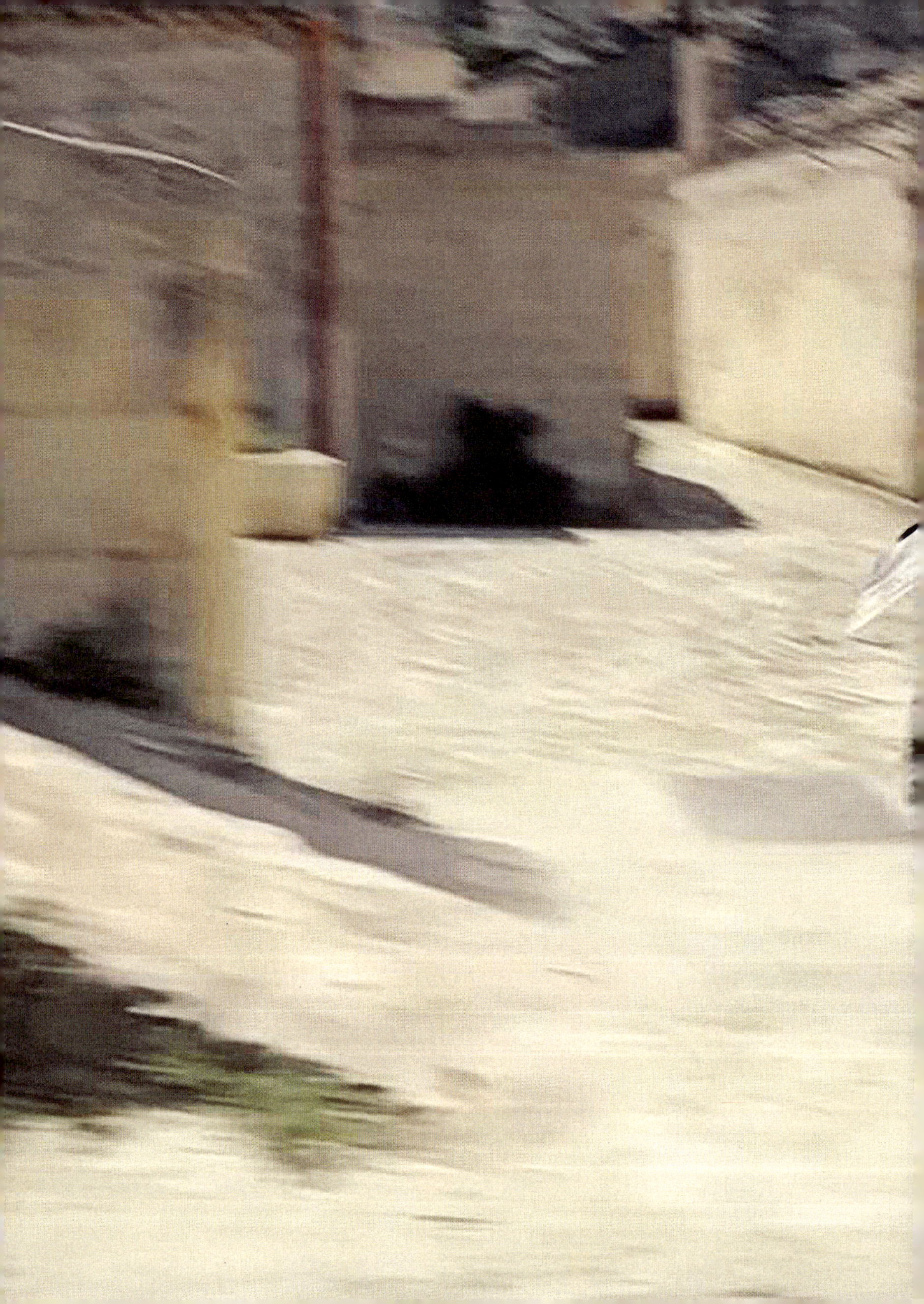